Humanität
Musik
Erziehung

Humanität Musik Erziehung

Karl Heinrich Ehrenforth (Hrsg.)

Mit Beiträgen von
Rudolf Affemann,
Gottfried Bräuer, Elmar Budde,
Karl Heinrich Ehrenforth,
Hans-Georg Gadamer,
Hans-Hermann Groothoff,
Werner Hahn, Ulrich Hommes,
Karl-Jürgen Kemmelmeyer,
Giselher Klebe, A. M. Klaus Müller,
Albrecht Peters, Georg Picht,
Christoph Richter, Henning Schröer,
Carl Friedrich von Weizsäcker

SCHOTT
Mainz · London · New York · Tokyo

Bestell-Nr.: ED 6976

© B. Schott's Söhne, Mainz, 1981
Umschlag: Günther Stiller, Taunusstein
Printed in Germany · BSS 44914

ISBN 3-7957-0064-7

INHALT

Jedes Buch sucht seine Leser. Nicht immer findet es die richtigen, zumal
heute, angesichts der Fülle von Publikationen.

Dieses Buch wirbt um Leser,

- die trotz des umfassenden Themas kein "Jahrhundertwerk" erwarten, sondern einen in der Vielfarbigkeit der Beiträge locker gefügten Versuch,
  alte Fragen nach dem Zusammenhang von Humanität, Musik und Erziehung
  wieder neu zu stellen, ohne sich der Illusion hinzugeben, der Verweis
  auf Platon sei schon eine Antwort;

- die die bildungspolitische Erörterung um eine "humane Schule" als bisweilen zu vordergründig erachten: geht es doch nicht nur um eine (gewiß
  unverzichtbare) Humanisierung der Schule, sondern vor allem um die Frage
  nach dem Sinn des (erzieherischen) Handelns;

- die deshalb mit den Autoren dieses Buches zu fragen bereit sind, was
  heute unter Humanität zu verstehen sei und wie das Humanum zum Maßstab
  unseres Suchens nach Sinn und sinnvollem Handeln werden kann;

- die die Erwartungen, welche den Künsten (in der Schule) neuerdings wieder entgegengebracht werden, nicht nur zustimmend, sondern auch mit ein
  wenig Unbehagen zur Kenntnis nehmen, weil sich mit ihnen die unangemessene Wiedergeburt musischer Erziehungsideale im Gewande kulturkritisch-
  neuhumanistischer Utopien zu verknüpfen droht, die keiner einlösen kann
  und will;

- die daher nach einer neuen Basis für den Beitrag der Künste und der
  Kunsterziehung in unserer Zeit suchen, der sich nicht nur an den in den
  letzten Jahren einseitig verfochtenen gesellschaftskritischen Aspekten
  orientiert, sondern das Potential philosophischer, theologischer und
  anthropologischer Einsichten von Jahrhunderten kritisch zu nutzen bereit
  ist;

- die beim Nachdenken über die Verantwortung der Künste für die Menschwerdung des Menschen immer wieder von jener Skepsis eingeholt werden, welche sich angesichts des Dilemmas moderner Kunst und Musik breitzumachen
  beginnt;

- die sich nicht einverstanden wissen mit der bisweilen allzu fachvereng-
  ten Diskussion über musikkulturelle und d.h. vor allem musikpädagogische
  Fragen im weiten Sinn des Wortes, sondern nach Brücken suchen, die die
  Probleme der Musikkultur mit denen unserer gesamten Kultur verbinden und
  das Gespräch darüber in Gang setzen;

- die sich andererseits als persönlich engagierte Beobachter und Teilhaber
  der musikkulturellen Szene aus Gründen angeblich mangelnder Fachkompetenz (die jedoch gerade in musikalischer Hinsicht überschätzt, in litera-
  rischer Hinsicht eher unterschätzt wird) nicht zu Wort melden, anstatt
  das Risiko eines die Fachgrenzen überschreitenden Mitdenkens und Sich-
  Äußerns zu wagen;

- die mithin das Gespräch zwischen Musikpädagogen, Erziehungswissenschaft-

lern, Psychotherapeuten, Musikwissenschaftlern, Komponisten, Theologen
und Philosophen als einen Gewinn betrachten, der jenseits des leidigen
Ringens um die Vorherrschaft von "Theorie" oder "Praxis" zu suchen ist.
Die Anordnung der Aufsätze - philosophische Beiträge stehen am Anfang,
"unterrichtspraktische" am Ende - läßt eine "deduktive" Hierarchie vermuten,
die nicht im geringsten beabsichtigt war und auch sachlich nicht zu verwirklichen ist. Das Buch sollte "sternförmig" gelesen werden, d.h. die Lektüre könnte dort begonnen werden, wo das persönliche Interesse und die fachlichen Voraussetzungen es nahelegen, um dann andere Beiträge einzubeziehen,
die nach Problemformulierung und Begrifflichkeit weiter ab liegen.

Planung und Verwirklichung eines solchen Sammelbandes sind oft zweierlei.
Der Versuch eines Herausgebers, kompetente Autoren zur Mitarbeit an einem
thematisch offenen Buch zu gewinnen, ist ein Risiko, das den Verlust des
"roten Fadens" wagt. Dennoch ist die Publikation schon deshalb lohnenswert,
weil sie den Aufweis erbringt über die Frage, was die Autoren im Zusammenhang des vom Herausgeber vorgegebenen Entwurfsrahmens beizutragen für sinnvoll erachteten. So gesehen ist der vorliegende Band frei von den Ambitio-
nen eines Grundrisses oder eines Handbuchs.

Detmold, im Frühjahr 1981   Karl Heinrich Ehrenforth

HUMANITÄT - MUSIK - ERZIEHUNG
Anmerkungen des Herausgebers für die Autoren als Planskizze des Buches

1

Der Herausgeber des Sammelbandes ist Musikpädagoge, nicht Philosoph oder
Theologe, auch nicht Erziehungs- oder Musikwissenschaftler im engeren Sinne
des akademischen Fachverständnisses. Diese Tatsache bedingt - ausgesprochen
oder nicht -, daß im Zentrum des Buches die Frage nach einem Selbstverständnis der Musikerziehung steht, das den Bedingungen der Gegenwart angemessen ist und über Moden und Strömungen hinweg in der gebotenen Mittelfri-
stigkeit unseres Denkens und Tuns zukunftsträchtig zu bleiben verspricht.

2

Das Buch ist als ein erster Versuch anzusehen, das seit Jahrzehnten über-
fällige Gespräch zwischen Musikpädagogik (als dem Fach, das sich um eine
theoretische Fundierung praktischer Musikerziehung bemüht) und Nachbarwissenschaften, vor allem Humanwissenschaften im weitesten Sinn, zu beginnen.
Dabei ist beabsichtigt, nicht nur die innerfachliche Diskussion der Musikpädagogik um Aspekte, Fragestellungen und Impulse aus den Humanwissenschaften zu bereichern bzw. sich durch sie korrigieren zu lassen, sondern umgekehrt auch dazu beizutragen, daß die Nachbarwissenschaften selbst die Probleme der Musikkultur und mit ihr der Musikerziehung in ihr Nachdenken einbeziehen. Wenn dies zusätzlich zu Querverbindungen beiträgt, die nicht unmittelbar über das Territorium der Musik führen, mag das ein erfreulicher
Nebengewinn sein.

3

Musikerziehung lebte bekanntlich bis ins 18. Jahrhundert hinein in der Geborgenheit einer selbstverständlichen liturgisch-gottesdienstlichen Funktionszuweisung, die jedoch nie eine Musikerziehung im modernen Sinn eines
allgemeinbildenden Schulfachs meinte. Der Gesangunterricht im allgemeinen
Schulwesen nach Humboldt war von Zwiespältigkeit belastet, indem er einerseits die alte Tradition in säkularisierter Form und entsprechender Halb-
herzigkeit weiterzuführen trachtete, andererseits aber schon von den huma-
nistischen Erziehungsideen z.B. Pestalozzis geprägt war, der den Umgang mit
Musik (d.h. hier dem Lied) als Beitrag zur Persönlichkeitsbildung wertete,
d.h. zum ersten Mal den musikerzieherischen Akzent musikimmanent und nicht
kirchlich-funktional setzte.

Die Reform der Musikerziehung nach dem Ersten Weltkrieg führte zwar zu
einer erfreulichen Ausweitung des Fachverständnisses, indem jetzt nicht nur
das Lied, sondern die Musik in all ihren Erscheinungsformen zur Vermittlung
anstand, verhakte sich jedoch in ein Knäuel unterschiedlicher Tendenzen,
wie es für eine Zeit des Aufbruchs typisch ist: romantische Kunstreligion
(welche die Bildungsbedeutsamkeit von Musik unterstreicht), sozialutopische
Ideen eines "einheitlichen Kulturwillens" (welcher Voraussetzung für die
volksbildnerische Forderung ist, alle Schichten des Volkes an die Kunst her-
anzuführen), völkisch-nationalistisches Gedankengut ("Die Kunst, in der das

deutsche Volk einen fast unumstrittenen ... Platz einnimmt, die Musik, gibt
an den Wendepunkten ihrer Geschichte den Beweis für ihre sittliche Kraft.
Weit über die konfessionelle Trennung wirkt sie im geistigen Leben des deutschen Volkes durch ihren nach innen gerichteten, gleichsam religiösen Einfluß", so Leo Kestenberg in "Musikerziehung und Musikpflege" 1921), schließlich naiv-gläubige Kulturkritik (wie sie sich in der musikalischen Jugend-
bewegung Jödes und vor allem der Musischen Bildung von Georg Götsch nieder-
schlug). Mit dieser Hypothek eines ungeklärten Selbstverständnisses belastet, wurde die Musikerziehung allmählich in den Sog nationalsozialisti-
scher Kulturpolitik hineingezogen.

Nach dem Zweiten Weltkrieg wurden zunächst die Ideen der Musischen Bildung wieder aufgenommen, bevor dann die durch die Verbreitung der Medien
völlig veränderte Ausgangssituation von Musikerziehung ihnen ein (endgülti-
ges?) Ende bereitete. Ende der 60er Jahre setzte die kulturrevolutionäre
Gesellschaftskritik ein, die als Zweite Aufklärung bekanntlich besonders
auf dem Feld einer Emanzipatorischen Erziehung wirksam wurde. Die Musikerziehung, die das Kunstwerk zum Leitbild ihres Tuns gewählt hatte, tat sich
deshalb besonders schwer in dieser Auseinandersetzung, weil Kunst als affir-
matives und elitäres Symbol von "Bourgeoisie" diffamiert wurde.

Die neue Situation am Ende der 70er Jahre ist gekennzeichnet von neuen
Bedingungsfaktoren. Die politisch-ökonomischen Grenzerfahrungen scheinen
sich in solchen der Kunst widerzuspiegeln. Die Kritik an der Schule verdichtet sich zu einer recht verschwommenen Formel "Humane Schule". Das Unbehagen an einer Welt des anonymen Systemzwangs, die wenig zu antworten weiß
auf die Sinnfrage, läßt zu Drogen, Alkohol und religiösen Sekten greifen.

Wie bestimmt das neue Bedingungsgefüge den Auftrag und die Aufgabe von
Musik und Musikerziehung heute? Im Labyrinth der geschichtlichen und gegenwärtigen Konzeptionen und Strömungen scheint die Überzeugung nicht verlorengegangen zu sein, daß Musik (die Künste überhaupt) einen unverwechselbaren
Beitrag zur Selbstfindung der Person leisten könne. Diese in weiten Kreisen
der Öffentlichkeit akzeptierte, aber schul- und kulturpolitisch leider immer noch stiefmütterlich behandelte Überzeugung harrt einer neuen Begründung.

4

Eine Klärung ist wohl noch nicht zu erwarten. Es kann sich nur um Versuche
der Annäherung handeln. Das Problem und seine Lösung hängen von der schwierigen Frage ab, ob wir zu einem Konsens über tragende Werte kommen können,
mit anderen Worten: wie Humanität am Ende des 20. Jahrhunderts umschrieben
werden kann jenseits eines unerfüllbaren Idealismus, eines resignierenden
Skeptizismus, eines kurzschlüssigen Pragmatismus, vor allem aber ohne die
rahmenstiftende Wirk- und Stützkraft eines religiösen Weltbildes. Die Probleme der Säkularisierung, die mit der Formel vom geistigen Pluralismus nur
notdürftig verdeckt werden können, hängen ungelöst an unseren Fersen und
brechen besonders dann immer wieder auf, wenn utopische Entwürfe eines neu-

en Menschen und einer neuen Gesellschaft ihre Verführungskraft verlieren
und aus dem Nebel der Parolen die Sinnfrage, die jeden einzeln betrifft,
wieder auftaucht (Beiträge Bräuer, Gadamer, Hommes, Peters).

5

Es scheint, daß die dargestellten geistigen Probleme unserer Gegenwart an
Zustand und Schicksal von Kunst und Musik heute besonders plastisch sichtbar werden. Die Grenzerfahrungen der Kunst, die ihren lange ungebrochenen
Glauben an Fortschritt und "Neues" mit dem Verlust ihrer Sprachlichkeit,
ihrer Fähigkeit der Mit-Teilung, d.h. ihrer humanen Substanz zu bezahlen
droht, sind Anlaß zu Besinnung. Die katastrophische, polemisch-parodistische
oder collagierte Verengung neuer Musik lebt von der (noch) ungebrochenen
Gegenwärtigkeit geschichtlicher Musik und wird erdrückt von den Legionen
der konsumbereiten Alltagsmusik. Ist die Kategorie des "Schönen" verschlis-
sen? Ist die Einheit der Zeit, wie sie sich im klassischen Musikwerk darstellt, endgültig zerbrochen? In welchem Verhältnis steht die Transrationa-
lität von Musik zum religiös-christlichen Transzendenzbegriff? (Beiträge
Budde, Klebe, Picht, Schröer, Weizsäcker)

6

Erziehung(swissenschaft), die sich nicht mit der Optimierung des Erziehungs-
prozesses zufrieden gibt, sondern es wagt, die Zielfrage zu stellen (auch
wenn diese im strengen Sinn nicht wissenschaftlich expliziert und beantwortet werden kann), leidet unter dem verhangenen Himmel der Wertunsicherheit.
Dies umsomehr, als die "Gesellschaft" ihr nur zu gerne den Schwarzen Peter
zuschiebt, der ihr selbst gebührt. Wie kann Schule in den Grenzen ihres
institutionalisierten Systemzwangs, auch aus der medizinisch-psychagogi-
schen Sicht, dazu beitragen, daß Lebenserfüllung und biographische Erfahrung für den Einzelnen nicht zu kurz kommen? (Beiträge Affemann, Groothoff)

7

Im Dreieck von Gesellschaft, Schule und Musik(kultur) hat Musikerziehung
ihren schwierigen Auftrag immer wieder neu zu bestimmen. Ihrer funktionalen
Entwurzelung im 18. Jahrhundert folgte die allmählich sich entwickelnde
Neubegründung, die die Bildungsbedeutung des musikalischen Kunstwerks in
den Vordergrund stellte, eines Kunstwerks, dessen Existenz und dessen Zukunft umstritten ist. Zudem lag der geistige Anspruch solcher absoluten
Kunstmusik stets mehr oder weniger verquer zum Postulat einer Musikerziehung für alle. Erschöpft sich der Auftrag (schulischer) Musikerziehung
darin, Aufklärung zu versuchen gegen die Verführung und Verdummung durch
Alltagsmusik? Oder hätte sie ihre Aufgabe darin, Therapie von körperlichen
und seelischen Schäden wenigstens ansatzweise in Gang zu setzen? Kann sie
den Erwartungen, die vor allem den "musischen Fächern" mit der Forderung
nach einer humanen Schule nahegelegt werden, entsprechen, zumal das Schulsystem ihr nach wie vor wenig Freiheit einzuräumen bereit sein wird? Welche
Rolle wird der Lehrer (Musiklehrer) als Person erfüllen müssen, wenn Schule
humaner werden soll? (Beiträge Ehrenforth, Hahn, Kemmelmeyer, Richter)

Carl Friedrich von Weizsäcker
DAS SCHÖNE *

Viens-tu du ciel profond ou sors-tu de l'abime, O Beauté?

Kommst du aus der Tiefe des Himmels zu uns oder steigst du auf aus dem Abgrund, Schönheit?

Wir Menschen, endliche Wesen, zwischen die zwei Unermeßlichkeiten des Himmels und der Hölle gespannt, welcher von beiden sollen wir für die alles erschütternde Macht der Schönheit den Dank abstatten?

Ein stillerer Dichter als Baudelaire, sein Zeitgenosse Mörike, hat anders vom Schönen gesprochen. Ich zitiere das ganze Gedicht:

Auf eine Lampe

Noch unverrückt, o schöne Lampe, schmückest du,
An leichten Ketten zierlich aufgehangen hier,
Die Decke des nun fast vergeßnen Lustgemachs.
Auf deiner weißen Marmorschale, deren Rand
Der Efeukranz von goldengrünem Erz umflicht,
Schlingt fröhlich eine Kinderschar den Ringelreihn.
Wie reizend alles! lachend, und ein sanfter Geist
Des Ernstes doch ergossen um die ganze Form -
Ein Kunstgebild der echten Art. Wer achtet sein?
Was aber schön ist, selig scheint es in ihm selbst.

Viens-tu du ciel profond ou sors-tu de l'abime - was aber schön ist, selig scheint es in ihm selbst - um solche Stimmen über das Schöne zu hören, muß man wohl ins versunkene bürgerliche Jahrhundert zurückgehen, in die Zeit vor der Ernüchterung durch den Beginn der Weltkriege. Unsere Zeit mißtraut dem Schönen. Nicht von ihm will sie sich erschüttern lassen, seine Seligkeit glaubt sie ihm nicht. Von diesem unserem Mißtrauen will ich im heutigen Vortrag ausgehen.

Die Kritik an der Tradition ist eine der großen Traditionen Europas. So hat auch das Mißtrauen gegen das Schöne Vorläufer im abendländischen Denken seit den jüdischen Propheten, den griechischen Philosophen, der Nüchternheit der Römer. Wenigstens vier Kritiken am Schönen kennen wir aus der Tradition: Das Schöne ist nicht nützlich. Das Schöne ist nicht gerecht. Das Schöne ist nicht wahr. Das Schöne ist nicht fromm.

Das Schöne ist nicht nützlich. Die Faulen genießen den Zauber des Schönen, die Fleißigen produzieren Güter zum eigenen und fremden Nutzen. Der Wert des Schönen ist nur subjektiv, er beruht auf einem irrationalen Gefühl.

Das Schöne ist nicht gerecht. Zwischen Ästhetik und Ethik ist eine tiefe Kluft befestigt. Die Reichen veranstalten Festspiele, die Armen hungern. An ästhetischen Kriterien erkennen einander die Angehörigen herrschender Klassen. Kunst, die heute wahrhaftig sein will, muß häßlich sein.

Das Schöne ist nicht wahr. Kunst ist schöner Schein. Das Schöne ist nicht selig, es ist Kalkstein und Kupfer, es ist ein Dokument einer handwerklichen Kultur. Nicht das Werk ist selig; der Beschauer vielmehr, der sich aus

---

* Vortrag, gehalten zur Eröffnung der Salzburger Festspiele Juli 1975.
  Gedruckt in UNIVERSITAS 31. Jahrgang Heft 1 und in "Der Garten des Menschlichen - Beiträge zur geschichtlichen Anthropologie", München 1977

der Haltung der Wahrheitssuche in die des ästhetischen Genusses verliert, genießt seinen Realitätsverlust als vorübergehende Seligkeit. Die Dichter zeigen den Menschen nicht die Wirklichkeit, sagt Plato, sondern sie zeigen ihnen das Abbild eines Abbilds.

Das Schöne ist nicht fromm. Luzifer war schön; deshalb fiel er von Gott ab. Schönheit ist die abgöttische Vollendung von etwas Weltlichem. Sie entflammt aus einem von der Gottheit abgelösten Funken ein verführerisches Feuer, dessen Nährstoff der Trieb ist, und das, wenn es ausgebrannt ist, einen Leichnam aus Asche zurückläßt. Sie ist einer der letzten Kreuzwege für Hochbegabte, der sie vom Pfad zum Himmel auf den Pfad zur Hölle ablenkt.

Diese vier Kritiken sind, so scheint mir, wichtige Halbwahrheiten. Sie lassen sich auf eine einzige zusammenziehen, nämlich auf die Behauptung, das Schöne sei nicht wahr. Wäre der Sinn für Schönheit ein Vermögen, Wirklichkeiten zu erkennen, so könnte er nützlich werden, bis ins Ökonomische hinein. Wäre Sinn für Schönheit wahrhaftig, so würde er seine ungerechten Folgen als eine Häßlichkeit wahrnehmen und überwinden. Stünde der Sinn für Schönheit in der Wahrheit, so ließe er sich von Gott nicht trennen.

Nun behaupte ich aber: Schönheit ist eine Form der Wahrheit. Schönheitssinn ist ein Sinn, d.h. ein besonderes Wahrnehmungsvermögen für Wirkliches. Wer jedoch Schönheit als eine Form der Wahrheit bezeichnet, behauptet der nicht eine Objektivität des Subjektiven, eine Rationalität des Irrationalen, die Vernunft eines Affekts? Meine Antwort ist: ja, genau das will ich behaupten. Es gibt eine Rationalität des Irrationalen, genauer gesagt eine Vernunft der Affekte, in der sich Subjektives, gerade in seiner Subjektivität, als objektiv, als Erkenntnis erweist.

Was ist denn Wahrnehmung? Ehe ich von der hochdifferenzierten Wahrnehmung des Schönen spreche, erläutere ich das Wahrnehmen am einfachsten Fall, der direkten Sinneswahrnehmung. Was ist Sinneswahrnehmung? Es gibt mancherlei Sinne. Wir wollen vier Beispiele betrachten.

Ich fahre im Halbdunkel schnell mit dem Wagen auf der Autobahn. Auf einmal sehe ich auf der falschen Seite, auf meiner Fahrbahn, mir einen Wagen entgegenkommen. Ich sehe - Gesichtswahrnehmung.

Nach steilem Aufstieg liege ich in der sonnigen Bergwiese und höre die Bienen summen. Ich höre - Gehörswahrnehmung.

Ich koste die Marmelade - ah, Erdbeeren! Geschmackswahrnehmung.

Und als viertes nochmals das Sehen: In den Stanzen des Vatikan stehe ich vor Raffaels Schule von Athen. Ich sehe zwei Lehrer im Gespräch aus der Pforte treten, den Mann Aristoteles, ein schweres Buch mit der Linken gegen die Hüfte stemmend, mit der Rechten auf die Fülle des Wirklichen vor und unter uns weisend und den Greis Platon, dessen sanft erhobener Zeigefinger zum Himmel deutet.

Was also ist Sinneswahrnehmung? Die übliche Analyse unterscheidet dreierlei an ihr: die reine Empfindung des Sinnesorgans; das Urteil, das diese Empfindung deutet; den Affekt, den das Urteil auslöst. Ich sehe die mir entgegenwachsende rote Kontur; ich denke: ein Wagen auf der falschen Fahrbahn; ich erschrecke über die Gefahr. Ich höre ein Summen; ich denke: Bienen; ich genieße den Frieden der Natur. Ich schmecke den süßen Geschmack; ich denke: Erdbeeren; ich begehre nach mehr. Ich sehe Farbflecken an der Wand; ich denke: Platon und Aristoteles; ich lebe in der künstlerischen Vergegenwärtigung klassischer Philosophie. Aber diese Trennung in Empfindung, Urteil und Affekt liegt nicht im Phänomen selbst, sie ist ein Werk der nachträglichen Analyse. Das Phänomen wird viel direkter beschrieben, wenn ich sage: Ich sehe die Gefahr; ich höre den Frieden der Bergwiese; ich schmecke die verlockende Erdbeere; ich sehe die Schule von Athen. Und der Affekt ist nicht das Ende der Einheit des Akts der Wahrnehmung. Wahrnehmen und Handeln sind nicht zu trennen. Die Gefahr - schon habe ich am Lenkrad gerissen. Das Summen auf der Wiese - ich habe mich schon entspannt. Der Erdbeergeschmack - ich beiße weiter zu. Die Schule von Athen - schauend sinne ich über die Schönheit des Wahren.

Die Verhaltensforschung an den Tieren lehrt uns, daß die Einheit von Wahrnehmen und Handeln das Ursprüngliche, einfache, leicht Verständliche ist. Hingegen bedeutet die Fähigkeit, Wahrnehmen und Handeln zu trennen, eine hohe Entwicklungsstufe. Sie erst gestattet uns Menschen, reaktives Handeln durch aktives zu ersetzen. Sie erlaubt uns, nicht zu müssen, sondern zu wollen. Der Schatz vergangener Wahrnehmungen im Gedächtnis steht dem frei entscheidenden Menschen zur Verfügung, belegt mit den gehemmten Reaktionen, die Affekte heißen, mit den Vorstellungsbildern ungetaner Handlungen, die Begriffe und Urteile heißen. In dieser hochdifferenzierten Erlebnisweise nun wurzelt ein Phänomen, das ich die Mitwahrnehmung der höheren Stufe nennen möchte, und eine solche Mitwahrnehmung ist, wenn ich nicht irre, der Sinn für das Schöne. Wir Menschen nehmen mit jedem einzelnen Sinneseindruck, jedem einzelnen Urteil, jedem einzelnen Affekt zugleich das Höhere, Allgemeingültige wahr, das diesen Eindruck, dieses Urteil, diesen Affekt erst möglich macht. Aber wir können das Höhere vom Einzelnen oft kaum unterscheiden und werden ratlos, wenn wir sagen sollen, was denn das mitwahrgenommene Höhere ist. In jedem wahren Satz nehmen wir das Phänomen der Wahrheit mit wahr, in jeder geforderten guten Handlung die moralische Ordnung, und eben in jedem schönen Eindruck, in jedem schönen Kunstwerk die geheimnisvolle Wirklichkeit des Schönen. Was sind diese mitwahrgenommenen Wirklichkeiten?

Man soll nicht erwarten, auf solche Fragen einfache Antworten zu erhalten. Sie sind Fragen nach dem Grund der menschlichen Kultur. Aber die menschliche Kultur ist nichts Einfaches, und auch ihre letzten Voraussetzungen drücken sich in ihr nicht unabhängig von der Geschichte aus. Lernen wir fremde Kulturen kennen, so erkennen wir in ihnen oft eine ganz andere Anordnung und Benennung der Prinzipien. Wählen wir, da vom Schönen die Rede ist, die altjapanische Kultur als Beispiel! Bis heute ist die japanische Kultur von allen Kulturen der Welt am meisten ästhetisch geprägt. Kein spürsamer Europäer, der Japan besucht, kann sich diesem Eindruck entziehen. Aber vielleicht bezeichnen wir Europäer das, was wir dort wahrnehmen, falsch, wenn wir es mit unseren Begriffen des Ästhetischen benennen, denen so leicht etwas Unverbindliches, fast Unernstes, Unwahres anhaftet. Wie hängt in Japan das Schöne mit dem Sittlichen und mit dem Rationalen zusammen? Ist das Ritual der japanischen Höflichkeit, das europäischen Rigoristen der Wahrhaftigkeit oft ärgerlich wird, nicht eine strenge ästhetische Stilisierung sozialer Beziehungen, eine Weise, sie erträglich zu machen? Ist der ästhetische Sinn für Harmonie nicht in allem ostasiatischen Denken und Fühlen ein Vermittler der Integration, ein Sensorium für Ganzheit, ein Wahrnehmungsvermögen, das wir Europäer mit der mühsamen Reflexion, die wir Vernunft nennen, nicht ersetzen können, und das wir ständig, für asiatische Feinfühligkeit schmerzhaft, verletzen?

Aber so verschieden die Kulturen sind, doch ist der Dialog zwischen ihnen nicht ausgeschlossen; vielleicht ist er das größte Versprechen unserer Zeit. Die Prinzipien wie das Nützliche, das Sittliche, das Schöne sind gleichsam Plateaus, auf denen sich menschliches Wahrnehmungs- und Handlungsvermögen immer wieder einspielt. In jeder Kultur stehen diese Plateaus anders zueinander, aber doch kann man sie in jeder Kultur wiedererkennen. Kulturelle Strukturen weltumfassend zu beschreiben vermag aber heute vielleicht noch niemand. So kehre ich bewußt in den engen Horizont der abendländischen Tradition zurück und frage noch einmal, was denn in ihm das Schöne bedeute.

Ich wage nun eine weitere Vermutung: Das Schöne ist eine Erscheinungsweise des Guten, und zwar eine Erscheinungsweise des Guten in indirekter Mitwahrnehmung. Was soll das heißen? Ich habe ein neues Wort eingeführt: das Gute. Damit meine ich nicht nur das moralisch Gute. Ich spreche vom Guten, wie wenn man sagt: ein guter Schuh, der nicht drückt; ein guter Sportsmann, der siegt; ein guter Forscher, der etwas entdeckt. In der europäischen Philosophie hat Platon das höchste Prinzip als das Gute bezeichnet. Auf das Gute weist sein Zeigefinger in Raffaels Bild. Heute spricht man, nicht verständlicher, aber meist weniger durchdacht, von Werten. Das Grundphänomen des Guten mag darin bestehen, daß wir stets nicht bloß wahrnehmen, wie etwas ist, sondern mitwahrnehmen, wie es wohl sein sollte. Und indem wir zu jedem Ding, zum Schuh, zum Sportsmann, zu einer sittlichen Handlung, mitwahrnehmen, wie es sein sollte, nehmen wir das noch umfassendere Phänomen des Guten selbst mit wahr, eben das Phänomen, daß es anscheinend zu allem seine beste Möglichkeit, sein Gutes gibt, an dem wir seine Erscheinung messen.

Es gibt direkt mitwahrgenommene Formen des Guten. Zu ihnen möchte ich das Nützliche und das sittlich Gerechte zählen.

Beginnen wir beim Nützlichen. Nützlich nennt jeder, was gut ist für ihn selbst. Broterwerb ist nützlich, denn man will leben. Im Stück Brot nehme ich, wenn ich Hunger habe, das, wofür es gut ist, unmittelbar mit wahr. Mit dem Begriff Brot ist seine Nützlichkeit in direkter Mitwahrnehmung gegeben. Ausbildung ist nützlich, sie erleichtert den Broterwerb, gestattet leichteres Leben, Luxusgüter, selbst den Luxus des Schönen. Aber ist das leichte Leben, ist der Luxus, ist das Schöne denn nützlich? Absurde Frage, wird man sagen. Das Nützliche ist stets ein Mittel zu einem Zweck. Erst der Zweck ist das Gute. Überleben ist gut, das scheint selbstverständlich. Ist Bequemlichkeit gut? Luxus? Schönes? Ist das, was diesen vielleicht fragwürdigen Gütern dient, wahrer Nutzen? Kenne ich denn mein wahres Interesse?

Es gibt einen Weg, die Frage nach dem wahren Nutzen, dem wahren Interesse zu beantworten; es ist der Weg der Moral, der Ethik. Sein Leitstern ist die Aufhebung des egoistischen Nutzenbegriffs. In Wahrheit nützt mir nicht, was mir allein nützt, sondern was den Mitmenschen, der Gemeinschaft, der Gesellschaft nützt. Dieser Weg führt zu dem zweiten Plateau, zu dem Prinzip, das uns unter dem Titel des Gerechten oder des Sittlichen zu Gesicht gekommen ist. Der Lebensnerv des Sittlichen liegt in einem qualitativ anderen Erlebnis als dem der Nützlichkeit, sei es auch die Nützlichkeit für die Gemeinschaft. Wenn ich im Mitmenschen den Menschen erkenne, so löst diese Erfahrung die Schranken des Ich. Sie läßt mich überhaupt erst erkennen, daß das Ich eine Schranke, ja die Quelle unendlicher Leiden ist. Der Kern der Sittlichkeit ist eine Erlösungserfahrung: der Erlösung von der Blindheit, die den Namen Ich trägt. Eben darum soll ich weder gegen meine Mitmenschen meinen Egoismus durchsetzen noch mich ihrem Egoismus beugen, sondern ich soll suchen, mit ihnen gemeinsam diese erlösende Erfahrung zu gewinnen, indem wir gemeinsam ihr gemäß handeln. Ich soll Gerechtigkeit suchen.

Warum aber ist das bloße Ich blind? Ein Rückblick auf die Geschichte des organischen Lebens gibt uns einen Wink. Das Ich ist tierisches Erbe, wenn auch erst der Mensch, zumal der europäisch-neuzeitliche Mensch, es, vor allem durch das vielgesichtige Werkzeug der Macht, aufs höchste ausgebildet hat. Im organischen Leben sind drei Prinzipien wirksam: die Erhaltung des Individuums, die Erhaltung der Art, die Weiterentwicklung. Die Erhaltung des Individuums hat die scheinbar früheste, aber nicht die höchste Priorität. Sie ist Vorbedingung, aber nicht Ziel der Erhaltung der Art, geschweige denn der Weiterentwicklung. Die Erhaltung des Individuums ist durch Triebe gesichert: Hunger, Furcht. Das Ich als seelisches Phänomen ist der Inbegriff und die Steuerung der psychischen Prozesse, die der Erhaltung des Individuums dienen. Nichts ist aber dem Individuum so gewiß wie der Tod. Der Mensch ist das Tier, das weiß, daß es sterben muß. Darum ist die Erlebniswelt des menschlichen Ich gezeichnet von der leise oder ausdrücklich mitwahrgenommenen Vergeblichkeit. Die Blindheit des animalischen Ich ist, daß es nicht in der Reflexion weiß, daß es sterben muß. Die Blindheit des menschlichen Ich ist Verblendung, sie ist die Nötigung, von der Vergeblichkeit wegzublicken. Deshalb ist Erlösung von den Interessen des Ich ein Sehendwerden.

Das Sittliche ist aber nicht das letzte Prinzip. Es ist eine befreiende Erziehung zu einer Weise der Wahrnehmung, aber es ist kein Inhalt. Der kategorische Imperativ bleibt ein formales Prinzip. Das Sinnproblem, das Problem des wahren Interesses stellt sich der Gemeinschaft, wie es sich dem Einzelnen gestellt hat. Ich vermute nun: der uns angeborene und kulturell weitergebildete Schönheitssinn ist eine Wahrnehmung von gewissen Zügen des

Sinns, des größeren Zusammenhangs, und zwar gerade von solchen Zügen, die einerseits lebenswichtig sind, andererseits sich dem direkten Urteil über Nützlichkeit entziehen.

Schönheit ist eine Mitwahrnehmung des Lebensnotwendigen, aber indirekt, ohne das Pathos der Notwendigkeit. Beginnen wir mit elementaren Lebensinteressen, an die sich unser technisches Zeitalter soeben, hoffentlich nicht zu spät, zu erinnern anfängt. Wenn ich in meiner Wiese liege, was nehme ich wahr? Ich sagte: ein Summen - nein, die Bienen - nein, den Frieden der Natur. Ist dieser Affekt des Friedens bloß subjektiv oder ist er die Wahrnehmung von etwas Wirklichem? Er ist eine Wahrnehmung. Was er wahrnimmt, nennt die heutige Wissenschaft das ökologische Gleichgewicht. Die Evolution hat vor mehr als hundert Millionen Jahren zur gleichzeitigen Herausbildung zweier organischer Formen geführt, die aufeinander angewiesen sind: der Blütenpflanzen, die durch Farbe, Form und Duft Insekten zur Bestäubung anlocken, und derjenigen Insekten, die von Blütenstaub und Nektar leben. Viel später hat sich der Mensch in dieses Gleichgewicht hineinentwickelt, und als Sammler, Ackerbauer und Viehzüchter ist er auf dessen Produkte, auf diese Pflanzen oder die diese Pflanzen essenden Tiere angewiesen. Wenn er dieses Gleichgewicht als schön wahrnimmt, so nimmt er die Harmonie wahr, im Beispiel der Wiese sinnlich dargestellt, die Harmonie, ohne die er nicht leben könnte.

Eine Menschheit, die die Schönheit des Landschaftsgleichgewichts als ökonomisch belanglos mißachtet und zerstört, eine solche Menschheit ist verrückt. Sie begeht damit fast stets auch einen ökonomischen Fehler, der sich als Fehler erweist, wenn es zu spät ist. Natürlich sage ich nicht, der Mensch dürfe die Natur nicht verändern. Das wäre absurd. Aber der Schönheitssinn ist ihm mitgegeben, um auch seine eigenen Werke mit einem anderen Maßstab zu messen als dem Maßstab dessen, was er in der Verblendung des im Augenblick lebenden Ich für nützlich hält. Wie herrlich sind alte Kulturlandschaften! Als ich zum erstenmal aus Nordamerika, das ich bewundere und liebe, zurückkehrte, war ich bis zu Tränen gerührt von der Schönheit einer Landschaft am Bodensee oder in Umbrien, wo seit Jahrhunderten jeder Baum und jedes Haus dort stand, wo Menschen mit Schönheitssinn es haben wollten. Die heutigen Krisen Amerikas sind auch die Krisen puritanischer Verächter der Schönheit.

Viens-tu du ciel profond ou sors-tu de l'abime? Wenn Baudelaire so fragt, meint er nicht die Landschaftsharmonie, und nur mitschwingend meint er die Kunst. Er meint die erschütternde Macht der leiblichen Schönheit, er meint die Schönheit, die zur Leidenschaft der Liebe zwingt. Nun ist auch die Liebe tierisches Erbe, und Tiere sind um der Liebe willen mit bunten Gewändern und barockem Zeremoniell geschmückt, Gewändern und Zeremoniell, die für die Selbsterhaltung des Individuums nutzlos, ja schädlich wären. Als Biologen meinen wir das Gute dieses Schönen mit Händen zu greifen. Die geschlechtliche Liebe *soll* hinreißend und herrlich sein, denn sie verlangt vom Individuum den einen unerläßlichen Schritt aus dem Verhaltensmuster der Selbsterhaltung heraus, der zur Arterhaltung nötig ist. Einmal im Leben muß das Tier, von der Icherhaltung her gesehen, wahnsinnig werden. Für den Menschen aber ist die erotische Liebe neben der Sittlichkeit eine zweite, völlig andere Art der Erlösung vom Ich geworden, die rückwirkend auf das Ich dieses zu einer ihm nun erst zugänglichen Reife treibt. Gemeinsam ist beiden, bei aller Verschiedenheit der Erlebensweise, eine Qualität des Empfindens, die man vielleicht Seligkeit nennen darf: die hinreißende Seligkeit des erotischen Rauschs, die stille Seligkeit der guten Tat, bescheidener, des guten Willens. Vielleicht rührt diese Gemeinsamkeit davon, daß beide Schritte die Blindheit des Ich sprengen und uns etwas ganz Anderes sehen lehren. Denn der Kern der Wirklichkeit ist, wie die Inder lehren, die Dreiheit von Sein, Bewußtsein und Seligkeit.

Was aber schön ist, selig scheint es in ihm selbst. Die Kunst ist die bewußte Darstellung der Erscheinungsweise des Guten, die wir das Schöne nennen. Über die Kunst und die Künste zu sprechen, wäre Gegenstand eines neuen Vortrags. Hier nur noch ein paar Überlegungen zu dem Satz von Mörike.

Es gibt einen Briefwechsel zu diesem Satz zwischen Emil Staiger und Martin Heidegger. Staiger meint, Mörike erweise sich als Epigone, indem er nicht mehr zu sagen wage: was schön ist, selig *ist* es in ihm selbst, sondern nur: selig *scheint es*. Heidegger erwidert, Scheinen heiße hier nicht den Anschein erwecken, sondern gleichsam Leuchten. Scheinen ist ein Sein, das in Erscheinung tritt. Wer von den beiden Interpreten hat recht? Ich vermute, daß der verletzliche Mörike so empfunden hat wie Heidegger, aber so gesprochen hat, daß Biedermeier und heraufkommendes Industriezeitalter in ihren Vorurteilen nicht gestört wurden; vielleicht nennt man so sensible Menschen Epigonen.

Mörike wendet hier, ich weiß nicht ob bewußt, einen Satz Kants ins Objektive. Kant, der gewiß kein künstlerischer Mensch war, hat mit dem ihm eigenen präzisen Tiefblick das Schöne als den Gegenstand eines ohne Begriff als notwendig erkannten interesselosen Wohlgefallens bezeichnet. Ohne Begriff als notwendig erkannt - das ist, was ich die Rationalität des Irrationalen, die affektive Wahrnehmung genannt habe. Interesse nennt Kant das Wohlgefallen, das wir mit der Existenz eines Gegenstandes verbinden. Interesseloses Wohlgefallen also verlangt nicht nach der Existenz, gröber gesagt, es verlangt nicht nach dem Besitz des Gegenstands. Mörike sagt: was schön ist, selig scheint es *in ihm selbst*. Nicht meine Seligkeit ist wichtig. Das Sein des Schönen scheint in ihm selbst. Dieses Scheinen ist seine Seligkeit. Gewiß, die schöne Lampe war ein Werk von Menschen, für Menschen gemacht. Aber unsere Seligkeit beim Machen oder Anschauen ist eben Teilhabe an ihrer Seligkeit. So sind auch in der Natur die Maserung eines Holzes, das Innere einer Muschelschale, die Ätzfläche eines Kristallbruchs, alle nicht zum Sehen bestimmt, doch nicht weniger schön als ein Schmetterlingsflügel oder das Balzkleid eines Vogels. Vielleicht ist die allgegenwärtige verborgene Mathematik der Natur der Seinsgrund aller Schönheit - auch das ein Gebiet, das ich im heutigen Vortrag nicht mehr betreten kann. An dieser Stelle erweist sich dann die Streitfrage, ob Kunst schön sein muß oder ob sie, um wahrhaftig zu sein, häßlich werden muß, als eine Scheinfrage, entstanden indem das Wort "schön" um ein Gedankenstockwerk zu oberflächlich verstanden worden ist. Ob ein Werk nun akademisch schön oder expressiv häßlich ist, in beiden Fällen gibt es den Unterschied zwischen einer nur für den oberflächlichen Blick geleisteten Erfüllung der Forderungen der Schulmeinung, der es sich fügt, und jenem inneren Scheinen, das ihm keine gute Absicht geben kann, und das Wahrnehmung von Wirklichkeit vermittelt.

Um aber noch einmal zu der uns so viel bequemeren subjektiven Sprache zurückzukehren: Die innere Seligkeit des Kunstwerks stellt dar, daß es nicht auf uns ankommt. Sie deutet die Erlösung von den Interessen des Ich an. Aber wie steht es dann mit den Kritiken am Schönen, mit denen wir begannen? Wo die Existenz, wo der Besitz des Schönen selbst ein Interesse wird, dort ist Gefahr. Luzifer, der Schöne, wollte nicht Abglanz des einzig Guten, sondern selbst die Mitte sein. Deshalb scheint das Schöne bald aus dem Himmel, bald aus dem Abgrund zu kommen. Das Schöne ist wahr und nicht wahr. Es erlöst aus der Blindheit des Begriffs, aber es darf nicht gegen die Vernunft, die von ihm sehen lernt, ausgespielt werden. Die Kluft zwischen Ethik und Ästhetik soll nicht überbrückt werden. Immer sollen wir daran erinnert werden, daß das Schöne an sich noch nicht sittlich, das Gerechte an sich noch nicht human ist. Und vom Schönen als Gegenwart müssen wir auf den Boden des Nützlichen zurückkehren. Noch im Festspiel soll uns das Bewußtsein begleiten, daß das Thema heißt: Brot für die Welt. Noch in der Arbeit am Brot soll die schmerzhafte Seligkeit einer Melodie von Mozart bei uns sein.

Hans-Georg Gadamer
DIE KUNST DES FEIERNS *

Das soll eine Kunst sein? Als ob der Feierabend sich nicht von selbst ver-
stünde, das Sinkenlassen der arbeitenden Hände, das Aufhören des Leistungsdrucks, das Nichtstun. Das geregelte Arbeitsleben der modernen Industriegesellschaft hat mit dem Sirenenton der Freizeit laut gellende Akzente gesetzt, und nur wenige sehr erdnahe oder "geistige" Berufe richten ihre Zeit
nach ihrem Ermessen ein und sind nicht mit befreit mit dem Beginn des
Feierabends, weil die Dinge sie nicht loslassen: der Bauer auf dem eigenen
Hof, der Künstler, der Forscher, der Unternehmer. Mit dem Feierabend beginnt die Freizeit. Aber schon das griffige Wort "Freizeit", durch das das
Freisein vom Druck der Arbeitszeit ausgedrückt wird, bindet unlöslich mit
der berechneten und berechnenden Arbeitszeit zusammen. So wie die Arbeitszeit ein verfügbarer Zeitraum ist, der durch Arbeit ausgefüllt wird, so
denkt man auch bei Freizeit zuerst an ihre Leere, die durch abermals geplante Gestaltung ausgefüllt werden will. Die Freizeitgestaltung ist das
Gegenstück zu der bemessenen Arbeit des Tages und jedenfalls weit entfernt
von aller Kunst des Feierns.

Ja, zeigt nicht dieser Ausdruck "Kunst des Feierns" schon selber an, daß
da etwas in Verlust geraten ist, was es ehemals gab? Schwer vorstellbar,
daß Kulturen, deren festlicher Kalender den Jahreslauf, ja den Tageslauf
mit feierlichen Riten gliederte, vom christlichen Morgengebet bis zum isla-
mischen Anruf Allahs bei unter den Horizont sinkender Sonne, je hätten von
einer Kunst des Feierns reden können. Erst der neuzeitliche Gott der Arbeit - nicht die Arbeit selbst, die es im Kampf um das Überleben immer gab,
aber ihre gottgleiche Herrschaft im Bewußtsein des Menschen - nimmt der
Feier, der Feierlichkeit, dem Fest den angestammten Platz im Rhythmus des
Lebens und läßt die schmachtenden Sklaven der Zeit nach dem Außerordentli-
chen, dem Ausgezeichneten einer "Kunst" rufen, die das Feiern lehrt.

Dieser Ruf meint aber nicht einen Künstler, der anstelle der anderen und
für sie Feste zu feierlichen Abläufen zu gestalten beauftragt wäre. Nicht
der Zeremonienmeister alter Ordnungen, von denen vor allem im kirchlichen
Kult etwas bis in unsere Epoche hineinragt, noch gar moderne Organisatoren
wie der Propagandaminister der Reichsparteitage oder der Festleiter von
Sportfesten und anderen Massenveranstaltungen, der heute Freizeit zu orga-
nisieren versteht, besitzt die Kunst des Feierns. Das ist es nicht, was da
verlorengegangen ist. Es ist vielmehr die moderne Massengesellschaft selber, die sich den Mangel der Kunst des Feierns eingesteht. Jeder von uns
fühlt es. Man kommt sich seltsam vor, wo gefeiert wird - außerhalb von Familie oder Dorf. Das läßt uns fragen, was da eigentlich verlorengegangen
ist, das ehedem das Leben festlich gliederte und ordnete. Da solch eine Frage immerhin weiß, wonach sie fragt, wenn auch noch so vage, gilt es, sich
dessen bewußt zu werden, wonach man da fragt.

---

* Abgedruckt mit frdl. Genehmigung des Autors.

Dazu gehört wohl als erstes, sich klarzuwerden, was hier Wissen und Bewußtsein meint. Der Ausdruck "Kunst des Feierns" und sein Anklang an Lebenskunst mag es erforderlich machen, sich von einer naheliegenden Verzerrung freizuhalten. Können und Wissen haben im neuzeitlichen Menschentum einen beständigen Beiklang von Machtgewinnung und Machtausübung. "Wissen ist Macht". Selbst Lebenskunst ist im lebendigen Sprachgebrauch am Ende nichts weiter als die Geschicklichkeit, sich nichts im Leben zu nahe kommen zu lassen und überall auf seine Kosten zu kommen. Es ist eine Versuchung des modernen Machtdenkens und seines technologischen Habitus, daß man auch noch die Kunst des Feierns, nach der man fragt, am liebsten als eine spezielle Bewährung von Lebenskunst verstehen möchte. Aber ist sie das? Ist der Ruf nach einer solchen Kunst wirklich auf die Steigerung von Könnerschaft gerichtet? Ist er am Ende nicht vielmehr Ausdruck eines Verlustes ganz anderer Art, eines Verlangens, das sich selbst nicht versteht?

Denken wir nach, erinnern wir uns. Was wir im Feiern tun, ist ja nichts bloß negativ Bestimmtes oder Inhaltsloses. Wir feiern jemanden. Wir feiern etwas. Die Philosophen sagen dazu: Es ist ein intentionales Moment darin. Bewußtsein ist immer Bewußtsein von etwas. Wir meinen etwas Bestimmtes oder einen Bestimmten, wenn wir feiern - so wie jeder Akt unseres Bewußtseins etwas meint. Aber ist das wirklich dasselbe? Ist Feiern ein Akt des Bewußtseins, und ist das darin Gemeinte ein Gewußtes? Ist es nicht schon bezeichnend, daß wir unwillkürlich nie im Singular sprachen, wenn vom Feiern die Rede war, sondern immer von "uns"? Gewiß können wir sagen, einer feiert seinen Geburtstag, sein Arbeitsjubiläum oder dergleichen. Aber in Wahrheit meinen wir damit nicht, daß "er" das tut, sondern daß "er" gefeiert wird. Wieder sind es wir, die da feiern. Jemanden feiern heißt uns auf den Gefeierten hin und mit ihm versammeln. Selbst wenn einer etwa sagt: "Ich feiere dieses Jahr meinen Geburtstag nicht", so meint er eben das, daß er wünscht, man möge von demselben keine Notiz nehmen und sich in keiner Weise bei ihm versammeln. Feiern heißt sich auf etwas versammeln. So ist es in Wahrheit mit den Festen auch sonst, die wir feiern. Das christliche Kirchenjahr ist durch solche Feste eingeteilt, die im modernen Arbeitsleben von Staats wegen Feiertage sind, an denen die Arbeit ruht - wie auch am 1. Mai oder in meiner Jugend an Kaisers Geburtstag oder später am Reichsgründungstag. Wie die Kirche solche Feste festlich begeht, kann auch der Staat aus solchen Anlässen Feiern veranstalten. Wenn dieselben einem einzelnen gelten, zum Beispiel Empfangsfeierlichkeiten oder Begräbnisfeierlichkeiten oder Trauer- und Gedenkfeiern - was ist es, was wir daran rühmen, wenn es eine gelungene Feier war, oder was wir beklagen, wenn es nichts war, wenn keine festliche Stimmung aufkam?

Wieder wird uns das Einzigartige des Feierns bewußt. Was man da können muß, kann man niemals für sich allein. Das bestätigt selbst noch die ausdrückliche Absonderung, in der einer für sich zu feiern beschließt, weil er allein ist oder allein sein will. Da sind immer die anderen, die an sich dazugehören, gerade als Fehlende oder als Ausgeschlossene "da". - Was man da können muß, kann auch gar nicht als solches gewollt werden. Es muß da sein, aufkommen, sich ausbreiten wie eine Stimmung. Wie dagegen einer, der eigens dazu bestellt ist, Stimmung zu machen, in Wahrheit einen bestehenden Mangel bezeugt, so gilt es auch von der Kunst des Feierns, nach der gerufen wird. Was fehlt da, woran mangelt es?

Der Mangel ist offenbar eben der der Gemeinsamkeit, des wirklichen Versammeltseins auf ein Gemeinsames hin. Ein solches war in der älteren christlichen Ordnung der Gesellschaft der religiöse Inhalt des Festes: Advent, Weihnachten, Ostern, Pfingsten und dann die für Kindergemüter so rätselhafte lange Reihe der "Sonntage nach Trinitatis" oder, in der Zeit meiner eigenen Jugend noch, die nationalen Feiertage aus der Geschichte des eigenen Volkes. Das Versammeltsein auf solche gemeinsamen Inhalte hin mochte oft genug zu erstarrten Wiederholungsformen verfallen. Aber in früheren Zeiten war es anders, und gar in frühen Kulturen gab es eine Durchordnung des gesamten täglichen Lebens der Gemeinschaft durch feste Sitten und Gebräuche. Das lebt bis heute fort in den Formen des Brauchtums, die sich oft weit länger erhalten als das Bewußtsein der Inhalte, denen sie gelten.

All dem ist unser Zeitalter nicht günstig. Zwar mag die Ahnung des eingetretenen Mangels dazu Anlaß geben, Brauchtum zu pflegen, wo ein solches noch lebt. Aber oft genug und mit steigender Unausweichlichkeit verkehrt sich eine solche Pflege von Brauchtum in ein Schauspiel für die Touristen. Tatsächlich sind die Lebensformen der modernen Massengesellschaft in extremem Ausmaß der wahren Versammlung auf das Gemeinsame hin abhold. Zwar gibt es Massenveranstaltungen, auf politischem wie auf sportlichem Gebiet, die viele Tausende zusammenführen. Aber eben das Massenhafte dieser Erscheinungen nötigt jeden Einzelnen in eine Art teilnahmsloser Teilnahme hinein, die ihn als solchen Einzelnen überhaupt nicht mitzählen läßt. Wenn die moderne Sportbegeisterung etwa dazu führt, daß zur Stunde großer Weltmeisterkämpfe die Städte und Straßen veröden, weil alles beim Fernsehen sitzt und niemand etwas versäumen will, so führt dieses Schauspiel im Massenmedium des Fernsehens zwar in gewissem Sinne zu einer Art Versammlung auf das Gemeinsame - aber buchstäblich in der Form extremer Vereinzelung. - Ähnlich ist es mit dem anderen großen Hilfsmittel für leichte Versammlung am beliebigen Ort, dem Auto. Es verkürzt nicht nur alle Wege, sondern schließt auch die Pilger oder die Reisenden in einem Maße voneinander ab wie nie zuvor.

Die natürlichen Kommunikationsformen von Gespräch, Rede und Antwort, Brief und Buch werden auf die Befriedigung von Informationsbedürfnissen reduziert und verarmen. Die neue Eintönigkeit des moderierten Rundfunksprechers hüllt alles ein. Die neue Nähe alles Fernen, die man Fernsehen nennt, rückt uns alle in einen namenlosen Abstand zur Wirklichkeit. Mir scheint sogar, daß auf geheimnisvolle Weise kaum etwas so ohne Leben ist wie im Fernsehen gezeigte Festlichkeiten. An ihnen auf Weise eines Voyeurs teilzubekommen läßt einen gähnen.

Das wird hier nicht ausgeführt, um irgendeine kulturkritische negative Bilanz unserer Zeit zu ziehen. Daß die Formen unseres gesellschaftlichen

Lebens nicht mehr die selbstverständlichen Solidaritäten früherer, religiös gebundener Zeiten ausdrücken, in denen Feste ihren natürlichen Platz hatten, ist eine gegebene Tatsache, und ebenso, daß daraus Probleme und Orientierungsnöte in unser Leben kommen, denen früher ein fester Kanon von Verhaltensnormen und sittlichen Begriffen entgegenstand. Es wäre sinnlos, Solidaritäten, die fehlen, durch vorgebliche Gemeinsamkeiten oder gar durch eine technische Organisationskunst des Feierns zu verkleiden. Aber es ist ja nicht so, als ob das Feiern und das Fest ganz aus unserem Leben verschwunden wären und als ob es nicht auch heute noch hier und da gelänge. So kommt es darauf an, sich die Bedingungen solchen Gelingens bewußt zu machen - und dann auch zu lernen, sie herbeizuführen.

Wenn die wesentliche Bedingung für das Feiern von Festen, und sei es auch nur für die festliche Stimmung des Feierabends, in dem Versammeltsein auf Gemeinsames besteht, so ist doch das wirkliche Feiern von Festen noch etwas anderes: Es verleiht der Gemeinsamkeit sichtbare Darstellung. Das aber schließt ein, daß es unter Umständen auch eine bestehende, aber vielleicht nicht immer genügend eingestandene Gemeinsamkeit eben dadurch bewußt macht, daß es sie zur Darstellung bringt. Darstellung ist nicht eine überflüssige Zutat zu bestehenden Gewißheiten und Gewußtheiten, sondern bringt ein neues Moment hinein, durch das erst Erkenntnis und Wiedererkenntnis des Bestehenden ermöglicht werden. Man wird des Gemeinsamen inne, wenn es vor den zum Feiern Versammelten zu überzeugender Darstellung kommt. So wird einem etwa bei einer Trauerfeier die volle Bedeutung des Verstorbenen an der Fülle und Vielfalt derer bewußt, die an ihr teilnehmen und durch ihr Dasein oder auch auf ausdrücklichere Weise von dieser Gemeinsamkeit Zeugnis ablegen. Ähnlich ist es etwa bei einem politischen Festakt, zum Beispiel dem Staatsfeiertag, an dem sich eine Staatsgründung jährt. Da kommt bei solcher feierlicher Gelegenheit die Stärke oder Schwäche der Staatsgesinnung heraus, die alle verbindet. Das ist aber nicht nur ein Erkenntnisgewinn. Es ist zugleich eine Bekräftigung und Stärkung des Gemeinsamen, das da gefeiert wird und alle verbindet - oder seine Beirrung. Darstellung ist eben keine bloße Äußerlichkeit, die man zum Unwesentlichen zählen dürfte. Sie ist ein Zuwachs an Sein.

Dem widerspricht nicht, es ist vielmehr geradezu eine Bestätigung, daß es selbst zum politischen Kalkül gehören kann, solche Feste zu veranstalten. Der Kalkül, etwa die Berechnung von Popularitätsgewinn durch solche Veranstaltung, geht ja nur auf, wenn etwas wahrhaft Verbindendes zur Darstellung und zum Bewußtsein kommt.

Wir erkennen die Verarmung und Verödung des modernen Massendaseins gerade auch an der Schwierigkeit solcher Darstellung. Es fehlt an Symbolen, an denen sich eine Gemeinschaft erkennt und bestätigt. Ja das Symbolische selbst, der Anspruch, anerkannt und wiedererkannt zu werden, findet Widerstand. Fahnen, Nationalhymnen, Orden und andere Auszeichnungen wirken schon fast befremdlich, erwecken oft Verlegenheit oder gar Spott.

Doch wieder muß man das Ambivalente daran sehen. Gewiß fehlt uns überall die naive Identifikation mit dem Symbol. Wir empfinden das etwa angesichts der feierlichen Berufstracht, der Paradeuniform, dem Talar des Geistlichen, des Richters, in früheren Zeiten des Professors oder des Arztes. Aber gerade das letztere Beispiel des Arztes ist vielsagend genug. In unserer demokratischen Gesellschaft hat der weiße Kittel des Arztes selber wieder eine Art Nimbus gewonnen. Man sieht daraus: Wo ein Bedürfnis nach Erhöhung und Verehrung stark genug ist, wie das beim Hilfe suchenden Patienten der Fall ist, schafft es sich auch seine Darstellung. Das gleiche gilt aber auch für die andere Seite. Die Tracht oder die Uniform, in der sich ein Beruf darstellt, verleiht auch umgekehrt deren Träger das Bewußtsein einer kollektiven Verantwortlichkeit aus Zugehörigkeit zu einem Stand. Selbst für die Titel gilt das. Die Beliebtheit des Professortitels in der Bevölkerung beruht, wie differenzierte Statistiken beweisen, auf dem Prestige des Arztes allein. Nur er ist der Professor, auf den man hofft.

Die Symbolnot und das Symbolbedürfnis unserer Zeit ist lehrreich. Es betrifft zwar nicht direkt die Kunst des Feierns, wohl aber eine ihrer entscheidenden Voraussetzungen. Auch das Feiern hat solche Doppelseitigkeit: Es bringt Gemeinsames zur Darstellung und schließt eben damit die Teilnehmer zusammen.

So läßt sich an dem Allgemeinen das Speziellere zeigen. Das Allgemeine, das allen Symbolgebrauch mit dem Wesen von Fest und Feier zusammenbindet, ist, was ich "Darstellung" nannte. Darstellung aber ist nicht ein sekundärer Vorgang von Abbildung. In der Darstellung geschieht ein Seinszuwachs. Eine geheimnisvolle Mehrung. Der Widerstand und die Ablehnung, die Symbole und Feierlichkeit heute so leicht finden, zeigt ihrerseits die Vorherrschaft eines Denkens an, das nur noch auf Zwecke hin gerichtet ist. Es findet das Zwecklose nichts als zwecklos, das Überflüssige nichts als überflüssig und als bloße Zeitverschwendung. Damit nähern wir uns langsam den Grundhaltungen, um deren Korrektur es geht, wenn wir unser Leben richtig leben wollen und wenn die Kunst des Feierns unter uns zu ihrem Recht kommen soll.

Gewiß kann es nicht so sein, als ob man künstlich Gemeinsamkeiten schaffen oder gestorbene Bräuche wieder zu beleben empfehlen sollte. Unser Nachdenken kann sich nicht vermessen, Empfehlungen zu geben oder praktische Vorschläge zu machen. Es kann nur das Bewußtsein dessen wecken, was ist. Daher vermag es zwar nicht Gemeinsamkeiten zu schaffen, wohl aber verleugnete Gemeinsamkeiten bewußt zu machen und ihrer Darstellung gleichsam das gute Gewissen zurückzugeben. Was Nachdenken leisten kann, ist, gegen ein falsches Bewußtsein ein richtigeres zu gewinnen. Es ist aber ein falsches Bewußtsein, welches alles auf pragmatische Zwecke - und gar auf ökonomische Interessen - zu beziehen sucht. Es ist ein falsches Verhältnis zur "Zeit" darin. Gewiß ist Zeit auch etwas, womit wir zu rechnen haben, etwas, was wir berechnen müssen und in alle unsere Tätigkeiten einbeziehen. Unsere Tätigkeiten sind ja planvolle Tätigkeiten. Planvoll schließt aber ein, daß Zukünftiges vorweggenommen, Gegenwärtiges dem Zukünftigen untergeordnet wird. Solche Unterordnung geschieht in der Weise, daß wir das Gegenwärtige als ein bloßes Mittel ansehen, es als Mittel behandeln und benutzen. Das aber heißt, daß wir über es hinweggehen und hinwegsehen. Nur so öffnet sich ja der Freiraum des Planentwurfs und seiner zukünftigen Ausfüllung und Ausführung. Es ist ein Freiraum, denn wer zu gefaßten Plänen und Zwecken Mittel sucht, nimmt Abstand vom unmittelbaren Andrang des Gegenwärtigen. Es ist eine Art Freiheit, die sich darin bestätigt, mit Hegel zu reden: Hemmung der Begierde, Arbeit.

In der abstrakten Formulierung des Aristoteles erscheint dies als Sinn für Zeit. Natürlich ist das nicht als solches ein falsches Bewußtsein und ein falsches Verhältnis zur Zeit, daß wir vorausschauen und auf die Zukunft hin leben und tätig sind. Der Mensch ist ein prometheisches Wesen. Die mythische Gestalt des Prometheus, des Dämons der Töpferkunst, des Spenders des Feuergebrauchs und aller Kunstfertigkeit, verkörpert nicht nur eine griechische, nicht nur eine abendländische, sondern eine für alles Menschliche gültige Wahrheit. Das hebt den Menschen aus der ganzen Reihe der natürlichen Lebewesen heraus, daß er Abstand zu sich selbst besitzt, Freiheit gegenüber der Unmittelbarkeit der Naturzwänge, aber auch Freiheit gegenüber den Zwängen seiner eigenen Triebe. Darin besteht seine Exzentrizität, wie Hellmut Plessner es genannt hat. Daß der Mensch "in der Zukunft" lebt, macht ihn zum Menschen. Man kann das mit dem Alten Testament oder mit Heidegger "Sorge" nennen, mit dem Neuen Testament oder mit Bloch das Prinzip Hoffnung. Nicht das ist ein falsches Bewußtsein, sich dessen bewußt zu sein.

Aber ist Zeit nur das, worauf die Sorge hinaussieht und über das die Hoffnung hinwegfliegt? Ist Zeit für uns nur der leere Raum, in den wir unsere Entwürfe stellen und den wir durchmessen, um uns immer weiter hinaus auf neue Möglichkeiten zu entwerfen? Sind wir nicht selber in noch ganz anderem Sinne als in dem, in dem wir in der Zukunft sind, "in der Zeit": zwischen Geburt und Tod ausgespannt, der eigenen Zeitbestimmtheit in Kindheit, Jugend, Reife, Alter anheimgegeben? Das ist unsere Zeit, und das wissen wir. Wenn wir weise genug sind, gestehen wir es uns ein. Wie ist da Zeit? Wir möchten es eine erfüllte Gegenwart nennen und meinen damit, daß Zeit je anders begegnet, nicht als die leere Dimension der Zukunft, die sich mit wechselnden Inhalten, immer anderen, füllt, sondern als eine bleibende Bestimmtheit, die uns eine Weile, eine kurze oder lange Zeit, trägt.

Doch soll uns das hier nur ein erster Wink sein, auf eine andere Artikulation von Zeit aufmerksam zu werden als die des Verfügens über die verfügbare Zeit. Denn das liegt auf der Hand, daß Feier und Fest dem allein auf Tätigkeit Gerichteten als die reine Zeitverschwendung erscheinen. Goethe hat die Einseitigkeit dieses Titanentums der modernen Welt in seinem Pandora-Drama gestaltet. Die Handlung dieses Stückes läßt an der Gestalt des Prometheus die tragische Grenze und Enge einer Weltsicht offenbar werden, die sich ganz auf die zweckbewußte Tätigkeit und die Autonomie des Selbstbewußtseins stellt. Darin ist kein Platz für Fest und Feier. Prometheus verschließt sich dem Geschehen von Pandorens Wiederkehr: "Was kündest Du für Feste mir. Sie lieb ich nicht." Die Zeit des Festes, wann immer sie kommt oder wiederkehrt, ist eine andere Zeit als die nach Zukunft und Vergangenheit hin ausgestreckte Zeit des tätigen Bewußtseins. Wir haben einen sehr bezeichnenden Ausdruck dafür. Wir sagen: Feste werden begangen. Begehen und Begehung ist ein tiefsinniges Wort. Gehen scheint immer Bewegung auf ein Ziel hin und von einem Ausgangspunkt weg. Diese Richtungsbestimmtheit des Gehens wird in Begehung aufgehoben. Man begeht ein Fest, wie man ein Gelände begeht: nicht um irgendwohin zu kommen, sondern um allseitig da zu sein und das, was da ist, ganz zu erfassen. So ist das Feiern eines Festes wie die Begehung eines Zeitgeländes. Die Zeit des Festes ist von sich selbst erfüllt und nicht auf irgendein Ziel- oder Zweckhaftes bezogen.

Was aber heißt das, daß die Zeit des Festes von sich selbst erfüllt ist und daß Feiern eben der Vollzug dieser Erfüllung ist? Wir erinnern uns unserer Feststellung, daß Feiern Auf-etwas-versammelt-Sein meint. Diese Versammlung und Sammlung faßt die auseinanderlaufenden Schicksalslinien und Lebenstendenzen aller Versammelten einheitlich zusammen. Es ist ein gesammeltes Dabeisein aller, was erst die Feierlichkeit eines Festes ausmacht.

Es wäre aber ein Irrtum, zu meinen, daß das Fest und seine Feierlichkeit sich im Rhythmus der Tage deshalb als das Außerordentliche abhebt, weil es die Zeit des Festes ist. Gewiß, Feste werden begangen, und man muß die Feste feiern, wie sie fallen. Aber wir fragen ja gerade, auf welche Weise man das kann, Feste feiern. Da aber zeigt sich, daß es nicht eigentlich das Außerordentliche einer vorgegebenen Festordnung ist, das uns feiern läßt. Es ist umgekehrt. Wir müssen feiern können, und das heißt, wir müssen auf etwas Gemeinsames und Verbindendes hin versammelt sein, um feiern zu können. In Goethes Pandora, einem dramatischen Fragment, erscheint die Morgenröte als Sprecherin der festlichen Botschaft allgemeiner Versöhnung und leitet den Tag ein. "Denn des Tages hohe Feier /allgemeines Fest beginnt." Die Festlichkeit des Tages wird hier begrüßt, weil sie von der Vereinzelung der Nacht und des Dunkels befreit und das alle verbindende Licht feiert. Das ist das mythische, das kosmische Vorbild allen Feierns überhaupt: Teilhabe an der Gemeinsamkeit des Lichtes.

Gewiß, wir feiern jeweils etwas Bestimmtes, und nur wenn es Bestimmtes ist, das alle eint und auf das sich alle vereinigen können, kann es so etwas wie Feier geben. Und doch ist die Feierlichkeit selber und als solche mehr wie das Licht selbst als wie im Lichte stehende Objekte, ausgegossen über alles und alle verbindend. Der höchste Ausdruck der Feierlichkeit sind daher nicht feierliche Reden oder Aktionen. Denn alle Rede sagt Bestimmtes und vereinzelt auf das Bestimmte hin. Der eigentliche Ausdruck von Feierlichkeit ist das Schweigen. Bekanntlich ist feierliches Schweigen zwar ein Verstummen, aber doch weit mehr als das. Es ist wie ein Anhalten des Atems, und wir sagen ja auch, daß Schweigen uns befällt. Es ist die überwältigende Gegenwart, zum Beispiel angesichts eines großen Werkes der Kunst oder im Vollzug eines religiösen Kultvorgangs, die solches feierliches Schweigen ausströmt.

Was lehren uns also unsere Überlegungen über die Kunst des Feierns? Gewiß nicht eine neue Technik oder zu empfehlende Verhaltensweisen. Was Nachdenken leisten kann, ist Berichtigung des Bewußtseins. Das Bewußtsein unserer eigenen Zeitlichkeit steht zwischen den Extremen von Hast und Weile: Das hohe Ethos rastloser Tätigkeit stellt nur den einen Aspekt unseres Daseins dar. Und wenn es auf sich selbst gestellt wäre, verfiele es in die Hast und Hetze eines immer neuen Zielen nachjagenden Dranges. Die Bereitschaft, feiern zu können und Feste zu begehen, entspringt ihrerseits nicht einem bloßen Bedürfnis nach Ruhe und Ausspannung, sondern setzt eine eigene Spannung: die Anerkennung dessen, was uns verbindet und wobei wir zu weilen und zu verweilen bereit sind. Wir kennen solche Bereitschaft vor allem aus der Erfahrung der Kunst. Sie gewährt uns erfüllte Gegenwart und ist ein Fest. "Jeder eignet sich's zu!" So gehört die Kunst des Feierns am Ende wohl zur Kunst des Lebens, wenn man darunter nicht Lebens-Kunst versteht, sondern eine Richtung des Lebens selber, das sich zu seiner eigenen Fülle und erfüllten Gegenwart bekennt.

Gottfried Bräuer
HÖREN - VERNEHMEN - VERNUNFT
Der Mensch als Gespräch[1]

Vorgefundener Sprachgebrauch

Ersparen wir uns vorschnelle Definitionen. Was ist das überhaupt: Hören?
Mit welchen Konzeptionen deutet die Umgangssprache auditive Wahrnehmungs-
formen und -vorgänge? Wir sprechen von Hören, Horchen und Lauschen. Das
Gehorchen ist dem Wahrnehmungsbereich möglicherweise auch zuzuordnen. Eine
Durchmusterung der Verhaltensweisen und eine Verständigung über Unterschie-
de mag also angebracht sein.

Hören, das bezeugt unsere Sprache in mannigfachen Redewendungen, steht
im Rahmen der menschlichen Wahrnehmung immer schon in Spannung zum Sinnverstehen. Das Hören ist in ein vielfach abgestuftes Lebensverständnis einge-
lassen, bis hinab in die Konventionen des Umgangs. Selbst das Unausdrückliche, das nur in der Modulation der Stimme mitschwingt, wird von sozialen
Erfahrungen aus gedeutet. "Ich habe sehr wohl gehört ..." heißt dann etwa:
Ich habe die versteckte Drohung gehört, die im Tonfall der Rede lag.
"Hören" kann, perfektiv gebraucht, in sehr allgemeiner Weise für die Aneignung von Kenntnissen stehen, vergleichbar dem englischen "to learn". "Ich
habe gehört, daß ..." gibt dann wieder, daß man etwas erfahren hat, daß man
informiert worden ist. In diesem Fall sind im Unterschied zur vorherigen
Wendung eher Fakten gemeint, die erst nachträglich zum schon begründeten
Verständnis in Beziehung gesetzt werden.

Aber die Übergänge zwischen den Aktualisierungsweisen des Verstehens
sind fließend. Schon auf der vorreflexiven Ebene der Wahrnehmung werden Geräusche vom menschlichen Gehör der Situation entsprechend ausgelegt, d.h.
in diesem Falle: in einem Akt unmittelbarer prädikativer Wahrnehmung aufgefaßt. Die Geräusche unter der Wohnung, die Schritte auf dem Gang und das
Klopfen eines nebenan spielenden Kindes sind nur beiläufige, schemenhaft
registrierte Modifikationen meiner vertrauten Umwelt. Ob ich bestimmte Geräusche überhören kann, hängt bei alltäglichen Verrichtungen weniger von
deren absoluter Lautstärke, als von der Regelmäßigkeit ihres Auftretens
ab[2]. Gesprächsfetzen vermögen wir ohne bewußte Hypothesenbildung "zurecht-
zuhören". Verstehend sind wir im Zuhören beim Gesagten, ohne uns Rechenschaft zu geben über die Verschiedenartigkeit der akustischen Spuren, die
mit der spezifischen Höhe und Stärke, der Geschwindigkeit und der Artikula-
tionseigenheit einer individuellen Sprechweise zutage treten. Wenn wir darauf besonders horchen, geraten wir unter Umständen in die Gefahr, im Hin
und Her der Rede den Faden zu verlieren.

So gesehen ist das menschliche Hören in der Mehrzahl der Fälle etwas

---

1 Überarbeitete Fassung des Aufsatzes "Vom menschlichen Hören", zuerst er-
  schienen in: Peter Fuchs (Hrsg.), Musikhören, Ernst Klett Verlag, Stuttgart 1969
2 Vgl. E. Goffman, Rahmen-Analyse. Ein Versuch über die Organisation von
  Alltagserfahrungen, Frankfurt/M. 1977, S. 233

anderes als das Empfangen reiner Informationen. Die Situation mit ihren Erwartungen gibt Verständnismöglichkeiten vor, in denen das Verlautende erst einen präzisen Sinn erhält. Der gleichbleibende Satz "Ich höre Musik" kann z.B. heißen: "Jetzt hat sich der Festzug in Bewegung gesetzt", aber auch: "Unsere Nachbarn scheinen wieder zu Hause zu sein", oder: "Heute leiste ich mir den Luxus, die Übertragung eines Konzerts anzuhören". Dieses Eingelassensein des Hörens in spezifische Situationen tritt besonders deutlich in so außergewöhnlichen Erscheinungen wie einem wahnhaften Ausgesetztsein hervor, in dem jemand Stimmen hört, oder auf alltäglichere Weise in der Empfindlichkeit des sogenannten Ammenschlafs. Die innere Abhängigkeit des Hörens von der gesamten Situation des Menschen reicht tief unter den Bereich des bewußt Kontrollierbaren hinab.

Hören steht in Spannung zum Verstehen. Nur vor diesem Hintergrund kann die Frage angemessen gestellt werden, in welcher Weise das, was im Labor experimentell erforscht wird, mit dem menschlichen Gebrauch des Gehörs in Beziehung steht. So ist, um nur ein Beispiel zu nennen, die Erforschung des absoluten Gehörs ein entlegenes Sonderproblem, das aus der elementaren Verbundenheit von Hören und Verstehen hinausführt. Künstlich isolierte Schälle "gibt" es nur in der weltlosen Sphäre des Labors. "Das war cis": dafür bedarf es keines Verstehens, es wird vielmehr eine Konditionierung erprobt oder eine Information abgerufen. Nur wenn man davon ausgeht, daß jegliches Registrieren oder Reagieren auf akustische Reize "hören" genannt werden kann, lassen sich auf solche Feststellungen Folgerungen über das menschliche Hören aufbauen. Computer leisten auf diesem Gebiet mehr als der Mensch, und dennoch hören Computer nichts. Ebensowenig finden wir uns imstande, mit Sicherheit zu sagen, daß ein in tiefer Bewußtlosigkeit liegender Patient etwas höre, wenn er auf einen akustischen Reiz diffus reagiert[3]. Dieses Nur-noch-Reagieren eines desintegrierten Organismus ist eben qualitativ verschieden vom wirklichen Hören, auch dann, wenn eine Beteiligung des Hörorgans angenommen werden kann. Hören-können im vollen Sinn wird durch die ins Spiel gebrachte Subjektivität ermöglicht.

Kehren wir noch einmal zur Orientierung am einfachen Sprachgebrauch zurück. Je mehr in der Rede der instrumentale Aspekt hervorgehoben werden soll, desto leichter scheint es, "hören" durch "horchen" zu ersetzen. Für "abhören" bzw. "abhorchen" und "zuhören" bzw. "zuhorchen" trifft das dem Anschein nach zu. Man muß aber auch hier differenzieren: was der Arzt bei der Auskultation tut, kann in der Umgangssprache "abhören" oder "abhorchen" genannt werden. Anders ist es in der Wendung vom Abhören eines geheimen Senders. "Abhorchen" legt das Gewicht mehr auf die Schärfe des Gehörs, mit dessen Hilfe gewissen Indizien nachgegangen wird, während man mit dem Abhören des Senders die Ausrichtung auf das inhaltliche Verstehen im Blick

---

3 Nachdenklich macht freilich die Bemerkung Jean Pauls, daß das Ohr "der erste Sinn des Lebenden, wie der letzte des Sterbenden ist" (Levana oder Erziehlehre. Werke in 12 Bd., hrsg. v. N. Miller, Wien und München 1975, Bd. 9, S. 593).

hat. Auch die scheinbare Gleichartigkeit von "zuhören" und "zuhorchen" löst sich bei genauerem Hinsehen wieder auf: Wer im Gespräch zuhört, ist als Partner (als potentieller Sprecher) von vornherein anders einbezogen als der, der - erlaubtermaßen oder nicht - zuhorcht. Dem Zuhorchenden mag keine Regung entgehen. Gerade daran zeigt sich, wie äußerlich er in seinem Verhältnis zum wirklichen Gespräch bleibt, in dem durch das Hören und Sprechen hindurch in intensiver Gegenseitigkeit Gedanken gebildet werden, wobei die Äußerlichkeiten der Gestik oder der Umgebung versinken oder nicht mehr zählen. Das Zuhören des Gesprächspartners ist als Hören im ganzen vom freien Erwidern-können bestimmt.

So kristallisiert sich nun doch eine durchgehende Eigenheit des Hörens gegenüber dem Horchen heraus. Während das Horchen den instrumentalen Aspekt hervorhebt, muß das Hören von der kommunikativen Struktur des Erfahrens und Verstehens her aufgefaßt werden. Andere Bestimmungen gilt es an dieser noch sehr allgemeinen Feststellung zu prüfen.

Lauschen und Horchen sind nah verwandt. Das bezeugt schon der Umstand, daß in mehreren Sprachen für die gemeinten Einstellungen nur ein Wort gebraucht wird (vgl. französisch "écouter", englisch "to listen", tschechisch "naslouchati"). In der deutschen Hochsprache hat das Intensivum von "hören", nämlich "horchen", das oberdeutsche "losen", von dem "lauschen" abstammt, erst spät verdrängt. Wir sind aber doch auch hier imstande, eine spätere Nuancierung zu verzeichnen. "Lauschen" bezieht sich auf leisere und verhohlenere Formen; mit diesem Charakter mag es sich für gewisse poetische Verharmlosungen angeboten haben. Im Lauschen wird die naturgegebene Schärfe des Hörorgans ausgenutzt, aber eher in gewaltlos-hingebender Weise, während das Horchen zur angestrengten Bemächtigung hinneigt, wie man selbst am angespannten Gesichtsausdruck merken kann[4].

Aber noch einmal: Der Lauschende gibt das Bild dessen ab, der sich selbst als Quelle irgendwelcher Lebenszeichen ausschaltet und ganz Ohr wird. Die sprachgeschichtliche Erinnerung an das Verborgenliegen beim Auflauern des Wildes ist hier wertvoll. Die Sphäre des Wechselgesprächs, die den Horizont für die Aufklärung des Hörens abgibt, ist bei diesem einseitigen Bezug gar nicht erst angeschnitten. Dann ist das Lauschen aber auch nicht in der gleichen Weise dem elementaren Sinnverstehen zuzuweisen. Man kann sich das an Menschen klar machen, die einem Redner hingegeben lauschen und die Art seines Vortrags genießen, ohne sich dem Gesagten wirklich verstehend zuzuwenden.

Hat das Lauschen einen Zug von wacher, gewaltloser Sensitivität, so hat das Horchen einen Zug konzentrierter Schärfe. Horchen verbindet sich wirkungsvoll mit gespanntem Scharfsinn. Der Horchende wendet sich der Schallquelle erwartungsvoll und manchmal mit penetranter Deutlichkeit zu. Im

---

4 Das dürfte im Französischen dem Unterschied zwischen "prêter l'oreille (à qch.)" einerseits und "écouter attentivement" andererseits entsprechen. Im Tschechischen kann man zur Übersetzung von "lauschen" bezeichnenderweise neben "naslouchati" (horchen) auch "číhati" (lauern, aufpassen) und "vyzvídati" (auskundschaften) verwenden.

Unterschied zum Hören geht das Horchen nicht vom Schon-verstehen aus, sondern muß sich erst einmal in eine Spur hineintasten, ehe es sich in das sinnverstehende Hören hinein lösen kann. Ich horche etwa im Maschinenlärm und im Stimmengewirr auf etwas, das sozusagen quer liegt, erkenne Fetzen einer Melodie und kann sie schließlich heraushören. Oder in der umgekehrten Richtung: Jemand spricht anders als gewöhnlich, ich horche auf und beginne den gönnerhaften Unterton herauszuhören, d.h. die Rede anders zu verstehen. Aufhorchen bezeichnet über das Akustische im engeren Sinn hinaus ein intellektuelles Wachwerden, das das analytische Vermögen mobilisiert. Damit mag zusammenhängen, daß das Aufhorchen-machen auch unter den Erziehungsmaßnahmen einen ausgesprochen aufklärerischen Zug hat.

Trifft die bisherige Beschreibung zu, dann ist es nicht möglich, die Bezeichnung "Intensivum" beim Verb "horchen" ganz wörtlich zu nehmen. Horchen ist etwas anderes als gesteigertes Hören. Die Konzeption des Horchens greift mehr nach der Richtung der Nutzung des leiblichen Organs aus, nach der Ausnutzung der Kapazität, des Frequenzbereichs, also grob gesprochen der instrumentalen Möglichkeiten, auf die man sich dabei stützt. Das Hören dagegen zielt mehr auf die kommunikative Bindung an die Situation, auf das Gewahrwerden des Sinnes und in dieser Weise auf das im historischen, politischen, musikalischen Verstehen geschulte "Ohr".

Das Horchen hat mehr mit der aktiven Vorbereitung solchen Verstehens zu tun. Wichtig ist an ihm nämlich nicht allein die instrumentelle Schärfe, sondern auch die lockere Wachheit, die allzu frühe Festlegungen verwehrt. Nicht nur zum Hören, sondern schon zum Horchen gehört die Bereitwilligkeit, Erklingendem zu folgen, also bei Sequenzen intelligent mitzugehen. In diesem Grundzug liegt die Analogie zum Gehorchen. So hat die Theologie unserer Zeit in der menschlichen Offenheit des Horchens die fundamentale Bedingung gesehen, die dem Hören-können (im Sinne des Ansprechbarseins) den Boden bereitet[5]. Gehorchen ist so gesehen Folgen im Sinne des Sich-etwas-gesagt-

---

5 Zur potentia oboedientialis als Voraussetzung des Vernehmens des Wortes Gottes vgl. K. Rahner, Hörer des Wortes. Zur Grundlegung einer Religionsphilosophie, München 1940. Pädagogisch versuchte anzuschließen Fr. März, Hören, Gehorchen und personale Existenz, München o.J. Auf das biblische Verständnis kann hier leider nicht näher eingegangen werden; vgl. dazu Kl. Lammers, Hören, Sehen und Glauben im Neuen Testament, 2. Aufl. Stuttgart 1967.
   Weitere Hinweise auf die Beziehung des Hörens zur Sphäre von Religion und Mythologie sind dem Werk von K. Kerényi zu entnehmen. Der Begriff pistis z.B. ist von Verbformen abgeleitet, die mit "überreden" und "folgen" zu tun haben. "Im Deutschen wäre πίστις ... Vertrauenswürdigkeit und Vertrauensfähigkeit in einem" (Der Mythos des Glaubens. In: Antike Religion, Wiesbaden 1978, S. 262). Der römische Begriff der religio bezeichnet im Unterschied zur griechischen Schau der Götter und Ideen eher das anschmiegsame Hinhören auf das fatum (Höhepunkte der griechischen und römischen religiösen Erfahrung. In: Antike Religion, a.a.O., S. 121 ff.). Sich einschwingendes Hinhören ist, wie bei allem Verstehen, Voraussetzung dafür, Mythologeme für sich reden zu lassen (Mythologie und Gnosis. In: Humanistische Seelenforschung, München und Wien 1966, S. 154 f.). Die Analogien, die Cl. Lévi-Strauss zwischen Mythologie und musikalischer Komposition herstellt, enthalten nicht nur einen biographischen, sondern auch einen ästhesiologischen Aspekt (Mythologica I-IV, Frankfurt/M. 1976).

sein-Lassens. Oboedire bedeutet ursprünglich "auf etwas eingehen". Hier
wird es in die Richtung gewendet, daß es im Gehorchen um die Öffnung für
den Anspruch oder Zuspruch geht, der den Menschen zu einer seiner Bestimmung entsprechenden Auseinandersetzung mit der Welt bewegt. Im rechten Horchen wird für ein solches "Gehorchen" der Grund gelegt.

Theologischen Auslegungen zu folgen, ist hier nicht der Ort. Man sollte
nur das eine sehen, daß zwischen dem einsichtigen Gehorsam von Kindern und
blinder Hörigkeit klar zu unterscheiden ist. Die Hörigkeit entbehrt in ihrer pathischen Besessenheit und Ausweglosigkeit jener freien Gegenseitigkeit
vollkommen, welche die Struktur des Hörens, aber auch noch des Gehorchens
bestimmt.

Besonderheiten des Gewahrwerdens durch das Gehör

Die vorläufige Vergewisserung über die Art, wie die Weisen des Gewahrwerdens durch das Gehör in unserer Sprache gesichtet werden, bestärkt uns in
der Annahme, daß immer auch vom menschlichen Verhalten im ganzen gehandelt
wird, wenn vom Gebrauch der Sinne die Rede ist. Lassen wir aber von umfassenderen Fragestellungen ab, um den Modus des Gehörs näher zu untersuchen.
Im Hören als einem Gewahrwerden im Medium von Klängen und Geräuschen geschieht etwas gleichsam von zwei Enden her. Das Eindringlichwerden von
außen und das Resonieren von innen sind zwei Aspekte desselben unteilbaren
Vorgangs. Was ist das aber, woran man in diesem Geschehen teilhat?

Der Physiker unterscheidet Klänge und Geräusche, je nachdem ob von perio-
dischen Schwingungen gesprochen werden kann oder nicht. Man unterscheidet
aber auch einzelne Töne von komplexen Klängen. Für viele Zwecke ergibt das
eine brauchbare Einteilung. Die phänomenale Fülle des Hörerlebnisses ist
allerdings auf solche Weise nicht auszuschöpfen. Es muß schon auffallen,
daß unsere Sprache, blickt man auf das Verhältnis von "Klang" zu "klingen",
im Falle des Geräusches kein analoges Verb aufzuweisen hat (denn "rauschen"
vermag mit seiner eingeschränkten Bedeutung diese Stelle nicht zu besetzen).
Die Trommel "klingt" für uns dumpf, Schritte "machen" bestimmte Geräusche,
die man als Knarren o.ä. näher bestimmen kann. Im Gespräch kann ein Satz,
sobald sich die Situation gewandelt hat, anders "klingen" als zuvor. Vielfältige Bedeutungsnuancen stecken also in Wörtern wie "Klang", und es wäre
gewiß falsch, sich bei ihrer Aufklärung unbesehen an die in der Physik un-
erläßliche, aber eben methodisch erzwungene definitorische Einschränkung
des Sprachgebrauchs zu halten. Die Begriffe Geräusch und Klang ergeben wohl
auch keine befriedigende (symmetrische) Ordnung akustischer Erscheinungen.
Adjektive wie "laut" und "leise", "dumpf", "sonor" oder "schrill", die zur
Charakterisierung von Klängen herangezogen werden, beziehen sich eben nicht
nur auf die Geräuschkomponente, sondern sagen etwas über die gesamte Klang-
qualität aus. Es würde sich lohnen, diesen Anfängen der Beschreibung von
Gehörsqualitäten linguistisch nachzugehen, ehe man die gewöhnliche Sprache
der Ungenauigkeit bezichtigt - und sich dann mit willkürlichen Definitio-

nen behilft[6].

Auch Begriffe wie "Klang" und "Ton" enthalten bestimmte Deutungen. Klang erregt von außen, er steht für eine stimmend-gestimmte Einheit. Die Sphärenklänge, von denen die Antike gesprochen hat, verdeutlichen vielleicht, was damit gemeint ist[7]. Im Klang verschmelzen einzelne Töne zu einer wirkenden Qualität. "Ton" läßt stärker an Erzeugung und Durchhalten der hörbaren Qualität denken. Das beginnt empfindungsmäßig bereits beim isolierten akustischen Reiz. Zu denken ist aber auch an den Ton, auf den etwas gestimmt ist (wie ein melodischer Verlauf auf die Tonika bezogen wird oder im Gespräch ein bestimmter Ton durchgehalten wird). "Ton" konnte in der mittelhochdeutschen Dichtung der in seiner Eigenheit kunstvoll durchgehaltene Behandlungsstil genannt werden; eine Auffassung, die noch im 18. und 19. Jahrhundert fruchtbare Nachwirkungen in der deutschen Poesie zu zeitigen vermochte[8]. Solche Implikationen bestimmen auch heute noch unsere Rede mit. Auf einer allgemeineren Ebene sei aber die begriffliche Zusammenfassung als Klang erlaubt. Der Klang ist die immanente Synthesis von Hören und Gehörtem. Er verweist von sich aus auf die Klangerzeugung und die Hörfähigkeit, auf das Bewirken und das Vernehmen, und zwar so, daß das eine nicht ohne das andere vorzustellen ist. Recht besehen gilt der Ausdruck "immanente Synthesis" auch für andere Wahrnehmungsarten[9]. Und doch finden sich Abstufungen hinsichtlich des erlebten Grades der Vergegenständlichung. Das Gesehene steht in der Regel als festes Gebilde, als klar umrissene Gestalt vor Augen. Die Sehwahrnehmung ergibt den Eindruck einer stabilen Umwelt im

---

6 Wird der scheinbar feste Unterschied von Klang und Geräusch durch elektronische Klangerzeugung ins Gleiten gebracht, die starre Unterscheidung von Ton und Akkord in stationären Tongemischen aufgehoben oder Tönen durch eine unkonventionelle Hervorbringung ein rauher, fremdartiger Reiz verliehen ("smear" und "wip" im Jazz, Verschleifungen im Hot-Song), so wandelt sich auf lange Sicht auch die Höreinstellung (vgl. die Beiträge von H. Eimert und J.E. Berendt in J.E. Berendt/J. Uhde (Hrsg.), Prisma der gegenwärtigen Musik, Hamburg 1959).

7 Vgl. den Traum Scipios in M. Tullius Cicero, De Re Publica, Paderborn 1957, S. 122 ff.

8 In der Zeit des Minnesangs steht "Ton" für Metrum, Reimschema und Melodie zusammen. Vgl. P. Wapnewski, Deutsche Literatur des Mittelalters, Göttingen 1960, S. 83. Von der höfischen Dichtung sagt Wapnewski, sie erziehe ihr Publikum "zu einer geradezu unglaubhaften Sensibilität im Hören, Aufspüren und Erleben der Form- und Klangkultur" (S. 48). Das bedeutendste Zeugnis der späten poetischen Tonlehre enthält Hölderlins Werk. Vgl. L.J. Ryan, Hölderlins Lehre vom Wechsel der Töne, Stuttgart 1960.

9 J. König schreibt bei der Auslegung einer Stelle aus Schellings "Philosophie der Kunst": "Zum Klang gehört das Gehörorgan unmittelbar. Das ist nicht trivial und rein faktisch so zu verstehen, daß das Gehörorgan eben Etwas hört und daß das Gehörte ein Hörendes voraussetzt. Vielmehr wird hier auch der Klang als ein Mittleres, genauer als eine immanente Synthesis aus Gehörtem und Hörendem gefaßt. Er ist ... eine 'Form für sich' ..." (Der Begriff der Intuition. Halle 1926, S. 166 f.). E. Straus betont die "phänomenale zeitliche Co-Existenz von Klang und Hören, während das Sichtbare in einer eigentümlichen Weise zeit-indifferent ist gegen den Blick ..." (Die Ästhesiologie und ihre Bedeutung für das Verständnis der Halluzinationen. In: E. Straus/J. Zutt (Hrsg.), Die Wahnwelten (Endogene Psychosen), Frankfurt/M. 1963, S. 134.

Sinne des Vorhandenen. Der Klang hat demgegenüber im aktuellen Erklingen seine "Substanz", er quillt gleichsam konturlos bleibend aus der Mitte seiner Erzeugung hervor. Er verweist nicht wie ein Akzidens auf einen substanzialen Kern (wie sichtbare Merkmale an einem Gegenstand haftend vorgestellt werden können), sondern wird eher als Ausdruck eines Innern erlebt (selbst im Erklingen angeschlagener Metalle oder im Murren eines aufziehenden Gewitters)[10]. Die Greifbarkeit des Vorhandenen geht dem Klang ab und damit auch der Werkzeugcharakter von Dingen, die man als Mittel "nehmen" kann, um die Umwelt zu bearbeiten. Klang wirkt raumdurchdringend und bleibt doch in seiner raumüberwindenden Gegenwärtigkeit unfaßbar im Vergleich mit der sichtbaren Form der Dinge. Raumdurchdringend, in diesem Sinne entgrenzend, hat der Klang, ganz abweichend vom Sichtbaren, keine Rückbeziehung zu einem Horizont. Was dort in der Spannung von Perspektive und Gesichtskreis aufgerollt wird, ist hier, wenn auch mit einer gewissen Abstufung der Tiefe nach erfahren, aufgehoben durch die Voluminosität und Penetranz des Klanges[11]. Der Klang wird als rein anflutender vernommen. Empfindungshomologien ziehen sich von hier aus zur reinen Farbwahrnehmung hinüber, insofern diese umso reiner realisiert wird, als die Konturierung hinter die bloße phänomenale Ausbreitung zurücktreten kann.

Während man sich sehend auf eine gegenständlich umrissene, mit sicheren Orientierungsmalen aufwartende Welt richtet, präsentiert das Gehör eine Welt fließenden Geschehens[12]. Klang realisiert sich an- und abklingend, als Melos durch Modulation. Der Sinnesmodus des Hörens ist seinem Wesen nach verzeitlichend. Faßt man Gesicht und Gehör als theoretische Sinne auf, dann muß man erläuternd hinzufügen, daß in der verzeitlichenden Struktur des Gehörs die Möglichkeit des Vorlaufens und Rückwendens aus einer gestaltenden Mitte heraus eröffnet wird; die verinnerlichende Rückwendung ist in der formalen Struktur bereits unausdrückliche Reflexion. Sehen hat mit distanzierendem Vor-sich-Bringen zu tun, mit objektivierendem Erkennen und prüfendem Auseinanderlegen. Sehen zielt stärker auf die Thematik des Extensiven, Hören stärker auf die Thematik inneren Verstehens[13]. Beide tragen aber,

---

10 Daß sich im Klingen gleichsam "die Seele der Körper äußert" und das Ohr "dadurch das Innere der Gegenstände für das Innere selbst werden" läßt (G.W.Fr. Hegel, Ästhetik. Mit einem einführenden Essay von G. Lukács, Berlin 1955, S. 584), ist eine in der idealistischen Ästhetik allgemein akzeptierte Vorstellung.

11 Daß wir Schallereignissen in besonderer Weise ausgesetzt sind, hängt auch damit zusammen, daß das Ohr (wie die Haut) nicht "das Auge schließen" kann (vgl. A. Montagu, Körperkontakt. Die Bedeutung der Haut für die Entwicklung des Menschen, Stuttgart 1974, S. 118). Die Steigerung raumerfüllender Effekte durch moderne Lautsprechersysteme gehört heute zu den Ambivalenzen technisierter Privathaushalte. Zur "Eindringlichkeit" vgl. auch H. Pleßners Abschnitt über die Ästhesiologie des Hörens in: Anthropologie der Sinne (Neue Anthropologie, hrsg. v. H.-G. Gadamer u. P. Vogler, Bd. 7, Stuttgart 1975, S. 3–63).

12 E. Goffman meint, daß es im Hörspiel nicht so kompliziert wie im Theater zugehen könne, weil sich Laute nicht so leicht voneinander trennen ließen wie Gesichtswahrnehmungen (a.a.O., S. 232).

13 Vgl. H. Pleßner, Die Einheit der Sinne. Grundlinien einer Ästhesiologie des Geistes (Nachdruck der 1. Auflage), Bonn 1965, S. 267 und S. 272 ff.

und das verbindet die Sinnesmodi, die Möglichkeit der Objektivierung in sich.

Das läßt sich exemplarisch an den jeweiligen Künsten verdeutlichen. Zeit-überbrückend wirkende Gebilde, seien es nun Werke von kompakter Gegenständlichkeit oder Reproduktionen aufgrund hinlänglich genauer Notationen, gibt es für die Gebiete des Gesichts und des Gehörs, sie sind für die anderen Modi nicht in vergleichbarer Weise hervorzubringen. Warum das so ist, - diese Frage würde weit in die physische Organisation unseres Leibes hineinführen. Auch die anderen Wahrnehmungsweisen sind der Zeitlichkeit nicht einfach entzogen. Im Unterschied zu ihnen hat das Hören aber nicht nur einen zeitlichen Aspekt, sondern ist ursprünglich und notwendig zeitlich, d.h. es ist, was es sein kann, nur als vollzogene Genese. Kein anderer Sinnesmodus eignet sich daher so zur gleichnishaften Darstellung des Wesens endlicher zeitlicher Prozesse im Leben wie die kunstvolle Gestaltung in der Sphäre des Gehörs, also die musikalische Durchführung eines Themas. Kierkegaard[14], das sei einschränkend hinzugefügt, hat bemerkt, daß das Wesen des Historischen an der Zeitlichkeit in diese kategoriale "Leistung" der Musik nicht eingeschlossen sei. Entstehen und Vergehen, das Auf und Ab sich verschränkender Motive und dergleichen mehr kommt aber gerade durch diese Abblendung der Geschichtlichkeit im musikalischen Gleichnis besonders rein zur Darstellung. Nicht nur die Zeitlichkeit, sondern auch die Räumlichkeit erfährt im Modus des Gehörs eine eigentümliche Abwandlung. An räumlichen Empfindungen beim Steigen und Fallen des melodischen Verlaufs wird deutlich, wie das Hörerlebnis in der Leiblichkeit verwurzelt ist. Der Leib inszeniert und figuriert den Klang, wenigstens virtuell, mit, er leiht ihm dazu sein Körperschema. Mit seiner Stimme kann sich der Mensch direkt an der Schallerzeugung beteiligen, eine Möglichkeit, für die er im visuellen Bereich ohne technische Vorrichtungen kein Analogon hat (denn er kann nicht das Licht für sein Sehen leiblich erzeugen). Die leibliche Ausdrucksbewegung ist zudem der Eigenart des Gehörten affin; Hörereignisse bleiben dem leiblichen Erleben nicht einfach äußerlich. H. Pleßner spricht von der "Ausgegossenheit des Leibes in den Schallstrom"[15]. Was an Gesten erweckt und bis zum gestalteten Tanz gesteigert werden kann, wird ansatzhaft ("innerlich") in jedem Anhören von Musik erlebt. Dieser Unterschied ist im Hinblick auf das Verhältnis des Visuellen zur Bewegung wohl zu beachten. Das Verlauten und Hören der eigenen Stimme wird vom Rhythmus des lebendigen Atems getragen. Rhythmische Ordnungen und ihre Differenzierungen werden in der Verflechtung mit den in ihnen modulierten Klangfiguren daher sehr elementar motorisch empfunden und mehr

---

14 Kierkegaard muß das von seinem Gesichtskreis aus etwas anders formulieren: Die Musik schließt zwar "ein Moment der Zeit in sich, verläuft jedoch nicht in der Zeit, es wäre denn in uneigentlichem Sinn. Jedenfalls vermag sie das Geschichtliche der Zeit nicht auszudrücken" (Entweder - Oder. Ein Lebensfragment, hrsg. v. V. Eremita [Sören Kierkegaard]. Übers. v. O. Gleiß, Dresden und Leipzig o.J., S. 52 f.)

15 H. Pleßner, Die Einheit der Sinne, a.a.O., S. 218

oder weniger spontan beantwortet. Nicht nur der Klang allein wirkt in den
affektiven Bereich hinein als bannende und in Bewegung versetzende Macht.
Sicher zehrt das Erleben dabei von vital bedeutsamen Funktionen, die auch
im tierischen Leben am Werke sind.

Vielleicht erscheinen nun die physikalisch beschreibbaren Vorgänge überspielt, die doch zweifellos auch in Rechnung zu stellen sind. Das Problem
ist in diesem Abschnitt aber die Konstitution des Hörens in seiner Bedeutung für das erlebende Subjekt. Auf dieser Ebene treten Verhältnisse auf,
die durch die physikalische Analyse der Rezeption von Schällen nicht zurei-
chend erfaßt werden können. E. Straus hat das an folgendem Problem erläutert[16]: Was wir als Stille bezeichnen, ist physikalisch wegen des völligen
Fehlens datierbarer Prozesse ein bloßes nihil. Wäre die Wahrnehmung rein
physikalisch als Reizverarbeitung darzustellen, dann bliebe es unbegreif-
lich, warum wir die Stille als solche und analog die Bedeutsamkeit einer
Pause im musikalischen Werk "hören" könnten. Fest steht aber, daß wir dazu
imstande sind. Klang und Stille, oder intermodal: Fülle und Leere sind
Aspekte eines Wirkungszusammenhangs, die sich gegenseitig fordern. So etwas
kennen wir auch im Verhältnis von Sprechen und Schweigen bei der menschlichen Rede. Was auf diese Weise für- und durcheinander ist, läßt sich nicht
kausalgenetisch darstellen, sondern nur dialektisch begreifen.

Klang wirkt eindrucksmächtig, Klang kann bezaubern[17]. Diesen an die pa-
thische Sphäre rührenden Charakter nennt E. Straus "physiognomisch"; in dieser Bestimmung waltet aber wiederum die visuelle Komponente zu weit vor.
Gemeint ist, daß der Mensch über den Klang unmittelbar affektiv angerührt
werden kann. Es liegt nahe, sich das am Phänomen der Stimmung zu verdeutlichen. So wie sie sich unter dem Einfluß von Musik z.B. einstellt, verändert
sich nicht nur eine dünne emotionale Schicht, sondern das gesamte Weltver-
hältnis des Menschen[18]. Die Abständigkeit und Abgehobenheit des handelnden
Subjekts in einer vorwiegend visuell geordneten Welt wird aufgelöst, an die
Stelle des sich aktiv orientierenden Subjekts, das die jeweiligen Gegenden
mit dem Blick abtastet, sich Perspektiven erschließt und gestaltend ein-
greift, tritt unter dem Eindruck der Klänge ein im Zeitstrom artikuliertes
Empfinden, in dem es offenbar stärker darauf ankommt, sich auf die Modulation des Hörbaren pathisch einzulassen. Aus dem erfahrenen Ganzen hebt sich
ein verfügungsmächtiges Subjekt nicht mit derselben Schärfe hervor. Die
Klangwelt wirkt vollräumig, als voluminöse Sphäre. Man ist auch leiblich
anders in ihr als bei der aktiven Richtung des Blicks auf den scharf poin-
tierten Raum, in dem man Abstand gewinnen und auf etwas zeigen kann, da das

16 E. Straus, Vom Sinn der Sinne. Ein Beitrag zur Grundlegung der Psychologie, 2. Aufl. Berlin, Göttingen, Heidelberg 1956, S. 107 ff.

17 Nietzsche spottet herzhaft über den alten Philosophenglauben, daß alle
Musik Sirenenmusik sei (Die fröhliche Wissenschaft Nr. 372, München o.J.,
S. 328). Gegen die Furcht vor den übermächtigen Sinnen und gegen die
Leugnung der Musik des Lebens gelte es gerade aufzutreten.

18 Vgl. die Auffassung von der Natur verschieden stimmender Tonarten bei
den Griechen (Aristoteles: Politik 1340 a ff.)

Volumen des hinter dem Rücken befindlichen Raumes anders in das gesamte Empfinden einbezogen ist. Zugleich ist der widerhallende Raum aber auch gerundeter oder begrenzter für den Hörenden, wie das Bild der Klangsphäre schon nahelegt, während die gesehene Welt für den wandernden Blick offen und unabschließbar bleibt, trotz des Horizonts. Gestimmtsein ist in einem recht wörtlichen Sinne Eingenommensein von Wirkungen, aber nicht nach der Art der gewaltsamen Besetzung, sondern durch ein Sich-bereiten füreinander, das von innen nach außen und von außen nach innen zu gehen scheint. Für diesen Prozeß des Ins-Reine-kommens auf Gegenseitigkeit hat sich der sprachliche Vergleich mit der Stimmung eines Instruments angeboten, also die Analogie zu dem Vorgang, in dem Töne zu einer reinen Qualität verschmelzen. Wir sehen nebenbei, daß auch die mehr zuständliche Stimmung von einer immanenten Zeitlichkeit zehrt, von der der Grad subjektiver Empfänglichkeit und die Resonanzfähigkeit funktional abhängen. Von hier aus könnte man fragen, woher es kommt, daß so viele Beschreibungen emotionaler Vorgänge auf Metaphern aus der Klangwelt zurückgreifen[19].

Klang hat also mit Bezauberung zu tun; das gilt nicht erst für das ausgeführte carmen[20]. Eingenommensein bedeutet nicht notwendig Verfall der Selbständigkeit, denn nicht die Helle des bei sich selber anfangenden Bewußtseins ist die Gewähr für frei entschiedenes Tun, sondern die Inständigkeit des Verstehens, wie sie sich auf das Wort des andern hin ergibt. Daß diese positive Möglichkeit aber auch eine mehrdeutige Tiefe hat, durch die sie weit ins Unkontrollierbare hinabreicht, zeigt sich daran, daß z.B. die wahnhafte Entgrenzung des Gegenüberbefindens von Welt und Person den Menschen besonders im Gehör beunruhigt, etwa im Lautwerden von Gedanken, im Hören von Stimmen bei gleichzeitig feststellbarem Partnerschwund usw.[21]. Was andererseits tauben Menschen an affektiver Differenzierung abzugehen droht, und wie sich unter Umständen die Einseitigkeit ihres Empfindens in Mißtrauen zeigen kann, wäre näher zu untersuchen[22]. Die Anthropologie des

---

19 Metaphysik, die von der Anschauung ausgeht, trennt das Bildhafte vom Unsichtbaren, das Diesseitige vom Jenseitigen; sie reflektiert die Doppelsinnigkeit der Grenzen und Horizonte. Die Metaphysik des Hörens interpretiert die immanente Synthesis des Klangs, das unmittelbar Stimmende und Ansprechende der Klangwelt. Phänomenal wird in ihr eher die Immanenz der Transzendenz erfahren. Mythos und Wortoffenbarung im weitesten Sinn zehren von dieser Möglichkeit der Resonanz des Logos im menschlichen Innern. In der Besinnung auf das Unvorgreifliche bedient sich das metaphysische Denken der Struktureigentümlichkeiten der Sinne. Aber ebenso wahr ist vielleicht der Gedanke, daß unsere Sinne über eine metaphysische Struktur verfügen.

20 Über den Rhythmus als Zwang und das Melos als Besänftigungsmittel vgl. Fr. Nietzsche, Die fröhliche Wissenschaft, Nr. 84, a.a.O., S. 121

21 Vgl. hierzu W. v. Baeyer, Der Begriff der Begegnung in der Psychiatrie, in: E. Straus/J. Zutt (Hrsg.), Die Wahnwelten, a.a.O., S. 233 und E. Straus, Die Ästhesiologie und ihre Bedeutung für das Verständnis der Halluzinationen, a.a.O., S. 144 und 146

22 Kant war der Meinung, Taubstumme könnten überhaupt nur ein Analogon der Vernunft erlangen (Anthropologie in pragmatischer Hinsicht. Werke in 10 Bd. hrsg. v. W. Weischedel, Bd. 10, Darmstadt 1968, S. 448).

Gehörs führt weit in die leibliche Bedingtheit der menschlichen Sinngebung hinein.

Wir gehen aber nicht diesem Problem nach, sondern wollen uns des am Anfang Gesagten erinnern, daß es darauf ankomme, keinen Sinnesmodus ausschließlich für sich zu betrachten, sondern seine Funktion im Gesamten des intentionalen Verhaltens des Subjekts zu verstehen und zu analysieren[23]. Wie steht es nun um das Ineinandergreifen der Sinnesleistungen?

Häufig muß man feststellen, daß das Zusammenspiel zu rasch im Sinne einer Summation der Leistungen mißdeutet wird. Auch für die sogenannten theoretischen Sinne gilt, daß die produktivste Auseinandersetzung mit der Umwelt nicht aus einem gleichmäßigen Miteinanderfungieren hervorgeht, sondern eher durch eine wechselnde, auf die Bedürfnisse abgestimmte Akzentuierung ermöglicht wird. Das gilt schon für ganz alltägliche Vorkommnisse: So fixiert man z.B. mit den Augen, während man telefoniert, ein bestimmtes Ding, folgt vielleicht einer Person auf dem Gehsteig mit dem Blick, ohne das Sehen doch wirklich mit subjektiver Anteilnahme zu vollziehen. Man ist ganz Ohr. Erst nachträglich kommt einem zu Bewußtsein, daß die Augen auf diesem oder jenem geruht haben. Und umgekehrt kann man feststellen, daß das intensive Anhören von Musik mit typischen Haltungen der Versunkenheit und der Abwendung von optischen Reizen verbunden ist; der Hörer nimmt zeitweilig die Brille ab usw. Der eine Sinnesmodus tritt zugunsten der Sensibilisierung im andern Gebiet zurück. Selbstverständlich gibt es Kunstformen, in denen sich die Sinnesmodi gegenseitig stützen. Das reine Hören verzichtet aber auf das Gesicht. Ja, wir wagen sogar zu sagen: Der reine akustische Raum ist der nächtliche Raum - dies jedoch längst vor jeder kulturellen Ausformung im Konzertwesen oder ähnlichen Erscheinungen[24]. Offen bleiben dann aber erzieherische Fragen. Auch die Ausschöpfung der sinnlichen Möglichkeiten des Gehörs, nicht nur des individuellen Feinsinns, sondern der elementaren Strukturen der Versinnlichung überhaupt, will gelernt werden. Schwerlich wird man dieses Feld, in dem noch manches unentdeckt im Boden des Vormusikalischen ruht und fruchtbar gemacht werden kann, den Spezialisten der Werbung für ihre Zwecke überlassen wollen. Aber wer hat in der Pädagogik seit Pestalozzi den Sinn des Gehörs noch einmal thematisiert?[25]

---

23 G. Büchner in seiner Probevorlesung (Über Schädelnerven) 1836 in Zürich: "Die passive Seite des Nervenlebens erscheint unter der allgemeinen Form der Sensibilität; die sogenannten einzelnen Sinne sind nichts als Modifikationen dieses allgemeinen Sinnes; Sehen, Hören, Riechen, Schmecken sind nur die feineren Blüten desselben ... Ihre Sinne sind nichts Hinzugefügtes, sie sind nur Modifikationen in einer höheren Potenz" (G. Büchner, Werke, Wiesbaden o.J., S. 233).

24 Über die Beziehung des Nachtraums zum akustischen Raum vgl. O.F. Bollnow, Mensch und Raum, Stuttgart 1963, S. 224 ff. und S. 305 f.; dort findet sich auch das Zitat aus E. Minkowskis Buch: "Eine Melodie, eine Symphonie, selbst ein einzelner Ton, vor allem wenn er schwer und tief ist, verlängern sich in uns hinein, durchdringen uns bis in den Grund unsres Seins, klingen wirklich in uns wieder" (S. 306).

25 J.H. Pestalozzi, Über den Sinn des Gehörs, in Hinsicht auf Menschenbildung durch Ton und Sprache. In: Sämtliche Werke, hrsg. v. A. Buchenau, E. Spranger und H. Stettbacher, 16. Bd., Berlin und Leipzig 1935,

Verständiges, d.h. hingebungsfähiges und kritisches Hören ist nicht nur eine Angelegenheit, derer sich bestimmte Schulfächer anzunehmen haben, es ist eine Erziehungsaufgabe schlechthin. Das wird nur deshalb nicht klar herausgearbeitet, weil die Didaktik einseitig auf den Grundgedanken der Anschauung fixiert ist und mit der zu weiten Fassung dieses an sich wichtigen Begriffs vieles nivelliert hat, was nun erst mühsam in seiner eigenen Bedeutung aufgehellt werden muß. Vielleicht ist es nicht sinnvoll, der Anschauung das Hören, dem ästhetischen das akroamatische Vermögen begrifflich gegenüberzustellen, nachdem sich nun einmal andere terminologische Gepflogenheiten eingebürgert haben; aber betonen müssen wir dennoch, daß das Hörenlernen eine eigene, dem Sehenlernen ebenbürtige, ja dieses in seine Dimension einweisende Erziehungsaufgabe darstellt.

Die Abhängigkeit der Bildung des menschlichen Gehörs vom Sprechen

Der Ausbau des Gehörs zu einem kritischen, d.h. durch Reflexion geschärften Sinn stellt selbst gegenüber erstaunlichen tierischen Formen eine neuartige synthetische Leistung auf einem durch die Evolution bis dahin nicht erreichten Niveau dar[26]. Die zunehmende Kraft und Geschicklichkeit, sich in einem Handlungszusammenhang zu sich selbst zurückzuwenden und prüfen zu können, ergibt sich in reger Wechselwirkung mit der Differenzierung von Innenleben und Außenwelt, von der A. Gehlen im Rahmen seiner Bewegungs- und Sprachtheorie handelt[27]. Dieser Prozeß beginnt mit so scheinbar trivialen Erscheinungen wie dem Lallen, das vom Säugling selbst gehört, d.h. als produzierte Lautbewegung rückempfunden und spielerisch abgewandelt und weiterentwickelt wird. Qualitative Veränderungen treten ein, sobald Wörter in ihrer signikativen und metaphorischen Bedeutung gebraucht (also "gekonnt") werden. Auch sie schwingen sich nun mit ihrer kategorialen Leistung in den das Innere und das Äußere zunehmend artikulierenden Auseinandersetzungsprozeß hinein, bereichernd, gliedernd und umgestaltend. Die Erschließung der inneren Dimension und die rückwärtige Abhängigkeit des "inneren Ohrs" vom rechten Gebrauch des leiblichen Gehörs bleibt bei aller Alltäglichkeit und Selbstverständlichkeit des Vorgangs doch höchst merkwürdig und rätselhaft. Es werden ja auf diese Weise nicht einfach Namen gespeichert und Nomenklaturen aufgebaut, es werden auf diesem Wege auch Gefühle verdichtet und im inneren Sprechen Haltungen angenommen. Nicht allein die Sichtweisen, sondern die Stile der Anwendung und Abwandlung werden mit dem Sprechenlernen verinnerlicht. Für die ständig weiterspielende Variation bietet nicht zuletzt die Wirkung

---

S. 263 ff.; vgl. dazu W. Maier, Sprache und Erziehung bei J.H. Pestalozzi. In: Schulpraxis. Monatsschrift des Bernischen Lehrervereins 1966/1-2, S. 10 ff.

26 Zum Mensch-Tier-Vergleich sowie zur technischen Simulation vgl. G. Bräuer, Vom menschlichen Hören. In: P. Fuchs (Hrsg.), Musikhören, Stuttgart 1969, insbes. S. 40-46.

27 A. Gehlen, Der Mensch. Seine Natur und seine Stellung in der Welt. II. Teil: Wahrnehmung, Bewegung, Sprache, 7. Aufl. Frankfurt/M. und Bonn 1962, S. 131 ff.

der klanglichen Modulation bei der Intonation ein bedeutsames Mittel. Die
Biegsamkeit, Abstufbarkeit, die Möglichkeit der Steigerung von Tempo und
Intensität der verlautenden Stimme wirkt zurück auf die Spielweite der Deutung beim Anhören und damit beim verinnerlichenden Vernehmen[28]. Die Möglichkeit der völligen Entbindung vom äußerlichen Verlauten ist ein weiterer
Schritt; aus ihm folgt die Sublimierung zum rein innerlichen Dialog, ohne
den weder ein intellektuelles, noch ein vertieftes emotionales Leben ernsthaft gedacht werden kann[29]. Argument und Gegenargument werden - im Modus
reiner Möglichkeit - nun mit verschiedener Deutlichkeit im Gehör erprobt;
am Anfang leihen dabei wohl Erwachsene dem Vorgang ihre Stimme, später geschieht auch darin eine weiterschreitende Entsinnlichung und symbolische
Verkürzung. Und doch liegt im inneren Hören zugleich die Möglichkeit zur
Konkretisierung ständig bereit, denn auch die Bildung jener Innerlichkeit
im Medium der Musik bleibt ja erhalten, und auch sie wirkt mit ihrem Reichtum an dynamischen Mustern und ihren qualitativen Strukturen zurück auf die
kulturspezifische Gefühlswelt, als deren Ausdruck sie oft zu einseitig aufgefaßt wird.

Aus diesem Prozeß der zunehmenden Differenzierung von Innen- und Außenwelt tritt ein neuer, spezifisch menschlicher Vorgang hervor, der dem Hören
seine intersubjektive, auf personale Gegenseitigkeit aufbauende Bedeutung
gibt. Im Medium der Sprache lernt der Mensch, sich in den anderen Menschen
hineinzuversetzen und in diesem Sinne auf den andern Bezug zu nehmen. Th.
Litt und H. Pleßner haben für diese Einstellungsmöglichkeit die Wendung von
der Reziprozität der Perspektiven geprägt[30]. Konkret bedeutet das: Was ich
im Gespräch äußere, kann ich nicht nur realiter mit eigenen Ohren, sondern
virtuell zusätzlich mit den Ohren der übrigen Gesprächsteilnehmer hören,
und unter diesem vorweggenommenen Eindruck vermag ich die Gedankenführung
mit einem gewissen Spielraum an innerer Freiheit zu gestalten. Das Hören
polarisiert sich gleichsam in der dialogischen Struktur.

Diese Möglichkeit stellt aber ohne Zweifel wiederum eine wesentliche
Voraussetzung der meisten Formen musikalischer Gestaltung dar. Sekundär ist
im Vergleich zu dieser grundlegenden Einsicht die Frage, wie sich so etwas
in der Kulturgeschichte entwickelt, vom spielerischen Wechselgesang oder
Orientierungsrufen angefangen bis hin zu den kultischen Responsorien. (Es
ist bekannt, daß wichtige Kompositionsgesichtspunkte auf rhetorische Be-
handlungsarten zurückgeführt werden können.) Die Kunst des Instrumental-

---

28 Von der Bereicherung, die man erfährt, wenn man jemanden wirklich als
   Person - mit allen Gefühlstönungen und dem, was zugleich an Allgemeinem
   mitschwingt - hört, spricht C.R. Rogers eindrucksvoll (Lernen in Freiheit.
   Zur Bildungsreform in Schule und Universität, München 1974, S. 214 f.).

29 P.R. Hofstätter betont die große Bedeutung des allmählichen Erwerbs der
   Fähigkeit, leise zu lesen und lautlos zu sprechen für die Entwicklung
   des Denkens und für die Verinnerlichung des Menschen in: Einführung in
   die Sozialpsychologie, 2. Aufl. Stuttgart 1959, S. 238 ff.

30 Vgl. Th. Litt, Individuum und Gemeinschaft, 3. Aufl. Leipzig 1926;
   H. Pleßner, Conditio humana, Pfullingen 1964, S. 36 ff.

spiels, beispielhaft im Streichquartett verwirklicht, ruht auf elementaren Tugenden, die nur aus der Gesprächskultur erwachsen konnten. Hochgradige Indirektheit und Vermitteltheit auch des Hörens, Entlastung, und mit ihr hinzugewonnene Aufmerksamkeit für das gemeinsam Hervorzubringende unter Absehen von eigenwilligen Profilierungsbestrebungen, - sie bilden erst den Grund, auf dem sich reife künstlerische Gestaltung erheben kann.

Das hat mit dem Hören mehr zu tun, als fürs erste scheinen möchte. Verinnerlichung und Hineinfinden in die dialogische Gegenseitigkeit bilden die Voraussetzung dessen, was wir vernünftiges Verhalten nennen. Denn was die Vernunft auszeichnet und worin sie über die konsequente Enge des Verstandes hinausreicht, ist ihre Art des "Vernehmens". M. Heidegger spricht, um von ihr die Vorstellung gewaltsamen Vereinnahmens fernzuhalten, von einem In-Acht-nehmen oder einem Ankommen-lassen. Die vernehmende Vernunft ist gewillt, mit dem, was sich kundtut, wirklich etwas anzufangen[31]. In dieser Sinnrichtung war auch zu lesen, was anfangs über die Eigenart des Gehorchens gesagt wurde, denn auch hier fußt das "Folgen" im Hören-können und zielt auf vernünftiges Handeln. Vielleicht kann man sagen: Während der Mensch sich im Auge-Hand-Feld auf die zweckmäßige Orientierung und den formenden Zugriff einübt und bis zur rationalen Vermessung vorstößt, eröffnet der Sinn des Gehörs die Möglichkeit, sich etwas sagen zu lassen und zugleich immer wieder Unvoreingenommenheit aufzubringen. Der Wille, wach, unverstellt und genau zu vernehmen, ist die Tugend des Hörens.

Dies alles, die verinnerlichende Wirkung, der Ausbau der dialogischen Struktur und die Verwurzelung der Vernunft im Hören, bliebe aber unverständlich, blickte man nicht noch einmal auf das entscheidende Problem: die Verfeinerung der menschlichen Wahrnehmung durch sprachliche Weisungen und Winke. Eine Einsatzstelle für weiterführende Untersuchungen dieses Problems hat V. v. Weizsäcker mit der Erkenntnis des prädikativen Charakters der menschlichen Wahrnehmung bezeichnet. Es liegt nahe, auch seine Anregung

---

31 M. Heidegger schreibt: "Im νοεῖν geht uns das Vernommene so an, daß wir es eigens vornehmen, mit ihm etwas anfangen. Aber wohin nehmen wir das zu-Vernehmende auf? Wie nehmen wir es vor? Wir nehmen es in Acht". "... das νοεῖν entfaltet sich vom λέγειν her. Das Nehmen ist kein Zugreifen, sondern ein Ankommenlassen des Vorliegenden". "Das Denken ist demnach kein Greifen, weder ein Zugriff auf das Vorliegende, noch ein Angriff dagegen. Das Vorliegende wird im λέγειν und νοεῖν nicht mit Griffen be-arbeitet" (Was heißt denken? Tübingen 1954, S. 124, 127, 128). W. Schadewaldt leitet "noein" sprachlich von "snovos" her und bringt es mit einem dem Geist zugrunde liegenden Witterungsvermögen in Verbindung; ähnlich wie bei der "phronesis" (von phronein, "bei den Sinnen sein" ursprünglich) wäre also an ein vorintellektuelles, in den Sinnen gegründetes Vernehmen-können zu denken (Die Anfänge der Philosophie bei den Griechen. Tübinger Vorlesungen Bd. I, Frankfurt/M. 1978, S. 71, 163 f., 166 f.). Bei dieser Gelegenheit sei darauf hingewiesen, daß die Stellen noch nicht in ihrem Zusammenhang untersucht worden sind, an denen sich Heidegger mit dem Modus des Hörens befaßt; vgl. vor allem: Sein und Zeit, § 34 (7. Aufl. Tübingen 1953, S. 163); Heraklit - Vorbereitung auf das Hören des Λόγος . Gesamtausgabe Bd. 55, Frankfurt/M. 1979, S. 238-260; Zur Seinsfrage. Gesamtausgabe Bd. 9, a.a.O. 1976, S. 408; Der Satz vom Grund, Pfullingen 1957, S. 87 f.

ernst zu nehmen, die alte Frage nach dem "sensorium commune" noch einmal aufzuwerfen und zu prüfen, inwiefern ein solches einerseits im Körperschema, andererseits aber vielleicht in der Metaphorik der Sprache am Werk ist[32].

Mit dem ersten Gedanken ist gemeint, daß das Hinhören auf etwas von vorgreifenden Bestimmungen zehrt. Man hört Klänge als ... (z.B. Teile einer Invention von Bach), je nach den individuellen Erfahrungen und erlernten Methoden, und gerade wenn man sich dabei täuscht, zeigt sich, in welch starkem Maß eine dirigierende Vorleistung am Werk gewesen ist. Nur der Mensch kann sich verhören, weil allein sein Gehör von sprachlich gebahnten kategorialen Leistungen durchschossen ist. Das intelligente, kritische Hören fußt auf der zweigeteilten Möglichkeit, sprachliche Entwürfe mit Bedeutung erfüllen und zugleich zu starre Erwartungen auch produktiv abwandeln und die neue Wirkung eines überraschenden Klangreizes genießen zu können. Die Spannweite zwischen Vertrautem, das erwartet werden kann, und dem provozierenden Reiz des Unerwarteten lockt die innere Beweglichkeit intelligenten Hörens erst hervor[33].

Die Musikerziehung darf sich nicht scheuen, alle Mittel sprachlichen Benennens, Beschreibens und Gliederns in Dienst zu nehmen. Mit sprachlichen Ausdrücken läßt sich ein Verlauf darstellen, ein Motiv herausheben, eine kompositorische Struktur durchsichtig machen. Die Sprache trifft das Gemeinte dabei auch ohne visuelle Vermittlung; schon ein Wort vermag den Akt des Hörens im ganzen umzustrukturieren. "Achten Sie in den nächsten Takten auf die dumpfen Stöße, die ungewöhnliche Klangfarbe kommt zustande, indem ..." "Nun wird von den Bratschen das Thema aufgenommen, das ..." - solche Pointierungen leiten zum verstehenden Mitvollzug an und vermögen die Modifikation als solche in der Rückbeziehung auf bekannte Muster hervortreten zu lassen. Der Hörer wird im Medium der Sprache also in neue Verstehensmöglichkeiten hineingeführt, unter Umständen aber natürlich auch zu inadäquaten Erwartungen verführt. Welche Bedeutung wäre also der sprachlichen Kultivierung der Musiklehrer zuzumessen! Dazu gehörte nicht nur die fachterminologische Schulung, sondern ebenso die Kunst des evozierenden Kommentars, der den Gebrauch metaphorischer Wendungen keineswegs künstlich zu vermeiden braucht. Auf dem Boden dieser sprachpädagogischen Bemühung wird im Musikunterricht das Operieren mit visuellen Stützen erst sinnvoll. Musizieren ist eben mehr als routinehafte Dechiffrierung von Zeichenkomplexen, wie überhaupt der Musikunterricht an einer allgemeinbildenden Schule nicht ein-

---

32 Zum prädikativen Charakter der Wahrnehmung vgl. V. v. Weizsäcker, Der Gestaltkreis. Theorie der Einheit von Wahrnehmen und Bewegen, 4. Aufl. Stuttgart 1950, S. 87, 96 f., 105, 167 f., zum sensorium commune a.a.O., S. 79 und Pathosophie, Göttingen 1956, S. 201

33 Vgl. zur Sensibilisierung des Gehörs in diesem Sinne z.B. W. Roscher über das Aushorchen von Klangstrukturen im Spiel mit Lindners Instrumenten (Polyästhetische Erziehung. Klänge - Texte - Bilder - Szenen. Theorien und Modelle zur pädagogischen Praxis, hrsg. v. W. Roscher, Köln 1976, S. 94)

seitig auf die Beherrschung spezieller technischer Fertigkeiten auszurichten ist; ebenso wenig sollte er aber einseitig gebunden werden an das, was die Schüler ohnehin konsumieren und improvisieren, gerade noch technisch meistern und aufführen können[34], sie sollen ja auch zur Auseinandersetzung mit Werken der Musikkultur geführt werden, welche die eigenen praktischen Fähigkeiten weit übersteigen. Und da gibt es keinen anderen Weg mehr als den der Erziehung zu sensitivem und differenziertem Hören, dem die sprachliche Strukturierung auf die Sprünge hilft.

Daß unser Gewahrwerden sprachlich bedingt ist, gilt für die gesamte Wahrnehmung. Die aktuelle Einheit der Sinnesmodalitäten ist in den meisten Lebenslagen schon dadurch geschaffen, daß die einzelnen organischen Leistungen sich dem jeweiligen Bedürfnis gemäß stützen und ineinanderspielen, um intermodale Erfahrungen zu konstituieren. Sie wird darüber hinaus aber von den verschiedenen Sprechweisen noch einmal intersubjektiv gefaßt und vor jedem bewußten Aufmerken vorgedeutet. Dieses offene System ineinander verketteter Sprechweisen, das über quasi-sensorische Formen ebenso verfügt wie über Begriffe hoher Allgemeinheit, öffnet den Verband der Wahrnehmungsleistungen vom bloß vital Dienlichen in die gesellschaftliche und kulturhistorische Dimension und gibt damit auch dem Sinn des Gehörs die Chance zur Erneuerung, also zur inneren Abwandlung des Gewohnten, zur Revision und damit zum Bruch mit den Verhärtungen des Gehörs. Hören-lernen wird zum Teilproblem der Erziehung zur Urteilsfähigkeit überhaupt im Medium steigender sprachlicher Bewußtheit, angelegt darauf, alle Verengungen und Erstarrungen aufzuheben, um das Wahrnehmen zu dem zu machen, was es in einer Kultur in Wahrheit sein kann[35].

Die geschichtliche Bildung des Gehörs

Die Sinne bilden sich zu menschlichen Potenzen nur in der Auseinandersetzung mit den Möglichkeiten, die ihnen durch die äußere Welt und die inneren Bedürfnisse wechselweise zugespielt werden. Darum bildet sich auch das Gehör als menschliches Organ erst im Medium der Kultur und in ihr an den großen Werken der Dichtung und der Musik. Diese entscheidende Einsicht hat K. Marx folgendermaßen ausgesprochen:

> "Wie erst die Musik den musikalischen Sinn des Menschen erweckt, wie für das unmusikalische Ohr die schönste Musik *keinen* Sinn hat, [kein] Gegenstand ist, weil mein Gegenstand nur die Bestätigung einer meiner Wesenskräfte sein kann, also nur so für mich sein kann, wie meine Wesenskraft als subjektive Fähigkeit für sich ist, weil der Sinn eines Gegenstandes für mich (nur Sinn für einen ihm entsprechenden Sinn hat) gerade so weit geht, als *mein* Sinn geht, darum sind die *Sinne* des gesellschaftlichen

---

34 Vgl. A. Copland: Vom richtigen Anhören der Musik. Ein Komponist an sein Publikum. Reinbek bei Hamburg 1967, S. 17; die scharfe, wohl nicht in allen Punkten gerechte Auseinandersetzung Th.W. Adornos mit der Musikpädagogik wird als bekannt vorausgesetzt (Dissonanzen. Musik in der verwalteten Welt, 3. Aufl. Göttingen 1963).

35 Inwiefern sich die gesellschaftliche Problematik in Strukturen des Hörens ausdrückt, legt Th.W. Adorno in seiner Typologie des Hörens dar. Vgl.: Einleitung in die Musiksoziologie. Zwölf theoretische Vorlesungen, Frankfurt/M. 1968, I.: Typen musikalischen Verhaltens.

Menschen *andere* Sinne wie die des ungesellschaftlichen; erst durch den gegenständlich entfalteten Reichtum des menschlichen Wesens wird der Reichtum der subjektiven *menschlichen* Sinnlichkeit, wird ein musikalisches Ohr, ein Auge für die Schönheit der Form, kurz, werden erst menschlicher Genüsse fähige *Sinne*, Sinne, welche als *menschliche* Wesenskräfte sich bestätigen, teils erst ausgebildet, teils erst erzeugt. Denn nicht nur die fünf Sinne, sondern auch die sogenannten geistigen Sinne, die praktischen Sinne (Wille, Liebe etc.), mit einem Wort der *menschliche* Sinn, die Menschlichkeit der Sinne wird erst durch das Dasein *seines* Gegenstandes, durch die *vermenschlichte* Natur. Die *Bildung* der fünf Sinne ist eine Arbeit der ganzen bisherigen Weltgeschichte"[36].

Geht eine solche Feststellung aber nicht zu schnell über die erbgenetischen Bedingungen, also z.B. über die Tatsache musikalischer Spezialbegabungen hinweg? Das Problem besteht entgegen älteren nativistischen Auffassungen eben darin, daß in zunehmendem Maße erkannt wird, daß auch Begabungen sich nur innerhalb des Rahmens kultureller Erwartungen artikulieren. Man wird also auf die Strukturen der Begabung achten müssen. Auch die musikalische Begabung besteht wohl eher aus Dispositionen zur Behandlung von Feinstrukturen, zur Verfügung über weitreichende kombinatorische Wirkungen, aus einer besonderen Ansprechbarkeit im sensorisch-affektiven Bereich usw. Im Rahmen eines anderen Bezugssystems kann sie unter Umständen auch eine andere Zuspitzung erfahren. M.J. Langeveld hat das, wenn die Erinnerung nicht trügt, einmal so verdeutlicht, daß ein Mensch, der in der neuzeitlichen europäischen Kultur über eine musikalische Begabung verfügt, in einer primitiven Jägerkultur vielleicht einen besonderen Rang als geschickter Imitator von Vogelstimmen erhalten hätte. Die Begabung konkretisiert sich im sozio-kulturellen Kontext, sie organisiert und festigt sich unter dem Einfluß der Chancen und Widerstände, die ihr vom Leben einer bestimmten Zeit und besonders in den erzieherischen Bemühungen der Erwachsenen entgegengebracht werden.

Allgemeiner gesprochen heißt das: Die Erziehung des Gehörs ist von epochalen Erwartungen abhängig. Im Stil des Vortrags und in der Schulung des Ohrs für das, was abstößt, was sich verträgt oder als wohlklingend empfunden werden kann, sind Bedürfnisse am Werk, die oft erst nachträglich entdeckt werden. Das gilt für die Einschätzung der Sprache ebenso wie für die Bewertung der Musik. Die ästhetische Qualifikation wandelt sich, sei es kurzfristig in Moden oder langfristig im Umbruch der Stile. Diese geschichtliche Wandelbarkeit hängt schon damit zusammen, daß die Musik z.B. ihre Wurzeln in recht verschiedenen Lebensäußerungen hat, also einen einheitlichen Bedingungszusammenhang gar nicht darstellt. Was sich in ihr als Kunstgattung zusammengeschlossen hat, ergab sich nicht aus der Entfaltung präfigurierter Möglichkeiten des Gehörs, so als läge schon in der Natur des Organs ein fertiges Objektivationsschema, das nur noch Zug um Zug ausgefüllt zu werden verlangte. Klänge und Rhythmen wurden in Arbeit und Spiel, erotischem Umgang und Kult, in Zauber und Mythos zur Steigerung seelischer Zu-

---

36 K. Marx, Zur Kritik der Nationalökonomie - ökonomisch-philosophische Manuskripte. In: Frühe Schriften. Bd. I, hrsg. v. H.-J. Lieber und P. Furth, Darmstadt 1962, S. 601

stände und zur Differenzierung der Gefühle, zum Ausdruck sympathetischen Erlebens wie zur rituellen Selbstdarstellung und zu vielem anderen benutzt, ehe die Idee der Kunstgattung überhaupt gefaßt werden konnte. Und bei rechtem Licht besehen bleibt ja die Musik für jede Zeit unfertig. Die scheinbare Wesenseinheit droht immer wieder auseinanderzubrechen. Man tut deshalb gut mit der Annahme, daß sie sich aus mehreren irreduziblen Ursprüngen speist, die auf verschiedenartige menschliche Bedürfnisse zurückweisen. Man muß sich hüten, das einmal errungene ästhetische Verständnis einer Hochkultur allzu unbesehen als Ontologie der Kunst in die anfänglichen Bedingungen hineinzuspiegeln.

Es ist demnach auch nicht so, daß einem von Natur aus gleichbleibenden menschlichen Gehör nur verschiedenartige Reize unter wechselnden kulturhistorischen Voraussetzungen angeboten werden. In seine menschlichen Möglichkeiten gelangt das Hören erst in der Konfrontation mit den verschiedenen poetischen, rhetorischen und musikalischen Stilen hinein, die den großen Werken das Gepräge geben. Das ist der Sinn des Satzes von Marx, daß die Sinne als menschliche erst in der Geschichte gebildet würden. Schon dadurch, daß der Mensch in eine Kultur hineingeboren wird, deren Bedingungen als einem historischen Apriori er sich anbequemen muß, geht die individuelle Ausbildung seines Gehörs von Vorentscheidungen über die Funktion des Hörens aus, die mit der Einschätzung in anderen Epochen nicht bruchlos zusammenzupassen brauchen. Die vertonten Sequenzen einer Messe, die im liturgischen Mitvollzug gehört werden, werden dort anders vernommen als im Konzertsaal, wo sie im Werkzusammenhang eines Komponisten ästhetisch beurteilt werden. Der Beziehungsreichtum der Musik bringt es schon mit sich, daß in ihr unter wechselnden Umständen nicht dasselbe gehört zu werden vermag; aber das Problem liegt noch tiefer: Die Fähigkeit zu hören ist im ganzen in einer Zeit anders, in der die Wahl zwischen liturgischem und konzertantem Gebrauch besteht als in einer Zeit, in welcher von solchen Alternativen nicht gesprochen werden konnte. Mit einem etwas anders gelagerten Beispiel: Es wäre für uns interessant zu erfahren, was ein Japaner empfindet, wenn er sich mit seinen kulturspezifischen Gefühlen und seiner von anderen musikalischen Traditionen abhängigen Gehörsbildung, ja unter dem Vorzeichen einer anderen Beziehung der Kunst zum Leben mit europäischer Musik beschäftigt, ob er den Abstand zwischen tonaler und atonaler Musik ähnlich wahrnimmt wie der Durchschnittseuropäer usw.[37]. Unter dem Eindruck solcher interkultureller Vergleiche müßten vermutlich die ästhesiologischen Erkenntnisse einer neuen Prüfung unterzogen werden.

Für die überschaubaren Verhältnisse der innereuropäischen Überlieferung der letzten Jahrhunderte ergeben sich aber dieselben Probleme. Hörgewohn-

---

37 Den Unterschied der Voraussetzungen europäischer und koreanischer Musik macht W. Roscher mit einem Hinweis Isang Yuns deutlich: "Wenn in der Musik Europas erst die Ton-Folge Leben gewinnt, wobei der Einzelton relativ abstrakt sein kann, lebt bei uns schon der Ton für sich. Man kann unsere Töne mit Pinselstrichen vergleichen im Gegensatz zur Linie eines Zeichenstifts" (W. Roscher, a.a.O., S. 196).

heiten, die auf scheinbaren musikalischen Gesetzmäßigkeiten beruhen, werden vehement in Frage gestellt und revidiert[38]. Was der Wandel der Aufführungspraxis bis zur Änderung der Agogik, der Instrumentation usw. mit sich bringt, läßt sich nur in wirkungsgeschichtlichen Kategorien sachgerecht beschreiben[39]. Wie ein überliefertes Werk wirklich klingen müßte, läßt sich nicht durch einen Rückgang in die originale Situation ausmachen, sondern allein in der Reflexion des seither erreichten Verständnisses der Zeit und der Gattung, der Bedeutung der seither eingesetzten technischen Errungenschaften. Auch der Werksinn kann nur im Bewußtsein des wirkungsgeschichtlichen Abstands neu bestimmt, nie aber unter den damaligen Bedingungen hervorgebracht werden.

In strenger Wechselwirkung hat sich aber eben auch das Gehör verändert, es hat sich nicht nur weiter ausgefächert, sondern an anderen Klangstrukturen geschult und neu organisiert. Barocke Tafelmusik kann man z.B. unter den ursprünglichen Bedingungen nicht mehr produzieren und hören, da sie weder in ihre gesellschaftliche Funktion noch einmal eingebettet werden kann, die natürlich eine wesentliche Vorgabe für die Art des Zuhörens (oder nur hintergründigen Wahrnehmens) dargestellt hat, noch die geringe Bedeutung der Klangfarbe für die authentische Reproduktion von unserer Seite nüchtern eingeschätzt zu werden vermag. Es wäre sinnwidrig, in solchen Fällen auf die Echtheit der Aufführung dringen zu wollen, weil eben das Domestikenhafte des Musikanten, das Geklapper des Geschirrs und die gedämpfte Unterhaltung für uns doch einen radikal anderen Charakter annähme. Das Gehör ist auch mit der Veränderung des sozialen Bewußtseins anders geworden.

Das zeigt sofort ein Sprung in die Gegenwart. Die grenzenlose technische Reproduzierbarkeit der Musik und die Breitenwirkung der Surrogate haben für das Hören eine noch nie dagewesene Situation geschaffen. Ständisch geprägte Formen des Musikgenusses fristen ein Sonderdasein neben der Beliebigkeit des privaten Konsums. Das Ergebnis ist mehrdeutig, denn neben den Chancen der Verfeinerung, Vertiefung, des Zuwachses an Einsicht oder wie man die bildende Wirkung auch fassen mag, finden sich extreme Formen der Verfälschung und Entfremdung des Gehörs. Die geschichtliche Bildung zeitigt in der massenhaften Verbreitung und Produktion auch massenhaft Zerr- und Gegenbilder des sachgemäßen Hörens. Als Ware massenhaft verbrauchte Musik erzeugt ein Gehör, das Quantitäten und Qualitäten gleich achtlos vertilgt. Die Antwort auf die Herausforderungen der Konsumkultur unsrer Tage wird also schwerlich allein in der Pflege kindlicher Singfreude oder musikali-

---

38 Der romantische Ausbruch, in dem Bettina Brentano angeblich unumstößliche Ohrengesetze zu verschimmelten Vorurteilen erklärt und die Gevatternschaft der Tonarten am liebsten in die Luft sprengen möchte (Cl. Brentano: Frühlingskranz aus Jugendbriefen ihm geflochten wie er selbst schriftlich verlangte [1844], München 1967, S. 99), hat seine reale Entsprechung in der ihrer Epoche folgenden Musik.

39 Das Problem der Wirkungsgeschichte für die Theorie des Verstehens herausgearbeitet zu haben, ist H.-G. Gadamers Verdienst. Vgl.: Wahrheit und Methode. Grundzüge einer philosophischen Hermeneutik, Tübingen 1960, S. 234 ff., 324 ff.

scher Selbsttätigkeit gefunden werden können; sie muß vielmehr die sinnliche Bildung des Gehörs in eine umfassende Erziehung zu kritischem Wahrnehmen und Urteilen einfügen. Anders als mit dieser Aufgabenstellung einer Erziehung zu sensitivem und kritischem Hören wird sich der Musikunterricht an unseren Schulen nicht mehr rechtfertigen lassen.

Der Mensch: Gespräch und Gesang

Die Aufgabe einer Anthropologie der Sinne[40] besteht darin, die Tätigkeiten und Leiden der verschiedenen Sinne als spezifisch menschliche Lebensmöglichkeiten zu erfassen. In ihrer besonderen Beschaffenheit können sie weder aus Vorformen animalischer Funktionen kontinuierlich hergeleitet noch durch technische Apparaturen ersetzt werden, wenn es um die eigene subjektive Erfahrung geht. Wie das menschliche Hören etwas aufnimmt, empfindet und zu Erlerntem in Beziehung setzt, läßt sich nur im Rahmen des Sinnverstehens und des Sprechen-könnens angemessen beschreiben. Die Evolution hat mit dem Menschen ein Lebewesen hervorgebracht, das in einer in der vorausgehenden Entwicklung unbekannten Weise für die eigene Sinngebung offen ist. Diese neue Ansprechbarkeit, in welcher einzelne Wahrnehmungen stets auch indirekt auf das umfassende Ganze bezogen werden können, bildet die Möglichkeit der Bestimmbarkeit durch Vernunft[41]. Die Bestimmbarkeit durch Vernunft charakterisiert also auch das Besondere des menschlichen Gehörs.

Fortwährend wird das Gehör durchflutet und von manchem provoziert und irritiert; es bildet sich auf lange Sicht an den Werken der Sprache und der Musik. Inwiefern kommt in ihnen das Menschenmögliche zum Ausdruck?

"Viel hat von Morgen an,
Seit ein Gespräch wir sind und hören voneinander,
Erfahren der Mensch; bald sind wir aber Gesang"[42].

Was es mit dem Menschen auf sich hat, was er seinem Wesen nach sein kann, verfehlt demnach jede visuelle Vorstellung. So gesehen bleibt jeder Versuch bedenklich, Erziehungsabsichten und -ziele in Idealen (die ja immer einen quasi-visuellen Aspekt behalten) zu verfestigen; zumindest bleibt die Auffassung des Menschen mit ihnen unter der von den Griechen überkommenen Vorherrschaft des Gesichtssinnes[43].

---

40 Vgl. H. Pleßner, Anthropologie der Sinne, a.a.O., S. 3-63

41 Zum Begriff der Vernunft als der Wahrnehmung "des Ganzen", welche dem machtförmig zugreifenden Verstand "vorausgeht" und über ihn verfügt, vgl. C.Fr. v. Weizsäcker: Der Garten des Menschlichen. Beiträge zur geschichtlichen Anthropologie, München 1977, S. 61, 100, 303

42 Fr. Hölderlin, Friedensfeier. Hrsg. und erläutert v. Fr. Beißner, Stuttgart 1954, S. 10, v. 91-94. Die Stelle wird nicht vom Kontext her ausgelegt, sondern als Wink aufgenommen, um die anthropologische Fragestellung noch einmal zu modifizieren. Vgl. auch O.F. Bollnow, Sprache und Erziehung, Stuttgart 1966, S. 50 ff.

43 Vgl. M. Buber, Werke, Bd. I: Schriften zur Philosophie. München und Heidelberg 1962, S. 533. Zum Primat akustischer Grunderfahrungen in andren Kulturkreisen vgl. H.A. Fischer-Barnicol, Ästhetische Erfahrungen in intellektueller Verständigung. In: W. Roscher (Hrsg.), a.a.O., S. 56 ff.

Die auditive Grunderfahrung konstituiert uns anders. Der Mensch ist hervorgerufen in seine Existenz. Er findet sich angesprochen und lebt buchstäblich auf ein Wort hin. Er ist seiner ganzen Struktur nach ein Wesen, das sich dem andern im Dialog zuwenden und öffnen kann, um zu vernehmen und zu antworten. Menschlich vernimmt man, wo man nicht nur auf die Stimme des andern, sondern auf das Gemeinte hört und dieses im Erwidern zu durchdringen und zu verstehen versucht. Das setzt voraus, daß wir den Sinn des Gesprächs, die wechselseitige Bedingtheit von Schweigen und Sprechen, von Hören und Erwidern vorwegnehmen können. Dies bedeutet der Satz, daß der Mensch wesensmäßig ein Gespräch sei.

Hölderlins Äußerung geht darüber hinaus: Der Mensch wird Gesang sein. Ihm ist es möglich, die künftige Form des erleidenden und tätigen Miteinanderlebens als Gesang zu denken. Im Gesang offenbart sich das gesteigerte, in sonst unbekannter Reinheit erfahrene Wesen des Menschen. Gesang (und wer wollte ihn denken ohne Gehör) ist weder Vorbilden noch Nachbilden, er ist als kunstvolles Tun die Darstellung der Fähigkeit des Menschen, sinnliche Wirkung zu empfangen und, des Ganzen eingedenk, produktiv zu antworten. "Die Kunst ist unser Dank an Welt und Leben. Nachdem beide die sinnlichen und geistigen Auffassungsformen unseres Bewußtseins geschaffen haben, danken wir es ihnen, indem wir nun mit deren Hilfe noch einmal eine Welt und ein Leben erschaffen"[44].

---

44 G. Simmel, Brücke und Tür. Essays des Philosophen zur Geschichte, Religion, Kunst und Gesellschaft. Hrsg. v. M. Landmann, Stuttgart 1957, S. 177

Ulrich Hommes
WEGE AUS DER ENTFREMDUNG

I

Wenn man sich fragt, was denn das gegenwärtige Bewußtsein wohl am meisten
prägt, was das Bestimmende ist im Selbstverständnis des Menschen heute,
dann stößt man auf einen sehr merkwürdigen Sachverhalt. In welchem Bereich
immer man ansetzt, im Verhältnis des Menschen zu Technik, Wissenschaft und
Politik, im Verhältnis zu Wirtschaft, Staat und Gesellschaft, bis hin in
das unmittelbar Zwischenmenschliche von Familie, Nachbarschaft und Freundschaft, überall drängt sich eine Erfahrung auf, für die es keinen zutreffen-
deren Begriff gibt als den der Entfremdung.

Weite Bereiche der Kunst unseres Jahrhunderts haben diese Erfahrung der
Entfremdung ausdrücklich thematisiert. Es ist jedoch schwer auszumachen, ob
die Kunst selbst Opfer dieser Entfremdung geworden ist oder ob sie solche
Entfremdungserfahrung nur spiegelnd in sich aufgenommen hat, um dem Menschen
den Zustand, in dem er zu leben genötigt ist, bewußt zu machen und ihm Wege
aus der Unfreiheit zu weisen.

Ich möchte das, was mit Entfremdung gemeint ist, etwas näher angehen
zunächst einfach von der Sprache her. Entfremdung besagt so etwas wie Fremd-
werden, meint den Vorgang also, mit dem etwas sich aus der Nähe löst, in der
es ursprünglich einmal war, und aus dem Zusammenhang des Eigenen und Vertrauten tritt, der es bis dahin bestimmte. Entfremdung meint sodann auch den
Zustand, auf den solcher Vorgang des Fremdwerdens hinläuft, jene Situation
also, in der Dinge, Personen und Verhältnisse sich aus dem Zusammenhang gelöst haben, in dem sie für den Menschen zunächst standen und in dem sie ihm
eigen und vertraut waren, wo also das, was ursprünglich dem Menschen selbst
zugehört, für ihn ein Anderes geworden ist und als ein Fremdes ihm gegenüber eigene Ansprüche geltend macht.

Von all dem ist etwas zu spüren, wo sich gegenwärtig das Gefühl verbreitet, der Mensch würde die Verhältnisse, in denen er lebt, nicht mehr bestehen. Vielfach wächst die Angst, die Probleme, die das Leben in einer fortgeschrittenen Industriegesellschaft mit sich bringt, ließen sich nicht bewältigen, und die rasch fortschreitende Entwicklung werde nicht zu glückli-
cheren Zeiten führen, sondern in einer Katastrophe enden.

Das Eigentümliche dabei ist aber nun die Ahnung, daß das, was den Menschen in den gegenwärtigen Verhältnissen so bedrängt, im wesentlichen gerade von ihm selbst stammt, daß es nicht etwa Naturkatastrophen sind, denen
er sich gegenüber findet, sondern die unmittelbaren Folgen seines eigenen
Tuns. Der Zusammenhang der Industriegesellschaft ist immer komplizierter
und undurchschaubarer geworden und wirkt auf den Menschen weithin wie Nötigung und Zwang. Der ungeheure Apparat von Bürokratie und Technik erweckt im
einzelnen zunehmend das Gefühl, ein kleines, eher unnötiges Rädchen im Ge-
triebe eines Ganzen zu sein, dessen Sinn er nicht mehr sieht.

Der Mensch hat offensichtlich einen Prozeß angestoßen, der zu Kettenreaktionen geführt hat, die sich seiner Kontrolle jetzt entziehen, und es scheint so etwas wie ein selbstläufiger Fortschritt zu sein, der uns heute die eigentlichen Schwierigkeiten bereitet. Die Chance, das, was sich da so verselbständigt hat z.B. in der Beziehung zwischen Menschen oder im Verhältnis des Menschen zur Natur, die Chance dies nochmals einzuholen schwindet zusehends, und ständig weiter bleibt der Mensch hinter dem zurück, was er selbst in materieller und geistiger Hinsicht geschaffen hat. Immer weniger vermag er in diesen Verhältnissen noch wirklich sich selbst zu finden, und immer größer wird die Schwierigkeit, die ganze Veranstaltung von Wissenschaft und Technik, Wirtschaft, Verwaltung und Politik überhaupt noch als Ermöglichung von Freiheit zu begreifen.

Gerade von dem also, was einst Freiheit verhieß, von der Beherrschung der Natur durch Technik und Wissenschaft und der Organisation der Wirtschaft und der Gesellschaft fühlt sich Freiheit heute bedroht. Der Mensch erfährt sich unter die Verhältnisse subsumiert, und er fürchtet in einer trefflich organisierten und umfassend verwalteten Welt sich selbst abhanden zu kommen. Nicht nur die innere Verarmung einer Unzahl von Menschen in einer bis ins Letzte getriebenen Arbeitsteilung ist hier anzuführen, ebenso der offensichtliche Verfall verbindlicher Werte, die das Gemeinwesen tragen, und die rasch fortschreitende Ersetzung persönlicher Beziehungen zwischen den Menschen durch Beziehungen in der Art des Marktes und des Geldes, eine Situation also, wo nicht nur die Dinge schlechthin zur Ware werden, sondern das Verhalten des Menschen zu seinesgleichen sich immer mehr in der Art eines Verhaltens zu Sachen vollzieht. Die Mitmenschlichkeit wird immer dünner, die Fähigkeit zur Kommunikation schwindet.

So gibt es viele Anzeichen dafür, daß der Mensch heute weniger denn je ganz er selbst werden kann, und dies nicht etwa nur obwohl durch die fortschreitende Industrialisierung ungeahnte Möglichkeiten geschaffen wurden, sondern gerade insofern die zielstrebige Schaffung solcher Möglichkeiten immer mehr zum Ausfall dessen führt, worauf alles für erfülltes menschliches Dasein ankommt. Entfremdung wird damit zu einem Schlüsselbegriff für das Selbstverständnis des Menschen. Dieser Begriff meint heute nicht mehr nur den Bereich der Arbeit, er bezeichnet die Wirklichkeit des menschlichen Daseins schlechthin - Arbeit ebenso wie Freizeit, die Produktion so gut wie den Konsum.

Besonders deutlich läßt sich die damit angedeutete Situation fassen am Ausfall eines verläßlichen Selbstgefühls. In der Komplexität dieser Gesellschaft, im Leben also unter den Bedingungen der fortgeschrittenen Industriegesellschaft unserer Tage bleibt das elementare Bedürfnis des Menschen nach Selbstbestätigung unerfüllt. Zum einen sind die Verhältnisse bereits nicht mehr so überschaubar, daß überhaupt sichere Orientierung möglich ist, zum anderen steigert sich das Tempo der Veränderung dieser Verhältnisse ständig weiter. Sicher läßt das rasche Fortschreiten des technischen, wirtschaftlichen und sozialen Wandels immer mehr Probleme der Daseinsvorsorge lösbar scheinen, es produziert aber doch auch Probleme, und es stellt insbesondere immer· dringlicher ein Problem, das Problem nämlich, das sich der Mensch selbst dabei ist.

Dies Problem aber ist heute nicht zuletzt deshalb so schwierig geworden, weil die rapide Veränderung der Lebensbedingungen insgesamt eine große Unsicherheit bezüglich der überlieferten Werte mit sich gebracht hat, einen Schwund von Autorität und Tradition, der sich z.B. besonders deutlich zur Geltung bringt in der weitreichenden Diskussion um die Grenzen zwischen Recht und Unrecht. Institutionen, die einst vornehmlich als Vermittler solcher Werte dienten, Familie, Gemeinde und Schule z.B., verkümmern, und je mehr die überzeugende Vermittlung der überlieferten Werte aussetzt, um so hilfloser findet man sich der genannten Entwicklung ausgeliefert. Die Änderungszwänge, die sich fortschreitend rascher einstellen und die zugleich immer unabweisbarer werden, bewirken Ängste und Aggressionen, und immer schwieriger wird es für den einzelnen wie für die Gesellschaft und mögliche Gruppen in ihr, überhaupt noch zur Identität zu finden. Es gibt offensichtlich Grenzen der Fähigkeit, auf derart schnell fortschreitende Lebensverhältnisse sich wirklich einzustellen, und manches spricht dafür, daß wir an vielen Punkten an dieser Grenze angelangt sind. So aber wird schließlich der Fortschritt selbst fragwürdig, oder das, was wir gemeinhin darunter verstehen, und bedrückende Sinnlosigkeit breitet sich aus inmitten eindrucksvoller Steigerung der wirtschaftlichen Produktivität.

In dieser Situation hat eine große Fluchtbewegung eingesetzt, die Flucht weg aus einer gesellschaftlichen Realität·, in der die Schwierigkeiten für die Identität des Menschen so unübersehbar geworden sind. Auf ihre Art stellt auch diese Flucht eine Antwort dar auf die Komplexität unserer gegenwärtigen Lebensverhältnisse. Sie sucht Verhaltensweisen, die eben die Komplexität des Lebens aufzulösen versprechen, d.h. man strebt nach vereinfachten Problemlösungen, die Identifizierungsmöglichkeiten bieten, die Möglichkeit etwa von Selbstverwirklichung und Selbstgewinn.

Um hier nicht falschen Versprechungen einer Versöhnung des Menschen mit sich selbst aufzusitzen, muß man etwas grundsätzlicher fragen, was es eigentlich - anthropologisch gesehen - mit Entfremdung auf sich hat. Der Mensch lebt, indem er aus der Ausschließlichkeit reinen Fürsichseins heraustritt und in Werken und Vollzügen, in den Institutionen von Recht, Staat und Gesellschaft Wirklichkeit gewinnt. Es gehört zum Wesen des Menschen sich zu entäußern, und so tut er dies auch immer schon, selbst wo er sich nur in die Natur begibt, Werkzeuge schafft oder mit seinesgleichen zusammen ist. Überall ist der Mensch hier auf etwas angewiesen, das er selbst erst schaffen muß, d.h. menschliches Dasein ist wesentlich vermittelt. Mit dem Prozeß der Verwirklichung menschlichen Daseins in Welt, Gemeinschaft und Geschichte hat aber eben auch Entfremdung zu tun. Denn es gehört danach zum menschlichen Dasein selbst, sich in Werken z.B. der Technik und der Wissenschaft, der Wirtschaft und der Kunst zu vergegenständlichen, sich in sie zu entäußern, um darin Dauer und Gestalt zu finden. Der Freiheitssinn aber, der Sinn eben solcher Verwirklichung menschlichen Daseins liegt dabei stets in der Aneignung, im wirklichen Verständnis z.B. der Formen des Miteinanders und in der freien Anerkenntnis der dies tragenden Werte.

Und hier liegt nun das Problem. Das nämlich, was in der Entäußerung geschaffen wurde, kann sich auch verselbständigen und dem Menschen dann wie ein Fremdes sein, in dem er sich selbst nicht mehr findet. Ob hier etwas von sich her aus dem ursprünglichen Zusammenhang tritt, oder ob der Mensch nur aus eigenem Versagen z.B. das Verhältnis zu ihm verliert, mag zunächst dahingestellt bleiben. Entscheidend für unseren Zusammenhang ist, daß nun nicht Entäußerung als solche einfach mit Entfremdung gleichgesetzt werden darf, sondern aus Entäußerung Entfremdung wird, wo keine Rücknahme mehr geschieht, wo das, in das hinein der Mensch sich entäußert hat, eben nicht mehr als das Seine angenommen und erkannt wird. So gesehen ist Entfremdung also nicht etwa ein einzelner, besonderer Tatbestand, der ein für allemal aufgehoben werden könnte, etwas also, das zu heilen wäre, so wie man eine Krankheit heilt. Entfremdung ist vielmehr die ständig drohende Gefahr, daß der Mensch in der Verwirklichung seiner selbst hinter seinen eigenen Werken zurückbleibt.

Mit dieser Deutung des Prozesses menschlicher Selbstverwirklichung als Entäußerung (und d.h. zugleich eben gerade nicht einfach als Entfremdung) ist ein entscheidendes Kriterium gewonnen. Die Negativität nämlich, die wir gerne an bestimmte Formen z.B. der menschlichen Beziehungen festmachen, erweist sich dann nämlich als ein Moment, das das Handeln und Verhalten des Menschen insgesamt bestimmt, etwas, das sich zwar als solches nicht aufheben läßt, das zugleich aber doch auch positiv genommen werden muß, weil Entäußerung nicht der Gegensatz zu Selbstverwirklichung ist, sondern diese selbst gerade vollbringt. D.h. die Negativität, die darin zum Vorschein kommt, daß der Mensch sich überhaupt entäußern muß, daß Entäußerung die Form seines Daseins ist und sein Dasein insoweit auch von Entfremdung bedroht wird, diese Negativität kommt von weiter her als etwa nur aus der Arbeit und der Arbeitsteilung, sie ist Zeichen einer anfänglicheren Zerrissenheit, die sich als solche dem Zugriff des Menschen entzieht.

Je entschiedener wir deshalb z.B. den Begriff der Entfremdung von der Verheißung der Versöhnung lösen, deretwillen er heute so viele Anhänger findet, desto brauchbarer wird er zur Kritik einer Gesellschaft, die der Krise der Identität immer hilfloser gegenübersteht und die in vielen Bereichen wie gelähmt wirkt durch den Ausfall jener Aneignung, die einzig Gewähr der Wirklichkeit von Freiheit ist.

II

Wer nach Wegen aus der Entfremdung sucht, wird sich an dieser Stelle noch über eine weitere Beschränkung des gegenwärtigen Bewußtseins Rechenschaft geben müssen. Gewiß, die moderne Welt, die Freiheit verhieß, produziert auch ganz eigene Zwänge. Was uns heute Schwierigkeiten macht ist nichts, was nur noch nicht aufgearbeitet wäre, keine Last und keine Fessel, die es schon immer gab, und die eben erst noch abgeschüttelt werden muß. Wenn von

Zwängen die Rede ist, die zunehmend unsere Freiheit bedrohen, sind Zwänge gemeint, die mit eben dem gekommen sind und mit eben dem weiter anwachsen, was uns größere Freiheit bringen sollte. Es ist oft beschrieben worden wie ein geheimer Fluch, daß mit all der Anstrengung, die wir der äußeren Ordnung, Wohlfahrt und Sicherheit widmen, Sachzwänge hervorgerufen werden, die uns des Genusses von Ordnung, Wohlfahrt und Sicherheit nicht so richtig froh werden lassen. Dennoch muß man auch einmal fragen, wie denn das Freiheitsbewußtsein eigentlich beschaffen ist, das sich so betroffen fühlt zu einem Zeitpunkt, da doch die Möglichkeiten der Freiheit selbst objektiv größer sind als je zuvor.

Nimmt man diese Frage auf, zeigt sich eine ganz eigentümliche Verkümmerung im Begriff der Freiheit selbst. Wir verstehen Freiheit in der Regel als Selbstbestimmung. Frei bin ich dann, wenn nicht von außen über mich verfügt wird, wenn nicht lediglich etwas durch mich hindurch geht, was einer anderen Instanz zugehört, sondern mein Handeln und Verhalten in mir selbst entspringen und ich in diesem Handeln und Verhalten mir selbst gehöre. So verstehen wir Freiheit zunächst ganz allgemein als die Möglichkeit, das Leben in eigener Verantwortung und eigener Entscheidung zu führen - nach den je eigenen und durchaus unterschiedlichen Wünschen, Interessen und Bedürfnissen.

Solche Selbstbestimmung ist sicher ganz wesentlich für den Begriff der Freiheit. Dennoch ist sie nur ein Moment, nur die eine Seite dessen, was dieser Begriff eigentlich meint. Ganz entscheidend darüber hinaus ist dann doch die Frage des Inhalts, um den es in solcher Selbstbestimmung geht. Freiheit meint eigentlich nicht bloß, ungehindert über sich selbst bestimmen zu können. Freiheit meint sich bestimmen können zu etwas. Ich möchte frei sein von allem Zwang, weil ich frei sein will dafür, mich solchem zu widmen, das mir etwas verspricht. Die Möglichkeit zur Selbstbestimmung allein macht also Freiheit nicht aus. Zur Freiheit gehört vielmehr ganz wesentlich ein inhaltliches Moment. Unsere Freiheit kommt zu ihrem eigentlichen erst durch den Inhalt, auf den sie sich bezieht, und den sie realisiert.

Und zu diesem Inhalt möchte ich gleich noch ein Weiteres sagen. Ein Inhalt der Freiheit ist nicht irgend etwas, Inhalt von Freiheit ist vielmehr von ganz besonderer Art. Es geht im Begriff der Freiheit nicht darum, dies oder das zu tun, d.h. alles mögliche. Freiheit meint vielmehr die Möglichkeit solches zu tun, das uns erfüllt. Freiheit ist wesentlich bezogen auf etwas, das ein sinnvolles Leben möglich macht, d.h. sie ist bezogen auf solches, das in sich etwas wert ist, das mit dem Rechten und dem Wahren zu tun hat, mit dem Schönen und dem Guten. In Sachen Freiheit geht es um Inhalte, die selber frei machen.

Viele Dinge, denen wir für gewöhnlich nachjagen, lassen uns letztlich eher leer. Enttäuschung breitet sich aus, wenn sie erreicht sind, oder einfach auch nur erneut das Verlangen nach etwas, das wir noch nicht haben. Je mehr wir uns z.B. auf alle die materiellen Güter richten, die uns angeboten

werden auf dem Markt, und die wir in der Tat erarbeiten und erwirtschaften
können, desto mehr liefern wir uns den Mustern und Zwängen aus, die in diesem Bereich herrschen, und d.h. wir haben eben immer noch größere Bedürfnisse. Zunehmend verlieren wir dabei aber eben die Freiheit, deren es im
Umgang mit solchen Dingen eigentlich bedürfte, wenn sie uns zum Guten ausschlagen sollen. Ständig ist nach einem weiteren dann noch zu jagen, das
uns zum Glück zu fehlen scheint, und während wir die ganze Kraft auch hierauf noch lenken, zerrinnen uns die Chancen zwischen den Fingern, die in dem
liegen, was wir schon haben und was wir sind.

Dennoch gibt es auch sehr wohl solches, das uns wirklich bereichert, das
Zufriedenheit schenkt und Fülle, das sicher macht und frei. Jeder hat dies
ja schon einmal erfahren. Im Umgang mit Dingen etwa, die uns zum Gebrauch
zur Verfügung stehen, oder in der Begegnung mit einem Kunstwerk, das uns
etwas zu sagen hat, oder im Zusammensein mit Menschen, die wir lieben.
Schon ein Fahrzeug z.B., das meinen Lebensraum erweitert, weil es mich be-
weglich macht, schon dies kann mir tatsächlich so etwas wie Freiheit schenken. Und wo mir an einem Bild etwas aufgeht von Wesen und Gestalt der Welt,
da bewirkt ja gerade das, was mir aufgeht, daß ich mich ungeheuer frei fühle. Ebenso ersteht aus Freundschaft und Liebe, d.h. aus dem Füreinander und
Miteinander solches, das mir die Gewißheit von Freiheit beschert. Jeweils
wird da etwas in mir seiner selbst mächtig, wird groß und stark, weitet
sich aus und findet zu vorher nicht geahnter Fülle.

Der Drang in die Ferne, dem dann das Auto abhilft, die Sehnsucht nach
dem Schönen, die mich für ein Kunstwerk aufschließt, oder das Verlangen nach
Wärme und Gemeinschaft, das mich den anderen suchen läßt - alles dies ist
dabei zunächst ja wohl eher ein Zeichen von Beengtheit und Beschränkung,
eben solange es sich nicht tatsächlich erfüllt, erfüllt in der Bewegung,
beim Schönen und mit dem anderen. Sobald aber Erfüllung tatsächlich gewonnen wird, erfahre ich Befreiung, d.h. Bewegung, Schönheit und Miteinander
- um bei diesen Beispielen zu bleiben - das entwickelt selbst freimachende
Kraft. Nicht daß ich mich selbst bestimmen kann, ist hier dann das Entscheidende, sondern daß mir aus dem, dem ich mich in Freiheit zuwende, soviel
Erfüllendes zufließt.

Oder nehmen wir den Zusammenhang von Freiheit und Spiel - der auch immer
wieder beschworen wird. Freiheit hat in der Tat etwas mit Spiel zu tun, aber
primär nicht bloß so, daß ich frei sein will zu spielen, wann immer ich mag,
sondern insofern ich im Spiel, spielerisch, gerade wirklich frei werde.

Das Bezaubernde des Spiels hängt ja ganz wesentlich damit zusammen, daß
Spielen überhaupt nicht zu irgend etwas dient, daß es keine Zwecke außerhalb
seiner selbst hat, sondern sinnvoll ist eben in sich. In dieser Hinsicht erweist sich Spiel als echtes Gegenstück zu Arbeit. Arbeit hat stets einen
äußeren Zweck, der zu erfüllen ist. Wenn wir arbeiten, haben wir etwas im
Blick, das es herzustellen gilt und mit dem wir etwas erreichen wollen,
d.h. wir tun die Arbeit in der Regel gerade nicht um ihrer selbst willen.
Spielen aber ist nicht bezogen auf etwas anderes als Zweck. Spielen heißt

etwas tun, das frei ist von solcher Beziehung, das ganz in sich selbst ruht.

In vielem, was heute Spiel heißt, ist davon kaum noch etwas zu spüren. Allzuoft ist der Sinn des Spielens nicht mehr das Spiel, sondern ein eigener äußerer Zweck, z.B. ein mit dem Spiel möglicherweise verbundener materieller Gewinn. Immer totaler in den Kreislauf von Produktion und Konsum eingespannt, vermögen wir immer weniger mit den zweckfreien Aspekten unseres Lebens anzufangen. Und doch ist allein von ihnen her das Leben überhaupt menschlich zu halten. In dem Maße, wie wir uns solchem widmen, das ein sinnvolles Tun ist in sich selbst und nicht etwa weil es zu irgend etwas anderem dient, in eben dem Maße wächst die Kraft, auch alles das, was uns die arbeitsteilige Gesellschaft Tag für Tag abverlangt, wie ein Spiel anzugehen und spielend es zu erfüllen. Wer das eigene Denken, Wollen und Tun mehr als ein Mitspielen begreift, braucht das, was ihm begegnet, nicht zu ernst zu nehmen. Für den spielenden Menschen ist die Welt nicht ein Netz unentrinnbarer Sachzwänge, für ihn ist sie das Feld unabsehbarer Möglichkeit. Versuchen wir es doch einmal so, oder versuchen wir es so einmal wieder. Wir werden uns wundern, in wieviel Bezügen da plötzlich Freiheit zu spüren ist, und wie der Raum des Lebens selbst weit wird.

Spielraum, den wir für unsere Selbstbestimmung ständig suchen, meint also nicht einfach Unbestimmtheit für bloße Willkür. Freiheit ist mehr als ungehindert seinen Geschäften nachgehen können und seine Vergnügungen zu haben. Freiheit ist nicht das bloße Sichausleben. Zur Freiheit gehört vielmehr inhaltliche Bindung - eine Bindung aber, die eben je ich selbst vollbringen muß. So können wir uns z.B. sehr wohl in Entscheidungen, die das ganze Leben betreffen, und die wir für das ganze Leben festhalten wollen, tiefer frei wissen als wenn wir uns in bloßen Möglichkeiten herumtreiben und gar nicht sehen, was wir denn eigentlich anfangen sollen. Frei sind wir dann, wenn wir handeln können aus eigener Bestimmung angesichts von Möglichkeiten, in denen sich menschliches Dasein sinnvoll verwirklichen kann. Nicht wo ich alles tun kann, was ich tun mag, ist Freiheit, sondern wo ich mich Formen und Inhalten des Lebens zuwende, die mich erfüllen, und die dadurch gerade ihrerseits frei machen.

So selbstverständlich dies nun klingen mag, so wenig ist von diesem Zusammenhang zu spüren in der öffentlichen Diskussion um die Freiheit heute. Daß Freiheit zu ihrem eigentlichen kommt erst durch den Inhalt, auf den sie sich bezieht, daß also nicht die Möglichkeit der Selbstbestimmung schon Freiheit wirklich ausmacht, dies scheint vielen eine bloß metaphysische Spekulation.

Man braucht sich dazu nur einmal zu vergegenwärtigen, was im Namen von Freiheit heute alles gefordert wird. So wissen wir z.B., daß Freiheit ganz allgemein für die überwältigende Mehrheit unserer Mitbürger überhaupt der höchste Wert ist. Dabei ist Freiheit jedoch verstanden zunächst bloß als die Möglichkeit, sich ungehindert entfalten zu können. In dieser Auslegung aber besagt die Hochschätzung von Freiheit noch gar nicht viel, man müßte schon etwas Genaueres darüber wissen, was dies denn heißen soll "sich ungehindert entfalten können", d.h. wie, worin und wozu eigentlich man sich entfalten will.

Bei den konkreten Punkten aber dann, die erkennen lassen, was einer mit seiner Freiheit eigentlich meint, steht dann z.B. das eigene Auto zu fahren und abends ungestört fernzusehen, regelmäßig Urlaub zu machen und sich nach der Mode zu kleiden oft ganz oben an. Weit abgeschlagen jedenfalls erscheinen Dinge, die uns wirklich beanspruchen, die etwas von uns wollen, die uns in Pflicht nehmen für Zwecke, die über das Angenehme und Bequeme unseres eigenen Lebens hinausreichen. Natürlich soll damit nicht gesagt sein, daß Freizeit und Urlaub, Fernsehen und Mode nichts wirklich Schönes sein können. Geht man jedoch davon aus, daß Freiheit nicht hinreichend zu begreifen ist als Möglichkeit zur Selbstbestimmung, daß das, was Freiheit ist, sich letztlich vielmehr von dem Inhalt her entscheidet zu dem sie führt, dann ist es doch von einiger Bedeutung, wenn geistige und soziale, ethische, ästhetische und religiöse Inhalte erst am Ende der Skala stehen und lange nach den vielen Möglichkeiten lediglich gesteigerten materiellen Konsums kommen.

Auf vielfache Weise wird heute nach Freiheit gefragt, und überaus oft Emanzipation beschworen, meist aber ist dabei dieser wesentliche Bezug der Freiheit auf Inhalte, die frei machen, verdrängt. Wir haben eine ungeheuere Empfindsamkeit entwickelt bezüglich all der Momente, die die Selbstbestimmung betreffen, den vielen fremden Einflüssen und äußeren Zwängen gegenüber, denen wir Tag für Tag unterliegen. Dabei konzentrieren wir uns oft fast ausschließlich auf die Abweisung jeglicher Verfügung von außen. Dies jedoch muß - auf Dauer gesehen - einer sehr unguten Zuspitzung Vorschub leisten. Wir überzüchten nämlich darin das Gefühl für Selbstbestimmung in eben dem Maße, wie wir das inhaltliche Moment der Freiheit aus dem Blick verlieren. So verbreitet sich dann immer mehr das Verlangen, zunächst einmal alles abzuschütteln, was etwas von uns erwartet und von uns verlangt. Der Wunsch frei zu sein von allen Vorgaben, über alles ganz von Anfang an selbst zu bestimmen, dies veranlaßt uns bei jeder Forderung, die uns trifft, uns zunächst auf uns selbst zurückzuziehen, wenn wir nicht gar gleich in Wut und Empörung geraten. Hängen nicht z.B. auch viele der Schwierigkeiten, die wir mit den Kindern und Jugendlichen heute haben, damit zusammen, daß man ihnen geradezu eingetrichtert hat, sie hätten sich in höchstem Maße beschwert zu fühlen, wenn sie sich anpassen sollen und zu gehorchen haben?

In der unguten Überhitzung unserer Empfindsamkeit bezüglich Selbstbestimmung, d.h. in der Konzentration der Aufmerksamkeit ganz auf die Abwehr alles dessen, was uns etwas vorzugeben scheint, ist dann aber schließlich kaum noch zu realisieren, was wir an befreienden Möglichkeiten tatsächlich haben, d.h. wir verlieren schließlich immer mehr aus dem Blick, wozu wir uns denn eigentlich selbstbestimmen wollten.

So ist es z.B. überaus verständlich, daß die meisten von uns an Arbeitszeitverkürzung sehr interessiert sind. Denn soweit Arbeit etwas Unangenehmes ist, etwas, das uns daran hindert, uns Dingen zuzuwenden, die wir lieber täten, insoweit verspricht jede Verkürzung der Zeit, die wir zu arbeiten

haben, mehr Freiheit. Wer aber mit seiner Freizeit gar nichts anzufangen
weiß, für den kann Arbeitszeitverkürzung ja wohl kaum ein Stück Freiheit
sein - so wenig es jemandem nutzt, ungehindert die Meinung sagen zu dürfen,
wenn er gar keine eigene Meinung hat.

Nicht daß unsere Freizeit zu knapp bemessen wäre, sollte uns also beunruhigen, sondern das, was wir mit unserer Freizeit machen - d.h. daß wir
sie so wenig einsetzen für solches, das uns wirklich Erfüllung verheißt,
Freude und Sinn. Das ganze Engagement für zunehmende Ausweitung des Spiel-
raums der Freiheit erbringt doch wohl nichts, wenn wir es nicht lernen, diesen Raum auch wirklich auszufüllen, und ihn auszufüllen eben indem wir uns
auf Inhalte wenden, von denen her wir tatsächlich frei werden können.

III

Und ein Letztes - im Blick speziell auf die Fragen der Erziehung. Mit besonderem Nachdruck ist ja in den vergangenen Jahren eine fast unvermittelbare
Entgegensetzung von Autorität und Freiheit geltend gemacht worden. Wie aber
verhält es sich eigentlich - von hier aus gesehen - mit dem Anspruch auf
Selbstbestimmung und dem Verlangen der Autorität nach Gehorsam eben im Bereich der Erziehung? Es spricht einiges dafür, daß man dem entscheidenden
Zusammenhang überhaupt nur dann auf die Spur kommt, wenn man anfängt wieder
zu begreifen, daß Autorität, die größere Erfahrung, größeres Wissen und
größeres Können zur Geltung bringt, es nicht einfach mit Freiheit im Sinn
bloßer Selbstbestimmung zu tun hat, sondern vor allem mit dem, wozu einem
Menschen die Möglichkeit der Selbstbestimmung gut sein soll. Gerade Inhalte,
die selber frei machen, müssen offensichtlich zuerst mit Autorität geltend
gemacht werden, bevor sie überhaupt wirksam werden können für uns. Wahre
Autorität behindert deshalb Freiheit nicht, sie zielt vielmehr selbst auf
Freiheit. Sie verlangt Gehorsam nicht als Selbstzweck, sondern als Zugang
zu Werten, Beziehungen und Sachverhalten, die sonst so nicht offenstehen,
die aber dann, wenn sie wirklich ergriffen sind, ihre befreiende Wirkung
zeigen.

Wo Autorität wirklich begründet ist, da gibt sie deshalb auch nicht einfach nur einen guten Rat, dem man folgen kann, wenn man will, da hat sie
vielmehr eine ganz eigene Verbindlichkeit - und zwar eben aus der Sache heraus, die sie vertritt. Deshalb gehört zur Autorität die Sorge um die Durch-
setzung dessen, was sie geltend macht. Dies heißt nicht, daß Autorität zu
allen möglichen Mitteln greifen darf. In vielen Fällen würde schon von der
Forderung her, auf die geantwortet werden soll, Zwang gar nichts erbringen,
da ist Autorität vielmehr völlig auf die Kraft geistiger Überzeugung verwiesen. Aber es gibt auch Fälle, wo ein gewisser Druck und gegebenenfalls die
Androhung von Strafe, ja notfalls sogar unmittelbarer Zwang am Platze sind,
dort nämlich, wo etwas durchgesetzt werden muß, noch bevor es freiwillig
angenommen wird. Im einzelnen wird dies wohl davon abhängen, wie dringlich
das ist, was zur Geltung gebracht werden soll.

Das meiste von dem aber, was wir den Kindern abverlangen, wird von den

Kindern zunächst überhaupt nur aufgrund eines mehr oder weniger deutlichen Drucks tatsächlich erbracht. Wir sind eben nicht nur gefragt, wo das Kind von sich aus etwas lernen will, wo es aus Neugier, Bewegungsfreude und Abenteuerlust einfach gerne etwas tut. Autorität ist gefordert vor allem da, wo es sich um die Eröffnung von Möglichkeiten handelt, noch bevor das Kind selbst begründet sagen kann, ob es so etwas will oder nicht, wo es also etwas tun muß, das ihm möglicherweise schwerfällt, und von dem es doch noch nicht weiß, ob sich der Einsatz lohnt.

Wir überfordern Kinder maßlos, wenn wir sie zum Beispiel selbst darüber befinden lassen, ob es sich lohnt in der Freizeit ein Musikinstrument zu lernen statt nur Fußball zu spielen, oder am Sonntag zur Kirche zu gehen statt schon am Morgen sich vor den Fernsehapparat zu setzen. Woher sollte ein Kind denn wissen, ob Musik etwas ist, das ihm später helfen kann zu leben, oder ob Religion uns das Dasein wirklich tiefer begreifen läßt? Es wäre eine der Situation ganz und gar unangemessene Einstellung, hier darauf zu beharren, daß das Kind selbst frei müsse entscheiden können, so etwas zu tun oder es nicht zu tun, denn in Wahrheit geht es ja eben darum, das Kind überhaupt erst in eine Lage zu bringen, wo man von Freiheit einem bestimmten Sachverhalt gegenüber sprechen kann.

Dies soll nun wahrlich nicht heißen, daß zum Beispiel jeder seine Kinder in die Musikstunde treiben muß. Musik ist - wie Religion - hier nur ein Beispiel. Man könnte auch von ganz anderen Dingen reden, von den Umgangsformen etwa, von Hilfsbereitschaft und Solidarität, aber auch vom Bergsteigen und Gedichtelernen. Das heißt, es geht jeweils darum, daß wir den Kindern den Eintritt in jene Bezüge vermitteln, in denen für uns selbst begründet ist, daß es gut ist und schön zu leben, Bezüge also, die wir nicht missen wollen, auch wenn sie Anstrengung von uns verlangen, Opfer und Verzicht. Einem anderen helfen, leben zu können, sich zurechtfinden in dem, was er braucht, um eben nicht zu verzweifeln, sondern sich zu freuen und seinerseits Freude zu verbreiten, dies ist nur möglich aus dem, was sich uns selbst als wesentlich gezeigt hat für erfülltes Dasein. Es ist möglich nur von Inhalten her, die nicht beliebig sind, die aber ihre befreiende und tragende Kraft an uns erwiesen haben, und die voll Verheißung sind, diese Kraft auch zu erweisen an unseren Kindern.

Im Vertrauen auf diesen Zusammenhang sollten wir uns deshalb wahrlich auch nicht irritieren lassen von den zahllosen Einreden, die uns glauben machen wollen, unsere Ansprüche an die Kinder würden diese geradewegs daran hindern, sich so zu entfalten, wie es ihnen am besten bekommt. Wie abstrakt, lebensfremd und im Grunde lebensverneinend ist doch die Vorstellung, es würden da einem zu freier Verfügung über sich selbst berufenen Wesen Muster des Denkens und Empfindens, des Handelns und Verhaltens aufgezwungen, die es unmöglich machen, daß es sich in der Richtung seines ursprünglichen Wachstums entwickelt. Deshalb ist nicht Befreiung aus aller Bindung und nicht Lösung von allen Vorgaben das Ziel der Erziehung, sondern die Einführung in jene Inhalte, die freimachen und erfüllen. Dies geht nicht ohne Zumutung.

Aber es ist eine Zumutung, die nicht aus der freien Bahn zwingt, die nicht Selbstbestimmung vorenthält, nicht klein macht und nicht entmutigt, die vielmehr zum Lebenkönnen hilft. Diese Zumutung an Kinder, etwas zu tun, was sie noch gar nicht durchschauen, und was ihren offenbaren Wünschen und Erwartungen vielleicht auch zunächst gar nicht entspricht, sie hat ihren Grund nicht in unserem Willen zur Herrschaft, sondern in der Sorge um ihre Lebenschancen, und deshalb gehört zu ihr eben auch das Versprechen, es werde mit dem Tun selbst dann auch aufgehen, daß gut und richtig ist, was wir von ihnen verlangen.

Was aus einem jungen Menschen wird, das hängt zum großen Teil davon ab, ob seine geistigen und körperlichen Kräfte wirklich herausgefordert worden sind im Blick auf die Ziele, auf die hin diese Kräfte zu entfalten sich lohnt. Wer junge Menschen ihrer Bequemlichkeit überläßt, tut ihnen nichts Gutes, er verhindert vielmehr, daß sich ihre Fähigkeit entfaltet, etwas zu leisten und zu erobern, Bindungen einzugehen, einer Sache zu dienen oder ganz für einen anderen dazusein.

D.h., wir sollten unseren Kindern sehr wohl etwas zumuten, etwas an dem sie gerade auch Opfer, Entsagung und Verzicht lernen, die Notwendigkeit von Selbstbeschränkung ebenso wie die Befriedigung gelungener Selbstüberwindung. Wir sollten für Herausforderungen sorgen, denen sie sich stellen müssen und bei deren Beantwortung sie die eigene Leistungsfähigkeit erproben, wo sie Erfahrungen machen, durch die sie ihrer eigenen Kräfte gewahr werden und mit denen sich diese Kräfte zugleich ausweiten können.

Auseinandersetzungen bleiben hier niemandem erspart. Es ist schlicht natürlich, daß die Heranwachsenden anders sein wollen als wir, daß sie ihre eigene Meinung haben wollen und ihren eigenen Lebensstil. Wir dürfen sie darin auch nicht behindern, d.h. wir dürfen nicht vergessen, daß sie Bestätigung, Erfüllung und Glück in der Tat vornehmlich finden, wenn sie sich selbst auf den Weg machen und auf ihre Art erfahren und erkennen, was ist. Unsere Aufgabe ist es zu helfen, daß sie sich nicht verlaufen dabei, nicht verlaufen ins Trostlose und Unwegsame, daß sie vielmehr dem auf der Spur bleiben, was das Leben jeden Tag neu und im Grunde eben auch schön und gut erstehen läßt.

Manchmal hilft bei diesen Schwierigkeiten das geduldige Gespräch sehr viel mehr, als wir zunächst meinen, der immer neue Versuch zu sagen, daß der Grund unseres Anspruchs an die Kinder nicht unser Wohlbefinden ist, nicht das Festhalten einfach an dem, was immer schon so war, oder die Unterdrückung gar derer, die den eigenen Weg suchen, daß wir sie drängen vielmehr um ihrer selbst willen, d.h. weil wir überzeugt sind, daß es gut ist für sie. Soweit Kinder sich wirklich angenommen wissen und nicht das Gefühl haben, eher als Last empfunden zu werden, wird dieser Hinweis auf Dauer nicht ungehört verhallen.

Am meisten freilich hilft, wenn die Heranwachsenden sehen und erleben, wie für uns aus dem, zu dem wir sie ermuntern und was wir von ihnen verlangen, Freude ersteht, die Freude des Lebens. Was wir gerne tun, weil es froh macht, sicher und frei, auch wenn es Anstrengung voraussetzt und Verzicht, dies überzeugt und verlockt zugleich. Freude kann man nicht einfach haben wollen, sie ist nicht direkt anzuzielen, sie ergibt sich als die Frucht und die Folge von etwas anderem, als Frucht und Folge eines ganz bestimmten Tuns. Darin liegt die Schwierigkeit für ihre Vermittlung, ganz besonders im Bereich der Erziehung. Dennoch steckt nicht nur Bequemlichkeit, Unlust und Angst an, sehr wohl kann auch Freude anstecken. Vielleicht rühren unsere Schwierigkeiten mit der Jugend nicht zuletzt daher, daß wir zu wenig Freude ausstrahlen, daß zu wenig sichtbar wird, wie das, was wir für richtig halten und was wir weitergeben wollen, die Gewißheit sinnerfüllten Lebens ver- spricht.

A. M. Klaus Müller

DER HORIZONT DER KUNST ANGESICHTS DER GRENZERFAHRUNGEN
DER GEGENWART *

I

Von der Herausforderung der Gegenwart will ich hier so sprechen, daß ich
zunächst den großen Bogen geschichtlicher Umorientierung vor Augen stelle,
der die Bedingungen der Moderne freigesetzt hat: dieser mächtige Schub säku-
larer Veränderung trägt den Namen *Neuzeit*. Natürlich kann vom Spezifikum
der Neuzeit hier nur ganz vereinfacht und skizzenhaft die Rede sein. Auf
eine kurze Formel gebracht: Die Neuzeit hat die Menschen aus den Erfahrungen der Grenze und des Ortes in die Erfahrungen der Grenzenlosigkeit und
der Ortlosigkeit hinauskatapultiert.

Die Grenze, die die Menschen bis zum Beginn der Neuzeit dauernd erfuhren,
war das fraglos-feste Eingebundensein in schicksalhafte Lebensverhältnisse:
Den Schicksalsschlägen der Natur unterworfen - man denke etwa an das Wüten
der Pest -, eingepaßt in statisch-ständische Gesellschaftsstrukturen, erlebten die Menschen ihren Kosmos als für den Himmel unmittelbar durchscheinend;
Gott und Welt verbanden sich zwischen Schöpfung am Anfang und Gericht am
Ende zu einer gottgefügten Ordnung, an der nicht zu rütteln war. Die Antwort auf die schicksalhaften Grenzen, die sich durch das Leben der Menschen
zogen und auch ihren Glauben prägten, war tätige Ergebung, in ihrer reifen
Form Gottesergebenheit. So jedenfalls stellte sich Europa vor Beginn der
Renaissance dar.

Aus diesen Grenzen brachen die Menschen auf, als sie entdeckten, daß ihre
eigenen Möglichkeiten in ungeahntem Maße noch vor ihnen lagen. Ein Zeitalter
der grenzenlosen Vorstöße und der glänzendsten Erfolge brach an. Rückblik-
kend dürfen wir vielleicht drei Namen nennen, die diesen Schritt in die Entgrenzung menschlichen Weltverständnisses unumkehrbar symbolisieren: Nikolaus
Kopernikus, Charles Darwin, Sigmund Freud.

Durch kopernikanische Erkenntnis wurden die Menschen aus der Mitte des
Kosmos gleichsam herausgeschleudert; sie verloren ihren ausgezeichneten Ort
und wurden zu winzigen Lebewesen eines unerheblichen Planeten, der um eine
der zahllosen Sonnen in einer beliebigen Galaxie des Alls kreist. Darwins
Einsicht von der evolutiven Einheit alles Lebens auf der Erde katapultierte
die Menschen aus der Mitte der Schöpfung in die Beliebigkeit eines Stadiums
tierischer Entwicklung; die vormalige "Krone der Schöpfung" stand nun in
einer Reihe sich herausmendelnder Instinkt- und Aggressionsmechanismen, die
in menschliches Bewußtsein unablässig hineinwirken, ja durch dieses auf eine
neue, mörderische Ebene gehoben werden: Der Mensch ist, evolutiv gesehen,
ein "Killer"[1]. Freuds Entdeckung von der Bedeutung des Unbewußten riß die

---

* Vortrag anläßlich der 13. Bundesschulmusikwoche des Verbandes Deutscher
  Schulmusikerzieher Braunschweig 1980, dort - in Wechselrede mit Karl Heinrich Ehrenforth - unter dem Titel "Musikerziehung und die Herausforderung
  der Gegenwart".

1 C. Bresch, Zwischenstufe Leben, München (Piper) 1977, S. 196 f.

Menschen aus der vermeintlichen Sicherheit eines vernünftigen Wesens in die Unsicherheit einer Kernspaltung zwischen dem Ich und dem Selbst, oder in Erich Fromms Worten, zwischen dem Haben und dem Sein; am Grunde menschlicher Existenz lauert eine *Nicht*identität; sie ist der Grund dafür, daß die von der Emanzipation angestrebte Selbstverwirklichung nur zu oft zur Ichverwirklichung, zur Egozentrizität, verkommt. Kultur, die Fortsetzung der Evolution im Medium des kollektiven Gedächtnisses der Sprache, ist nicht die Ablösung von unserem tierischen Erbe und von unserer relativen Verlorenheit im All, sondern allenfalls deren gelingende Sublimierung.

Aber die Sublimierung gelingt nur notdürftig. Die blutige Spur von politischer Unterdrückung und Verfolgung in unserem Jahrhundert illustriert, wozu Menschen fähig sind, denen die alten Orte und Bindungen durch vertiefte Ahnungen in die wahren Zusammenhänge genommen sind, ohne daß ihnen zu diesen Einsichten selbst schöpferische Erfahrungen zuwuchsen. Dazu kommt ein anderes. Die Grenzenlosigkeit der neuzeitlichen Landnahme, die zu einem hektischen Ritt nach Wildwest-Manier einlud, hat dazu geführt, daß die Etappe der Front nicht folgen konnte: es bildete sich die verhängnisvolle Mehrgleisigkeit von mindestens "zwei Kulturen"[2] aus, der erobernden Kultur von Naturwissenschaft und Technik und der um Verstehen und Sublimieren bemühten "Kultur" im älteren Sinne des Wortes, die gern in das Ghetto der "Geisteswissenschaft" verwiesen wird.

Ich bin weit davon entfernt, die Wahrheit der Entdeckungen von Kopernikus, Darwin und Freud zu leugnen. Niemals hätte die Welt seit dem Mittelalter so umgestaltet werden können, wenn dies alles ein Glasperlenspiel einiger Gelehrter gewesen wäre. Aber in der Anerkennung dieser Wahrheiten liegt eben zugleich auch die Anerkennung der Kränkungen, die sie den menschlichen Eigensüchten zufügten (worauf schon Freud hingewiesen hat[3]). Dem festen Stand der Eroberungssucht des Ego ist auf dem Wege durch die Neuzeit in einem metaphysischen Sinne der Boden entzogen worden: Wir sind aus der ausgezeichneten Mitte in jeder Hinsicht in die Beliebigkeit der Peripherie gerückt. Das hatte nun aber umgekehrt zur Folge, daß die Menschen sich einen gleichsam selbstverfertigten neuen festen Stand zu verschaffen suchten, der ihnen bei der Eroberung der neuen Dimensionen Halt bieten konnte. Das haltgebende Vehikel fanden sie in der Entdeckung und der technischen Ausnutzung *objektivierbarer Strukturen* in der Natur. Diese Entdeckung ist mit dem Namen Galilei verbunden und läutete das Zeitalter der "exakten" neuzeitlichen Naturwissenschaft ein. Alle Kritik an Kopernikus, Darwin und Freud bricht sich heute daran, daß es bereits im Bereich solcher objektivierbarer Strukturen Indizien genug gibt, daß diese Pioniere etwas unbezweifelbar Richtiges gesehen haben.

Man kann daher nach meiner Überzeugung noch einen Schritt weiter gehen

---

2 C.P. Snow, Die zwei Kulturen, Stuttgart (Klett) 1967
3 S. Freud, Vorlesungen zur Einführung in die Psychoanalyse und Neue Folge (Bd. I der Studienausgabe), Frankfurt (Fischer) 1969, S. 283 f.

und sagen: die Grenzen- und Ortlosigkeit der Neuzeit wurde ermöglicht und
sie wurde historisch schließlich verwirklicht, weil es solche objektivierbaren Strukturen gibt und weil sich in ihnen eine im Prinzip grenzenlose
Verwirklichung aller physischen Möglichkeiten der Menschen erfüllt. Hinter
die drei Namen Kopernikus, Darwin, Freud muß man daher noch den Namen Galilei setzen. Bei einer differenzierteren Betrachtung würde sich übrigens
zeigen, wie auch Marx vom geschichtlichen Durchbruch der Galileischen Entdeckung zehrte[4]. Die auf die Galileische Naturwissenschaft gegründeten Möglichkeiten und Implikationen bilden das eigentliche Plateau der Neuzeit.

II

Wenn nicht alles täuscht, geht die Neuzeit - als Weg durch die Grenzenlosigkeit physischer Entfaltung des Menschen - in absehbarer Zeit zu Ende. Wir
beginnen dieses Ende heute in Gestalt einer neuen Grenze zu spüren. Diese
neue Grenze ist zugleich eine neuartige Grenze. Sie trennt uns nicht mehr
von unerfüllten Möglichkeiten, sondern sie will uns vor der Zerstörung er-
füllter und erfüllbarer Möglichkeiten bewahren. Die Menschen beginnen heute
kraft ihrer Fähigkeiten, nicht etwa im Gegenzug zu ihnen, zu erfahren, daß
sie das Ganze des Lebenszusammenhanges in Natur und Kultur, dessen Teil sie
sind, nicht souverän zu steuern vermögen. Dazu müßten sie sich aus ihrer
partiellen Rolle, die sie dem Ganzen gegenüber klein, verwundbar und abhängig macht, distanzieren können. Dies kann nur für möglich halten, wer die
Einsichten von Kopernikus, Darwin und Freud leugnet. Daß starke Verdrän-
gungsmechanismen am Werk sind, die dahin tendieren, darf uns seit Freud
nicht mehr überraschen.

Die mangelnde Souveränität der Menschen läßt sich am instrumentellen Gebrauch der neuzeitlichen Naturwissenschaft erläutern. Mit ihren Mitteln können wir die Natur zwingen, uns im genau abgesteckten Rahmen einer Versuchsanordnung eine Antwort zu geben. Sie *wird* uns eine Antwort geben. Aber seit
Galilei bedeutet jede konkrete Frage an die Natur unvermeidlich einen Eingriff, eine Veränderung, eine Manipulation der vorherigen Naturgegebenheiten. Da diese als ein Ganzes antworten, bleibt die Antwort nicht auf den
Fragehorizont begrenzbar, es sei denn, dieser überdeckte selbst das Ganze.
Aber gezielte Eingriffe sind eo ipso partiell, und nur, wer zielt, kann
exakte Antworten erwarten. Mit anderen Worten: gerade eine exakte Wissenschaft findet sich in der paradoxen Situation vor, daß sie die Auswirkungen
ihres gezielten Tuns nicht ebenso scharf kanalisieren kann wie die Fragen.
Zusammen mit den Antworten, die sie will, erhält sie jenseits ihres Horizonts Antworten, die sie nicht gesucht hat. Für diese ist sie selbst blind.
Man kann dies in dem Satz zusammenfassen: Unsere punktuellen Aktionen haben
in einem strengen Sinne ufer-lose Folgen. Naturwissenschaftler und Techniker

---

4 K.M. Meyer-Abich, Die gesellschaftliche Wirklichkeit der Natur. Zum Pro-
blem der "praktischen Wahrheit" der Naturwissenschaft, in: C. Eisenbart
(Hrsg.), Humanökologie und Frieden, Stuttgart (Klett/Cotta) 1979,
S. 124 ff.

bewirken mit ihrem Handeln nicht nur Naturwissenschaftlich-Technisches, sondern sie lösen darüber hinaus jenseits ihrer Kompetenz eine Grundwelle von Veränderungen aus, die den gesamten Daseinsbereich von Natur und Kultur durchdringen: Gesellschaft, Kunst und Religion der Menschen sind nachhaltig, aber in einem instrumentell nicht aufweisbaren Sinne davon betroffen.

Man kann sich das an einem Sachverhalt verdeutlichen, den ich auf die Formel gebracht habe: Nebenwirkungen einer zielgerichteten Maßnahme werden oft zu Hauptwirkungen[5]. Wir werden überrollt von Folgeerscheinungen, die wir nicht wollten, ja, die wir nicht einmal voraussehen konnten. Denn die einzelnen Fächer geben nur eine partielle Sicht auf das Ganze frei, einen bestimmten, ausschnitthaften Kommunikationskanal. Nur innerhalb seiner "Ufer" vermag der Fachmann die Ereignisse abzuschätzen. Was sich dann aber insgesamt wirklich ereignet, ist darin ufer-los, daß es diesen Kanal sprengt. So kommt es zu dem durchaus realen Phänomen, daß ein intuitiv aufgeschlossener Laie mehr sehen kann als der Fachmann, der sich, um effizient zu arbeiten, den methodischen Ausblendungen unterwirft, die für seine Wissenschaft erst *definieren*, was dort Kommunikation heißt und was nicht.

Es dürfte unmittelbar deutlich sein, daß solche Einsichten, die uns heute zu beunruhigen beginnen, quer zu den Strömungen etablierter Fachwissenschaft liegen *müssen*. Es ist diese Querlage zu unseren neuzeitlichen Erfolgspfaden, welche das Wesen der neuen Grenze ausmacht. Deshalb darf ich hier zu Ihnen über diese Fragen in Überschreitung meiner Fachkompetenz sprechen: Bisher gibt es keine Wissenschaft von diesem Sachverhalt. Terminologisch wird man hier am ehesten auf das Wort "ökologisch" verweisen dürfen. Die neue Grenze, welche das Ende der Neuzeit ankündigt, ist die den Menschen mit den Ökogegebenheiten gesetzte Grenze. Oikos (griech.) bedeutet soviel wie Haus oder Gehäuse. Der Biologe weiß, daß ein Lebewesen nur in der ihm angemessenen "ökologischen Nische" lebensfähig ist. Er versteht darunter die Gesamtheit der Bedingungen in der Umwelt, die dieses Leben vor seiner Auslöschung schützen. In der bisherigen Evolution waren es andere Arten oder geologische und klimatische Einflüsse, die eine Art bedrohten. Die Menschen haben inzwischen technische Potenzen angehäuft, die ausreichen, um ihre eigenen Ökobedingungen außer Kraft zu setzen und sich selbst zu zerstören. Schon eine durch ungebremstes exponentielles Wachstum des Energieumsatzes merklich ansteigende Temperatur auf der Erde würde längerfristig genügen, um den "homo sapiens" auszulöschen und diese seine Selbstbenennung ad absurdum zu führen.

Aber auch die Biologen sehen die Ökogegebenheiten nur durch ihren Kommunikationskanal. Der oikos der Menschen ist nicht auf Umwelt beschränkt. Inwelt und Umwelt liegen vielmehr so ineinander, daß eine ökogemäße Betrach-

---

5 A.M.K. Müller, Technik - Krisenverstärker oder Überlebensfaktor?, in: Mensch und Technik - Leben und Tod. Epd-Dokumentation, Nr. 23/76, Frankfurt (Evang. Pressedienst) 1976, S. 24. - Ders., Erwägungen zu einer lebenszentrierteren Technologie, in: K.M. Meyer-Abich (Hrsg.), Frieden mit der Natur, Freiburg (Herder) 1979, S. 219

tung jeden Teilbereich unserer Erfahrung zugleich wahrnehmen *und* transzendieren müßte[6]. Auch die Logik erfaßt nur einen solchen Teilbereich. Deshalb ist das Wort "Öko-Logie" irreführend, und ich spreche, wenn ich die Herausforderung der Gegenwart in ihrer vollen Breite skizzieren soll, lieber von der Notwendigkeit, daß wir als Menschen uns einer *Ökosymbiose* einzufügen lernen. Alle den Menschen überhaupt möglichen Erfahrungen werden in einer solchen Symbiose ein relatives Gleichgewicht miteinander eingehen müssen, und darum auch sämtliche möglichen *Formen* von Erfahrung.

III

Wir gelangen auf eine überraschende Weise zum anderen Teil unseres Themas, indem wir fragen: Welches Plateau von Erfahrung wird mindestens erforderlich sein, um die Einseitigkeiten der naturwissenschaftlichen Erkenntnis- und Gestaltungsweise aufzufangen und zu entschärfen? Dazu kehren wir noch einmal zum Ausblendungsprozeß der Galileischen Physik zurück. Dieser ist dadurch gegeben, daß die Phänomene dieser Naturwissenschaft durch *Allgemeinbegriffe* dargestellt werden. Eben darin zerfällt die Ganzheit des Geschehens in objektivierbare Strukturen, deren Summe weniger ist als das Ganze. Naturwissenschaftliche Theorien sind dann möglichst widerspruchsfreie Netzwerke solcher Begriffe. Dadurch steht der Kommunikationskanal des Naturwissenschaftlers unter der Bedingung der Widerspruchsfreiheit, mit anderen Worten: unter der Dominanz der Logik. Aber ist das Ganze der Wirklichkeit logisch zu fassen?

Beginnen wir vom anderen Ende her, vom wirklichen Leben. Leben ist gekennzeichnet durch *Konflikte*. "Mit Konflikten *leben*" war die Losung eines Kirchentages. Kann man Konflikte wirklich "lösen", so wie man etwa ein Gleichungssystem "löst"? Wer unbefangen zuhört, wird die Verschiebung der Ebenen spüren, wenn man so vergleicht. Was wir instrumentell beim Auftreten von Konflikten tatsächlich tun, ist, sie mit Hilfe von Allgemeinbegriffen in Widersprüche zu überführen und diese Widersprüche dann "aufzulösen". In der Tat kann man Widersprüche begrifflich vermeiden, und genau das tut der (Natur)Wissenschaftler. Doch was tun wir den Konflikten an, wenn wir danach trachten, sie in Widersprüche zu "überführen"? Wir logifizieren sie, wir holen sie sozusagen in den abgegrenzten Kommunikationskanal einer konsistenten Betrachtungsweise, wir stellen uns logisch über sie.

Aber wirkliche Konflikte vertragen diese "logische Überparteilichkeit" gerade nicht, sie wollen ausgetragen, ausgehalten, in der Balance widerstreitender Kräfte und Aspekte als Lebensgemeinschaft, als Symbiose *bewährt* sein. Wir haben es in der Konfliktgeladenheit des Lebens also mit einem Erfahrungsgefüge zu tun, das in der Ökosymbiose nicht fehlen darf[7]. Wer Konflikte logifiziert, indem er sie in Widersprüche umwandelt, geht nicht sach-

---

6 G. Picht, Ist Humanökologie möglich?, in: Humanökologie und Frieden a.a.O. S. 14 ff., 64 ff., 109 ff.

7 A.M.K. Müller, Systemanalyse, Ökologie, Friede, in: Humanökologie und Frieden a.a.O., S. 268 ff.

gemäß mit ihnen um, sondern kehrt sie unter den Teppich, wo sie ein gefährlich vagabundierendes Dasein entfalten.

Wenn aber widerspruchsfreie Netzwerke das Erfahrungsgefüge wirklichen
Lebens gar nicht adäquat zum Ausdruck bringen können, muß allein schon dieses Defizit die Menschen künftig in politischer und wirtschaftlicher Hinsicht in immer größere Konflikte stürzen. Zugleich bleibt der objektivie-
rende Kommunikationskanal für solche Konflikte blind. Man wird dann, um die
Herausforderung der Ökosymbiose auch nur artikulieren zu können, nach einem
Horizont von Erfahrung Ausschau halten müssen, der die Darstellung von Konflikten authentisch zuläßt. Mit Georg Picht behaupte ich: ein solcher Horizont liegt jenseits der Projektion der Phänomene in die objektivierenden
Strukturen - er ist der Horizont der *Kunst*.

Ich kann diese These hier nur an ganz wenigen Zügen der Kunst exemplarisch verdeutlichen. Daß sich in der Weise, wie Kunst zu uns kommt, tatsächlich ein neues Paradigma der Lebensbewältigung ankündigt, muß sich geschichtlich erweisen und kann nicht durch theoretische Trockenübungen vorweggenommen werden.

In der Musik gibt es den Konflikt oder die *Spannung* zwischen Partitur
und Interpretation. Die Partitur ist ein Akt der Komposition; sie ist das,
was von der Komposition unverändert überliefert bleibt. Die Interpretation
ist ein Akt der Aufführung, sie ist das, was jeweils anders, nämlich *individuiert* in Erscheinung tritt. Die Idee, es gäbe eine einzige authentische
Interpretation, verfehlt nach meiner Überzeugung das Wesen von Musik: Musik
ereignet sich in dem *Spielraum* zwischen gleichbleibender Partitur und un-
gleichen Aufführungen. Sie ist darin der Dichtung - ebenfalls einer Kunst -
verwandt, die mit der gleichen Grammatik immer wieder neue "Aufführungen"
der Sprache zuwege bringt. Allgemeinbegriffe kann man in beiden Fällen allenfalls auf die "Partitur" anwenden, nicht jedoch auf die individuellen Aufführungen. Anders in der Naturwissenschaft: eine Versuchsanordnung reproduziert "exakt" die Allgemeinbegriffe einer Hypothese oder einer Theorie, es
herrschen "definierte Verhältnisse"; sollten Vorführungen eines Experiments
nicht miteinander übereinstimmen, so ist der - erklärtermaßen von Ort, Zeit
und Person unabhängige - Sachverhalt gerade verfehlt. Mit anderen Worten:
ein physikalisches Experiment kennt den Spielraum differierender Aufführungen nicht!

Das Spannungsgefüge der Musik tritt uns aber nicht nur als Makrostruktur,
nämlich in der Differenz von Partitur und Interpretation, entgegen. Auch
die Mikrostruktur eines Musikwerks ist eine Komposition von Spannungen:
Jedes *Klangelement* einer Aufführung enthält schon einen Spannungsbogen von
eben Verklingendem über das Klingende in das noch nicht Erklingende. Musik
ist anders in der *Zeit* als es zum Beispiel Meßdaten sind: Die Zeitmodi Vergangenheit, Gegenwart und Zukunft treten in eine spannungsgeladene Einheit
zueinander, und Musik ist die fortwährende Bewegung dieser Einheit. Ja,
Georg Picht, spricht geradezu von der Musik als von "*Darstellung*

der Zeit"[8].

Das Wort Klang*farbe* verweist auf eine Ähnlichkeit mit dem Bereich der bildenden Kunst; das häufig anzutreffende Argument, die Farben eines Bildes *seien* physikalische Wellenlängen, verwechselt die Ebenen von sinnlicher Wahrnehmung und apparativer Messung: Farbigkeit ist eine besondere Weise erfahrener Spannung; Farbspannungen sind ihrem Wesen nach nicht auf ein logisch-disjunktes Raster, etwa auf eine Meßskala, projizierbar.

Im Gesamtbereich der Kunst finden wir so das Phänomen, daß Spannungen nicht beseitigt, nicht logisch planiert, sondern daß sie vielmehr zur Darstellung gebracht werden, daß sie die Substanz der Kunstwerke mitbestimmen. Die Gegenstände der Kunst sind demzufolge *stets* anders in der Zeit als die Objekte des naturwissenschaftlichen Zugriffs. Ich halte es deshalb für einen unglücklichen Einfall, von "Objekten" der Kunst zu sprechen.

Was die Kunst, in Sonderheit die Musik, aufdecken und in den Menschen zum Sprechen bringen kann, ist die grundlegende *Mehrpoligkeit* jeder lebendigen Erfahrung. Ich bezeichne im Unterschied zur "objektivierbaren Erfahrung" einen anderen zentralen Pol gern als "biographische Erfahrung"[9]. Karl Heinrich Ehrenforth hat diese Weise der Erfahrung mit der "ästhetischen Erfahrung" der Musik verglichen[10]. Sicherlich ist auch das Erfahrungsgefüge der Kunst noch nicht das Leben selbst, sondern es bleibt Abbild des Lebens. Aber es spricht Züge unserer Biographie an, die durch die wissenschaftliche Methodik notwendig ausgeblendet bleiben. Die Wahrheit der Wissenschaft ist abstrakt. Die Wahrheit der Kunst ist konkret; sie hängt an den Einmaligkeiten der "Aufführungen", ob es sich um Musikwerke, Bildwerke oder literarische Werke handelt. Insofern besteht eine unaufhebbare Spannung zwischen Kunst und Wissenschaft, jedenfalls solange man eine Wissenschaft als fertig ausgebildetes Regelsystem vorgestellt bekommt, wie das in den Lehrbüchern der Fall ist.

Würde man, was selten geschieht, die Wissenschaft von ihrer schöpferischen Seite her vorstellen, erweist sie sich - vielen Wissenschaftlern verborgen - freilich selbst als eine Kunst. Aber diese Seite der Wissenschaft steht in einer analogen Spannung zur Objektivierung ihrer Ergebnisse in möglichst hieb- und stichfest gemachten Publikationen. Wissenschaft und Kunst sind also in ihrem Spannungsverhältnis gleichsam nicht symmetrisch zueinander: die Kunst überdeckt den größeren Darstellungsraum, das fertig ausgebildete Regelsystem im wissenschaftlichen Bereich ist zugleich immer schon Ausblendung ästhetischer Darstellungspotenzen. Dies eröffnet den Ausblick auf eine - aus heutiger Sicht verwegene - Hoffnung: Die alle schöpferischen

---

8 G. Picht, Grundlinien einer Philosophie der Musik, in ders., Wahrheit, Vernunft, Verantwortung, Stuttgart (Klett) 1969, S. 408 ff. Zuerst veröffentlicht in: Merkur Nr. 221 (1966), Heft 8

9 A.M.K. Müller, Die präparierte Zeit, Stuttgart (Radius) 1972, S. 405 ff.

10 K.H. Ehrenforth, Musikalische Hörerziehung und Unterrichtswirklichkeit. Oder: Von den Grenzen schulischer Musikerziehung heute, in: H. Antholz/ W.Gundlach (Hrsg.), Musikpädagogik heute, Düsseldorf (Schwann) 1975, S. 187 ff.

Tätigkeiten umgreifende Reichweite künstlerischer Darstellungsmöglichkeiten könnte der Kunst in einer "Wende der Wahrnehmung"[11] künftig noch einmal eine ganz neue, nämlich *weiterreichende* Rolle zuspielen.

IV

Ich spreche hier vor Lehrern. Die *Verwissenschaftlichung* von Inhalt, Struktur und Bewertung des Unterrichts, wie sie in den letzten Jahren stark gefördert wurde, hat überwiegend nur die lehrbuchförmige Seite, nicht die schöpferische Seite von Wissenschaft an den Schulen aktiviert. Etablierte Regeln wissenschaftlicher Systematik wurden von der Forschung auf die Ausbildung übertragen, und dies in der vagen Hoffnung, daß sich an den allgemeinbildenden Schulen auf diesem Wege Erfahrungen besonders effektiv würden vermitteln lassen, während man gleichzeitig den Schlüssel für eine besonders gerechte Erfolgskontrolle gefunden zu haben glaubte. Die Legitimation zu einem solchen Verfahren ging nicht zuletzt von der Erkenntnis aus, daß wir in einer wissenschaftlich-technischen Welt leben.

Nun kann man gewiß geteilter Meinung sein, in welchem Grade die Schule von einer Fortschreibung der Berufserfahrungen der Väter- und Müttergeneration in einer arbeitsteiligen Industriegesellschaft geprägt sein soll. Sicherlich darf diese Komponente nicht völlig fehlen. In der verwissenschaftlichten Schule der Gegenwart scheint sie mir eine viel zu große Rolle zu spielen. Aber es sollte doch jedenfalls überwältigende Einigkeit darüber herrschen, daß es eine wesentliche Aufgabe der Schule ist, zum *Frieden* zu erziehen. Worin aber besteht Friede, was sind seine Dimensionen? Inwiefern steht er in einem Bezug zu dem bisher Gesagten?

Ich kann hier nicht auf Einzelheiten interdisziplinärer Arbeit eingehen, die von der Frage nach dem Frieden[12] geleitet ist. Soviel aber möchte ich aus eigener Beschäftigung mit dieser Lebensfrage sagen: Frieden wird illusionär, wo man nicht sieht, daß den verschiedenen Weisen menschlicher Erfahrung verschiedene *Ebenen* des Friedens entsprechen. Man wird vielleicht grob drei solche Ebenen unterscheiden dürfen, nämlich 1. die programmatische Friedensebene, 2. die kulturelle Friedensebene, 3. die religiöse Friedensebene[13].

Technik und Wissenschaft korrespondieren zur programmatischen Friedensebene. Dasjenige Erfahrungsgefüge, in dem sich Frieden als *Kultur* ausbreiten kann, ist der weite Bereich der Kunst. Fragt man, worin sich Kultur von Programmen unterscheidet, so wird man wieder auf die Konfliktstruktur von Erfahrung verwiesen: in jeder programmatischen Zielvorgabe sind, damit sie handhabbar wird, Konflikte bereits konzeptionell ausgeblendet. Da politische

---

11 A.M.K. Müller, Wende der Wahrnehmung, München (Kaiser) 1978, S. 206. Ders., Systemanalyse, Ökologie, Friede a.a.O., S. 302

12 G. Picht / W. Huber, Was heißt Friedensforschung? Stuttgart/München (Klett/Kösel) 1971. Hier werden die Schwierigkeiten geschildert, die sich vor jeder Friedensforschung auftürmen.

13 A.M.K. Müller, Systemanalyse, Ökologie, Friede a.a.O., S. 296 ff.

Aktionen heutigen Typs auf den Gleisen programmatischer Zielvorgaben laufen, stehen sich Politik und Kultur in derselben Spannung gegenüber wie Wissenschaft und Kunst. Wenn ich hier für die Eigenständigkeit der Kunst votiere, votiere ich für die Eigenständigkeit der Kultur. Die zentrifugalen Kräfte, welche die Eigenart der Neuzeit bestimmen und den oikos von Natur und Gesellschaft heute zu zerreißen drohen, werden allenfalls zur Ruhe gebracht werden können, wenn wir im Frieden der Kultur einen relativen Ort der *konkret an die Phänomene gebundenen Wahrnehmung* finden können, einen Ort des *ruhenden Vernehmens*, das nicht durch den Zerstückelungsprozeß objektivierter Daten paralysiert worden ist.

Damit verbinde ich - wie gesagt - die Erwartung, daß ein Zeitalter erst noch vor uns liegt, in dem sich der *Friede der Kunst* auch als gesellschaftsverändernde Macht erweisen wird und in dem die Kunst unter der Ausstrahlung dieses Friedens die Fesseln ihrer Abwertung wird sprengen können. Mit politischem Aktionismus programmatischer Machart werden die Menschen nach dem oben Gesagten in dieses Zeitalter allerdings schwerlich einzutreten vermögen.

Für die Konzeption einer wirklichen *Erfahrungsschule* hätte eine solche Neubewertung der Kunst unabsehbare Konsequenzen. Die Verwissenschaftlichung der Schule, wie sie heute auf die Spitze getrieben ist, entfernt die Schüler von der konkreten Lebenserfahrung und damit auch vom Wurzelboden künftiger schöpferischer Einfälle. Keine Ökosymbiose, also auch keine konstruktive Antwort auf die Herausforderung der Gegenwart wird möglich sein, wenn die Schule gezwungen wird, in dieser Einseitigkeit zu verharren.

Gewiß sind die Lehrer nicht in erster Linie die Ansprechpartner für eine lebensbezogene Schulreform, wie sie allen Reformbemühungen zum Trotz weiter aussteht. Aber als Praktiker sind sie es vielleicht doch, und gerade dann, wenn sie sich nicht an das bildungspolitische Gängelband blutleerer Konzeptionen nehmen lassen. Ich möchte deshalb den Kunst- und Musikerziehern unter Ihnen mit dem hier Vorgetragenen Mut machen zum Widerstand gegen einen falschen Absolutheitsanspruch von Verwissenschaftlichung an den allgemeinbildenden Schulen, der angesichts der Zukunftsaufgaben nicht halten kann, was er - im Gewand neuzeitlicher Erwartungen - zu versprechen schien.

Henning Schröer

MUSIK ALS "OFFENBARUNG DES UNENDLICHEN"?

Die Transzendenz der Kunst und die Offenbarung Gottes

Für die Zusammenhänge von Musik und Religion auch in neuzeitlicher Erfahrung gibt es viele Zeugnisse. Eines von ihnen, das mir besonders eindrücklich erscheint, soll als Ausgangspunkt für unsere Überlegungen dienen.

Jacques Lusseyran (1924-1971) ist durch seine Biographie "Das wiedergefundene Licht" weithin bekannt geworden. Im Alter von acht Jahren erblindete er, war im besetzten Frankreich Leiter einer Widerstandsgruppe und kam nach seiner Verhaftung ins Konzentrationslager Buchenwald. Später wurde er Professor für französische Literatur in Paris und den USA. 1971 verunglückte er tödlich bei Ancenis in Frankreich.

Er schildert sehr genau seine Erfahrungen, die er nach dem Schulunfall machte, der zur Blindheit führte. Einen besonderen Rang nahm die Wahrnehmung konzertanter Musik ein. Er schreibt:

"Die Welt der Violinen und Flöten, Hörner und Celli, der Fugen, Scherzos und Gavotten gehorchte so schönen und klaren Gesetzen, daß mir jegliche Musik von Gott zu sprechen schien. Mein Körper lauschte nicht, er betete. Mein Geist hatte keine Grenzen mehr. Und wenn mir Tränen in die Augen stiegen, spürte ich sie nicht herabrollen, sie waren außerhalb von mir. Ich weinte jedesmal vor Dankbarkeit, wenn das Orchester zu spielen begann. Die Welt der Töne - welch eine unerwartete Gnade für einen Blinden! Nicht mehr sich zurechtfinden müssen. Nicht mehr warten zu müssen. Die innere Welt ist Objekt geworden.

Ich habe Mozart so sehr geliebt, ich habe Beethoven so sehr geliebt, daß sie letztlich aus mir gemacht haben, was ich bin. Sie haben meine Emotionen geformt und meine Gedanken geleitet. Habe ich etwas in mir, das ich nicht von ihnen empfing? Ich zweifle daran.

Heute hängt für mich die Musik an einem goldenen Nagel, der den Namen Bach trägt. Aber nicht mein Geschmack hat sich geändert, sondern meine Bekannten. In meiner Kindheit lebte ich mit Mozart, Beethoven, Schumann, Berlioz, Wagner und Dvořák, weil sie die waren, denen ich jede Woche begegnete. Auch ohne daß es jemand ausgesprochen hätte - und dieser Jemand ist Mozart -: Jede Musik ist Musik, Geometrie, aber auf den inneren Raum bezogen. Sätze, doch frei von Bedeutung. Von allen menschlichen Schöpfungen ist die Musik zweifellos die am wenigsten menschliche. Wenn ich sie hörte, war ich ganz da, mit meinen Sorgen und Freuden, und dennoch war es nicht ganz und gar ich: was da saß, war besser als ich, war größer, war sicherer.

Die Musik ist für einen Blinden eine Nahrung, wie es für die, die sehen, die Schönheit ist. Er braucht sie, er muß sie regelmäßig erhalten wie eine Mahlzeit. Anderenfalls entsteht in ihm ein quälendes Gefühl der Leere"[1].

---

1 Jacques Lusseyran, Das wiedergefundene Licht, Gütersloher Taschenbücher 155, [8]1977, S. 69

Und an anderer Stelle heißt es:

"Mit den Tönen kam ich zu keinem Ende; denn auch dies war eine Art von Unendlichkeit"[2].

Was hier als die Erfahrung eines Blinden geschildert wird, kann den visuell Sehenden nicht gleichgültig sein; vielmehr scheint es mir nur deutlicher zu machen, was gerade durch das Vorhandensein beider, des akustischen und visuellen Sinnes, leichter verdeckt werden kann: den besonderen Bezug der Musik zur "Offenbarung des Unendlichen", zu Religion und Glaube.

Sehen wir uns Lusseyrans Erfahrungszeugnis näher an, so enthält es folgende wichtigen Hinweise für unser Thema:

1. Musik wird als "eine Art von Unendlichkeit" wahrgenommen. Sie hat "schöne und klare Gesetze", ist vergleichbar mit "Geometrie", aber sie verbindet diese Rationalität mit einer besonderen Dimension, die Unendlichkeit eröffnet. Ihre Besonderheit liegt gerade in der komplexen Ganzheit von wahrnehmbarer Form und unendlichem Inhalt, von Wirklichkeit und Freiheit der Wahrnehmung.

2. Musik spricht die "innere Welt" an. Lusseyran nennt sie: "Geometrie, auf den inneren Raum bezogen". "Die innere Welt ist Objekt geworden". Die Unendlichkeit hat also mit dieser inneren Welt zu tun, die nicht festgelegt ist, frei von Bedeutung, aber doch form- und leitbar. Bleibt sie für sich isoliert - gerade für den Blinden die große Versuchung -, so kann sie nicht diese Kraft entfalten, nicht unerwartete Gnade werden. In der Musik ereignet sich ein komplexer Zusammenhang von innerer und äußerer Welt.

3. Musik scheint von Gott zu sprechen. Eben die Öffnung der inneren Welt mit den Mitteln der äußeren Welt verweist auf den Grundzusammenhang beider Welten, auf Gott. Auf etwas, das "besser, größer, sicherer" ist, aber uns doch nicht ganz unzugänglich. Ob es richtig ist, hier im theologischen Sinn von Gott zu reden, wird uns noch beschäftigen; als Realität eines alltäglichen, aber auch reflektierten Sprachgebrauchs, als Grenzbegriff umfassender Unendlichkeit, ist dies Geheimnis der Wirklichkeit präsent. Schönheit und Klarheit erweisen sich als Kriterien und Indikatoren. Der schöne Schein zeigt die Freiheit zum Sein.

4. Musik "formt Emotionen und leitet Gedanken". Sie ist affektiv und kognitiv zugleich, eine besondere Erfahrungschance ganzheitlicher Anthropologie. Sie kann, obwohl von allen menschlichen Schöpfungen "am wenigsten menschlich", von unseren Sorgen und Freuden handeln, sie ist existential interpretierbar und existentiell wirksam.

5. Musik scheint von Gott zu "sprechen". Sie hat Sätze, doch frei von Bedeutung. Wenn Sprache das anthropologische Grunddatum für Beziehungen und Kommunikation ist, dann ist die Affinität von Sprache und Musik bedeutsam. Obwohl "am wenigsten menschlich", ist sie doch dieser menschlichsten Seinsweise eng verwandt. Sie ist Sprache und transzendiert zugleich

---

2 a.a.O., S. 21

Sprache. Theologie, die von dem Wort Gottes her denkt, die sich von Heinrich Böll sagen läßt, daß die Menschwerdung des Logos, des Wortes Gottes, eine eminent "literarische Äußerung Gottes"[3] sei, wird gerade der Nähe und Ferne der Musik zum Wort Beachtung schenken müssen.

6. Ohne Musik entsteht für den, der ihr Geheimnis kennt, eine "quälende Leere". Musik richtet sich primär nicht gegen diesen oder jenen Inhalt, sondern gegen das Vakuum, das Chaos, die Sinnlosigkeit. Sie wagt es, Sinn zu stiften, ohne ihn in Begriffe überführen zu können oder auch zu wollen, sie kann sich mit der Wahrheit von Wahrnehmung begnügen.

Was wir so von dem Erfahrungszeugnis Lusseyrans auf das Kategoriale und Existentiale hin entfaltet haben, ist sicher nicht nur der Musik, sondern aller Kunst eigentümlich, so schwer es sein mag, über die Ästhetik oder Philosophie einer konkreten Kunstform hinaus zu einer umfassenden Ästhetik oder Philosophie der Kunst vorzustoßen. Eine solche Erweiterung des Blicks ist aber nötig, um die anthropologische Basis von Musik anzusprechen und damit Humanität auch musikpädagogisch über ein bloßes Schlagwort hinauszuführen. Lusseyran steuert auch für die Rechtmäßigkeit dieses Schritts eine Grunderfahrung bei: "Ich war noch nicht zehn Jahre alt, da wußte ich schon - und mit welch vertrauensvoller Gewißheit -, daß alles in der Welt ein Zeichen von allem ist, daß jedes Ding allzeit bereitsteht, den Platz eines andern einzunehmen, falls dieses ausfällt" (S. 24). Hier wird ein komplementäres Prinzip angesprochen: Ganzheit erweist sich im stellvertretenden Charakter der Einzeldinge, die also keineswegs monadisch sind.

Es ist unmöglich, im Rahmen dieses Aufsatzes auf alle Versuche einer umfassenden Philosophie der Kunst einzugehen.

Besonders geeignet, gerade auch im Blick auf das Kernproblem unseres Themas - das Verhältnis von ästhetischer und religiöser Transzendenz - scheint mir die von Hans-Georg Gadamer entwickelte Sicht zu sein. Es hätte wenig Sinn, bei einer Philosophie der Kunst anzusetzen, die die Möglichkeit einer Transzendenz von Kunst gar nicht im Blick hat. Als maßgeblicher Text dienen mir die Vorlesungen, die Gadamer unter dem Titel "Die Aktualität des Schönen. Kunst als Spiel, Symbol und Fest"[4] veröffentlicht hat.

Gadamer macht hier den Versuch, angesichts der derzeitigen deutlichen Differenzierung, ja Kluft von dem, was man gemeinhin traditionelle und moderne Kunst nennt, eine Einheit von Kunst aufzuzeigen, indem er die Aufmerksamkeit auf die Probleme der Kunsthermeneutik lenkt, ohne die Orientierung am Kunstwerk preiszugeben. Solche Hermeneutik, die sich der Kraft lebendiger Tradition bewußt ist, geschichtliche Tiefe bewahrt, knüpft an die "anthropologische Basis unserer Erfahrung von Kunst"[5] an.

Als solche Basis macht Gadamer "Spiel, Symbol und Fest" geltend. Seine

3 In: Almanach 4 für Theologie und Literatur, Wuppertal 1970, S. 96
4 Reclam Universal-Bibliothek Nr. 9844, Stuttgart 1977
5 a.a.O., S. 29

Analyse des Spiels zielt auf die Erkenntnis: "Spiel ist also letzten Endes Selbstdarstellung der Spielbewegung"[6].

Auf die Kunst bezogen heißt dies, daß Kunst ein *Spiel* mit der Wirklichkeit beginnt und zum Mitspielen einlädt. Dabei ergibt sich die Wahrnehmung einer Identität des Kunstwerks, die sich im spielenden Verstehen erschließt und deshalb "hermeneutische Identität" genannt wird. Der somit entstehende Begriff des Kunstwerks ist porös für die Phantasie der Rezeption. Der Inhalt wird dabei nicht als Begriff erfaßt, sondern gerade in der Form der Wahrnehmung. Dies macht die besondere Leistung der Kunst aus. Die von Gadamer anvisierte hermeneutische Bewegung faßt er lebensweltlich mit dem Wort "lesen" zusammen: "Es ist immer eine Reflexionsleistung, eine geistige Leistung, ob ich mich mit tradierten Gestalten herkömmlichen Kunstschaffens beschäftige oder vom modernen Schaffen gefordert werde. Die Aufbauleistung des Reflexionsspiels liegt als Forderung im Werk als solchem."[7]

Gadamer kommt in diesem Abschnitt nicht ausdrücklich auf die Musik zu sprechen, aber es liegt auf der Hand, daß, weil instrumentale Musik, wie unser üblicher Sprachgebrauch es richtig festhält, "gespielt" wird, diese Analyse von hoher Bedeutung ist. Selbstbewegung, Darstellung werden dann zu Grundbegriffen musikalischer Ästhetik. Zugleich ergeben sich Fragen wie: Erbringt das Spiel der Musik Möglichkeiten des Mitspielens oder nur Konsum? Welche hermeneutische Leistung ist hier notwendig? Wie porös können Kunstwerke werden? Wenn Musik wie im Lied gesungen wird, ergibt sich dann ein Sonderfall des Spielens?

Gadamers zweite anthropologische Zugangserfahrung ist das *Symbol*. Symbol - der technischen Wortbedeutung nach die "Erinnerungsscherbe", die Wiedererkenntnis des Altbekannten ermöglicht - hat für die Sinneswahrnehmung die Möglichkeit eröffnet, am Fragmentarischen die Repräsentanz des Ganzen zu erfahren, eben dies, was Lusseyran mit dem Stellvertretungsgedanken auch zur Sprache brachte. Gadamer knüpft hier an die idealistische Ästhetik an, Kunst als symbolische Darstellung von Idee, vertieft aber diese Auffassung dahingehend, daß eben Kunst bei ihrer Sinnvermittlung auf das verweise, was mit dem Kunstwerk sich als Kunstwerk zeigt. Symbol ist mehr als nur Zeichen auf anderes, ist ein selbstrepräsentatives Zeichen, das damit an die Selbstdarstellungsmöglichkeit von Spiel anknüpfen kann. Kunst ist Selbstdarstellung von Sinn als hermeneutischer Bewegung. Verborgenheit und Entbergung werden im Sinne der Heideggerschen Analyse des Wahrheitsverständnisses komplex verbunden. Gegenüber dem Denken bleibt so die Kunst vorläufig, ständige Herausforderung, ohne deswegen unvollkommen zu sein. Man muß nur ihre Eigenart respektieren. In diesem Abschnitt kommt Gadamer nun auch ausdrücklich auf die Musik zu sprechen. Er weist auf die Absolute Musik mit der Wiener Klassik als Höhepunkt hin, um die Eigenständigkeit von Kunst zu zeigen, die s. E. nicht von Informationsästhetik oder auch der Beziehung zum Wort her voll erfaßt werden kann, obwohl ein "unaufhebbarer Zusammenhang zwischen

---

6 a.a.O., S. 31
7 a.a.O., S. 36

der wortlosen Sprache der Musik, wie man zu sagen liebt, und der Wortsprache unserer eigenen Rede- und Kommunikationserfahrungen"[8] besteht.

Hier ist deswegen auf Kommunikation als überverbalen, aber sprachlichen Nenner zu rekurrieren, was denn Gadamer auch mit seinem dritten Element anthropologischer Basis für Kunsterfahrung, dem *Fest*, ansteuert.

Bevor ich darauf eingehe, sei noch darauf verwiesen, daß mit Symbol eben der Rekurs auf das Ganze, auf das noch Fehlende, auf die Einheit von Welt, intendiert wird: heile Welt. Gadamer nimmt hier ausdrücklich diesen religiösen theologischen Begriff "das Heile" auf. Wie hängt diese Erfahrung des Heilen mit dem Heil zusammen, das den Glauben hervorruft? Ist das Heile schon das Heilige? Möglichkeiten der Differenzierung innerhalb einer Gemeinsamkeit deuten sich an.

Mit dem Fest hat Gadamer eine Kategorie aufgenommen, die vor allem das Verhältnis zur Zeit anspricht, weil Fest erfüllte Zeit ist. Kunst hat in eben diesem Sinne auch eine eigene Zeitstruktur, wobei Gadamer ausdrücklich auf die Musik verweist, indem er den Sinn der Tempoangaben für Musikstücke und die Erfahrung von Rhythmus erörtert. Beidesmal geht es um eine geistige Erfassung der Eigenzeit des Kunstwerks: "Jede Reproduktion ... vermittelt eine wirklich künstlerische Erfahrung nur dann, wenn wir mit unserem inneren Ohr noch etwas ganz anderes hören als das, was wirklich vor unseren Sinnen geschieht. Erst das in die Idealität dieses inneren Ohrs Erhobene, nicht die Reproduktionen, Darstellungen oder mimischen Leistungen als solche, liefert die Bausteine für den Aufbau des Werkes" (S. 58).

Indem Gadamer auf die anthropologische Basis unserer Erfahrung von Kunst zurückgeht, gibt er uns zumindest einen methodischen Hinweis, unsere Themafrage zu beantworten. Kunst und Religion haben bei aller Verschiedenheit möglicherweise gemeinsame anthropologische Wurzeln. Spiel, Symbol und Fest sind nun gewiß auch für Religion und Glaube wesentlich. Dabei ist es hilfreich, zu bedenken, auf welche Grunderfahrungen oder Grundwünsche Spiel, Symbol und Fest zielen.

Spiel signalisiert *Freiheit*, wie schon eine Grundbedeutung des Wortes, wie sie in Spielraum noch erkennbar ist, lehrt. Gerade die Verbindung von Ordnung und Freiheit ist faszinierend. In ihr liegt ein Übergriff auf Möglichkeit, eine Verwandlung von Wirklichkeit, ohne die Wirklichkeit zu verlassen. Im Spiel hat man die Wirklichkeit, als hätte man sie nicht. Der mit dieser These hergestellte Zusammenhang zu den bekannten Aussagen des Paulus (1. Kor. 7, 29 f), die die Distanz des Christen zur Welt angesichts ihrer Vorläufigkeit angesichts des Kommens der Gottesherrschaft ausdrücken, ist beabsichtigt. Kunst ist eine Spielform von Freiheit.

Symbol signalisiert *Ganzheit*. Am Symbol läßt sich partizipieren; es ermöglicht Teilhabe, aber nicht Besitz. Hier zeigt sich ebenso ein Zusammenhang von Identität und Differenz zur Wirklichkeit. Das Symbol ist endlich und unendlich zugleich. Es ist Fragment, das zeigt, wie das Ganze gemeint sein könnte. Es verbindet Offenheit und Geschlossenheit. Damit zeigt sich

---

8 a.a.O., S. 51

ontologisch die gleiche Struktur wie beim Spiel. Im Spiel werden Symbole
in Vorgänge übersetzt, in ihm ist Spiel angelegt. Durch Symbole wird Spiel
tiefsinnig.

Mit dem Fest verhält es sich nicht anders. Hier wird mit der *Zeit* gespielt. Fest enthält Eigenzeit und kann doch der Zeit nicht entrinnen. Es
signalisiert Ewigkeit, nicht als Negation von Zeit, sondern als *erfüllte
Zeit.* Das entspricht biblischem Zeitverständnis. Das Fest ist besondere Zeit,
ohne Zeit als solche aufheben zu können, jedes Fest weiß auch um sein Ende.
Dies gilt ganz besonders auch für die Musik als Kunst in der Zeit, als
Kunst mit der Zeit. Spiel und Symbol können sich räumlich entfalten, damit
können sie Endlichkeit im zeitlichen Sinn, Sterblichkeit, Vergänglichkeit
zu suspendieren versuchen. Die Musik kann dieser Tendenz folgen, wie ja
Raum und Zeit zusammenhängen, dennoch ist sie am stärksten der Zeit verhaf-
tet, weil sie Zeit verbraucht, ein Ende in der Zeit hat, verklingt. Darin
ist sie der Sprache gleich. Sehen und Hören verhalten sich wie Bild und
Wort. Allerdings ist es falsch, und Theologie hat dazu öfters geneigt, daraus einen absoluten Gegensatz im Blick auf Nähe zur Offenbarung zu machen.
Wir sahen schon, daß es eine Stellvertretung der Sinne geben kann, daß
synästhetisch wahrgenommen wird. Es gibt ebenso Klangbilder wie Farbrhyth-
men. Deshalb ist auch eine integrale Ästhetik nicht aussichtslos, allerdings durch allgemeine Deduktion nicht zu entwickeln.

Freiheit und Ordnung, Fragment und Ganzheit, Eigenzeit und "Umzeit": man
kann Endlichkeit und Unendlichkeit als gemeinsamen Nenner dieser Erfahrungen ansehen. Sie kennzeichnen jene Weltoffenheit des Menschen, jene Neigung
zur Selbsttranszendierung, die überhaupt so eine Wendung wie "Menschwerdung
des Menschen" zu einer sinnvollen Formel macht. Vollendung und Sterblichkeit
zusammen zu denken, die Sterblichkeit vollkommen zu denken, die Unendlichkeit endlich authentisch, das ist eine menschliche Herausforderung, die mit
künstlerischen Mitteln auf einen gültigen Ausdruck gebracht werden will.
Vergänglichkeit wird unvergänglich dargestellt. Wie aber ist dies möglich?
Steckt hinter solcher Paradoxie ein Wissen, eine Ahnung, ein Wunsch, eine
Offenbarung?

Bevor ich versuche, von theologischen Versuchen, Kunst zu deuten, z.B.
eine Theologie der Musik zu entwerfen, die Fragestellung von der anderen
Seite, also nicht der Ästhetik her, weiterzuführen, sei noch auf zwei Nahtstellen hingewiesen, zu denen Gadamer uns hinführt, Nahtstellen von Kunst
und Kult, Ästhetik und Theologie. Ich meine den Begriff des *Sakraments* und
die Erfahrung von *Gemeinde*.

Gadamer weist an zwei Stellen auf die Nähe des Sakramentsbegriffs zu seiner Auffassung von Kunst hin. Einmal ausdrücklich, weil er für seine Deutung
der Kunst als Symbol den Abendmahlsstreit zwischen Zwingli und Luther heran-
zieht:

"Mir ist - als Protestant - der in der protestantischen Kirche ausgefoch-
tene Abendmahlsstreit immer sehr bedeutsam gewesen, insbesondere zwischen
Zwingli und Luther. Mit Luther bin ich der Überzeugung, daß die Worte
Jesu: 'Dies ist mein Fleisch, und dies ist mein Blut' nicht meinen, daß

Brot und Wein dies 'bedeuten'. Luther hat, glaube ich, das ganz recht gesehen und hat in diesem Punkt, soviel ich weiß, durchaus an der alten römisch-katholischen Tradition festgehalten, daß Brot und Wein des Sakramentes das Fleisch und das Blut Christi *sind*. - Ich nehme dieses dogmatische Problem nur zum Anlaß, um zu sagen, so etwas können wir denken und müssen wir sogar denken, wenn wir die Erfahrung der Kunst denken wollen; daß im Kunstwerk nicht nur auf etwas verwiesen ist, sondern daß in ihm eigenlicher da ist, worauf verwiesen ist" (S. 46).

An anderer Stelle spricht er davon, daß es "keine mögliche Kunstproduktion geben kann, die nicht in der gleichen Weise immer das *meint*, was sie produziert, als das, was es ist" (S. 33).

Gerade diese Struktur macht hermeneutische Identität, also nicht eine dingliche Identität, aber auch nicht einen bloßen Hinweis auf Identität, möglich. In diesem Sinne besteht die besondere Leistung des Kunstwerks darin, sich an das Material des Endlichen haltend, im Procedere, im Vorgang, in seiner Vorläufigkeit das Unendliche, das Nichtverdinglichte zu zeigen, hervorzurufen. Nun ist solche Transzendenz natürlich als solche noch keineswegs religiöse Transzendenz. Es kann z.B. eine Transzendenz von der Performanz eines Werkes zu seiner Kompetenz geben, von der Oberflächenstruktur zur generativen Tiefenstruktur. Maßgeblich ist nur die Verbindung von Identität und Differenz. Religiös wird eine solche Struktur allerdings, wenn der Mensch *wesentlich* dieselbe Struktur hat, so daß Kunst eben diese seine Existenz immer zugleich, wenn auch in verschiedensten Ausformungen spiegelt. Man könnte dann in aller Kunst einen Zusammenhang mit Leben als Lebenskunst sehen, Widerspiegelung des ontologischen Schicksals des Menschen, seines Geheimnisses, über das er Klarheit gewinnt. Je besser er die Wirklichkeit erforscht, desto mehr nimmt er ihr Geheimnis wahr, eine Erfahrung, die auch Naturwissenschaft macht, wenn sie solche Emotionen und ethischen Anmutungen erlaubt und nicht allein nur Meßbares zuläßt. Jede lichtende Erkenntnis erhellt Strukturen der Dunkelheit, öffnet neue Fragen. Wer viel weiß, weiß über seine Endlichkeit besser Bescheid.

Der Begriff des Sakraments wird in der Theologie unterschiedlich beurteilt. Er wird teilweise als unbiblisch abgelehnt[9].

Aber auch dort, wo man ihn von Christus oder der Kirche her als Ursakrament neu auslegen will, entgeht man nicht dieser Grundstruktur, das Unerfaßbare gegenwärtig zu machen, das Unbedingte der bedingten Erfahrung zuzumuten, Offenbarung *als* Geheimnis zu *verstehen*[10].

Während hier bei Gadamer mögliche Konvergenzen sichtbar werden, konstatiert

---

9 So z.B. von Zwingli und Karl Barth. Vgl. dazu den Artikel "Sakrament" von Ulrich Kühn im Taschenlexikon Religion und Kirche Bd. 4, Göttingen ²1974, S. 11-16.

10 Man beachte das biblische Verständnis von "mysterion" (Geheimnis). "Das Mysterium ist nicht schon selbst Offenbarung, sondern *Gegenstand der Offenbarung*. Diese gehört konstitutiv zum Begriff; nicht so, daß das Mysterium eine Voraussetzung der Offenbarung wäre, die mit ihrem Ereignis hinfällig und aufgehoben wäre, *vielmehr enthüllt die Offenbarung das mysterion als solches*" (Günther Bornkamm, Theologisches Wörterbuch zum NT IV, S. 827). Vgl. auch Walter Benjamins These, daß "Wahrheit nicht Enthüllung ist, die das Geheimnis vernichtet, sondern Offenbarung, die ihm gerecht wird" (Ursprung des deutschen Trauerspiels, S. 12).

er im Blick auf die Erfahrung von *Gemeinde* einen wesentlichen Unterschied:

"Der Künstler des 19. Jahrhunderts steht nicht in einer Gemeinde, sondern er schafft sich eine Gemeinde, mit all der Pluralität, die dieser
Situation angemessen ist, und mit all der übersteigerten Erwartung, die
damit notwendig verknüpft ist, wenn eingestandene Pluralität sich mit
dem Anspruch verknüpfen muß, daß allein die eigene Schaffensform und
Schaffensbotschaft die wahre sei. Das ist in der Tat das messianische
Bewußtsein des Künstlers im 19. Jahrhundert; wie eine Art 'neuer Heiland'
(Immermann) fühlt er sich in seinem Anspruch an die Menschen: er bringt
eine neue Botschaft der Versöhnung, und wie ein Außenseiter der Gesellschaft bezahlt er diesen Anspruch, indem er mit seinem Künstlertum nur
noch Künstler für die Kunst ist" (S. 8).

An anderer Stelle heißt es:

"Das ist in der Tat das andere, wie ich es formulierte, daß nämlich der
Künstler seitdem nicht die Gemeinde ausspricht, sondern durch sein eigen-
stes Sich-Aussprechen sich seine Gemeinde bildet. Trotzdem bildet er eben
seine Gemeinde, und der Intention nach ist diese Gemeinde die Oikumene,
das Ganze der bewohnten Welt, ist wahrhaft universal" (S. 51 f.).

Hier deutet sich, mehr noch als Gadamer es zum Ausdruck bringt, eine grundsätzliche Verschiedenheit an. Wenn der Künstler nicht mehr innerhalb einer
Botschaft steht, die auch sonst erfahrbar ist, sondern sein Tun selbst
nahezu exklusiv erschließt, dann ergibt sich eine Konkurrenz zu dem, was
zumindest in Religion und Glaube Gemeinde bildet. Die Entwicklung im
19. Jahrhundert zeigt mit großer Deutlichkeit, daß Säkularisierung von Religion zugleich Sakralisierung von Kunst bedeutet. Für die Literatur hat
das Ludwig W. Kahn besonders eindrücklich gezeigt[11]. Es ist hier auch an
die Inanspruchnahme der Kategorie des Prophetischen durch die Literatur
- Paul Konrad Kurz hat z.B. auf Heine hingewiesen - zu erinnern[12].

Wenn Kunst etwas Exklusives erschließt, was nicht mehr mit der anthropologischen Basis der Erfahrung von Kunst zu tun hat, gerät sie in die gleiche fatale Lage wie Theologie, die sich mit Leben nicht mehr vermitteln
kann und nur noch ihre eigenen Schwierigkeiten thematisiert. Etwas anderes
ist es, wenn Kunst hinsichtlich ihrer Wahrnehmungsfähigkeit exklusiv auf
etwas verweist, was anders auch schon wahrgenommen worden ist. Kunst wäre
in diesem Fall autonom, aber nicht autark. Ihre Humanität wäre autonom,
aber nicht absolut.

Solche Relativierung mit Anerkennung des Besonderen der Kunst, das nicht
verallgemeinert werden kann, bedeutet noch nicht, daß die jeweilige Gemein-
de-Erfahrung gleichen Inhalt hat. Hier ist nur erst einmal der universale
Sinn von Ökumene angesprochen. Gerade weil noch gar nichts über die Inhalte
der Menschwerdung des Menschen gesagt ist, bleibt hier erst einmal nur eine
Allianz als gemeinsamer Horizont. Inwieweit Kunst Menschen einander näher-
bringt, zusammenschließt, an welche Partikularitäten oder Charismen hier
angeknüpft wird, muß uns noch interessieren. Christliche Gemeinde betont
eine Grundsituation des Menschen, die Situation, in seiner Sprachlichkeit

---

11 Literatur und Glaubenskrise, Stuttgart 1964, S. 7-16, mit Hinweis auf
Goethes bekanntes Wort: "Die wahre Poesie kündigt sich dadurch an, daß
sie als ein weltliches Evangelium, durch innere Heiterkeit, durch äuße-
res Behagen uns von den Lasten zu befreien weiß, die auf uns drücken."

12 Der Evangelische Erzieher 27/1975, S. 346.

von Gottes Ruf auf Verantwortung hin angesprochen zu sein, ganz gleich, wer es nun sei: Grieche oder Jude, Mann oder Frau, man kann fortsetzen: Banause oder Kunstkenner. Dies ist in der Kunst wegen ihrer Tendenz zu ganz spezifischer Assoziation anders; es entsteht das Problem des Subjektivismus. Allerdings kennt auch das christliche Verständnis von Gemeinde spezifische persönliche Aspekte, sofern Gemeinde als Kosmos von verschiedenen Charismen - dies die Anschauung des Paulus - verstanden wird. Aber diese Charismen werden alle als Individuationen einer Charis oder eines Charisma verstanden. Die in der Person Jesu Christi beschlossene Gnade individuiert sich in verschiedene Gnadengaben, die den Sinn haben, einander zur Dienstleistung und Vielfarbigkeit gemeinsamen Lebens zu helfen. Man könnte die Aufgliederung in verschiedene Charismen mit den Individuationstendenzen der Kunst in Beziehung setzen. Charisma könnte ein Brückenbegriff zwischen Theologie und Ästhetik werden, Kunst die Wahrnehmung charismatischer Gaben sein.

Damit erreichen wir den zweiten großen Teil unserer Überlegungen. Welche theologischen Deutungen von Musik sind derzeit maßgeblich? Lassen sie einen Zusammenhang von Eigentranszendenz der Kunst und Offenbarung im theologischen Sinn zu?

Wenn ich recht sehe, lassen sich vier Typen einer theologischen Deutung der Musik herausarbeiten.

1.

1945 veröffentlichte Edmund Schlink seine Studie: Zum theologischen Problem der Musik[13]. In ihr werden in gründlicher systematischer Analyse verschiedene Positionen abgesteckt und in strenger Folgerichtigkeit ein bestimmtes Urteil entwickelt. Zuerst bringt Schlink eine philosophische Analyse der Musik. Die spannungsvoll verbundenen Momente der Ordnung und Freiheit werden als Grundelemente im Anschluß an die bekannten Aussagen Platos, aber ausgreifend bis zu Ferruccio Busoni (Entwurf einer neuen Ästhetik der Tonkunst, Triest 1907, Leipzig 1916) herausgestellt und in dem Begriff des Spiels im Sinne Huizingas zusammengefaßt. "Die Musik hat innerhalb dieser philosophischen Begriffsbestimmung des Spiels ihren Ort" (S. 10). Aus dieser Grundspannung leitet Schlink Gesetzlichkeit und Chaos als die beiden Grundgefahren ab, die Spannung aufzulösen. Dieser platonische Ansatz wird in einem zweiten Schritt in seiner Wirkung auf die Kirche untersucht. "Wie stellte sich die christliche Kirche zur platonischen Musiklehre? In grundsätzlich gleicher Weise wie Augustin zur platonischen Ideenlehre: Er übernahm sie in die Theologie, das heißt, er lehrte die platonischen Ideen, die im dreieinigen Gott waren vor Erschaffung der Dinge, beziehungsweise vor dem Ablauf der Dinge" (S. 12). Daß dieser Ansatz bei Luther und Kepler aufgenommen wurde, wird aufgezeigt. Die theologische Beurteilung dieses Ansat-

13 Sammlung gemeinverständlicher Vorträge und Schriften aus dem Gebiet der Theologie und Religionsgeschichte Nr. 188, Tübingen 1945

zes folgt für Schlink aus der Lehre vom Gesetz Gottes. "Das musikalische Moment der Ordnung darf theologisch verstanden werden im Zusammenhang mit dem unbestimmten Wissen aller Menschen um das Gesetz Gottes, der die gefallene Welt erhält" (S. 15).

Damit wird die Musik theologisch geortet. Sie gerät in die Alternative von Gesetz und Evangelium, von natürlicher Religion und Offenbarungsglaube. "Haben wir die Momente der Ordnung und der Freiheit richtig theologisch gedeutet, so bedeutet Musik den eigenartigen Versuch einer Entweltlichung in spielender Anerkennung des Gesetzes ... Die Musik ist somit zu verstehen als der Versuch einer Erlösung des Menschen von der Welt in spielend verklärender Anerkennung des Gesetzes Gottes. ... (Sie) ist der Versuch einer Harmonisierung von Gesetz und Erlösung und gerade das ist die Selbsttäuschung" (S. 17 f.). "Das musikalische Spiel der Heiden ist eine besondere Form der natürlichen Religion" (S. 19).

Daraus ergibt sich natürlich die Frage: "Muß der Christ zur Musik nein sagen?" "Zerbricht nicht das Ereignis der Kreuzigung Christi in radikaler Weise das Spiel der Kunst mit Gott?" (S. 21). Schlink konstatiert einerseits: "Das Kreuz Christi ist auch die Infragestellung der Musik" (S. 22), aber angesichts der Glaubenserfahrung, nicht mehr unter dem Fluch des Gesetzes zu stehen, auch das andere: "Das Spiel ist eine echte Möglichkeit allein für die Glaubenden" (S. 24). Hier deutet Schlink verschiedene Richtungen eines theologischen Verständnisses von Musik an, die für die weitere Typologie Bedeutung haben: Musik als abbildhaftes und zeichenhaftes Tun des Glaubens, als Vorgeschmack künftiger Herrlichkeit, als Charisma, als Hilfe gegen Anfechtung. Aber dies geschieht angesichts dieser scharfen Trennung: "So stehen einander gegenüber ein heidnisches und ein christliches Musizieren" (S. 25). Von daher ist dann für den Gottesdienst auch Musik nicht auszuschließen, wenn auch die Bindung an das Wort konstitutiv bleibt. "Allerdings ist es dem Zeugnis der wortlosen Musik offensichtlich eigentümlich, daß sie nicht Glauben wirken kann, sondern erst für den vom Wort bereits gewirkten Glauben als christliches Zeugnis hörbar wird". Daß Schlink dabei strenger argumentiert als Luther, zeigt die Fortsetzung des Zitats: "An dieser Stelle möchte man wünschen, daß die oben zitierten Aussagen Luthers über das Evangelium in der Musik etwas geschützter gelautet hätten" (S. 29 f.). Hier setzt Schlink interessanterweise Musik mit der Glossolalie in Analogie. Die Zungenrede bedarf nach Paulus der hermeneutischen Interpretation, so auch die Musik. Mit Recht schließt Schlink seine Überlegungen damit, daß es keine ein für allemal wirksame Methode gibt, die natürliche Religion auszuschließen. "Die Überwindung der natürlichen Religion ist immer wieder *Ereignis*. Darum gibt es auch keine grundsätzlich ein für allemal richtige Zuordnung von Wort und Musik. Die Wahl der Musik für den Gottesdienst muß wie das Bekenntnis der Kirche jeweils ein polemisch-antithetischer Akt sein, nämlich Abgrenzung gegenüber dem heidnischen Erlösungserlebnis" (S. 30).

Diese Konzeption hat bei allen Vorzügen einer klaren Positionsbestimmung und einer Warnung vor dogmatischer *securitas* Punkte, die zur Kritik herausfordern.

Die philosophische Analyse arbeitet in der Zuordnung der Elemente Ordnung und Freiheit mit dem Begriff des Spiels. Im Anschluß an Gadamer erschien der gleiche Begriff, aber ergänzt durch Symbol und Fest, wodurch auch die Elemente Fragment - Ganzheit, Eigenzeit - Zeitlichkeit ins Bewußtsein rückten. Immerhin versuchten auch wir, eine ontologische Grundstruktur aufzuweisen, die Schlinks Ansatz ähnelt. Das eigentliche Problem erscheint erst in der theologischen Wertung des Spiels. Schlink will mit Huizinga Spiel und Ernst nicht als notwendige Gegensätze auffassen, aber er spricht dem Spiel den letzten Ernst gegenüber dem Gesetz Gottes ab. Dabei verbindet er den Ordnungsbegriff mit dem theologischen Gesetzesverständnis. Hier ergeben sich theologische Fragen. So wie das Gesetz einen, wenn allerdings theologisch nicht primären Gebrauch im Blick auf öffentliche Ordnung kennt (usus politicus), so könnte es auch einen sinnvollen Gebrauch von Ordnung geben, der sicher mit der überführenden Funktion des Gesetzes in Verbindung steht, aber nicht identifiziert werden kann. Das Gesetz spricht nicht nur schuldig, es ordnet auch. Es kann damit auch Freiheit geben, so wie die Zehn Gebote primär nicht ein Verbotskatalog sind, sondern Grenzbestimmungen angesichts ermöglichter Freiheit, die nicht asozial werden soll. Hier müßte auch einbezogen werden, was theologisch inzwischen über die Bedeutung der Weisheit erarbeitet worden ist. Schlink bringt das berühmte Zitat von der spielenden Weisheit vor Gottes Thron, er möchte es aber erst der christlichen Existenz als mögliches Handlungsmodell zuweisen. Kann man aber Gesetz und Ordnung so identifizieren? Damit steht die Abgrenzung, die Sorge vor natürlicher Religion im Vordergrund. Kein Zweifel, daß Schlink damit recht hat, eine bestimmte Entwicklung der Musik im 19. Jahrhundert, in der Musik als Religionsalternative sakralisiert wurde, kritisch zu sehen. Aber gilt dies für die ganze Geschichte der Musik? Will Spiel immer überwinden? Kann es nicht auch erinnern, verdeutlichen, klagen, anklagen? Hier wirkt Kierkegaards Entgegensetzung von Ästhetik und Ethik nach, die so nicht mehr übernommen werden kann. Vor allem muß gefragt werden, ob sich bei Schlink nicht die Themastellung zu dem theologischen Problem des *Musizierens* verschoben hat. Deswegen gipfelt seine Arbeit in der Unterscheidung von Glauben und Unglauben. Aber ist diese Scheidung berechtigt einmal angesichts des Phänomens, daß Musik eben auch Kunstwerk bedeutet, auf das Bekenntniskategorien schlecht anwendbar sind, wie die Aporien der Debatte um christliche Kunst zeigen, zum anderen angesichts der Möglichkeit, daß es Bereiche des Lebens gibt, die von Christen und Nichtchristen geteilt werden können, ohne daß deswegen der Herrschaftsanspruch Christi auf alle Lebensbereiche in Frage gestellt werden muß. Nur wer der Eigengesetzlichkeit der Musik die Eigenerlösung des Menschseins zuschreibt, wird davon getroffen. Musik könnte ja, mit Bonhoeffer gesprochen, etwas Vorletztes sein, das nicht isoliert vom Letzten - der Rechtfertigung des Menschen vor Gott - zu sehen ist, aber eben doch auch nicht als Parallele. Schlink zeigt eine Gefahr auf, wer sagt, daß sie immer besteht? Trifft solche Kritik das Werk, oder nicht nur die Person in ihrem Gewissen? An dieser Stelle ist wohl - und dies im Sinne gerade der Schlußbemerkungen, die von einer endgültigen Verhältnisbestimmung Abstand nehmen - von Schlinks Ansatz her kritisch weiterzudenken. Dabei könnte es sich herausstellen, daß Luther doch nicht geschützter hätte formulieren sollen, sondern hier Freiheit eines Christenmenschen in der Weise wahrgenommen hat, wie es von uns noch nicht wieder in der Einschätzung von Musik erreicht ist. Das schließt nicht aus, daß Luther in Fragen der bildenden Kunst und der Dichtung nicht so weit gekommen ist und die theologische Sonderstellung der Musik bei ihm einer zusätzlichen Überprüfung bedarf.

Ich habe schon betont, daß Schlink im Horizont des Glaubens der Musik wesentliche Funktionen: Gleichnishafte Abbildung, eschatologischen Vorgeschmack der Ewigkeit, seelsorgerliche Hilfe gegen Anfechtung, zuschreibt. Man muß fragen, ob dies nicht auch schon wirksam wird als Hoffnung bei denen, die noch nicht glauben. Es wäre also methodisch zu fragen, nicht nur wieviel Angst hinter der Ausübung von Musik steckt, sondern wieviel Hoffnung in ihr verborgen ist. Das schließt nicht aus, daß solche Hoffnung enttäuscht werden kann, auf ihre Realität geprüft werden muß; entscheidend ist die Sicht: Nicht nur Angst, auch Hoffnung lehrt transzendieren.

2.

In der Linie der eben angedeuteten gleichnishaften Bedeutung der Musik, die nicht erlöst, aber lösende Kraft hat, die praeludium vitae aeternis sein kann, liegt die theologische Deutung der Musik, wie wir sie bei Adolf Brunner finden[14].

Adolf Brunner, der merkwürdigerweise in seiner ansonsten gründlichen und umsichtigen Arbeit nicht auf Schlinks Studie eingeht, verfährt methodisch ähnlich. Zuerst wird das Phänomen der Musik beschrieben, dann theologisch argumentiert, wobei die Aufmerksamkeit der "theologischen Funktion der Musik in der Heilsgeschichte" gilt. Auch bei Brunner wird das Moment der Ordnung und der Freiheit mittels des Spielbegriffs verbunden. Aber das Element der Ordnung ist auf urbildliche Formkräfte bezogen, die mehr aristotelisch-energetisch gesehen werden (S. 63). Im Unterschied zu Schlink wird hier stärker auf die Psychologie, insbesondere C.G. Jungs (S. 78), rekurriert und der Zusammenhang zum Symbol, auch wenn der Begriff vermieden wird, betont. Es heißt: "Alles urbildliche Sein wird durch unser existentielles Sein abbildlich empfangen" (S. 69). Existentielles Sein bezeichnet ein humanistisches Postulat (Werde der du bist!), "das sich an den natürlichen Menschen richtet und den Rahmen der Immanenz keineswegs sprengt" (S. 69). Der christliche Glaube wird davon abgesetzt, m. E. in bedenklicher Weise: "Während die Existenz Treue zu sich selbst fordert, verlangt der Glaube gerade umgekehrt die Selbstverleugnung. Durch die Annahme des Kreuzes wird das Selbst beim existentiellen wie beim nichtexistentiellen Menschen zerbrochen und durch Christus geheimnisvoll erneuert und verwandelt" (S. 70).

Die Abgrenzung gegenüber dem Spiel erfolgt nicht mit der Entgegensetzung

---

14 Musik im Gottesdienst, Zürich/Stuttgart (1960) [2]1968

von natürlicher Religion und Glaube, sondern durch die Differenzierung von personalen Entscheidungen und Spiel: "In der Entscheidung personaler Beziehungen zu Gott und Mensch hat das Spiel nichts zu suchen" (S. 73).

Brunner hat auch die soziale Funktion der Musik im Blick, so daß er seine Analyse so zusammenfassen kann: "Die Musik hat innerhalb der Gemeinschaft zweierlei Funktionen zu erfüllen, eine naturhafte und eine geistig geschichtliche. In ihrer naturhaften Funktion läßt sie den Menschen singend und spielend an den Strukturen des Kosmos teilnehmen, in ihrer geist-geschichtlichen stellt sie einen zu unserem Selbstverständnis notwendigen Zeitspiegel dar. Beides zusammen garantiert erst die irdische Aufgabe der Musik: Heilung, Rettung, Gesunderhaltung und Bereicherung der Seele durch Erschließung immer neuer urbildlicher Quellen" (S. 81). Wie wird diese Erfahrung in die Theologie eingeordnet? Brunner versteht Musik als natürliche Schöpfungsordnung, wenn es ihm auch schwer fällt, das exegetisch zu belegen. Die hiermit anvisierte Theologie der Schöpfung bekommt im Gegensatz zu Schlinks Ansatz ein eigenes Recht: "Über die abbildliche Welt erfährt selbst der gefallene Mensch außerhalb der Heilsgeschichte, sofern er seine kreativen Gaben nicht mißbraucht, etwas von den urbildlichen Ordnungen der göttlichen Schöpfung. Auch die Natur vermag von sich aus ihren Schöpfer zu preisen" (S. 88). "Im Grunde genommen steht die Musik allen Menschen, die ihr mit Liebe begegnen, offen. Die letzte Sinnerfüllung allerdings erhält sie erst im Dienst des Evangeliums" (S. 88). Es ist deutlich, daß hier anders als bei Schlink argumentiert wird, wenn gefordert wird: "Wir müssen vielmehr die natürliche Spielfreude im Glauben zurückgewinnen" (S. 92). Freilich wird dann auch mit Hilfe der schon erwähnten Differenzierung sogleich abgegrenzt: "Die Unwiderruflichkeit der personalen Entscheidung auf allen Gebieten des menschlichen Lebens schließt den Gedanken an spielhafte Elemente von vornherein aus. Es gibt einen letzten christlichen Ernst, der weder Kunst im weltlichen Sinn noch Spiel duldet" (S. 93). Der Rekurs auf die Schöpfung enthält nicht ein Entweder-Oder unter dem Gericht, sondern eine Differenzierung in Vorletztes und Letztes. Bemerkenswert ist schließlich, daß Brunner auch eine endzeitliche Ausrichtung der Musik anerkennt, aber dies allein dem Gesang vorbehalten will (S. 93). Gottesdienst soll nicht als Spiel vor Gott verstanden werden, aber es gibt eine pneumatische Wandlung zeichenhafter Elemente des natürlichen Lebens. In diesem Sinne werden Singen und Wort verbunden. Hier ergibt sich auch das entscheidende Kriterium gegenüber der instrumentalen Musik: "Die absolute Musik führt an die Grenze der Offenbarung, kann aber in ihrer Wortlosigkeit nicht Medium dieser Offenbarung sein. Einen Grenzfall stellt die cantus-firmus-gebundene Instrumentalmusik dar, die auf bekannte Kirchenlieder und deren Inhalte Bezug nimmt und damit indirekt den Text für die glaubende Gemeinde lebendig werden läßt. Hier stößt die absolute Musik beinahe in das Reich des verkündenden Wortes vor. Im allgemeinen jedoch ist sie bestenfalls Ausdruck eines natürlichen Gotteslobs, nicht Trägerin der Verkündigung. In ihrer abstrakten Formensprache mehr sehen zu wollen - etwa die geheimnisvolle Äußerung eines sonst unaussprechli-

chen Göttlichen, wie Luther das einmal in einem unbewachten Moment getan
hat - wäre vermessen und Zeichen einer neuplatonischen theologia negationis.
Weil der absoluten Musik die Möglichkeit der Wortverkündigung fehlt, kann
sie im Gegensatz zum Gesang keinen Glauben wecken" (S. 99). Auch bei Brunner wird die Analogie von wortlosem Instrumentalspiel und Zungenrede behauptet.

Vergleichen wir diesen Entwurf mit Schlinks Ansatz, so fällt der Unterschied in der Interpretation der Ordnungselemente ins Auge. Brunner bezieht
sich auf Schöpfungsordnungen, nicht das richtende Gesetz. Er differenzier
mit Hilfe der Unterscheidung von personalem Wort und dem Spiel der Musik.
Dem Gesang wird eine Sonderstellung zugebilligt. An Luther wird ebenfalls
vorsichtige Kritik geübt. Anders als bei Schlink wird die Bedeutung der Musik in tiefenpsychologischer Hinsicht als Schöpfungselement berücksichtigt.
Stärker als dort wird das Wesen der Musik mit visuellen Kategorien Urbild-
Abbild zu erfassen versucht und damit der Symbolgehalt stärker betont.

Diesem Typus zuzuordnen ist m. E. auch Wolfgang Hammers Studie "Musik
als Sprache der Hoffnung"[15]. Hammer versteht Musik als "Offenbarung im
Gleichnis". Sie ist mit personalistischen Kategorien nicht zu erfassen.
"Auf Worte kann jedermann festgelegt werden, auf Musik nicht" (S. 17). Das
Gleichnis ist Spiel und relativiert als solches die Wirklichkeit. Das besondere Verhältnis der Musik zur Zeit gibt ihr die Nähe zur Hoffnung. Hier
wird Transzendieren möglich. "Die Musik transzendiert in ihrem nach vorn
gespannten Spiel die Gebrochenheit des Menschen. Sie hebt die Dialektik von
Sünde und Gnade nicht auf, sondern 'überspielt' sie, indem sie dem Menschen
einen stets neuen Anstoß nach vorn verleiht, der Künstler wie Zuhörer aus
ihrer jeweiligen Situation ein Stück vorwärts, in eine neue Zukunft hinein-
treibt" (S. 39).

Hammer hat diese Studie unter dem Eindruck verfaßt, den Paul Schütz mit
seinem Werk "Parusie - Hoffnung und Prophetie" auf ihn gemacht hat. Die Her-
ausstellung der eschatologischen Zeichenhaftigkeit von Musik, damit ihre
Zuordnung zum Humanum der Hoffnung, scheint mir außerordentlich wichtig.
Fraglich bleibt, ob Hammers Polemik gegen die Neue Musik (insbesondere die
Zwölf-Ton-Musik) berechtigt ist. Auch wird zu überlegen sein, ob Musik nicht
auch erinnert und Gegenwärtiges feiert; sie ist ontologisch so vielseitig
wie der Mensch selbst, wie Lob und Klage. Sicher aber wird christlicher
Glaube versuchen, Musik als Zeichen der Hoffnung, einer Hoffnung, die nicht
der üblichen Wahrscheinlichkeit und genormter Erwartung folgt, zu hören.
So wie Menuhin mit Recht der Kunst die Aufgabe zugewiesen hat, das Unvorher-
sagbare zu thematisieren, ohne dabei die mit der Wissenschaft gemeinsame
Wahrheitsverpflichtung aufzugeben[16].

---

15 Theologische Existenz heute 99, München 1962
16 Kunst und Wissenschaft als verwandte Begriffe, Frankfurt 1979, S. 9
   u.a.

Als dritten Typus sehe ich die Konzeption an, die Oskar Söhngen in seinem
Buch "Theologie der Musik"[17] entwickelt hat. Dieses Werk unternimmt eine
theologische Grundlegung der Musik, die überaus beeindruckend ist. Die Fülle des angeführten Materials, trotz mancher Wiederholung, die ausführlichen
Erörterungen der verschiedenen Positionen, die Verbindung von Verständnis
für andere Meinungen und gleichzeitiger Entschiedenheit im eigenen Entwurf,
vor allem aber der kühne Vorstoß nicht nur zu einer theologischen Grundlegung der Kirchenmusik, sondern der Musik überhaupt, ist bisher unübertrof-
fen. Auch wer die Grundthese Söhngens nicht teilt, kann an diesem opus
magnum nicht vorübergehen.

Söhngen entwickelt eine theologische Sicht der Musik, die vor allem den
Anschauungen Luthers folgt und sie, besonders beeindruckt von der Stilein-
heit von Kirchenmusik und erster Moderne (Hindemith, Strawinsky), auf die
heutige Situation hin auszieht.

Er unterscheidet in historischer Analyse drei Typen der Zuordnung von
Musik und Theologie: die "natürliche Theologie" der musica speculativa, sodann Luthers Einschätzung der Musik als ein Gottesgeschenk, als creatura,
die zum Wort Gottes eine besondere Affinität hat und schließlich eine mehr
pragmatische, psychologisch-pädagogische Sicht, wie sie auch bei Calvin
zum Zuge kommt. Neben diesen drei Ansätzen besteht noch die Anschauung des
bekanntlich der Musik keineswegs abgeneigten Zwingli, der Musik als weltli-
che Größe von Gottesdienst und Theologie getrennt wissen wollte: Musik als
Adiaphoron.

Diese Erarbeitung der reformatorischen Positionen durch Söhngen dürfte
für die heutigen Fragestellungen, wie sie schon anklangen, von Bedeutung
sein. So hat Brunners Entwurf einige Ähnlichkeit mit Calvin, nur daß er
auch noch Elemente der musica speculativa in tiefenpsychologischer Sicht
aufnimmt. Schlinks Ansatz knüpft an Grundanschauungen der Theologie Luthers
an, muß sich aber von Söhngen her fragen lassen, ob er nicht zu einseitig
argumentiert, da er ja ihm auch bekannte andersartige Aussagen Luthers für
nicht so gewichtig zu halten scheint bzw. an Luther Sachkritik übt.

Söhngen unternimmt im Schlußteil des Buches den "Versuch einer trinitari-
schen Begründung der Musik". Dabei richtet sich das Hauptaugenmerk auf die
Musik als Schöpfungsgabe, die freilich nur vom zweiten und dritten Artikel
des Credo her erkannt und in ihrer Aufgabe und Funktion entfaltet werden
kann (S. 263). Musik erscheint hier als creatura, als Schöpfungs- und Be-
wahrungsordnung und zugleich als poiesis, menschliches Schaffen. Als "Gabe
und Geschenk Gottes, nicht ein Menschengeschenk" hat es seinen Sinn darin,
Gott zu loben, so wie alle Schöpfung das tut, Gott zu ehren und zur "Recreation des Gemüts" zu dienen (Anknüpfung an J. S. Bachs Wendung im 2. Kapitel
seines "Gründlichen Unterricht des General-Basses"). Dabei spricht Söhngen
der Musik auch eine Aussagekraft zu. "Es ist die besondere Gabe der Musik,

17 Kassel 1967

die Tiefe der Dinge aussagen zu können" (S. 295). Wir entdecken hier eine Analogie zu Aussagen Adolf Brunners, aber auch zu Weischedels philosophischer Sicht der Kunst ("Die Tiefe im Antlitz der Welt"), zu Paul Tillichs bekannten Aussagen über die Tiefe der religiösen Dimension und natürlich zur Tiefenpsychologie. Söhngen erläutert seine These so: "Nun aber vermag die Musik nicht nur *gleichnisweise* - etwa weil die ihr zugrundeliegenden Ordnungen das klingende Widerspiel der Ordnung des Weltalls sind oder weil ihre Schönheit Abbild und Gleichnis der Herrlichkeit Gottes ist - an den göttlichen Schöpfer zu erinnern, sie kann auch der Schöpfung unmittelbar Stimme und Widerhall geben. Und das geschieht, indem sie von der Tiefe der Dinge kündet, in der *Aussage* der Musik" (S. 295 f.). Er spricht Urerfahrungen an, wie sie in kultischer Aussage auch Niederschlag finden. Möglich ist dies, weil Musik und *Wort* zueinander affin sind. Immer wieder erinnert Söhngen an Luthers Satz: "Ocularia miracula longe minora sunt quam auricularia". Bei Söhngen ist hier ein Grundbegriff von Kultus wirksam, der dazu führt, daß er letztlich nicht nur eine gottesdienstliche Bindung der Kirchenmusik, sondern aller Musik zu behaupten scheint: "Nur der Christ weiß, daß die Musik Kreatur Gottes ist" (S. 300). Das ist nicht dasselbe wie Schlink, der auf den Gebrauch der Musik im Glauben oder Unglauben rekurriert und Adolf Brunner, der Musik nur als Gleichnis theologisch akzeptiert, sondern eine Auslegung der Musik, die in dem Moment der Transzendierung von Oberfläche zur Tiefe der Dinge eine Erinnerung an die unbegreifliche Transzendenz Gottes wahrzunehmen vermag.

Söhngen verkoppelt seine Einschätzung der Musik als creatura mit der als poiesis. Freilich bedeutet gerade die Zuordnung beider Begriffe das Problem, das m. E. nur in einer Lehre vom Geist gegeben werden könnte. Söhngen zielt mehr auf Kirche und stellt uns damit vor das heute wieder aktuelle Problem der Gemeinsamkeit und Unterschiedenheit der Lehre vom Geist und von der Kirche, Ekklesiologie und Pneumatologie. Es besteht die Gefahr, zu früh auf die Kirche zu rekurrieren. Dazwischen steht die Christologie, die Söhngen unter dem Titel "Das neue Lied" thematisiert. Hier geht es um die alte Frage, ob das Kreuz Christi eine neue Ästhetik begründet, z.B. eine Ästhetik des Häßlichen. Söhngen weist auf die von Winfried Zeller und Wilhelm Bettermann herausgearbeiteten Ansichten Zinzendorfs hin. "Zinzendorf hat sich im Laufe seines dichterischen Schaffens zu der Überzeugung durchgerungen, ein geistliches Gedicht müsse häßlich sein, d.h. dessen entraten, was in der Welt als Schönheit gilt: 'Es ist die notwendige Qualität eines Gemeindeliedes, daß nicht ein Schatten von Oratorie oder Poesie darinnen sei'" (S. 324). Dieses Motiv ist in anderer Form heute besonders wirksam, wie wir noch sehen werden. Söhngen kommt hier wieder auf das Phänomen urhafter kultischer Musik zurück. Er sieht in dem Christusgeschehen die Wiederherstellung ursprünglicher Schöpfung. Daran ist viel Richtiges, aber müßte nicht die endzeitliche Ausrichtung viel stärker sein? Natürlich kennt Söhngen diese Tradition auch, Johann Arndts Fassung der Musik als "Vorgeschmack des ewigen Lebens" (S. 318), aber hier bringt er es nicht zur Geltung. Damit gerät sein Ansatz in die Gefahr, schöpfungsontologisch zu werden, zu wenig eschatologisch, wenn er auch durchaus die Entwicklung der Kirchenmusik unter den Gesichtspunkt des Kairos stellt. Aber der Kairos macht eben doch die ursprüngliche Ordnung sichtbar, die sonst fehlt.

Somit ergibt sich an Söhngen die Anfrage, ob er nicht eine Akzentuierung vorgenommen hat, die zwar Schöpfung und Kirche wieder zu Ehren bringt, aber die christologische und die pneumatologische Auslegung von Musik noch nicht in gleichem Maße im Blick hat. Das gilt für die Frage einer musica crucis in Auseinandersetzung mit ästhetischen Anschauungen negativer Dialektik (Adorno), das gilt für die Frage einer Auslegung des Geistes als kirchen-*kritischer* Instanz für die sozialethische Bedeutung der Musik (Musik nicht nur zur Ehre Gottes, sondern zum Frieden der Menschen) und schließlich die eschatologische Ausrichtung, Musik als Vorzeichen der kommenden Gottesherrschaft. Man kann dies darin zusammenfassen, daß dieser Entwurf seine Tragkraft gegenüber inzwischen erfolgten theologischen Neukonzeptionen noch zu erweisen hat.

Doch kann solches Fragen das Verdienst nicht schmälern, die verschiedene Typologie schon der Reformatoren gezeigt und einen Vorstoß unternommen zu haben, der Musik gerade auch in ihrer "weltlichen Weise" theologisch relevant zu machen vermag und damit der Musik, bezogen auf den Wortcharakter des Evangeliums, theologische, menschliche und gottesdienstliche Würde gibt.

Freilich darf die Frage nicht unterschlagen werden, ob allein der Musik eine solche Sonderstellung gebührt. Mit Rainer Volp möchte ich eine Sonderstellung für problematisch halten, die das alle Künste verbindende Problem des Symbols übersieht[18]. An Söhngen ist manche Kritik geübt worden. Sie ist vor allem gekennzeichnet durch den Vorwurf der Inkonsequenz: einerseits liturgische kultische Bindung, andererseits große Freiheit in der Sicht aller Musik als creatura, Ausrichtung an dem Kairos der Begegnung von Kirchenmusik in der ersten Moderne, aber wenig Hilfe für die danach entstandene Situation. Angesichts solcher Spannungen, die aber möglicherweise in der Sache selbst liegen, haben sich radikalere Konzeptionen gebildet, von denen noch nicht erwiesen ist, ob sie eine Simplifikation darstellen oder eine bessere Sicht. Allerdings stellen sie sich stärker den Herausforderungen zeitgenössischer Musik. Ich fasse solche Versuche zu einem vierten Typus zusammen: Er ist an der Aufhebung der Grenzen von profan und sakral sowie der Bejahung der Geschichtlichkeit der Musik gerade in ihrer Nach-Auschwitz-Situation interessiert.

Als charakteristische Vertreter erscheinen mir Kurt von Fischer[19] und Klaus Röhring[20]. Dabei wirken vor allem neue Analysen des Verhältnisses von Theologie und Kunst ein, wie sie Hans-Ekkehard Bahr mit seinem bahnbrechen-

---

18 Das Kunstwerk als Symbol, Gütersloh 1966, S. 73

19 Moderne Musik, in: K. Marti/K. Lüthi/K.v.Fischer, Moderne Literatur, Malerei und Musik, Zürich/Stuttgart 1963, S. 333-400

20 Neue Musik in der Welt des Christentums, München 1975

den Buch "Poiesis"[21] und Kurt Marti und Kurt Lüthi gegeben haben. Der gemeinsame Nenner ist die Aufhebung der Grenzziehung von Sakralität und Profanität. Kurt Marti hatte schon 1958 in einem Aufsatz "Christus, die Befreiung der bildenden Künste zur Profanität"[22] in diese Richtung gewiesen. Bahr nahm diese Gedanken auf und entwickelte neue "theologische Perspektiven heutiger Kunst" (S. 231-236), die dem "Strukturgesetz der Inkarnation" (S. 248) folgten. Christus wird als "die Befreiung der Kunst zur Weltlichkeit" (S. 245) verstanden. Als theologischer Kronzeuge diente Bonhoeffer (S. 246). Die Künstler, auf die sich Bahr vor allem bezog, waren Ernst Barlach, Albert Camus und neuere Schriftsteller wie Heinrich Böll, T.S. Eliot, Evelyn Waugh, Gabriele Mistral, auch Georges Bernanos und Gertrud von le Fort, zu denen R.A. Schröder (ob mit Recht, ist mir sehr zweifelhaft) in Gegensatz gesetzt wird. Als neues Stilprinzip erscheint Lauterkeit und Redlichkeit in Absage an alle idealistische Kunstauffassung. Gegen Kierkegaard wird die ethische Bedeutung von Kunst, naturgemäß am Expressionismus und Existentialismus nicht schwer nachzuweisen, herausgearbeitet. Die Krisis des künstlerischen Tuns wird auf das Ethos des glaubenden Künstlers hin ausgelegt, das mit Stichworten wie "Mit-Leiden", "Aufgehen des Häßlichen im Werk", "Status der leeren Hände", "Selbstvergessenheit und Stellvertretung", "Loben" eindrucksvoll beschrieben und auf eine theologia crucis bezogen wird, aber im Modus des Spiels Gelassenheit und hilaritas bezeugt.

Kurt Lüthi schließlich hat in verschiedenen Aufsätzen[23] die Situation der bildenden Kunst analysiert und dabei Kunst nicht als Gottesdienst, sondern als "Menschendienst" verstehen wollen. "Wenn uns im Kunstwerk ein Du zum Gegenüber wird, könnte dieses Du Zeichen auf ein absolutes, echt-transzendentes Du hin werden, und zwar im Sinne eines Mittlertums des Du, von dem Martin Buber spricht"[24]. Hier wird also die hermeneutische Identität des Kunstwerks auf Dialogizität hin gedeutet; die Alternative von Personalismus und Kunst entfällt.

Es ist unmöglich, bei dem zur Verfügung stehenden Raum diese Konzeptionen einzeln kritisch zu würdigen. Als Hauptproblem erscheint mir eine Verankerung in der Christologie, die im Interesse der Wirklichkeit von Offenbarung die damit zugleich gegebene Differenz von Wahrheit und Wirklichkeit bzw. Gott und Mensch im Sinne eines Strukturgesetzes aufhebt. Demgegenüber hat m.E. Rudolf Bohren[25] mit Recht geltend gemacht, daß der theologische Ort einer Verhältnisbestimmung der Kunst in der Lehre vom Geist, d.h. von der Möglichkeit und Wirklichkeit der Gegenwart Christi in unserem Glauben und unserer Erfahrung zu finden ist. Damit gewinnt die Unterscheidung von sakral und profan neue Bedeutung, auch wenn sie nicht lokal verdinglicht

---

21 Stuttgart 1961

22 Evangelische Theologie 18/1958, S. 371-375

23 Theologische Bemerkungen zum Selbstverständnis der modernen Malerei, ZEE 1961, S. 259 ff.; Tendenzen der Malerei seit 1945 in theologischer Sicht, Evangelische Theologie 1962, S. 250 ff.; s. auch Anm. 19

24 Tendenzen, S. 270

25 Rudolf Bohren, Daß Gott schön werde, München 1975

werden darf. Gerade Bonhoeffer hat die Dialektik von Profanität und Arkan-
disziplin immer wieder geltend gemacht.

Kurt von Fischer hat in seiner Einschätzung des Problems der Kirchenmusik Bahrs Ansatz bejaht (S. 387 ff.), sieht dabei allerdings das Problem,
ob Gemeinde die noch fremde Sprache der modernen Musik verstehen könne.
M.E. liegt hier aber mehr als ein didaktisches Problem vor. Söhngen wird
der Vorwurf der Inkonsequenz gemacht. Er verweise ausdrücklich auf die "Aufhebung des kultischen Gottesdienstes durch die Reformatoren", halte aber
doch an "einer gewissen Aussparung kultischer Bezirke in der Form des Liturgischen" fest (S. 391). Luthers Verbindung von Lebensgottesdienst und "kul-
tischem" Gottesdienst bedeutet aber nicht die Aufhebung des letzteren.
Söhngen erinnert hier wenigstens noch an die wahrzunehmende Spannung von
Gottesdienst als opus dei und menschlichem Vollzug, wenn er auch m.E. das
Verhältnis von Kult und Geist im theologischen Sinn noch unbefriedigend zur
Geltung bringt; bei von Fischer scheint diese Spannung ganz aufgegeben zu
werden. Sieht man sich von Fischers voranstehende Analyse der neuen Musik
an, so erbringt sie allerdings darüber hinausgehende wertvolle Gesichts-
punkte, die ebenfalls in den Bereich einer theologischen Pneumatologie fallen.

Denn von Fischer hebt seine ganze Analyse auf den Begriff der Geschichtlichkeit hin ab; Wirklichkeit wird hier als Geschichtlichkeit zur Geltung
gebracht. Auf den Spuren des Strebens Schönbergs nach Wahrhaftigkeit (mit
Schönheit als sekundärer Größe) wird die Wahrheit über die Geschichtlichkeit
als entscheidendes Movens abendländischer Musik sichtbar. Hier knüpft von
Fischer an Walter Wiora an (S. 342). Die besondere Affinität der Musik zum
Problem der Zeit - "Musik ist letztlich gestaltete Zeit" - setzt die Auseinandersetzung von Alt und Neu als entscheidendes Kriterium in Kraft. Die
Bilanz der Analyse lautet denn auch jenseits von Kulturpessimismus oder
-optimismus: "Die Musik wird als ein Humanum erkannt, das bei allen z.T.
noch unbewältigten Neuentdeckungen dem Gesetz von Werden und Vergehen zu
gehorchen hat" (S. 385 f.). An dieser Stelle müßte jedoch theologisch wei-
tergedacht werden. So richtig von Fischers Abwehr gegen den Versuch ist,
moderner Musik Selbsterlösungstendenzen zuzusprechen (auch Söhngen zeigt,
daß das vielfach dem Selbstverständnis heutiger Künstler Unrecht tut), so
wenig geht er doch auf die immerhin bei Bahr vorhandene Kategorie des Lo-
bens ein, die bei Marti sogar zu einer theologischen Definition von Literatur geführt hat[26]. Man darf das nicht erst in der Frage nach Kirchenmusik
thematisieren.

Die Frage liegt nahe: Ist zeitgenössische Musik besonders weit vom Loben
entfernt? Wirken hier Adornos Interesse, um der Wahrheit der Versöhnung willen jede Spur von Versöhnung mittels negativer Dialektik zu tilgen, und die
Angst vor der affirmativen, nur scheinbar versöhnenden, leicht konsumieren-

---

26 Moderne Literatur ist im besonderen: Lob der Sprache vor dem Horizont
   der Sprachlosigkeit. In: Moderne Literatur, vgl. Anm. 19, S. 154

den Gestik des klassischen Kunstwerks noch stärker nach als in anderen Künsten? Wiederum stehen wir vor dem Fragen nach einer musica crucis, die Realismus des Leidens und Hoffnung als Prinzip oder Charisma[27] zeichenhaft verbindet. Geschichtlichkeit kann nur *ein* Kriterium sein, das Gesetz von Werden und Vergehen kann nicht als alleinige Grundbedingung angegeben werden. Vielmehr muß die Endlichkeit der Kreatürlichkeit, die befristete Zeit, wiewohl verstrickt in die Vernichtungsstrukturen des alten Äons, als das für das Neue erschließbare Humanum herausgehoben werden. Wahrhaftigkeit und Schönheit bilden mit Geschichtlichkeit eine Sequenz der Kriterien, Wahrheit in Wirklichkeit zu entdecken und zu erfinden[28].

Die hier angesprochenen Fragen sehe ich auch aufgegriffen in Klaus Röhrings provokativer Schrift: "Neue Musik in der Welt des Christentums"[29].

Röhring zeichnet dort Umrisse einer theologischen Interpretation der neuen Musik, wie sie mit den sechziger Jahren in Erscheinung trat. Als kennzeichnende Beispiele nennt er die 1962 uraufgeführten Orgelwerke "Volumina" von Ligeti, "Improvisation ajouté" von Kagel und "Interferenzen" von Hambraeus. Auch hier zeigt sich die nicht mehr mögliche Abgrenzung von geistlich und weltlich, von der auch die Orgel nicht ausgenommen ist.

Für die neue musikästhetische Entwicklung macht Röhring zwei Daten geltend, "das innere Datum Auschwitz" und "das äußere Datum: die Welt des Christentums". Das innere Datum - die Auseinandersetzung um die These, nach Auschwitz könne man kein Gedicht mehr schreiben, ist bekannt - zielt auf eine Kunst, die Leiden nicht überspielt, sondern die Angst als Grunderfahrung atomar bedrohter Menschheit erkennen läßt. Wir hatten schon wiederholt auf das heutige Interesse an einer musica crucis aufmerksam machen können; dieses Interesse ist auch hier wirksam. Zugleich aber thematisiert Röhring das Verhältnis von Geist und Kirche. Dabei spielt etwas Hans-Dieter Bastians Polemik gegen bisherige Wort-Gottes-Theologie hinein, - warum Bastian nicht ausdrücklich genannt wird, weiß ich nicht[30], - vor allem aber Trutz Rendtorffs Differenzierung von Christentum und Kirche. Rendtorffs Rechtfertigung des von der Aufklärung her eingeleiteten emanzipatorischen Prozesses moderner Subjektivität gegenüber institutioneller Kirchlichkeit wird hier auch für die neue Musik in Anspruch genommen. Damit wird Befreiung zum entscheidenden Stichwort. "Klanglandschaften" als "wahrgenommene und durchschaute Welt" zeigen: "Die Töne haben sich befreit". Die der Musik, wie

---

27 Diese Gegenüberstellung stammt von Paul Schütz; ich halte sie für außerordentlich förderlich für die Differenzierung von Philosophie und Theologie der Hoffnung.

28 Vgl. auch die m.E. einleuchtenden Überlegungen von Heinz Werner Zimmermann, Was ist neue Musik? Zur Kritik der Kriterien. In: Gestalt und Glaube, Festschrift für O. Söhngen, Berlin 1960, S. 197-212, zu Geltung und Grenze entwicklungsgeschichtlicher Kriterien.

29 s. Anm. 20

30 Röhring greift, ohne Bastian zu nennen, deutlich auf dessen Aufsatz "Vom Wort zu den Wörtern", Evangelische Theologie 1968, S. 25-55, zurück.

schon mehrfach aufgezeigt, innewohnende Tendenz zur Transzendierung wird zum ausschließlichen Motiv. Wie Bahr nimmt auch Röhring den Spielbegriff in Anspruch. Aber die neue Inanspruchnahme will nicht die Dialektik von Ordnung und Freiheit zur Geltung bringen, sondern die Absetzung von der gesellschaftlich deformierten Wirklichkeit betonen.

Bemerkenswerterweise erscheint aber im Fortgang der Studie noch ein zweites Kriterium: Kommunikation. Damit taucht das inzwischen allgemein akute Problem der didaktischen Vermittlung von neuer Freiheit auf. Lernen wird zu einem maßgeblichen Begriff (S. 58). Röhring macht auch auf neue Tendenzen, zum Mythos zurückzukehren, aufmerksam, den Klang selbst als Gott zu apostrophieren, "Musik als Religion, Musik als Erlösung" aufzufassen und zu praktizieren. Dagegen hält er die uns schon bekannte Wendung, Musik könne nicht erlösen, höchstens lösen.

Röhring ist stark von Adornos Ästhetik her bestimmt und setzt dessen negative Dialektik mit der Existenz des Glaubens zwischen Kreuz und Auferstehung in Beziehung. Klaus Hubers Komposition "Hiob 19" ist ihm dafür vor allen ein maßgebliches Paradigma. Nicht ganz vermag er sich Adornos Parodox anzuschließen, der bekanntlich behauptet hat: "Um der Versöhnung willen müssen die authentischen Kunstwerke jede Erinnerungsspur von Versöhnung tilgen"[31]. Ein Stück Hoffnungsspur soll wohl bleiben, aber vor jeder "Verkonsumierung" geschützt werden. Freilich kommen damit sehr elitäre Positionen ins Blickfeld, nicht zuletzt in dem Hinweis auf die Probleme neuer Notation von Musik angesichts der Entwicklung "graphischer Partituren". Dies Phänomen scheint mir zwar im Blick auf eine integrale Ästhetik, möglicherweise auch eines hermeneutischen Kontinuums, außerordentlich interessant, verstärkt aber die Unzugänglichkeit und Subjektivität.

Theologisch ist die Allianz dieser Humanisierung durch Kritik und Konstruktion mit Rendtorffs Theorie des Christentums am meisten interessant, freilich auch am ehesten ein kritikbedürftiger Punkt.

In vierfacher Hinsicht scheinen mir Korrekturen notwendig zu sein:
a) Insbesondere in religionspädagogischer Diskussion ist man auf die Verschränkung von Freiheit und Kommunikation aufmerksam geworden. Es gilt, Freiheit kommunikativ zu buchstabieren (K.E. Nipkow)[32]. Zwischen Konsumierung und elitärer Abgrenzung sind didaktische Probleme zu lösen, wenn nicht neue Kunst nur als Schocktherapie für die Massen praktiziert werden soll oder von den Ansprüchen des Genies her (vgl. Aussagen bei Schönberg) elitäres Leiden den Maßstab abgeben soll. Die notwendigen Aufweise des Leidens entziehen sich leicht den Leiden des kommunikativen Lernens.

b) Die Zuordnung von negativer Dialektik und der desperatio fiducialis des Rechtfertigungsglaubens bedarf weiterer Erörterung. Die Erinnerungsspuren von Versöhnung zu tilgen, würde den Verlust von Versöhnung selbst

---

31 Th.W. Adorno, Ästhetische Theorie, Frankfurt [2]1974, S. 348
32 Karl Ernst Nipkow, Grundfragen der Religionspädagogik I, Gütersloh 1975, S. 113 ff.

wie der Hoffnung darauf bedeuten. M.E. sollte man hier eher an Walter Benjamins Versuchen einer "rettenden Kritik" ansetzen, wie sie Jürgen Habermas in seinem großen Essay "Bewußtmachende oder rettende Kritik. Die Aktualität Walter Benjamins" aufgezeigt hat[33]. "... die Kritik verübt am Kunstwerk eine Abtötung nur, um das Wissenswürdige aus dem Medium des Schönen ins Medium des Wahren zu transponieren - und dadurch zu retten" (S. 57). Die "Option für die esoterische Rettung der wahren Momente" (S. 65), der Vorstoß zu einem "Begriff der unverstümmelten Erfahrung" (S. 67) könnte anthropologisch wie theologisch von hoher Bedeutsamkeit sein.

c) Damit gewinnt auch die alte Unterscheidung von sakral und profan neuen Sinn, nicht im Blick auf lokale oder andere inhärente Merkmale, sondern im Blick auf den hermeneutischen Prozeß von Kunst angesichts der Machttendenzen, die den Menschen knechten oder befreien. Man muß die Spannung von sakral und profan von dem paulinischen Gegensatz von Geist und Fleisch her neu gewinnen. Die Dialektik von Subjektivität und Institution, von Neu und Alt leistet das als solche noch nicht. Die Sequenz Wahrheit-Schönheit-Geschichtlichkeit darf nicht verkürzt werden. Damit ist die Bedeutung der Gottesfrage für die Menschwerdung des Menschen angerührt. Röhrings sinnvolle Formel einer Unterscheidung von Erlösung und Lösung bedarf hier der inhaltlichen Präzision. Was er an Freiheit und Kommunikation als den wesentlichen Humana in Anspruch nimmt, kann manchem doch schon Erlösung genug scheinen. Was denn noch mehr? Aber die Tendenz mittels des Neuen die Zukunft allein seligzusprechen, verkürzt trotz aller eschatologischen Tendenz des christlichen Glaubens die Wahrheit der Geschichtlichkeit. Denn nach diesem Glauben hat die Versöhnung, wenn auch geschichtlich, unwiderruflich schon ihren Anfang genommen. Sonst würde das Neue Testament zu einem zweiten Alten Testament und die Kategorie des Exodus würde die Erfahrung möglicher Landnahme verschlingen. Hier ist auf Claus Westermanns vom Alten Testament her entwickelte Unterscheidung des rettenden und segnenden Handelns Gottes hinzuweisen, die vor einer abstrakten Dialektik von Geschichtlichkeit bewahrt[34].

d) Musik mit dem Anspruch der Befreiung ist, da alle Befreiung auch zur Ausbeutung degenerieren kann, auch vor die Frage gestellt, ob die Töne nicht nur befreit, sondern auch ausgebeutet werden. Der Hohn und Spott gegenüber einer kosmologischen Deutung der Musik, die doch nur Menschenwerk sei, das entmythologisiert werden müsse, schlägt als Frage auf die Musik selbst zurück, so daß ihre Verbundenheit mit der Schöpfung neu zur Debatte steht: Ist sie noch mitkreatürlich? Liegt ihre Freiheit in dem Spiel freier Erfindung? Vermag sie auch zu heilen oder nur zu demonstrieren? Gerade aus biblischer Sicht kann man die Fragen der Musiktherapie bei unserer Themafrage nicht ausklammern. Und hinsichtlich der ökologischen Probleme beginnt sich

---

33 In: Jürgen Habermas, Politik, Kunst, Religion, Reclam Universal-Bibliothek Nr. 9902, Stuttgart 1978, S. 50-95

34 Claus Westermann, Der Segen in der Bibel und im Handeln der Kirche, München 1968, S. 9-22

ebenfalls Einsicht zu melden. Musik könnte neuer Umwelterfahrung Ton und
Rhythmus, damit Erschließungshilfe, nicht nur Untermalung geben, ohne deshalb zur Idylle zu mißraten. "Klanglandschaften" sollen sich mit den "Ge-
räuschkulissen" von heute auseinandersetzen, sie in einen Streit ums Ohr
verwickeln, der ganz im Sinne Blochs die Heimat zum Vor-Klang bringt, darin
noch niemand war.

Wir haben ausgehend von der anthropologischen Basis der Erfahrung von
Kunst vier Grundtypen der theologischen Deutung von Musik kennengelernt:

- Musik als Versuchung zu natürlicher Theologie und Glaubenshilfe nur für
  den Glaubenden,
- Musik als energetisches Gleichnis tiefer Schöpfungswirklichkeit, abzuhe-
  ben vom personalen Wort,
- Musik als Gottesgeschenk, als creatura und poiesis, ursprünglich und kul-
  tisch mit dem Wort verbunden,
- Musik als zur Profanität befreites Spiel und kritisches Experiment auf
  der Spur gesellschaftlichen Leidens und geschichtlicher Subjektivität.

Kritische Anmerkungen und Fragen habe ich schon zur Geltung gebracht, so
daß es vertretbar erscheint, auf diesem Hintergrund als Antwort auf die
Themafrage eine Thesenreihe zu entwickeln, so fragmentarisch dabei auch
notwendig vieles bleibt:

1. Befunde

1.1. Hinsichtlich der Themafrage zeigen theologische Interpretationen der
     Musik ein stark unterschiedliches Bild. Musik wird als Adiaphoron auf-
     gefaßt, als Versuchung und Charisma zugleich, als Gleichnis der Offen-
     barung im Spiel, als creatura.

1.2. Zu beachten sind die jeweiligen Traditionen (Augustin, Luther, Zwingli,
     Calvin).

1.3. Nur in einem Fall (Söhngen) kann man eine ausgearbeitete Theologie der
     Musik konstatieren.

1.4. Neuere Versuche einer Theologie des Spiels (Cox, Moltmann, G.M. Martin
     u.a.) oder Auffassungen der Praktischen Theologie als Ästhetik (Bohren)
     bieten noch wenig erprobte Anknüpfungspunkte. Theologie und Musik-
     ästhetik haben ein Gespräch miteinander noch kaum begonnen.

1.5. Es ist öfters eine Verschiebung des theologischen Problems der Musik
     zu dem des Musizierens zu beachten. Die damit verbundenen hermeneuti-
     schen Probleme des Subjekts von Kunst, Werk- und Prozeßcharakter sind
     näher zu erforschen; sie haben Analogien im Subjekt-Objektproblem
     theologisch relevanter Lebensvollzüge.

2. Funktionen

In theologischer Auslegung werden der Musik folgende Hauptfunktionen zuge-
schrieben:

2.1. Wahrnehmung der Schöpfung, der Tiefe der Dinge und Formkräfte, sowie
     der mitkreatürlichen Teilhabe und kosmischen Vergewisserung,

2.2. ethische, pädagogische, psychologische Wirkung: Katharsis, emotionale
     Beeinflussung, Rekreation des Gemüts.
2.3. Beziehungskraft zu Sprache und Wort, und zwar
2.3.1. kultisch-gottesdienstlich als Verkündigungselement,
2.3.2. Aufhebung von sakral und profan in Konsequenz der Christologie,
2.3.3. pneumatologisch als Kraft der Kritik und Konstruktion,
2.3.4. eschatologisch als Realität von Hoffnung.

3. Probleme
Hauptprobleme sind innertheologisch:
3.1. die Einschätzung der Qualität von Schöpfung innerhalb der Sequenz von
     Schöpfung, Versöhnung und Neuschöpfung,
3.2. die Akzentuierung von Kirche und Geist,
3.3. die Differenzierung von Gesang und instrumentaler Musik;
außertheologisch:
3.4. das Verhältnis von Glaube und natürlicher Theologie,
3.5. das Recht einer Unterscheidung von sakral und profan,
3.6. die Entwicklung eines angemessenen Religionsverständnisses innerhalb
     des Kontinuums von Welt und Kirche.

4. Notwendigkeiten
Weitgehender Konsensus besteht in folgenden Punkten:
4.1. Nur eine Kunst, die die Wirklichkeit der Leiden, das Kreuz nicht über-
     sieht, kann relevant sein im Sinne von Offenbarung (ars crucis analog
     theologia crucis).
4.2. Kunst hat in ihrer Tendenz von Freiheit ein Transzendierungsmoment,
     eine Eigentranszendenz.
4.3. Das Transzendenzproblem ist ein Problem des Verhältnisses zur Zeit,
     d.h. zur Zeitlichkeit, damit der Endlichkeit.
4.4. Kunst hat den Modus des Spiels, was Ernst und Ethik in sich schließt.
4.5. Kunst kann nicht erlösen, aber hat lösende Bedeutung.

5. Folgerungen
5.1. Es gilt, die bestehenden Transzendenzanalogien wie Selbst und empiri-
     sches Individuum, Mensch und Welt, Ich und Du, Tod und Leben als zei-
     chenhafte Existenz auszulegen auf die Grundtranszendenz Gott-Mensch.
     In diesem Sinne ist die Kunst Vorletztes, nicht Letztes und nicht
     Drittletztes, elementar bedeutsam zur Menschwerdung des Menschen. Sie
     ist als autonom, aber nicht autark zu erkennen.
5.2. Die grundlegende menschliche Aufgabe ist die Wahrnehmung. Die Kunst
     der Wahrnehmung führt zur Wahrnehmung der Kunst. In der Wahrnehmung
     wird die Wahrheit der Wirklichkeit wesentlich.
5.3. Kunst ist auf Befreiung und Gemeinschaft zugleich gerichtet, wenn sie
     wahre authentische Kunst ist.
5.4. Kunst wie Musik sollen nicht nur der Ehre Gottes, sondern dem Frieden

dienen, der gut ist für alle und deshalb auch schön.

5.5. Kunst als Spiel ist auch Symbol und Fest, hier begegnen sich Glaube und Charisma der Kunst.

5.6. Zu suchen ist eine die Künste und die Theologie verbindende Umrißtheorie der Sprache; die Musik hat hier paradigmatische Bedeutung für nonverbale Sprache, für die Grenzen der Sprache angesichts eines Wortes, das Gott ist.

5.7. Musik verdeutlicht den Sinn des Wortes als sacramentum audibile.

5.8. Der Unterschied von profan und sakral hat seinen Sinn nur im Hinweis auf die Differenz von Gott und Mensch.

5.9. Musik lehrt nicht nur Unendlichkeit, sondern Endlichkeit.

Ich habe mit dem Hinweis auf ein zeitgenössisches Erfahrungszeugnis begonnen. Am Schluß sollen wiederum einige Zitate stehen, um die entwickelten Thesen vor konstruktivistischem Mißverständnis zu schützen und den Begriff dazu zu bringen, sich neu der Erfahrung auszusetzen, einem Verfahren, das Theologie und Ästhetik gleichermaßen gut zu Gesicht steht. Dann kann die Kunst der Wahrnehmung wirklich zur Wahrnehmung von Kunst führen.

In seinem vielbeachteten Buch "Auf den Spuren der Engel. Die moderne Gesellschaft und die Wiederentdeckung der Transzendenz" (Frankfurt 1970) hat Peter L. Berger auf Zeichen der Transzendenz - "Phänomene der 'natürlichen' Wirklichkeit, die über diese hinauszuweisen scheinen" (S. 78), wie Ordnung, Spiel, Hoffnung, Humor - hingewiesen. Für das Spiel bringt er folgendes Beispiel:

> "1945, kurz bevor die russischen Truppen in Wien einmarschierten, gaben die Wiener Philharmoniker ein Abonnementkonzert. Unweit tobte der Kampf, und die Konzertgänger konnten Kanonendonner hören. Wenn ich nicht irre, unterbrach die Eroberung der Stadt den Konzertplan für eine Woche. Dann lief er weiter, wie vorgesehen, ab. In der Sinnwelt dieses besonderen Spiels waren die welterschütternden Ereignisse der Invasion, der apokalyptische Untergang eines Reiches und das nicht minder grausige Emporkommen eines anderen eine kurze Programmunterbrechung. Ist das ein Fall von Hartherzigkeit oder Gleichgültigkeit allem damit einhergehenden Leid gegenüber? Vielleicht bei ein paar einzelnen. Als Ganzes ist es jedoch eher ein Triumph der menschlichen Gesten schöpferischer Schönheit über Gesten der Zerstörung, ja über Grausamkeit von Krieg und Tod" (S. 89).

Bei Theodor W. Adorno findet sich folgende weitreichende Bemerkung, in der Erfahrung in gewisser Weise sogar Theorie übersteigt:

> "Gegenüber der meinenden Sprache ist Musik eine von ganz anderem Typus. In ihm liegt ihr theologischer Aspekt. Was sie sagt, ist als Erscheinendes bestimmt zugleich und verborgen. Ihre Idee ist die Gestalt des göttlichen Namens. Sie ist entmythologisiertes Gebet, befreit von der Magie des Einwirkens; der wie immer auch vergebliche menschliche Versuch, den Namen selber zu nennen, nicht Bedeutungen mitzuteilen."[35]

Es bedürfte eines eigenen Aufsatzes, diese Herausforderung an Theologie in all ihren Nuancen auszuloten.

Schließlich sei Stephan Hermlin das Wort gegeben. Sein jüngst erschienenes biographisches Buch "Abendlicht" (Berlin 1979) beginnt mit folgender Einstimmung:

---

35 Theodor W. Adorno, Fragment über Musik und Sprache, S. 73

"Vorn zwei Oboen und eine Oboe da caccia, im Hintergrund Streicher und
Continuo setzen mit dem Thema ein, das der Chor von Takt 24 an homophon
wiederholt. Von den Wäldern atmet Kühle her. Wie schnell ist der Tag vergangen. Es hat sich eine Dämmerung aufgemacht; aus ihren Falten werden
tiefere Finsternisse fallen. Wo einer fragt, werden andere keine Antwort
wissen, und wo Antworten gegeben werden, werden Fragen warten. Mit Alla-
breve beginnt beschleunigt eine Chorfuge. Später schreitet der Alt in
Ganztönen immer tiefer nach unten. Die Dunkelheit löscht die Gesichter
aus, die Merkmale der Arbeit, die helleren Farben der Straßen; kein Fenster schimmert mehr, kein nachbarliches Haus, keine Siedlung wartet. Die
Streicher beschreiben mit g-d-b-fis ein Kreuz. Bleibe bei uns" (S. 7).

Angesichts solcher Erfahrungen verbleibt für Kunst und Glaube die verbindende Aufforderung, sich mitten im Lauf der Welt auf den Weg der Transzendenz zu begeben: Wer Ohren hat zu hören, der höre.

Albrecht Peters

MUSIK IM ZEICHEN EINER HUMANITÄT OHNE GOTT?

Erkenntnisse der Reformation und der Gegenwart zu einem neuzeitlichen
Problem

Musik, Humanität, Gott, zu diesem ungewöhnlichen Dreiklang noch die Spannung zwischen der Reformation und der Gegenwart, wie läßt sich dies in einen
Aufsatz hineinbannen? Ich möchte drei Gedankenkreise skizzieren. Ein erster
soll die Aporien sowie den Wandel in der Sicht des Humanums andeuten, ein
zweiter dem Verhältnis des Menschen zur Musik nachsinnen, ein dritter aufzeigen, daß auch der von Gott entfremdete Mensch nicht von Gott loskommt.
In diesem mir selber recht fremden Feld halte ich mich an Luther. Er ist immer noch am tiefsten eingedrungen in die Situation des Menschen vor Gott;
im Unterschied zu Zwingli, der eine ausgezeichnete musikalische Ausbildung
genoß und so ziemlich alle damals bekannten Instrumente meisterte, spielte
er zwar nur die Laute und die Querflöte und sang leidenschaftlich gerne mit
seinem hohen Tenor, aber er hat nicht wie jener den Gemeindegesang aus dem
Gottesdienst verbannt und die Orgeln zerhacken lassen, auch war er nicht so
gesetzlich wie der wesentlich unmusikalischere Calvin; vor allem jedoch be-
saß er die Sprachgewalt, die hohe Gottesgabe und Menschenkunst der Musik
angemessen zu ehren.

I

Setzen wir ein bei der Chiffre der Humanität. Was ist der Mensch? Ist er
eine Frage, zu der uns noch die Antwort fehlt, oder ist er eine Antwort, für
die wir die Frage noch nicht kennen? Doch lassen wir ein derartig sophisti-
sches Fragespiel und gehen aus vom geschichtlichen Ursprung jener Nachfrage.
Wie auch das korrespondierende Geheimnis der Transzendenz trat die "Humanität" ins reflexe Bewußtsein an derselben Nahtstelle abendländischer Geschichte ein. Als die frühgriechische Adelskultur in den Wirren des Pelo-
ponnesischen Krieges versank, mußte ein aus der überlieferten Welt- und
Selbstgewißheit hinausgeschleudertes Geschlecht den Standort des Menschen
eigenständig neubestimmen. Auf der einen Seite formulierte Protagoras die
Kernthese der neuen Lebenshaltung: Alle Dinge gewinnen ihr Maß erst durch
den Menschen und im Menschen. Auf der anderen Seite suchte Platon das Maß
für den in sich des Maßes entbehrenden Menschen im Göttlich-Guten zu finden.
Der sophistische Ansatz wurde expliziert durch Isokrates. Nach diesem hebt
sich der Mensch aus der Tierwelt heraus durch die Fähigkeit des Redens aber
auch des Überredens, aus der die gesamte Kultur erwachsen sei. Er ermahnt
folglich die Athener, durch "Bildung" mächtig im Reden zu werden, "denn ihr
zeichnet euch aus vor allen anderen, wodurch sich der Mensch vor dem Tier
und der Grieche vor dem Barbaren auszeichnet, daß ihr besser gebildet seid
zum Denken und zum Reden"[1]. Die sich hierin konstituierende Trias: Mensch-

---

1 Zitiert nach Bruno Snell, Die Entdeckung des Geistes. Studien zur Entstehung des europäischen Denkens bei den Griechen, Hamburg 1955[3], S. 334 f.

sein,. Reden-Können, Bildung übernimmt Cicero direkt aus Isokrates und reicht
sie weiter an Petrarca. In ihr verengt sich die Humanität zum Humanismus,
nach welchem sich ein geformtes Geisthaftes aus dem sinnenhaften Animalischen herauszuarbeiten sucht. Leider schwingt in jener Konfrontation zwischen Animalität und Humanität von Anfang an ein borniertes Bildungsstolz
mit. Er entlarvt sich in einem Diktum, das durch Hermipp auf Thales zurückgeführt wird: "Für diese drei Dinge bin ich dem Schicksal dankbar: daß ich
erstens als Mensch geboren bin und nicht als Tier, zweitens als Mann und
nicht als Weib, drittens als Grieche und nicht als Barbar" (Diog. Laert.
I,33). Eine jüdische Parallele zu diesem Wort, bei der Gott an die Stelle
des Schicksals gesetzt ist und im dritten Glied sich der Jude von den Gojim
abhebt, wird durch Luther unter Verweis auf den 148. Psalm, in welchem die
Menschen einbezogen werden in den Lobpreis der gesamten Kreatur, schroff
zurückgewiesen: "Was heißts: Gott darumb danken, daß du ein Mensch bist,
gerad als wären andere Tier nicht auch Gottes Geschöpf, oder daß du ein
Jude bist, gerade als wär Gott nicht auch ein Gott der Heiden. Das gieng
wohl hin, daß man Gott lobete, daß er ein sonderliche Gnade gegeben hat,
aber daß man andere Kreatur mit will einziehen zur Schmache, das soll nicht
sein" (Weimarer Ausgabe WA 45,15,16). Dies ist die eine Linie der "Humanität", in der sich der Mensch emporsteigert, indem er zugleich die anderen
Geschöpfe aber auch seinesgleichen niederdrückt, fraglos eine inhumane Humanität.

Die andere Linie setzt mit Platon an. Obwohl er, wenn auch mehr scherz-
haft, den Menschen als ein hausendes Herdentier mit den Schweinen zusammen-
stellen oder als ein ungefiedertes, zweifüßiges Wesen von den Hühnern und
Gänsen unterscheiden kann, so fragt er doch wesenhaft hinaus über den empirischen Menschen nach demjenigen, wodurch dieser erst zum wahren Menschen wird.
Hierbei enthüllt sich die spannungsreiche Aporie zwischen einem "Nur-Mensch-
lichen" und dem "Mehr-als-Menschlichen"[2]. Im Bereich des ersten Schwerpunk-
tes tritt uns der politische Mensch als ein Hüter des Individuums sowie der
Polis entgegen; der zweite Schwerpunkt ist bestimmt sowohl vom Eros als
auch vom Thanatos: im Philosophieren wandert die Seele aus ihrem Leibeskerk-
ker aus und strebt zu ihrem göttlich-guten Ursprung zurück. Beide Kreise
gehören zutiefst zusammen und doch klafft zwischen ihnen ein tragischer Riß.
In seinem Werk sucht Platon bewußt die Komödie mit der Tragödie zu vereinen,
trägt doch sein Held Sokrates die Züge eines Silen (Satyrn) und stirbt
den Opfertod des Gerechten. Humanität wird in dieser zweiten Traditionslinie
bestimmt durch Transzendenz, Menschsein wird gesehen als Selbstentfremdung
der Geist-Seele.

Von dieser seiner in sich gespaltenen Wurzel her behält das Leitbild der
Humanität eine typische Ambivalenz. Als das "(noch) nicht fest gestellte
Tier" (Friedrich Nietzsche) hebt sich der Mensch einerseits selbstsicher

---

2 Nach Helmut Kuhn, Plato über den Menschen, in: Die Frage nach dem Menschen.
  Festschrift für Max Müller, Freiburg - München 1966, S. 284-310

emanzipativ aus der übrigen Kreatur, aber auch aus Seinesgleichen heraus, auf der anderen Seite leidet er an seinem Entfremdetsein vom gottheitlichen Ursprung, aber auch an seiner Einsamkeit unter den Mitgeschöpfen. Der optimistische Ruf: Empor zu den Sternen! und das entsprechende ungebrochene Vertrauen auf eine schöpferische Selbstverwirklichung klingt wohl am reinsten auf in der vielzitierten "Rede über die Würde des Menschen" des Pico della Mirandola, in der Petrarcas Lobpreis des Menschen entfaltet wird: Der Mensch als alles umschließendes Band und alles zusammenhaltender Knoten (vinculum et nodus mundi) des Alls, vom Schöpfergott selber bestimmt zu einem "freien und ehrenhaften Bildner und Gestalter" des eigenen Ich. Er trägt "Keime eines allartigen Lebens" in sich, er kann freilich noch zum niedrigen Tier entarten, er soll sich aber zu einem "gottartigen Wesen" zurückverwandeln[3]. Das Erschaudern vor dem Abgrund der Entfremdung ist bleibend eingeprägt durch Blaise Pascal. Hier erscheint der Mensch als hineingeschleudert mitten zwischen das Unendliche und das Nichts. Die Inschrift aus der Vorhalle des Apollon-Tempels zu Delphi: "Erkenne dich selbst; folge dem Gott!" verdüstert sich zur schrillen Sentenz: "Erkenne, Hochmütiger, was für ein Widerspruch du dir selbst bist. Demütige dich, unmächtige Vernunft, schweige still, törichte Natur, begreife: der Mensch übersteigt unendlich den Menschen, und lerne von deinem Herrn deine wirkliche Lage, von der du nichts weißt: Höre auf Gott!" (Fr. 434)[4].

Spricht Pascal hier nicht im Klartext aus, was sich hinter dem vornehm zurückhaltenden Fragezeichen unserer Themenstellung verbirgt: Humanität ohne ständige Ausrichtung an der Divinität versinkt in Bestialität? Hat unser Jahrhundert nicht den grausigen Beweis für diese Einsicht angetreten? Muß nicht deshalb einer Humanität ohne Gott, aber zugleich auch einer Theologie ohne den Menschen ins Stammbuch geschrieben werden: "Das Wissen von Gott ohne Kenntnis unseres Elends zeugt den Dünkel. Das Wissen unseres Elends ohne Kenntnis von Gott zeugt die Verzweiflung. Das Wissen von Jesus Christus schafft die Mitte, weil wir in ihm sowohl Gott als unser Elend finden" (Fr. 527)?[4]

Doch übereilen wir uns nicht; gerade bei demjenigen Theologen, bei dem man es seinem Rufe nach am wenigsten vermutet, bei dem Mozart-Verehrer Karl Barth, stoßen wir auf eine deutliche Warnung. In seinem geistvollen "Exkurs zur Humanität" (Kirchliche Dogmatik, Bd. III, 2, S. 329-344) verurteilt er unmittelbar nach dem zweiten Weltkrieg (der Band erschien 1948) streng "die gewisse Hetze gegen das Griechentum, die sich in der Theologie der letzten Jahrzehnte" - fraglos gerade unter seinen eigenen Schülern - "bemerkbar gemacht hat" (S. 341). "Was es mit des Menschen Herz, mit dem Menschlichen an sich und als solchem auch im Stand seiner Verkehrung und Verderbnis" auf sich habe, was "Humanität als Kontinuum" sei, das hätten "durch alle Ver-

---

3 Zu dieser Rede siehe Engelbert Monnerjahn, Giovanni Pico della Mirandola. Ein Beitrag zur philosophischen Theologie des italienischen Humanismus, Wiesbaden 1960, S. 15-98

4 Wiedergegeben nach der Übersetzung von Ewald Wasmuth, Tübingen 1948, S.205 bzw. S. 238

kehrung und Verderbnis hindurch" die "alten Griechen" in einer Leuchtkraft
sichtbar werden lassen, wie man dies "von keinem Volk des Altertums - und
von Israel, dem Volke Gottes schon gar nicht" behaupten könne, von den neueren abendländischen Nationen ebenfalls in einem viel geringeren Grade und
dies dann auch nur als Schüler der Griechen (nach S. 341 f.).

Aus diesem Rückgriff auf die Antike resultiert zugleich freilich das in
unserem Thema anvisierte Problem, der "Ausgang" des neuzeitlichen Menschen
aus seiner "selbstverschuldeten Unmündigkeit" einer autoritativen religiösen Bindung an einen Herr-Gott oder Gott-Herrn. Legt nicht gerade die Entwicklung der Musik davon Zeugnis ab, daß der Mensch nicht mehr, wie Pico
della Mirandola und Blaise Pascal es noch sahen, der labile Zentralpunkt
einer in sich ruhenden Welt ist? Erfährt er sich nicht als hineingerissen
in eine irreversible Dynamik, hineingerissen zusammen mit der gesamten Evolution des Lebens im Kosmos? In dieser gewaltigen Dynamik scheint ihm gerade das jüdisch-christliche Glaubenszeugnis, daß ein jeder einzelne Mensch
zusammen mit der gesamten Menschheit aus Gottes Schöpferhand kommt und quer
durch Leben und Sterben hindurch Gottes Richterstuhl entgegengeht, zu einem
nicht mehr rückgängig zu machenden Geschick geworden zu sein. So führt der
Rückgriff auf die antike Gestalt der Humanität sachnotwendig über dieselbe
hinaus.

Die Erfahrung, daß Gottes Handeln am Menschen ein Handeln in der Geschichte ist, lenkt den Blick auf das Phänomen der Zeit. So ist es ein
christlicher Denker, Augustinus, der in seinem Werk "De musica" (6. Buch)
und in seinen "Confessiones" (11. Buch) das den Menschen, sein Leben und
Geschick tief prägende Geheimnis der Zeit am Vortrag eines Gedichtes oder
Liedes deutlich zu machen sucht. Aus dem Schatzhaus des Gedächtnisses hebt
eine vorgreifende Erwartung jenes in sich strukturierte Gebilde heraus und
stellt es in gesammeltem Aufmerken vor sich hin. Hierdurch wird dem unaufhaltsam aus der Zukunft in die Vergangenheit hineingerissenen Zeitstrom ein
in sich Gestaltetes abgerungen, ein Bleibendes aus dem Flüchtigen gewonnen,
dem eine spezifische Art des Verweilens korrespondiert, woraus eine wirkli-
chere und erfülltere "Eigenzeit" erwächst[5]. Augustin umschreibt deshalb
Kunst als "Kenntnis von der rechten Gestaltung" (De musica I,2). Aus jenem
Strudel, der alles und jedes ins Vergessen hineinsaugt, hebt auch die flüch-
tigste Kunst der Musik ein Verdichtetes heraus und setzt es ins Werk; hierin erweist sie sich wie alle anderen Künste als "Ins-Werk-Setzen der Wahrheit"[6]. Doch im Gegenüber zur Raumkunst der Architektur, an der Heidegger
über Hegel hinausgreifend seine Besinnung zum "Ursprung des Kunstwerks" ansetzt, tritt in der Musik als der wesenhaft der Zeit zugeordneten Kunst der
irreversible Charakter menschlicher Existenz als eines echten Weges heraus.
Diese Gestalt einer unumkehrbaren Zeit, gleichsam eines Wanderns von der

---

5 Vgl. Hans-Georg Gadamer, Die Aktualität des Schönen. Kunst als Spiel,
  Symbol und Fest, Reclam Nr. 9844, S. 56-60

6 Martin Heidegger, Der Ursprung des Kunstwerkes, Reclam Nr. 8446 (2), S.89

Geburt bis zum Tode, dringt wohl erst unter der Einwirkung des Christen-
glaubens radikal in die Musik ein. Die musikalischen Gebilde lösen sich
heraus aus jenen verschlungenen Geweben eines immer schon Angefangenhabens
und unaufhörlichen Fortschwingens oder beliebigen Abbrechens und kristalli-
sieren gleichsam zu einer unverwechselbar durchkomponierten Gestalt. Die in
mathematische Kategorien eingefaßte, den ewigen Sternentanz nachahmende
Musik öffnet sich für die fortschreitende Dialektik der geschichtlich geprägten Verlaufszeit.

Ist hiermit nicht zugleich ein Weg nach innen beschritten, heraus aus
jenem Verflochtensein in Kosmisches, aber auch aus gesellschaftlichen Bindungen und hinein in den Innenraum der in sich und für sich schwingenden
Seele? Bereits in Hegels Ästhetik wird jene Grundbewegung, nach der sich
der Geist aus der in äußerliches Vorstellen und subjektives Produzieren
gespaltenen Kunst über das versöhnende Ergriffenwerden kraft geisthafter
Schau in der Religion zur bewußt vollzogenen Vermittlung in der Philosophie
emporläutert, begleitet von einer Wendung nach innen, welche sich in der
Musik als "der eigentlich romantischen Kunst" deutlich abzeichnet, macht
doch "der Zusammenhang des subjektiven Innen mit der Zeit als solcher ...
das allgemeine Element der Musik aus"[7]. Konsequenter noch als Hegel, dem
die Kunst auch zeitlich durch Religion und Philosophie überboten erschien
und deshalb "nach der Seite ihrer höchsten Bestimmung" ein bereits "Vergangenes" bleiben mußte[8], sucht Ernst Bloch gerade die Musik zu einer
Avantgarde jener irreversiblen Geschichtsdynamik zu stilisieren. Die aus
dem christlichen Glaubensimpuls erwachsene mehrstimmige Musik habe jene
zeithafte Hoffnungsstruktur der Evolution freigelegt und dem Zukunftsdrang
in allem Lebendigen Stimme und Klang verliehen. Freilich sei hierbei das
Hoffnungspotential des Menschen in jenen Gott-Herrn hinaufprojiziert und
müsse zurückgewonnen werden. Bloch bringt auch die Musik als die "einzig
subjektive Theurgie" in die Argumentationsfigur von Ludwig Feuerbach und
Karl Marx ein[9]. Das naiv optimistische, perspektivenlose Menschenverständ-
nis des "Bildungsphilisters" Feuerbach könne die gerade in der christlichen
Musik an jenen fiktiven Himmel verschleuderten Schätze nicht heimholen.
Auch durch Marx sei zwar die Wurzel aller Geschichte, "der arbeitende,
schaffende, die Gegebenheiten umbildende und überholende Mensch"[10], freigelegt, doch sei nicht voll gewürdigt, daß jener nicht allein der Homo faber,
sondern zugleich der Homo ludens und symbolicus sei. So orientiert sich ein
betont atheistischer Humanismus ständig intensiver an der christlichen
Überlieferung. Wie schon Lessing in seiner "Erziehung des Menschenge-
schlechts" (§§ 68 f.) so warnt auch Bloch davor, das Elementarbuch der

---

7 Georg Wilhelm Friedrich Hegel, Ästhetik, Bd. II, Berlin - Weimar o.J.,
   S. 264 und 277

8 Ästhetik, Bd. I, S. 22

9 E. Bloch, Zur Philosophie der Musik. Ausgewählt und herausgegeben von
   Karola Bloch, Frankfurt 1974, bes. S. 157-164, 326-333

10 Das Prinzip Hoffnung, Frankfurt 1959, Bd. II, S. 1628

Bibel zu schnell beiseitezulegen, in ihm seien noch Tiefendimensionen des sich selber entzogenen Menschen verschlüsselt anwesend, die entziffert und eingebracht werden müßten, damit "der wirkliche, der gute Turmbau von Babel" nicht "teils in Barbarei, teils in Nihilismus untergehe"[11]. Erst wenn jenes in den "verborgenen Gott" (Deus absconditus) eingeheimniste Rätsel des sich selber noch "verborgenen Menschen" (Homo absconditus) ohne Rest aufgelöst sein werde, dann sei die religiöse Phase der Menschheitsentwicklung kein sinnloser Irrweg gewesen.

Die Grundfigur jener Schau zeigt freilich eine nachdenkenswerte Eigenart, die schon vom späten Schelling durchreflektiert wurde und in der berühmten "Kehre" Heideggers rezipiert ist; sie findet sich aber bereits bei Hamann und Jacobi, gegenwärtig stoßen wir hierauf etwa bei Weischedel und Adorno. Der "Gott-Tyrann", der aus der Vergangenheit heraus und von oben herab den Menschen angeblich verknechtet hat, wird in dessen Aufbruch aus der selbstverschuldeten Unmündigkeit als Projektion entlarvt. Kraft derselben Einsicht werden aber auch alle Versuche, aus der Selbstgewißheit denkerischer Reflexion heraus ein tragendes Göttliches zu begründen, beharrlich durch eine selbstkritische Skepsis destruiert; aber dann taucht doch gerade aus dem Dunkel des Nichtenden heraus erneut eine Seinsmacht auf, die man freilich kaum zu benennen wagt. (Daß die Theologie seinerzeit Bultmanns "Entmythologisierung" und Bonhoeffers Andeutungen einer "nicht-religiösen Interpretation" zum "Tode Gottes" radikalisierte, um dann sich gleichsam wieder zu überschlagen in eine politische Theologie der Befreiung und eine symbolische Theologie des Festes wie der Meditation, läßt sich wohl nur als ein nachklappendes Satyrspiel auf jenes seit Aufklärung und Idealismus währende Ringen verstehen.)

In jenem nun schon zwei Jahrhunderte andauernden Streit der Geister sind wir gerade durch die Radikalität ahnenden Wissens um jene gewaltigen Ausmaße der kosmischen Evolution sowie um die kaum realisierbaren Dimensionen der Menschheitsgeschichte in ihr hart zurückgeworfen auf die uralte Zweifelsfrage: Kommen wir Menschen mit der gesamten Entwicklung des Lebens auf unserem Planeten lediglich aus einem Urkeim und sinken zurück in die Todesstarre, oder kommen wir gerade in jenem irreversiblen Prozeß aus Gottes gütiger Schöpferhand und gehen seinem zurechtbringenden Gericht und seiner gnädigen Errettung entgegen? Der unheimliche Schock, der hinter jener angeblich streng wissenschaftlichen These einer lediglich durch Mutation und Selektion, durch "Zufall und Notwendigkeit" (J. Monod) vorangetriebenen Evolution lauert, ist von Friedrich Nietzsche brutal ausgesprochen: "Vermöchte jemand gar ein Gesamtbewußtsein der Menschheit für sich zu fassen, er bräche unter einem Fluche gegen das Dasein zusammen. Denn die Menschheit hat keine Ziele. Folglich kann in Betrachtung des Ganzen der Mensch, selbst wenn er dessen fähig wäre, nicht seinen Trost und Halt finden: sondern seine Verzweiflung ... Ich glaube, das ist mit nichts zu vergleichen, sich als

---

11 Atheismus im Christentum. Zur Religion des Exodus und des Reichs, Frankfurt 1968, S. 22

Menschheit ebenso vergeudet zu fühlen, wie wir die einzelne Knospe von der Natur vergeudet sehen. Es war alles notwendig und ist es in uns. Nur daß wir das Spectaculum sehen sollen! Da hört eigentlich alles auf"[12]. Ähnlich wie vor ihm schon Pascal streicht auch Nietzsche das drohende Dunkel jenes unermeßlichen Abgrundes heraus, doch noch seine Worte verbleiben sachnotwendig innerhalb der Aporie zwischen einem zagenden Vertrauen und einer trauenden Verzweiflung, in der wir alle das Menschsein führen müssen.

Als die "utopischste aller Künste" stemmt sich die Musik gegen den Tod als jene "härteste Nicht-Utopie"[13]. Gründet dieses ihr Wagnis allein in der Hoffnung, in jenem "schönsten Erbteil der Lebendigen, dessen sie sich nicht einmal, auch wenn sie wollten, entäußern könnten"[14], oder darf sich diese Gabe ihrerseits glaubend hineinbergen in ein Widerfahrnis, in das Evangelium von der Überwindung des Todes durch ein Eingreifen des ewigen Schöpfer- und Errettergottes? Wo der Mensch lediglich auf jene "Kraft des Heimwehs, nicht ... nach einem alten verlassenen Land, sondern nach einem unbetretenen, nicht nach einer Vergangenheit, sondern nach einer Zukunft"[15], zu bauen vermag, da wird sein Ansingen gegen den Tod leicht umschlagen in die Selbstpreisgabe an jenen Allzermalmer. Dies läßt sich eindrucksvoll gerade aus Jean Paul belegen[16], von dem die für Ernst Bloch zentrale Chiffre der Heimat stammt. Die Lobgesänge aus der Nacht (Hiob 35,10) verkehren sich zum Lobpreis der Nacht; aus dem neuen Lied der Hoffnung wird das uralte Lied der Todesverherrlichung. Die Christenheit bezeugt dagegen: Das wahrhaft neue Lied des Sieges bricht echt allein aus der Überwindung der Todesgewalten in Jesu Christi Kreuz und Auferweckung hervor. Der Mensch, dem diese frohe Botschaft das Herz abgewonnen hat, aber auch der Mensch, den sie kalt läßt, verbleibt unter der aufgerissenen Alternative: Kommen aus dem Nichts und Versinken ins Nichts, oder Kommen aus Gottes Schöpferhand und Wandern seinem Gericht sowie seiner Errettung entgegen. Alles Menschsein vollzieht sich unter dem weiten Horizont, der durch diese Alternative aufgerissen ist. Auch und gerade die Musik kann sich ihm nicht entziehen; selbst noch das Musizieren in der Schule erfolgt in jenem letzten Spannungsfeld, ob man dies wahrnimmt und anerkennt oder nicht. Die politische Debatte der letzten Jahre hat uns eine uralte Einsicht erneut eingebleut: Auch und gerade derjenige, der sich einer Stellungnahme zu entziehen sucht, fällt Entscheidungen, die sich schließlich auch institutionell auswirken.

---

12 Anmerkungen zu Eugen Dührings Werk: "Der Wert des Lebens", Krit. Gesamtausg. von G. Colli und M. Montinari IV,1,355,14 ff.; zit. und ausgelegt bei Georg Picht: Theologie - was ist das? Stuttgart 1977, S. 312 f.

13 E. Bloch, Zur Philosophie der Musik, S. 326

14 Goethe, Wilhelm Meisters Theatralische Sendung, Buch VI, Kap. 13; Artemis-Gedenkausgabe, Bd. VIII, S. 873

15 Jean Paul, zit. nach E. Bloch, Zur Philosophie der Musik, S. 155

16 Hierzu die geistvolle Studie von Walther Rehm, Experimentum medietatis. Eine Studie zur dichterischen Gestaltung des Unglaubens bei Jean Paul und Dostojewski, in: Experimentum medietatis, München 1947, S. 7-95

II

Doch diese schroffe Alternative darf den weiten Horizont nicht verdunkeln, der sich mit der Musik eröffnet. Ihn möchte ich in diesem zweiten Gedankenkreis mit Hilfe eines köstlichen Textes, des "Encomion musices" (WA 50, 368-374), von Martin Luther skizzieren. Diesen "Lobgesang" auf die freie Menschenkunst und wunderschöne Gottesgabe der Musik schrieb der Reformator 1538 als sein Vorwort zu zwei von Georg Rhau herausgebrachten Sammlungen vierstimmiger geistlicher Kompositionen; er wurde mehrfach ins Deutsche übertragen. Wir zitieren ihn in der Wiedergabe durch den Kantor der lutherischen Reformation Johann Walter[17] und lesen ihn vor dem Hintergrund der "Disputation über den Menschen" von 1536 (WA 39 I, 175-180) und gegenwärtiger Erkenntnisse vom Menschen.

In seinen prägnanten Disputationsthesen "De homine" skizziert der Reformator zunächst die philosophische Sicht des sterblichen Menschen dieses Erdenlebens (des homo mortalis et huius vitae), sodann entfaltet er das Menschsein im Lichte der Theologie (den homo theologicus). Hierbei treten Philosophie und Theologie, Vernunft und Glaube keineswegs nur einander kontradiktorisch gegenüber, vielmehr übergreift die theologische Sichtweise die philosophische. Luther weist dies anhand des traditionellen aristotelischen Schemas der vier Ursachen auf. Die Philosophie wisse zwar um die Materialursache, um die menschliche Existenz in deren sinnlich-leiblicher Verfaßtheit; in der Analyse der Formalursache, der seelisch-geistigen Existenz des Menschen, gerate sie jedoch in einen Widerstreit mit sich selber; als Zielursache könne sie lediglich den irdischen Frieden angeben; von der eigentlichen Wirkursache, von dem lebendigen Gott als unserem Schöpfer und Erhalter, habe sie nur ein dunkles Ahnen. Dennoch verbleibt der menschlichen Einsicht ein Spielraum verantwortlicher Freiheit, und diesen Bereich wertet Luther durchaus positiv; in diesem bejahenden Urteil schlägt sich die Rezeption altorientalischer Weisheit durch Israel sowie die Aufnahme antiker Philosophie durch die Christenheit nieder. Die Vernunft hebt den Menschen aus dem Kreis des Lebendigen heraus; als ein gleichsam gottheitliches Numen soll sie analog der Sonne den weiten Bereich dieses Erdenlebens durchherrschen. Dieser Herrschaftsraum der Vernunft bleibt jedoch streng eingegrenzt auf die weltzugewandte Leibesexistenz unseres dem Tode verfallenen Menschseins. Das hierin gefällte Urteil ist freilich nicht mehr aus einer allgemein zugänglichen Vernunfteinsicht heraus gewonnen; es ist keine rein philosophische, sondern eine streng theologische Erkenntnis, die nicht "a priore", sondern erst "a posteriore" (Th. 10), im Lichte der göttlichen Gnadenoffenbarung erschlossen und formuliert wurde. In ihr wird das Festhalten des Schöpfers an seinem Bilde sowie das Sich-Erweisen der Gottestreue auch in der abgefallenen Vernunft des sündigen Menschen erfahren und bezeugt.

---

17 Hierzu Walter Blankenburg, Überlieferung und Textgeschichte von Martin Luthers "Encomion musices", Luther-Jahrbuch 39 (1972), S. 80-104; siehe auch Wilibald Gurlitt, Johannes Walter und die Musik der Reformationszeit, Luther-Jahrbuch 15 (1933), S. 1-112

Die Urnot des gefallenen Menschen sowie die hierin resultierende Schranke einer "Humanität ohne Gott" erweisen sich in der Unfähigkeit zu vertrau-
en, zeigen sich darin, daß der Mensch es nicht wagt, sich mit dem gesamten
Kosmos und dem Menschengeschlecht in das Licht des Schöpfers und Erhalters,
des Neuschöpfers und Vollenders gestellt zu sehen und daß er dies "aus
eigener Vernunft und Kraft" auch nicht vermag. Die Christenheit glaubt und
bezeugt dagegen, eine wirklichkeitsgemäße und zugleich wahrheitsträchtige
Erkenntnis des Menschen erwächst allein aus dem Aufblick zu Gott als dessen
Causa efficiens und Causa finalis.

Dieses Übergriffenwerden der Philosophie von der Theologie wirkt sich
sachnotwendig aus im Umgang mit der Musik; ein weiter Bereich des Gemeinsamen rückt in den Horizont einer letzten Alternative. Luthers vom Staunen
durchzogenes "Encomion" setzt ein mit dem Lobpreis der Musik als einer
kostbaren Gottesgabe und zugleich freien Menschenkunst, es gipfelt im Anruf an die Jugend, sich "diese köstliche, nützliche und fröhliche Kreatur
Gottes teur, lieb und wert" sein zu lassen (WA 50,373,21). Hierbei drängt
der Reformator auf eine wachsame Unterscheidung der Geister: "Darnach, daß
sie sich auch gewehnen, Gott den Schöpfer in dieser Kreatur zu erkennen,
zu loben und preisen und die jenigen, so durch Unzucht verderbet und dieser schönen Natur und Kunst (wie denn die unzüchtigen Poeten auch mit ihrer
Natur und Kunst tun) zu schändlicher, toller, unzüchtiger Liebe mißbrau-
chen, mit allem Fleiß fliehen und vermeiden und gewiß wissen sollen, daß
solche der Teufel wider die Natur also treibet" (WA 50,373,24). Menschlicher Einsicht ist die Zweideutigkeit aller Kulturgüter nicht verborgen
geblieben; dies bestätigt die Legende von den Gaben der Pandora, der "alles
Schenkenden". Menschliche Weisheit hat zugleich immer ausgesprochen, daß
sich einerseits niemand ein echtes Talent nehmen kann und daß andererseits
zum Genie der Schweiß gehört. Das englische Wort "play" ist mit den deutschen Worten Pflege, Pflug und Pflicht verwandt. Menschliche Besinnung
ahnt auch etwas von der heilenden Kraft und der zerstörerischen Gewalt der
Musik; schon die ältesten uns bekannten musikalischen Überlieferungen aus
dem China des dritten vorchristlichen Jahrtausends verknüpfen die Tonstufen
mit menschlichen Gemütsbewegungen und Tugenden sowie mit der kosmischen
Ordnung. Unsere Generation erfuhr die verführerische Urgewalt der Musik im
eigenen Geiste und am eigenen Leibe. Der Satan kann keine eigenständige
gute Natur schaffen, aber seine "ungeratenen Kinder und Wechselbälge" (WA
50,374,7) konnten die guten Ansätze der Singebewegung ins nationalsoziali-
stische Lied umfunktionieren, das wir erst nach langen Jahren aus unseren
Gemütern und Sinnen auszutreiben vermochten. Eine um ihre eigene Vernünf-
tigkeit ringende Vernunft hat immer wenn auch wohl mehr gespürt als verantwortlich durchdacht, daß Menschsein nicht recht gelebt werden kann ohne
eine besonnene Praxis der Unterscheidung der Geister. Lassen sich hierfür
Kriterien aufstellen?

Daß Musik nach Platon gleichsam "den Sangeszauber vollziehen" kann (Nomoi II,9) aber auch "Rhythmen und Versformen den Charakter des Edlen tragen"

(Nomoi II,11) und es deshalb nicht genügt, "das bloße Lustgefühl als ausschlaggebend für die Beurteilung der musischen Kunst hinzustellen" (Nomoi II,10), ist auch in unserem Kulturkreis überlieferte, wenn auch keineswegs unbestrittene Erkenntnis. Daß wir Menschen singen und musizieren im Kampffeld zwischen Gott und Widergott, ist eine Glaubensaussage, welche die natürliche Vernunft übersteigt; in ihr realisiert sich der Glaube an den Schöpfer. Daß die Musik aus dessen Hand empfangen und zu dessen Ehre zu vollziehen ist, daß "wie aller Musica also auch des General-Basses Finis und End Ursache anders nicht als zu Gottes Ehre und Recreation des Gemüts sein" solle[18], transzendiert eine rein immanente Humanität. Daß sich die Musik als eine gute Gabe des Schöpfers nicht völlig mit dem Diabolos, dem Durcheinanderwerfer, zu verbinden vermag, davon erkennt natürliche Einsicht bereits etwas; ein "künstlerischer Nihilismus" ist ein Widerspruch in sich selbst, weil ein gestaltetes Nichts schon kein Nichts mehr ist. Die Musik als Gottesgabe nimmt uns Menschen keineswegs die Verantwortung für einen angemessenen Umgang mit ihr ab. Insofern ist die von Hartmut von Hentig aufgestellte Alternative: "Die bloß menschliche Welt human zu machen, ist schwerer als die von Gott oder Göttern verantwortete"[19] in sich schief und muß korrigiert werden: Gerade weil wir nicht unsere eigenen Schöpfer und Erlöser sind, haben wir die Welt und den Umgang mit dieser, wozu auch die Musik gehört, keineswegs nur vor uns selber zu verantworten, sondern vor Gott. Werner Elert hat die Selbstverblendung, die sich in derartigen Gegenüberstellungen ausspricht, drastisch enthüllt: "Daß sich der Mensch vor Gott zu rechtfertigen hat, muß ihm gesagt werden. Es muß ihm gesagt werden wegen der Erbsünde, der keiner entgeht. Sie besteht darin, daß wir uns für den Mittelpunkt der Welt halten ... Wenn Marx sagt, Religion sei Opium für das Volk, so gilt das in Wirklichkeit vom Atheismus! Die Gottlosigkeit ist der Schlaf der Verantwortungslosigkeit. Wachsein entsteht allein aus Gottesfurcht"[20]. Die Unfähigkeit zu vertrauen sowie die mit ihr identische Unfähigkeit, zu antworten und sich zu verantworten, ist nicht erst für die jüngsten Jahrgänge unter den Schülern charakteristisch, hierin spiegelt sich nur ein viel tiefgreifenderer Vorgang ab, eben jenes für den Menschen dieses todverfallenen Leibeslebens typische Abblenden der Frage nach dem Woher und Wohin, dem Wozu und Wovor unserer Existenz hier auf Erden. Wo Menschsein unverstellt vor Gott gelebt wird, da atmet es in der "lustigen Furcht" der Knechte und in dem "fröhlichen Zittern" der Kinder (WA 30 II,507,10). Dieses Ineinander zwischen der gehorsamen Bereitschaft der Knechte und der freien Unmittelbarkeit der Kinder Gottes prägt sich aus einerseits im gregorianischen Hymnengesang, der demütig von ferne steht und sich lauschend beugt, und andererseits im reformatorischen Kirchenlied, das kindlich gewiß und hoffnungsfroh herzudrängt. Ohne die strenge Zucht

---

18 Nach Philipp Spitta, Johann Sebastian Bach, Leipzig 1921[3], Bd. II, S.916
19 H. von Hentig, Was ist eine humane Schule? Reihe Hanser 211, S. 128
20 W. Elert, Der christliche Glaube, Hamburg 1956[3], S. 23

der Knechte wird die Zuversicht der Söhne kindisch und tändelnd oder selbstsicher und auftrumpfend; ohne die Gewißheit der Söhne wandelt sich die Ehrfurcht der Knechte in ein numinoses Erschauern vor den Mysterien oder in
eine innerlich vergiftende Furcht vor dem Gott-Tyrann. Das Oszillieren zwischen diesen beiden Spannungspolen einer "nüchternen Trunkenheit" und eines
"geordneten Überschwangs"[21] erhält rechte Musik in jenem Zentrum, an dem
sich die Unterscheidung der Geister orientieren wird.

Mit der christlichen Tradition zeigt auch der Reformator die Heilkraft
der Musik auf am Bild des Spielmanns David, der vor dem schwermütigen König
Saul die Harfe (die Leier) schlägt (1. Sam. 16,23), wie dies Rembrandt in
seinem berühmten Gemälde darstellt (vgl. WA 35,484,1-6): "Denn nichts auf
Erden kräftiger ist, die Traurigen fröhlich, die Fröhlichen traurig, die
Verzagten herzenhaftig zu machen, die Hoffärtigen zur Demut zu reizen, die
hitzige und ubermäßige Liebe zu stillen und dämpfen, den Neid und Haß zu
mindern, ... denn die Musica" (WA 50,371,19). Diese uralte Einsicht wird in
der gegenwärtigen Musiktherapie zu methodisieren gesucht, hierbei bewähren
sich vor allem die Orffschen Instrumente: "Laßt das hülzern Glachter
schwirrn,/ s' treibt die Würmer aus dem Hirn". Unter vielen anderen seel-
sorgerlichen Ratschlägen rät Luther dem Organisten Matthias Weller, der wie
sein Bruder Hieronymus und seine Schwester Barbara (Lißkirchen) von der
Schwermut geplagt wurde: "Wenn Ihr traurig seid und will uberhand nehmen,
so sprecht: Auf! ich muß unserm Herrn Christo ein Lied schlagen auf dem
Regal [einer kleinen Tastenorgel] (es sei Te Deum laudamus oder Benedictus
[der Lobgesang des Zacharias, Luk. 1,68 ff.]); denn die Schrift lehret mich,
er höre gern fröhlichen Gesang und Saitenspiel. Und greift frisch in die
Claves und singet drein, bis die Gedanken vergehen, wie David und Elisäus
(2.Kön.3,15) taten. Kommet der Teufel wieder und gibt Euch ein Sorge oder
traurige Gedanken ein, so wehret Euch frisch und sprecht: Aus, Teufel, ich
muß itzt meinem Herrn Christo singen und spielen ... Und wie jener Ehemann
tät, wenn seine Ehefrau anfing, zu nagen und beißen, nahm er die Pfeifen
unter dem Gürtel hervür und pfiff getrost, da ward sie zuletzt so müde,
daß sie ihn zufrieden ließe, also greift Ihr auch ins Regal oder nehmet
gute Gesellen und singet dafur, bis Ihr lernet ihn spotten" (Brief vom
7. Okt. 1534, Nr. 2139; WABr VII,105,26-41). Auf derartige Ratschläge kommt
auch eine humanistische Musik ohne Gott, auch das Beispiel vom pfeifenden
Ehemann wird ihr gefallen, doch wird sie derart Profanes nur schwer mit ihrer hohen Bildungsreligion verbinden; eine musique engagée hingegen dürfte
sich an Luthers noch viel drastischeren Abweisungen des Teufels ergötzen,
den Ernst, der dahinter steht, wird sie freilich nicht verstehen. Beiden
Ausprägungen einer Musik ohne Aufblick zu Gott wird verborgen bleiben, daß
die Traurigkeit eine Sünde gegen Gottes guten Schöpfer- und Erlösergeist ist.

---

21 Oskar Söhngen, Theologische Grundlagen der Kirchenmusik, in: Leiturgia.
Handbuch des ev. Gottesdienstes, Bd. IV, S. 2-266, S. 256: "In Entsprechung zu der 'nüchternen Trunkenheit', von der Platon spricht, müßte man
den Begriff des 'geordneten Überschwanges' bilden."

Gemeinsam ist wohl dennoch ein Wissen um jene transzendierenden und divinatorischen Dimensionen der Musik. Luther erinnert hierzu an den Propheten Elisa (2.Kön.3,15), der sich durch einen Spielmann zum Weissagen anregen ließ. In Israel scheint die Kultprophetie mit dem Amt der Sänger eng verbunden gewesen zu sein. Harfe, Handpauke, Flöte und Zither öffnen den Weg zur Ekstase (1.Sam.10,5); doch welcher "Geist" ergreift hier Besitz vom Menschen? Luther bindet die Musik ganz an das göttliche Wort, das recht zu hören sie vorbereitet. Hierbei steht erneut die Unterscheidung der Geister auf dem Spiel. "Zum göttlichen Wort und Wahrheit / macht sie [die Frau Musica] das Herz still und bereit./ Solchs hat Eliseus bekannt,/ Da er den Geist durchs Harfen fand" (WA 35,484,7). Wo sich die Musik versteigen will zur "einzigen subjektiven Theurgie", da droht hinter Richard Wagner der Schatten Adolf Hitlers.

Die Aufgabe, das Gemüt zu erfreuen und das Herz zu trösten, darf sich aber nicht einengen auf die Forderung, "die Art und Weise wiederklingen zu lassen, in welcher das innerste Selbst seiner Subjektivität und ideellen Seele nach in sich bewegt ist"[22]. Wo die Welt und Gott allein aus der "kaum gekannten, warmen, tiefen, gotischen Stube" des in sich schwingenden Selbst in einem "heroisch-mystischen Atheismus"[23] gleichsam neu erschaffen werden sollen, da überhebt sich der Mensch. Er ist schlicht daran zu erinnern, daß auch die Musik mit ihm selber zutiefst in der Lebensdynamik des Kosmos eingewurzelt ist. Scheinbar naiv und doch unheimlich tiefgründig setzt Luthers Besinnung ein mit den Worten: "Erstlichen aber, wenn man die Sache recht betrachtet, so befindet man, daß diese Kunst von Anfang der Welt allen und iglichen Kreaturen von Gott gegeben und von Anfang mit allen geschaffen" (WA 50,369,20). Luther verdeutlicht dies an dem Hörbarwerden eines unfaßbaren Lufthauchs. Er rührt damit an ein Geheimnis, das schon in den Upanischaden zum Symbol für das Entstehen der Welt erhoben wird. Nach jenen klassischen Texten des Hinduismus erwächst aus dem Uropfer der entscheidende Ruf, ähnlich dem Klang einer unhörbaren Glocke; jenes Aufbrechen des stummen Lautes (Atman) kommt kraft des Zauberspruchs (Brahman) zum Erklingen; hieraus bilden sich die Klangkörper für die Erdenwelten. In den Upanischaden schwebt jener Urlaut als Chiffre für das wahre Sein hoch über dem Kreislauf alles Werdens und Vergehens; bei Luther deutet eine schlichte Alltagserfahrung hin auf das Geheimnis der "Ruach Gottes", die als "Hauch, Atem und Lebenskraft" das auswendige Wehen mit dem inwendigen Gemüt zusammenklingen läßt[24], weil sie als Gottes guter Schöpfergeist über den Chaoswassern schwebt und als Gottes segnendes Wohlgefallen den durch Gottes Wort

---

22 Hierin sieht Hegel die "Hauptaufgabe der Musik", Ästhetik, Bd. II, S.261

23 E. Bloch, Zur Philosophie der Musik, S. 164, 159

24 Hierzu Hans Heinrich Schmid, Ekstatische und charismatische Geistwirkungen im Alten Testament, in: Erfahrung und Theologie des Heiligen Geistes, hrsg. von Cl. Heitmann und H. Mühlen, Hamburg - München 1974, S. 83-100 und Hans Walter Wolff, Anthropologie des Alten Testaments, München 1973, § 4: "Ruach - der ermächtigte Mensch", S. 57-67

aus dem Nichts herausgerufenen Kosmos uns Menschen zur tragenden und bergenden Heimstatt werden läßt.

So drängt Luthers Beobachtung weiter zur Tierwelt: "Zum andern ist der Tieren und sonderlich der Vogel Musica, Klang und Gesang noch viel wunderbarlicher, wie denn der König David, der köstliche Musicus, ... selbs bezeuget und mit großer Verwunderung und freidigen Geist von dem wunderbarlichen Gesang der Vogel am 104. Psalm [V.12] weissaget und singet" (WA 50, 369,31). Neuzeitliche Wissenschaftler teilen jene "Verwunderung". Nicht erst unter den Tieren, schon im Pflanzenreich stoßen wir auf ein Inwendiges, das sich quer durch alle Funktionen der Ernährung und Vermehrung, quer durch jegliches Zweckhandeln um eines angeblichen Überlebens willen im Auswendigen darstellt. Dieser elementare Lebensdrang verleitet nach einem köstlichen Bonmot von Fr. J.J. Buytendijk die Vögel dazu, viel mehr zu singen, "als nach Darwin erlaubt ist"[25]. Reiche Umweltbeziehungen, Freisein vom unmittelbaren Drang, das Leben zu erhalten, echtes Aufgehobensein, dies sind die Voraussetzungen für jenen Spielraum zur Eigengestaltung. Bei den Vögeln vollzieht sich jenes Spiel vornehmlich in der akustischen Sinnessphäre, wobei einige unter ihnen sogar einen fremden Klang etwa durch Auftreffenlassen von Nägeln auf ein Becken hervorrufen, ihn neugierig erwarten und aufnehmend genießen können, gleichsam der erste Schritt zur Instrumentalmusik. Vor allem jedoch gestalten sie im Zusammenklang oder in der Nachahmung die dahinrinnende Zeit und pochen hierin bereits an die geheimnisvolle Scheidewand zur "exzentrischen Positionalität" (Helmuth Plessner) des Menschen. Augustin (De musica I,4) und Luther erkennen in diesem Wettstreit die Palme der Nachtigall zu; sie singe melodisch und lieblich in klar erkennbaren Intervallen und musiziere wohl gar entsprechend der jeweiligen Jahreszeit. Die moderne Forschung zieht das Lied der Amsel wegen dessen erstaunlichen Reichtums an Variationen vor, sollen doch nach Adolf Portmann unter etwa 300 Amselgesängen, die man Komponisten vorführte, zwölf geniale Einfälle taxiert worden sein. Noch vollendeter jedoch scheint der australische Leierschwanz, der sorgfältig zwischen seinem Futterplatz und seinem "Sing- und Tanztisch" unterscheidet und nahezu jegliche von ihm gehörte Vogelstimme nachzuahmen fähig ist[26]. In dieser unterschiedlichen Einstufung tierischer Verhaltensformen spiegelt sich indirekt auch eine Umwertung der menschlichen Eigenschaften wider. Luther läßt die Nachtigall den Chor der Vögel anführen: "Die beste Zeit im Jahr ist Main,/ Da singen alle Vögelein,/ Himmel und Erden ist der voll,/ Viel gut Gesang da lautet wohl./ Voran die liebe Nachtigall / Macht alles fröhlich überall / Mit ihrem lieblichen Gesang,/ Des muß sie haben immer Dank,/ Vielmehr der liebe Herre Gott,/ der sie also geschaffen hat,/ Zu sein die rechte Sängerin,/ Der Musicen ein Meisterin./ Dem singt und springt sie Tag und Nacht,/ Seines

25 Fr. J.J. Buytendijk, Das Menschliche. Wege zu seinem Verständnis, Stuttgart 1958, S. 219

26 A. Portmann, Das Spiel als gestaltete Zeit, in: Der Mensch und das Spiel in der verplanten Welt, dtv 1191, S. 58-72, S. 61 ff.

Lobs sie nichts müde macht,/ Den ehrt und lobt auch mein Gesang / Und sagt ihm ein ewigen Dank" (WA 35,484,11-26). Im Singen und Springen der Kreaturen schwingt die Spielfreude des Kreators mit, der selbst noch mit der unheimlichen Urgewalt des Leviathans wie mit einem zahmen Haustier scherzt (Ps.104,26).

Das weite Ausgreifen auf die nichtmenschliche Schöpfung schwingt zurück auf den Menschen und richtet sich auf dessen Stimme; dieser Dreischritt: Klang lebloser Dinge, Vogelgesang, Menschenstimme markiert für den Reformator, und nicht nur für ihn, eine aufsteigende Rangfolge: "In den unvernünftigen Tieren aber, Saitenspielen und andern Instrumenten da höret man allein den Gesang, Laut und Klang ohne Rede und Wort; dem Menschen aber ist allein vor den andern Kreaturen die Stimme mit der Rede gegeben, daß er sollt können und wissen, Gott mit Gesängen und Worten zugleich zu loben" (WA 50,371,39). Der Vorrang der Sprache vor dem Ton wird streng theozentrisch begründet; die Musik ist als eine "Art Naturform des Evangeliums"[27] "wie keine andere Kunst dazu berufen, dem Worte Gottes den Weg zu bahnen und den Glauben zu wecken"[28]. Theologie und Musik "sind in Freundschaft nahe verwandt,/ daß sie für Schwestern wern (werden) erkannt" (Johann Walter). Doch bleibt die Musik der Theologie zu- und untergeordnet. Diese geistliche Entscheidung ist auch im Christentum nicht unbestritten. In ihr schlingen sich ein geschichtlich Kontingentes und ein geistlich Bleibendes ineinander.

Zunächst sei der geschichtliche Wandel angedeutet. Im Sprechgesang der griechischen und lateinischen Liturgie wird Prosa vorgetragen, hierbei artikuliert und untermalt der gesungene Ton das gesprochene Wort. Erst mit dem 9. Jahrhundert sowie nördlich der Alpen deutet sich Mehrstimmigkeit an; deren ursprünglich stark ornamentale Figuralität ordnet sich zunehmend der sprachlichen Aussage zu. Die Reformation stößt auf die Eigenart der deutschen Sprache, welche die sinntragende Silbe hervorhebt. Heinrich Schütz, auf Monteverdi fußend, vertonte Luthers Bibelprosa, bildete einen geschmeidigen Klangleib für die geistliche Aussage und bewirkte dadurch deren herzbezwingende Gewalt. Zugleich jedoch nahm er Abschied vom kultisch-liturgischen Gesang. Seine gleichsam gemeißelten Vertonungen begannen ein eigenes Leben zu führen; vor allem durch Johann Sebastian Bach entfaltete sich die Mehrstimmigkeit zunehmend als ein eigener Sinnträger. "Das spezifisch Sprachliche des Deutschen zeugte seinen Gegenpol, das spezifisch Musikali-

---

27 A.Dedo Müller, Musik als Problem lutherischer Gottesdienstgestaltung, Berlin 1947, S. 10

28 Christhard Mahrenholz, Luther und die Kirchenmusik, Kassel 1937, S. 8; hierzu die Belege bei Hans Preuß, Martin Luther - der Künstler, Gütersloh 1931, S. 119-144. Luthers Besinnungen kulminieren im Geheimnis des menschlichen Lachens und Weinens, das man bis hin zu H. Plessner und I. Eibl-Eibesfeldt zu entschleiern sucht; "ja es ist auch noch keiner nicht kommen, welcher hätte können sagen und anzeigen, wo von das Lachen des Menschen (denn vom Weinen will ich nichts sagen) komme, und wie es zugehe, daß der Mensch lachet, des verwundern sie (die Philosophi und gelehrten Leut) sich, darbei bleibts auch und könnens nicht erforschen" (WA 50,370,27).

sche, die durch die Geschichte geformte, Zentrales aussagende instrumental-mehrstimmige Musik. Sofern diese mit Text verbunden wurde, prägte jetzt *sie* die Struktur. Nicht Sprachvertonung war das Ziel, sondern Musik anhand von Sprache"[29]. Das anbrechende bürgerliche Zeitalter brachte die Emanzipation des Gefühls als eines eigenständigen Seelenvermögens. Das in der Musik angelegte Potential von Hoffnung und Sehnsucht löste sich heraus aus dem christlichen Glaubenszeugnis. Wie der Prediger als ein schöpferischer Virtuose seine Hörer in religiöse Schwingungen versetzen will, so legt der Komponierende seine geniale Person in seine Schöpfungen hinein und läßt jene zu Ausprägungen einer großen Konfession werden. "Für Hegel ist die Musik die Kunst der bewegten Innerlichkeit, der Subjektivität. Schleiermacher sieht in ihr die Äußerung der freien Produktivität, des bewegten Selbstbewußtseins durch das Medium der Töne. Schopenhauer versteht die Musik als tönende Weltidee, als Abbild des der Vorstellung vorgeordneten Willens"[30]. Der Emanzipation des in sich schwingenden Gefühlslebens vom artikulierenden Wort korrespondiert die Selbstbefreiung des Künstlers. Durch die Französische Revolution inspiriert, sucht er sein Gegenüber in der gesamten Menschheit; diese freilich ist wirklich nur in dem Publikum, das er durch seine Selbstdarstellung an sich zu fesseln vermag. Um sich einen derartigen "Exhibitionismus der musikalischen Individuen" gestatten zu können, muß man "ein Individuum von der Größe Beethovens sein. Bei Geringeren wird die Sache unangenehm, ja lächerlich"[31].

Luthers Vorliebe für die "Musica reservata", welche "den Gehalt des Textwortes seelisch erfaßt und in typischen musikalischen Ausdrucksformen gestaltet"[32], spricht in ihrer unausweichlichen geschichtlichen Bedingtheit durchaus ein am Evangelium orientiertes Ja zu dem ersten grundlegenden Schritt in jenem geschichtlichen Wandel; Luther treibt mit seiner Ausrichtung am Wort die Herauslösung der Musik aus der objektiven Ordnung der mathematischen Disziplinen und ihre Einfügung als eine wesenhaft menschlich-geschichtliche Tonsprache in das Trivium der Grammatik, Rhetorik und Dialektik voran. Doch sein auf Schütz vorausweisendes "sprachmelodisches Deklamationsideal"[33] bleibt eingefügt in die Musik als einer Stiftung und

---

29 RGG[3] IV, Sp. 1215, Art. Musik V, Thrasybulos Georgiades; hierzu von demselben: Musik und Sprache. Das Werden der abendländischen Musik, dargestellt an der Vertonung der Messe, Berlin 1954

30 O. Söhngen in Leiturgia, Bd. IV, S. 118

31 Arnold Mendelssohn, Gott, Welt und Kunst. Aufzeichnungen, Leipzig 1949, S. 8

32 Joseph Müller Blattau in der Vorrede zu Musica Reservata. Meisterwerke der Musik des 16. und 17. Jahrhunderts, Bärenreiter-Ausgabe 2641 (1952)

33 Van Crevel, nach O. Söhngen in Leiturgia, Bd. IV, S. 79; schon Hegel unterscheidet zwischen dem "echt melodischen Gesang der Seele" und einer "tönenden Deklamation, welche sich dem Gange der Worte sowohl in Ansehung des Sinns als auch der syntaktischen Zusammenstellung genau anschließt", urteilt jedoch, daß ein zu ausdrucksstarker und gedankenschwerer Text der Musik "gleichsam keinen Raum mehr für das Innere" lasse (Ästhetik, Bd. II, S. 308-316)

Ordnung Gottes zur Erhaltung seiner Kreaturen[34] und ausgerichtet auf den "himmlischen Tanzreigen", den die Tenormotette, in welcher die anderen Stimmen den cantus firmus liebreich umspielen und dessen Grundmelodie "wunderbarlich zieren und schmücken" (WA 50,372,37f.), gleichnishaft abbildet.

III

Nachdem wir anhand von Luthers "Encomion musices" den Spielraum dieser wundersamen Gottesgabe und freien Menschenkunst skizziert haben, wenden wir uns in diesem abschließenden Gedankenkreis zur Themafrage zurück: Gibt es so etwas wie eine humane Kunst, eine wahrhaft menschliche Musik ohne Gott? Die im zweiten Gedankenkreis implizit bereits ausgesprochene Antwort reformatorischer Theologie ist keineswegs "eindimensional". Sie fügt sich systematisch ein in die übergreifende These von Gottes unterschiedlichen Regimenten oder Regierweisen. Es ist zu unterscheiden zwischen Gott als dem schöpferischen Erhalter und Gott als dem errettenden Erlöser der Menschheit.

Im Horizont unserer allgemeinen Menschenexistenz gilt: Auch der Mensch, der sich bewußt oder unbewußt von Gott abkehrt, wird dadurch Gott nicht los; auch der Gottlose kommt von Gott nicht los. Noch der scheinbar säkularisierte neuzeitliche Mensch lebt faktisch unter dem anonymen Anruf des Welterhalters. Diese aporetische Grundsituation hat Paul Althaus unter der in der Theologie heftig umstrittenen Chiffre der "Ur-Offenbarung" anzusprechen gesucht; er wollte hierdurch lediglich hinweisen auf eine schlichte Wirklichkeit, für die sich ein jeder besonnene Mensch mit Hilfe des Aha-Erlebnisses aufschließen läßt. Wir alle erfahren uns als geschickhaft geworfen oder schlechthinnig gewirkt. Niemand hat sich seine Eltern, sein Zeitalter, am wenigsten sich selber ausgesucht; niemand hält sein Lebensgeschick fest in der eigenen Faust. Wir alle erfahren uns aber auch als gnädig begabt und gütig hindurchgeleitet. Im wärmenden Strahl der Sonne, im bergenden Halt der Erde, in der nährenden Frucht, im frohmachenden Klang, im vertrauend liebenden Nahesein eines Menschen, im geschenkten Gelingen eines Werkes erleben wir eine Kraft, die uns durch Abgründe um uns, aber auch in uns hindurchträgt, erleben wir uns als "verdankte Existenz". Wir alle erfahren uns als ständig gefordert und unbedingt beansprucht. Niemand ist frei vom Druck, der aus dem Miteinander in der Gesellschaft, aus den ihm auferlegten Rollen, aus den Zwängen der eigenen Person erwächst. Ständig verantworten wir uns und schlagen uns herum mit anderen Menschen, aber auch mit den Stimmen im eigenen Inneren. Wir alle erfahren uns als einsam und fremd, als bruchstückhaft und heimatlos. Jeder Heranwachsende wird einmal überfallen vom Schrecken des Alleinseins, fortan schwingt dies als Grundmelodie ständig mit. Das Leben bleibt ein Torso; es bäumt sich auf gegen den Alleszermalmer Tod, und doch tragen wir ihn von unserer Geburt an

---

34 Tr.Nr. 1096; WATr I,550,1: "Grammatica) conservatores rerum"
Musica

in uns. Wir alle erfahren uns als eines helfenden Wortes bedürftig und zugleich nicht mächtig. Jeder weiß um Stunden des Versagens und um Augenblicke des Gelingens; jeder weiß, daß gerade das Entscheidende nicht aus der eigenen Regie kam. Diese vielschichtige Erfahrung ließe sich gerade aus der Trivialmusik, aus den Schlagern und Schnulzen, tausendfach belegen; auch in den modischen Kirchensongs schlägt sie durch. Sie markiert die verschwimmenden Umrisse eines Humanums, dem sich das Divinum entzogen hat, und doch läßt sie sich nur gewaltsam auf ein bloß Humanes und rein Säkulares zurückstutzen. Daß eine tragende und zugleich zuschlagende, eine fordernde und schenkende, eine lockende und enttäuschende Urmacht hinter und über allem steht, das müssen wir nicht eigentlich glauben, das erfahren wir Tag für Tag; deshalb ist auch im Alten Testament die Aussage, daß Gott die Welt geschaffen hat, nicht eigentlich ein Glaubenssatz. Was jene verborgen-offenbare Urmacht jedoch mit einem jeden von uns vorhat, wie sie zu ihm steht, das wissen wir nicht; deshalb scheuten sich schon zu Luthers Zeiten die Landsknechte nicht, offen zu fragen: "Meinst du, dat noch ein Kerle in diesem Kerle stecke?" (WA 51,236,34). Gerade Gottes Selbstbezeugungen in unserem Alltag werden uns zu ständigem Anlaß enttäuschten Fragens, tiefster Ungewißheit, abgründigen Zweifelns. Hieraus erwächst dem Menschen jenes "alte Lied", das sich nur durch die eigene Entfremdung hindurch zum Lobpreis des Schöpfers aufzuschwingen vermag. Dieses alte Lied verbleibt wesenhaft unter der Ungewißheit des Heils sowie unter der sündigen Selbstbezogenheit des Menschen.

Das "neue Lied" hingegen klingt erst wahrhaft auf unter dem göttlichen Geschichtshandeln zur Befreiung der Versklavten; es ist nicht mehr der Lobpreis der trotz allem guten Schöpfung, es ist der Lobgesang der Erretteten. Dieses Lied bahnt sich an im alten Bund, doch ist es voll erst durch das Christusevangelium entbunden. Es ist die geistgewirkte Menschenantwort auf die zweite und eigentliche Regierweise Gottes, auf die Selbsterschließung des gnädigen Vaters in der Hingabe des Sohnes. Als ein endzeitlicher Jubel, als Agalliasis, bricht es auf in "der Gemeinde, die sich als die durch Gottes Heilstat konstituierte Gemeinde der Endzeit weiß"[35]. Aus der Auferweckung Jesu Christi wächst es heraus als Echo des Sieges über die Todesgewalten. Deshalb ist es für Luther das Siegeslied des neuen Bundes, des Evangeliums und nicht des Gesetzes. Dies ist einprägsam formuliert in der Vorrede zum Babstschen Gesangbuch von 1545: "Also ist nu im Neuen Testament ein besser Gottsdienst, davon hie der Psalm sagt: 'Singet dem Herrn ein neues Lied; singet dem Herrn alle Welt!' [Ps.96,1]. Denn Gott hat unser Herz und Mut fröhlich gemacht durch seinen lieben Sohn, welchen er für uns gegeben hat zur Erlösung von Sunden, Tod und Teufel. Wer solchs mit Ernst gläubet, der kanns nicht lassen, er muß fröhlich und mit Lust davon singen und sagen, daß es andere auch hören und herzu kommen. Wer aber nicht davon singen und sagen will, das ist ein Zeichen, daß ers nicht gläu-

---

35 Theologisches Wörterbuch zum NT, Bd. I, 20, 12f. (R. Bultmann)

bet und nicht ins neu fröhliche Testament, sondern unter das alte, faule, unlustige Testament gehöret" (WA 35,477,4).

Nach der Johannesoffenbarung wird das neue Lied allein von den Menschen gesungen, die Gott der Herr versiegeln ließ (Apk.14,1-5); diese Erretteten lassen es aufklingen über jenem sonderbaren "gläsernen Meer", das noch widerstrahlt vom Wetterleuchten der endzeitlichen Schrecken (Apk.15,2). Jenes "gläserne Meer" ist das Himmelsgewölbe und bildet die Grenzscheide zwischen der vergehenden Todeswelt und dem bleibenden Leben vor Gott. Dieses neue Lied des Sieges hört nur derjenige Mensch, dem die Ohren aufgetan wurden für Gottes weltwendende Heilstat; in dieses neue Lied vermag nur derjenige Mensch einzustimmen, der - noch mitten in dieser Todeswelt stehend - mit seinem Herzen hindurchgerissen ist vor den Thron Gottes und vor das für die Vielen geopferte Lamm.

In diesen Aussagen wird indirekt eine Grenzscheide enthüllt zwischen einer "humanen Kunst ohne Gott" und einer "gläubigen Kunst mit Gott". Auch die Kunst der Gottlosen kommt nicht los von Gott, sie verbleibt aber unter dem segenspendenden Festhalten des Schöpfers an uns selbstherrlichen Menschen; das wahrhaft neue Lied des Sieges, der Lobpreis des Erretters und Todesüberwinders bleibt ihr verschlossen. Und doch, diese strenge Scheidewand wird eigenartig durchlässig vor allem für die Musik. In den Lobgesang der Erretteten auf dem gläsernen Meer fallen ein die vierundzwanzig Ältesten, in denen sich die in Babylon als Götter verehrten vierundzwanzig Gestirne mit den vierundzwanzig Priesterklassen Israels geheimnisvoll ineinanderschlingen, sowie die vier großen Sternbilder: Stier, Löwe, Skorpionmensch und Adler, welche die Jahreszeiten regieren; sie alle stimmen ein in den Jubilus: "Dem, der auf dem Throne sitzt, und dem Lamm / Preis und Ehre und Ruhm und Macht in alle Ewigkeiten" (Apk.5,13). Die Musik erschließt im Licht der Erlösung auch die gute Schöpfung Gottes, sie bezieht alles Geschaffene ein in den Lobpreis der Errettung; hierin erweist sie sich als eigenständige Schwester der Theologie.

Gehen wir der Frage weiter nach, wodurch sich die Musik der Gottlosen von derjenigen der Gottesfürchtigen unterscheidet, so stoßen wir bei Luther auf eine nachdenkenswerte doppelseitige Gegenbewegung: Auf der einen Seite gilt: Nach der biblischen Urgeschichte (Gen.4,17-22) wurde die Instrumentalmusik zusammen mit der Metallbearbeitung von den Nachkommen des Mörders Kain ersonnen, und doch überschüttet Gott gerade die Abtrünnigen mit seinen Segensgaben, daß sich seine Gläubigen dagegen wie verlassene Waisenkinder ausnehmen. Auf der anderen Seite gilt: Das neue Lied des Auferstehungsjubels wird von den Gotteskindern angestimmt unter den Anfechtungen des Todes, hier auf Erden bleibt dieses neue Lied gleichsam Passionsmusik.

Bedenken wir zunächst Gottes Festhalten an der Kunst der "Gottlosen". In diesem Zusammenhang ist die redaktionelle Anordnung der biblischen Urgeschichte auffallend. Der Stammbaum des gottlosen Kain, der im Prahllied des Lamech (Gen.4,17-24) aufgipfelt, steht *vor* dem Stammbaum Seths, dessen Linie auf den gottesfürchtigen Noah (Gen.5) führt. Diese Anordnung wird für Luther

zu einem Symbol dafür, "wie das Welt-Volk heraus bricht vur die Kinder des
Liechts; wöllen sich bald ausbreiten und groß machen, dazu sind sie - nach
Jesu Wort zum Gleichnis vom ungetreuen Haushalter [Luk.16,8] - immerdar
geschickter denn Gottes Kinder" (WA 24,144,24). Daß neben Tubal-Kain als
den Stammvater der Erz- und Eisenschmiede in Jubal der Stammvater der Zi-
ther- und Flötenspieler tritt (Gen.4,21f.), rückt für Luther auch die Musik
ins Negative. Gedachte der eine, "die Leute mit Schwert und Eisen ... zu
zwingen und unter sich bringen", so ist der andere "mit Tanzen, Springen,
Hofieren umbgangen, hat sein Datum auf gute Tage, Lust und Freude gesatzt"
(WA 24,144,32.35). Diese Musik, in der das rhythmisierte Wort und der instrumentale Ton noch nicht voneinander getrennt sind, ist keineswegs sakrale Kunst, sie wird zum erstenmal laut im Prahllied des Lamech, im Sich-
Brüsten des Mannes vor den Frauen: "Einen Mann erschlug ich für meine Wunde / und einen Jüngling für meine Strieme./ Denn, wird Kain siebenmal ge-
rächt,/ so Lamech siebenundsiebzigmal" (Gen.4,23f.). Das älteste Wort-Ton-
Kunstwerk ist das grausige Lied des Mordes, das uns noch aus Auschwitz und
Hiroshima, aber auch aus den gegenwärtigen Terrorakten und Geiselnahmen
entgegenschallt. Die Bibel hat dies aufgezeichnet "zu einem Spiegel, was
die Welt sei; wie sie da angefangen hat, tut sie noch immerdar" (WA 24,145,
12).

Und dennoch, der schlichte Verweis auf Jubal als den Ahnherrn aller
Zither- und Flötenspieler ordnet "die Instrumentalmusik noch jenseits der
Scheidung in profane und sakrale Musik", als "eine der Grundmöglichkeiten
menschlichen Könnens der Kraft zu, die der Schöpfer dem Menschen als seinem
Geschöpf gab und die dem Menschen zu fördern und zu pflegen aufgegeben
ist"[36]. Vor allem in der Auslegung des 101. Psalmes von 1534/35 preist der
Reformator die reichen Gaben und Talente, die der gütige Schöpfergott auch
und gerade unter diejenigen Menschen ausstreut, die von ihm nichts wissen
wollen und ihn nicht ehren. Ist Gott doch "ein milder, reicher Herr, der
wirft groß Gold, Silber, Reichtum, Herrschaften, Königreiche unter die
Gottlosen, als wäre es Spreu oder Sand. Also wirft er auch unter sie hohe
Vernunft, Weisheit, Sprachen, Redekunst, daß seine lieben Christen lauter
Kinder, Narren und Bettler gegen sie anzusehen sind" (WA 51,242,16). Die
Musik ordnet Luther freilich niemals unter jene Talente ein; ist jene doch
geschichtlich erst voll entbunden durch das Christusevangelium. Das neue
Lied des Evangeliums hatte schon damals einen ganzen Kranz von Instrumenten,
Orgel, Symphonium (Clavicembalo), Virginal (Spinett) und Regal (kleine Ta-
stenorgel) entstehen lassen, "davon (als sehr neuer Kunst und Gottes Gaben)
weder David noch Salomon noch Persia, Graecia noch Roma ichts gewußt"
haben (WA 48,86,2). Zugleich ist dem Reformator nicht verborgen, daß Gott
"auch unter den Heiden die edlen Steine nicht so gemein gemacht wie die
Kiesling auf der Gassen" (WA 51,244,11). Gottes musikalische "Wunderleute"
sind spärlich ausgesät; die Tabelle genialer Meister der Tonkunst, die Her-

---

36 Claus Westermann, Genesis, BKAT I, S. 450

mann Grabner seiner "Allgemeinen Musiklehre" voranstellt, hat nur sechs-
unddreißig Namen[37]. Wie jegliches menschliche Leben, so verbleibt eine bewußt emanzipative und säkulare Musik genauso wie die Kirchenmusik unter dem
Geheimnis des sich darbietenden oder auch des sich versagenden Kairos, des
"Stündeleins". Unverfälschte heidnische Weisheit und unverstellte menschliche Erfahrung haben hierum immer gewußt. Ihnen war nicht verborgen, "daß
nie kein Groß-Tätiger oder Wundermann gewest sei sine afflatu, das ist,
ohn ein sonderlich Eingeben von Gott" (WA 51,222,4); sie waren auch selten
derart verblendet selbstsicher, dies der eigenen Genialität zuzuschreiben.
Der Streit entspann sich nur darum, wie man die gewährende oder versagende
Übermacht benennen soll: das Schicksal, die Fortuna oder das Numinose. Die
Christenheit und mit ihr die reformatorische Theologie scheut sich nicht,
hier Gott den Heiligen Geist am Werk zu sehen, freilich im Regiment der
Welterhaltung, nicht der Weltvollendung. Für sie gilt deshalb: Keine wahre
Musik wie überhaupt keine echte Kunst, weil keine lebensvolle Humanität,
ohne den Heiligen Geist.

Karl Barth hörte, seitdem er als Vier- oder Fünfjähriger von den Klängen
aus der Zauberflöte: "Tamino mein, oh, welch ein Glück!" angerührt wurde[38],
diesen "Urton" einer "nie ihrer Technik verfallenen und auch nie sentimen-
talen, aber immer 'rührenden', freien und befreienden, weil weisen, star-
ken und souveränen Musik" (KD III,3,337) aus Mozarts Werken heraus. In
ihnen sei "die rohe amorphe Masse des möglichen Klanges" derart "humani-
siert"[39], daß hierin die "Schickung im Zusammenhang" aufklinge (KD III,3,
338). Diese Musik will keineswegs bewußt das Lob des Schöpfers verkünden,
und doch tut Mozart dies faktisch "gerade in der Demut, in der er, gewissermaßen selber nur Instrument, nur eben hören läßt, was er offenbar hört,
was aus Gottes Schöpfung auf ihn eindringt, in ihm emporsteigt, aus ihm
hervorgehen will"[40]. Indem er so singt, wie alles ist, hat er nach Barth
von der Totalität der guten Schöpfung mehr erfahren und aufklingen lassen,
als dies die Kirchenväter samt den Reformatoren, die Orthodoxen und die
Liberalen, die Verfechter einer natürlichen Theologie und die mit "Gottes
Wort" schwer Gepanzerten erst recht aber jegliche Spielart von Existentialismus vermochten (nach KD III,3,337). Barths Urteil sei dahingestellt,
das Kerngeheimnis bleibt: Gott hält in seiner Langmut die Segenshand auch
über einer sich von ihm emanzipierenden Humanität.

Dieser provokativen These stellt der Reformator gleichsam kontrapunk-
tisch die Antithese entgegen: Das neue Lied des Christussieges bleibt hier
auf dieser Erde ein Lied unter dem Kreuz: "canticum novum est canticum
crucis" (WA 2,333,25). In seiner Vorrede zur Sammlung der Begräbnislieder

---

37 Stuttgart 1949⁶, S. 13; eine interessante Anthropologie der Musikinstrumente bietet A. Greither, in: Kulturanthropologie, dtv WR 4072,S.446-487
38 Letzte Zeugnisse, Zürich 1969, S. 17
39 Die protestantische Theologie im 19. Jahrhundert. Ihre Vorgeschichte und
   ihre Geschichte, Zollikon-Zürich 1952², S. 51
40 Wolfgang Amadeus Mozart 1756/1956, Zürich 1956, S. 27

von 1542 schärft er ein: Das neue Siegeslied verherrlicht die Auferstehung, deshalb ist es über den Gräbern zu singen. Das neue Lied rüttelt nicht lediglich sehnsuchtsvoll, aber ohnmächtig an den Gitterstäben unseres Todesgefängnisses, noch läßt es sich gar schwelgerisch fallen in den unheimlichen Abgrund der Nacht, es singt "zu Trotz dem schrecklichen Feinde, dem Tode, der uns so schändlich dahin frisset ohn Unterlaß mit allerlei scheußlicher Gestalt und Weise" (WA 35,479,5). Darin überspielt es gerade nicht das Dunkel, sondern blickt ihm fest ins Auge, darin verfällt es nicht einer dionysischen Todesanbetung, es singt vielmehr diesem letzten Feind das Siegeslied entgegen. In seiner Auslegung des 90. Psalmes, des Gebetes Moses, des Gottesmannes, die er selber oft aus Krankheitsgründen unterbrechen mußte, wehrt sich Luther leidenschaftlich gegen eine Verharmlosung des Todes mit Hilfe stoischer oder epikureischer Argumente; sicher hätte er seinen derben Zorn ausgeschüttet auch über eine rein innerweltliche "Verspottung des Todes", wie sie sich in der gegenwärtigen evangelischen Theologie breitmachen will, stürzt doch im Sterben der Mensch unmittelbar hinein in Gottes ewiges Gericht. Der Tod Jesu war keineswegs leichter, sondern unendlich schwerer als das Sterben des Sokrates; Christen wissen, daß sie durch letzte Anfechtungen hindurch vor dem Richtergott zum Errettergott fliehen. Deshalb wird in der Karwoche, wie schon Augustin berichtet, Jesu Passion "sollemniter" vorgetragen; deshalb sind in den ältesten Lektionsbüchern die Passionen wie Epistel und Evangelium mit Lesezeichen (positurae) versehen, nur das aramäische "Eli, Eli, lama asabthani?" und dessen lateinische Wiedergabe (Mk.15,34) ist in Noten (Neumen) ausgeschrieben[41]. Das neue Lied wird als Osterjubel angestimmt unter dem Kreuz; angesichts der unauslotbaren Abgründe des Todes birgt es sich hinein in Gottes Heilszusage und bezeugt: "Du bist habitaculum, herzliche Zuflucht, ja Herberg; das tut die Gabe des Heiligen Geistes in unseren Herzen" (WA 40 III, 503,5). Erneut stoßen wir auf den Spiritus Creator, nun jedoch in dessen geistlicher Regierweise, als den Spiritus Recreator.

In seiner Vorrede zur "Deutschen Messe" von 1526 fügt Luther eine weitere geistliche Einsicht hinzu. Beim Gotteslob vor der Welt, wo "das mehrer Teil da steht und gaffet, daß sie auch etwas Neues sehen" (WA 19,74,26), sei mit allen Glocken zu läuten und mit allen Orgeln zu pfeifen; der Gottesdienst derjenigen, "so mit Ernst Christen wollen sein und das Euangelion mit Hand und Munde bekennen" (WA 19,75,5), wird sich zunehmend spontaner und zugleich schlichter gestalten: Je näher dem Zentrum, desto schlichter. Jenes Geheimnis des "Habens, als hätte man nicht" (1. Kor.7,29ff.), hat Wilhelm Löhe im Blick auf die Gestaltung des Altars und der Abendmahlsgeräte formuliert: "Je näher den Elementen und himmlischen Gaben, desto mehr Einfalt. Je ferner von denselben, desto mehr Schmuck ... In der nächsten

---

41 Nach Otto Brodde, Evangelische Choralkunde, in: Leiturgia, Bd.IV, S.534

Nachbarschaft des himmlischen Gutes zieht der Mensch seine Schuhe aus"[42].
Wie ist von diesen Einsichten aus die Beobachtung zu werten, daß gerade
auch in der DDR die Kirchenmusiken von jungen Menschen aufgesucht werden,
die man sonst nicht im Gottesdienst antrifft? Kommt das Anstimmen des neuen
Liedes unter dem Kreuz dem Klang zum Verwechseln nahe, den Barth Mozart
zuerkennen möchte? In Mozarts Musik klinge nicht allein die Herrlichkeit
der guten Gottesschöpfung auf, sondern auch "die Wehmut oder das Entsetzen
des Wissens um die Grenze, vor der als glücklicher Unwissender auch und
gerade der absolutistische Mensch in seiner schönsten Gestalt" stehe. Mozart "hörte, wie sein Don Juan, den Schritt des steinernen Gastes. Er ließ
sich aber, wie sein Don Juan, nicht irre machen darin, rein weiter zu spielen in Gegenwart des steinernen Gastes"[43]. Aber bleiben bei Mozart nicht
doch Abgründe verhüllt? Auch dessen Verehrer Barth wehrt sich gegen Luthers
zugespitztes Reden von einer Zuflucht vor Gott zu Gott, gegen dessen radi-
kale Aussage: "Gott kann nicht Gott sein, er muß zuvor ein Teufel werden,
und wir konnen nicht gen Himmel kommen, wir mussen vorhin in die Helle
fahren" (WA 31 I,249,25). War Goethes Verweis auf das "Dämonische" und
sein Aufgreifen "jenes sonderbaren, aber ungeheuren Spruches": "Nemo contra
deum nisi deus ipse"[44], hierin nicht klarsichtiger? Claus Westermann hat
mehrfach darauf aufmerksam gemacht, daß der biblische Psalter nicht lediglich wie die üblichen Lieder und Gebete der Kirche zwischen Bitte und Dank
hin und her schwingt, sondern ausgreift zum Lob und zur Klage. Doch meldet
sich im Lobpreis lediglich eine allen Menschen gemeinsame Daseinsfreude zu
Wort und in der Klage unsere übliche Misere?[45] Ist es nicht bezeichnend,
daß gerade im Kirchenkampf des Dritten Reiches das Lob neu entdeckt wurde
und die Klage gegenwärtig in den Kirchen der dritten Welt aufbricht? Erst
im Glanze der Heilsoffenbarung Gottes erschließen sich letzte Abgründe des
Lebens; darin ist der Psalter ein "feines Enchiridion oder Handbuch", in
dem die Kirche Gottes "mit lebendiger Farbe und Gestalt in einem kleinen
Bilde gefasset" ist, "ja, du wirst auch dich selbs drinnen und das rechte
Gnotiseauton [erkenne dich selbst!] finden, dazu Gott selbs und alle Kreaturn" (WADB X,1,99,26;105,5-9).

Nach der Johannesoffenbarung erklingt das neue Lied auf dem "gläsernen
Meer", es ist der Siegesjubel der Erretteten. In ihm ist der Lobpreis der
ursprünglich guten Schöpfung wiedergekehrt, die Verherrlichung des Schöpfers durch den Menschen als den Dirigenten und Chorführer der gesamten
Kreatur, von welcher wir nach Luthers köstlich naiver Aussage in den Schöp-
fungspsalmen 148 und 149 noch einen Nachhall haben (WA 42,80,19-34). Doch

---

42 Brief an Pfarrer Meurer vom 17. Juni 1865, zit. nach Peter Brunner,
   Zur Lehre vom Gottesdienst der im Namen Jesu versammelten Gemeinde, in:
   Leiturgia, Bd. I, S. 329

43 Die protestantische Theologie im 19. Jahrhundert, S. 53

44 Dichtung und Wahrheit, Teil IV, 20. Buch; Artemis-Gedenkausgabe, Bd. X,
   S. 842

45 Cl. Westermann rückt dies in den Vordergrund in: Lob und Klage in den
   Psalmen, Göttingen 1977, Vorwort.

damals stand noch nicht das Opfer im Zentrum des Kultes, erst mit Kain und
Abel hebt dies an; jetzt steht in der Mitte das Widderlamm mit dem Schächt-
schnitt an seinem Halse, und das neue Lied singen allein diejenigen, die
"aus der großen Drangsal kommen und ihre Kleider gewaschen und hell gemacht
haben im Blute des Lammes" (Apk.7,14). Das neue Lied konzentriert sich wohl
auf das Lob des Schöpfers und Erretters, doch sein cantus firmus des Sie-
gesjubels hebt sich heraus aus drei eigenartigen Begleitmelodien, aus dem
schrillen Schrei des Protests, aus dem sehnsüchtigen Weheruf der versklavten Kreatur und aus einer fast elegischen Klage über den Fall Babylons.

Der Aufschrei nach Gottes alles zurechtbringendem Gericht vom Blute
Abels an bis hin zu dem letzten Geopferten vor dem Weltende verdichtet sich
zu jenem: "Herr, du Heiliger und Wahrhaftiger, wie lange soll es noch dau-
ern, daß du Gericht hältst und rächst unser Blut an denen, die auf Erden
wohnen?" (Apk.6,10), das die erschlagenen Seelen am Fuße des himmlischen
Brandopferaltars rufen. Die Bibel ist voll grausiger Protestsongs, gegen
die fast alles, was heute gewagt wird, harmlos und zahm ist. Luther dichtet
ungeniert das Lied auf den "armen Judas" zu einem Protestsong gegen den
Herzog Heinrich von Braunschweig-Wolfenbüttel um, seinen mit Spott über-
schütteten "Hans Worst": "Ah, die arger Heinze, was hastu getan,/ Daß du
viel frommer Menschen durchs Feur hast morden lan./ Des wirstu in der Helle
leiden große Pein,/ Luzibers Geselle mußtu ewig sein. Kyrieleison" (WA 51,
570,28). Der Protestschrei der Psalmen und Propheten ist ständig in Gefahr,
umzuschlagen in den Mordgesang Lamechs. Das "Kyrie eleison" möchte dem wehren; es vermag dies jedoch nur dort, wo auch der menschliche Gegenspieler
eingeschlossen bleibt in das "Herr, erbarme dich *unser*".

Der Sehnsuchtsruf der Kreatur, die in Wehen liegt wie eine schwangere
Frau, wird im 8. Kapitel des Römerbriefes laut (Röm.8,19ff.). Nach Luther
hat hier Paulus "mit seinen scharfen apostolischen Augen ... das liebe heilige Kreuz in allen Kreaturn" erkannt (WA 41,311,15); die Schöpfung stöhnt
auf unter dem Menschen, der sie grausam mißhandelt. Trifft diese reformatorische Auslegung der apostolischen Andeutungen nur zu für unseren Umgang
mit der Umwelt? Gibt es nicht auch eine Ausbeutung und Verschmutzung der
Klangwelt und der geistigen Güter? Läßt sich nicht eine analoge Hektik beobachten sowohl in der Musik als auch in der Theologie? Serielle und postserielle Musik, musique engagée und revolutionäre Protestsongs, aleatori-
sche Kreativität und meditative Mystagogie einerseits, Theologie der Geni-
tive von der dialektischen und hermeneutischen Theologie über die Entmythologisierung und den Tod Gottes zurück zur Hoffnung und Befreiung, zum Fest
und zur Meditation andererseits; dreht sich das Karussell nicht immer
schneller und knarrt dabei immer lauter? Auch in unsere geistige Existenz
haben sich die Gier des Ausbeuters und die Neugier des Konsumenten tief
hineingefressen. Unter der Jagd nach immer neuen Tonwelten und Klangfarben
ächzt und stöhnt die mißhandelte Kreatur auf und schreit nach der Humanität
der aus diesem Teufelskreis herausgerissenen Gotteskinder.

Sonderbar und nachsinnenswert ist auch die dritte Begleitmedodie der

Klage. Dem Siegesjubel oben im Himmel über den endgültigen Fall der Huren-
weltstadt Babylon, welche die ganze Erde mit ihrer Unzucht verdarb, tritt
im 18. Kapitel der Offenbarung eine Klage hier unten auf der Erde gegenüber; die Großen in Politik, Wirtschaft und Schiffahrt stehen furchtsam
fernab und klagen über den von der Brandstätte aufsteigenden Geruch des
Todes. In dieser Wehklage, die auf Hesekiels Lieder über den Fall von Tyrus
und Sidon (Hes.26-28) zurückgreift, schwingt ein fast lyrisches Leiden am
Dahinsinken dieser grausamen und doch so wunderschönen Menschenwelt mit.
Was einstmals im Urbeginn der Menschheit zu erklingen und zu leuchten begann, das wird nun verstummen und erlöschen: "Und kein Ton von Zitherspie-
lern und Sängern und Flötenspielern und Posaunenbläsern / wird mehr gehört
werden in dir./ Und kein Handwerker irgendeines Handwerks / wird mehr gefunden in dir./ Und das Knarren eines Mühlsteins / wird nicht mehr gehört
werden in dir./ Und das Licht einer Lampe / wird nicht mehr in dir scheinen./ Und die Stimme von Bräutigam und Braut / wird nicht mehr gehört werden in dir" (Apk.18,22f.). Das Verlöschen des Lichtes, das Verklingen des
Tons hier unten, der unaufhörliche Lobgesang und aufbrandende Siegesjubel
dort oben, erst das neue Lied der endgültigen Errettung brachte den radi-
kalen Protest gegen den Alleszermalmer Tod, den Urschrei der unter uns Menschen aufseufzenden Kreatur und nun auch das Erschauern vor dem letzten
Verstummen zu einer je eigengeprägten Melodie. Darin erweist sich dieses
scheinbar übermenschliche, ja fast unmenschliche Lied als zutiefst human.
Als der Schöpfer und Erhalter, als der Erretter und Neuschöpfer jedoch auch
als der Heimsuchende und Richtende hält der dreieinige Gott fest an uns
Menschen. Ein Zeichen für dieses Geheimnis ist die Musik. Für den Reformator sind deshalb nicht nur "die Ohren die Organe eines Christenmenschen"
(WA 57 Hebr.222,7), sondern die zu den Ohren eindringenden Wunder übersteigen auch weit die mit den Augen zu erkennenden[46].

Karl Barth zitiert Goethes Worte zur Musik Bachs: "Als wenn die ewige
Harmonie sich mit sich selbst unterhielte, wie sich's etwa in Gottes Busen
kurz vor der Weltschöpfung möchte zugetragen haben, so bewegte sich's auch
in meinem Innern"[47], und erinnert zu der Metapher "kurz vor der Weltschöpfung" an das biblische Zeugnis von der Weisheit (Sprüche 8; Hiob 28; Jes.
Sirach 24), die als sein "Hätschelkind" bereits vor Gott spielte, als jener
den Kosmos erschuf. Adressat jener Weisheit ist nicht der Israelit als der
durch die Propheten in den Bund mit Gott hineingerufene Mensch, sondern der
Mensch schlechthin, den die Weisheitslehrer für den in die Schöpfung selber
hineingeschaffenen Gottesklang aufschließen möchten. "Die letzte Antwort,
die Israel zu geben vermochte, ist die Lehre von der Urordnung. Es fand ein
Weltgeheimnis, das ihm helfend zugekehrt ist, das sich schon auf dem Weg zu

---

46 WA 44,352,29: "Ocularia miracula longe minora sunt quam auricularia";
   ähnliche Texte bei H. Preuß, Martin Luther - der Künstler, S. 130-135
47 Die protestantische Theologie im 19. Jahrhundert, S. 52

ihm befindet, ja schon vor seiner Tür sitzt und auf ihn wartet"[48]. Frau
Musica verleiht der Frau Sapientia Wohlklang und Sprachgestalt; hierin
pocht Gottes Menschenfreundlichkeit an die Herzenstür auch des Gottentfrem-
deten und erbittet sich Einlaß. Deshalb kann Luther sagen: Wer die Musik
verachtet, ist weder ein rechter Mensch noch ein guter Theologe. "Allein,
wer die Musik hochhält, ist von guter Art. Man muß die Musik notwendig in
der Schule behalten. Ein Schulmeister muß singen können, sonst sehe ich
ihn nicht an. Und ein junger Mann soll, bevor er zum Predigtamt ordiniert
wird, sich in der Schola üben" (Tr.Nr.6248; WATr V,557). Das irdische Ziel,
dem der heitere Ernst und das zuchtvolle Spiel der Musik zustrebt, ist
nach ihm durch Sacharja prophezeit: "So hat der Herr Zebaoth gesagt:/ Noch
werden Greise und Greisinnen sitzen / auf den Plätzen Jerusalems,/ Und alle
mit dem Stab in der Hand / ob der Menge der Tage./ Und die Plätze der Stadt
werden voll sein / von Knaben und Mädchen, die auf den Plätzen spielen"
(Sach.8,4f.). Dieses "Kinderwerk als Spielen und Tanzen auf der Gassen"
sowie unser Kämpfen darum, daß es weiten Raum finde, wird Christus am
jüngsten Tage als ihm zur Ehre geschehen annehmen; alles werkgerechte "Ge-
heule und Gemurre" in den Kirchen, ohne daß dabei Gott verherrlicht und
auf sein Wort gelauscht wird, hingegen wird er als "ein recht Affenspiel
und Narrenwerk" verwerfen (WA 23,599,19-600,8). Hierin greift wahrhaft
humane Musik über diese vergehende Erdenwelt hinaus und dringt ein ins
Eschaton. Wie sie vor Gott sang und spielte vor der Schöpfung der Welt, so
wird sie vor ihm bleiben auch dann noch, wenn hier der letzte Ton verklun-
gen ist. Weil allein das neue Lied diese Gewißheit zu schenken vermag,
deshalb tragen alte Orgeln die Inschrift: "Musica praeludium vitae
aeternae".

---

48 Gerhard von Rad, Weisheit in Israel, Neukirchen-Vluyn 1970, S. 228;
   vgl. S. 189-228.

Georg Picht
GRUNDLINIEN EINER PHILOSOPHIE DER MUSIK[1]

Zwischen Philosophie und Musik besteht eine uralte Verbindung. Ein Philosoph - Pythagoras - legte die Basis, auf der die europäische Musik bis heute ruht, und in der Musik, die so Gestalt gewann, erkannte die Philosophie ihr eigenes Wesen: nach Platon ist Philosophie die höchste Musik. Deshalb sind diese beiden Künste auch in ihrem inneren Schicksal untrennbar miteinander verbunden. Sie sind verschiedene Gestalten *Eines* Geistes. Heute sind beide, die Philosophie wie die Musik, in ihrem überlieferten Bestande bedroht; ihre gemeinsame Grundlage ist fraglich geworden. Daraus entspringt in beiden Bereichen die heilsame Nötigung, alles, was uns bisher als selbstverständlich galt, von seinen Elementen her neu zu prüfen. In dieser Lage werden Philosophie und Musik, ohne daß beide Teile das schon wüßten, in einer neuen Form aufeinander verwiesen. Sie werden neu voneinander lernen müssen.

Der Philosophie geht es also um ihre eigene Sache, wenn sie das Schicksal der Musik zu verstehen versucht. Indem sie sich darum bemüht, in die Musik und ihre Phänomene einzudringen, um sie philosophisch zu verstehen, und das heißt: um sie gleichsam von innen her aufzuschließen, bemüht sie sich zugleich um die Erschließung jenes Geländes, in dem sie selbst ihre Wurzeln hat. Das gleiche gilt umgekehrt von dem Verhältnis einer Musik, die sich ernst nimmt, zur Philosophie. Alle Musik, die nicht nur vorgegebene Stilmuster kopiert, sondern ihre eigenen Formen zu entwickeln vermag, also alle authentische Musik, ist eine Darstellung von Wahrheit, und Wahrheit vermag nur darzustellen, wer Wahrheit erkennt. Wir reden von einer "Sprache der Töne" oder von "musikalischen Gedanken". Diese Redewendungen drängen sich nicht zufällig auf, wenn wir beschreiben wollen, was in der Musik geschieht. Sie sind auch keine bloßen Metaphern, sondern wollen buchstäblich verstanden werden. Musik ist eine primäre Form des Denkens, die sich nicht anders als in Tönen aussprechen kann und deshalb jede Reduktion auf den Begriff verbietet. Es gibt Gestalten der Wahrheit, die nur in Musik erkannt, gedacht und zum Erscheinen gebracht werden können. Aber ein solches musikalisches Denken bedarf der geistigen Responsion, wenn es nicht in die Irre gehen soll. Die Musik kann die ihr eigene Wahrheit nur entdecken, wenn sie sich selbst und ihren Auftrag versteht; sie muß ihren Anspruch auf Wahrheit artikulieren, sie muß ihn, wenn er in eine Krise gerät, neu begründen können. Deshalb darf die Musik sich nicht damit begnügen, in Tönen zu denken. Zu ihrem Selbstverständnis braucht sie den Begriff. Die Musik ist also auf die Philosophie vielleicht noch mehr angewiesen als die Philosophie auf die Musik.

Wenn man ein Phänomen verstehen will, so hängt alles Weitere davon ab, daß man sich in den Dimensionen nicht verschätzt, in die das Phänomen ge-

---

1 Abgedruckt in MERKUR 20. Jahrgang/1966, S. 710-728

hört. Was ist der Bereich, in den wir vordringen müssen, wenn wir die Musik, wenn wir überhaupt die Kunst von ihren Elementen her verstehen wollen? Schelling beginnt den allgemeinen Teil seiner "Philosophie der Kunst" mit den Worten: "Die Kunst konstruieren heißt, ihre Stellung im Universum bestimmen. Die Bestimmung dieser Stelle ist die einzige Erklärung, die es von ihr gibt" (WW V, 373). Für eine Untersuchung des Wesens der Musik sind diese Sätze, so kühn sie heute klingen mögen, deshalb verbindlich, weil sie derselben großen Anschauung entspringen, von der auch die gemeinsame Grundlegung der abendländischen Musik und Philosophie bei den Griechen geleitet war. Wie Schelling, so ist auch Platon bei der Bestimmung des Wesens der Musik nicht von der durch Menschen gemachten Musik ausgegangen, sondern er hat die Musik aus ihrer "Stellung im Universum", nämlich aus der Harmonie der Sphären erklärt. Auch wenn wir Gründe haben, die uns verbieten, diese Erklärung heute nachzuvollziehen, so dürfen wir doch nicht aus den Dimensionen herausfallen, in die sie verweist. Deshalb sind die Worte von Schelling ein Ausgangspunkt, den wir nicht preisgeben sollten.

Will man es wagen, sich heute noch Schelling in der Unmittelbarkeit seiner Rede zum Vorbild zu nehmen, so ließe sich sagen: Die Stellung der Musik im Universum bestimmt sich dadurch, daß sie Darstellung der Zeit ist. Sie stellt die Zeit nicht nur durch das Element des Rhythmus dar, sondern auch ihr Tonmaterial repräsentiert die Zeit, denn die Töne sind Elemente von Tonfolgen, zwischen denen Spannungsverhältnisse bestehen, die Bewegungsabläufe bestimmen. Ja sogar der einzelne Ton ist durch die Frequenz seiner Schwingungen und durch seine Dauer bestimmt, er ist also ein rein zeitliches Phänomen. Wir verstehen die Musik, wenn wir wissen, was und wie die Zeit ist; wir lernen, was Zeit ist, wenn wir Musik verstehen. Damit ist schon gesagt, daß Zeit ein sehr viel komplexeres Phänomen sein muß als jenes ungegliedert gleichförmige Verstreichen aus einem Wesenlosen in ein Wesenloses, als das wir sie uns vorzustellen pflegen. Es erübrigt sich dann auch der sehr weitläufige Versuch, das Phänomen der Zeit in der vollen Vielfalt seiner Strukturen und Verhältnisse, seiner Erscheinungsweisen und Modifikationen zu entwickeln; denn wenn die These richtig ist, daß die Musik Darstellung der Zeit ist, dann leistet jedes geglückte musikalische Werk etwas Entsprechendes wie die geglückte begriffliche Explikation der Zeit. Deshalb genügt an dieser Stelle eine kurze Erinnerung an die letzte umfassende philosophische Lehre vom Wesen der Zeit, die wir besitzen, nämlich an Kants Theorie der Zeit aus der Kritik der reinen Vernunft. Diese Theorie wird uns rasch mitten in die zentralen Probleme der heutigen Musik hinüberführen[2].

---

2 Zur Vermeidung von Mißverständnissen sei ausdrücklich angemerkt, daß der
   erste Teil dieses Aufsatzes die These, Musik sei Darstellung der Zeit,
   durch eine Analyse des Zusammenhanges zwischen dem klassischen Zeitbegriff und den überlieferten musikalischen Formen zu erläutern versucht.
   Erst der zweite Teil wird den Zusammenhang zwischen den neuen Formen der
   Musik und einem sich abzeichnenden neuen Zeitbegriff explizieren. Die
   Intentionen des ersten Teiles der Arbeit sind also erst vom zweiten Teil
   aus voll zu verstehen.

I

Kant bestimmt in der Kritik der reinen Vernunft die Zeit als reine Form der
inneren Anschauung. Er lehrt, daß jegliches Phänomen überhaupt, das unserem
Bewußtsein gegeben werden kann, notwendig in der Zeit erscheinen muß -
gleichgültig, ob es sich um Phänomene der äußeren Anschauung im Raum, oder
um Phänomene des inneren Sinnes, also um Vorstellungen und Gedanken, um Re-
gungen der Gefühle oder um Träume handelt. Die Zeit ist "Anschauung", weil
uns die Phänomene in der Zeit unmittelbar gegeben sind; die Zeit ist "reine"
Anschauung, weil sie nicht durch die Sinne wahrgenommen wird, sondern umgekehrt einer jeden Wahrnehmung als die Bedingung ihrer Möglichkeit schon vorgegeben ist; sie ist reine "Form" der Anschauung, weil ihre eigene Form,
mit anderen Worten: die Struktur der Zeit als solche, jeder Erscheinung, die
in der Zeit gegeben wird, zu Grunde liegt, so daß die Zeit in jeder Erscheinung mit erscheint.

Wir unterbrechen hier die Erinnerung an Kant, um aus dem bisher Gesagten
schon jetzt einige erste Folgerungen für die Bestimmung der Musik zu ziehen.
Die Musik - das war unsere Voraussetzung - ist Darstellung der Zeit. Wenn
es nun wahr ist, daß sämtliche Phänomene überhaupt - die Phänomene der Natur
nicht anders als die Phänomene des Denkens und des Seelenbereiches - nur in
der Zeit erscheinen können und deshalb durch die Struktur der Zeit bestimmt,
also zeitlich sind: dann ist die Zeit selbst nicht ein Phänomen, das innerhalb des Universums neben anderen gleichberechtigten Phänomenen seine Stelle
hätte. Das Universum als Ganzes ist dann in der Zeit. Die Zeit bestimmt
dann die Struktur des Universums. Sie ist es, die es zum Universum macht;
die Zeit als solche ist also die *universalitas*; sie ist selbst die Universalität des Universums. Was das bedeutet, wird noch zu zeigen sein. Wenn
wir die Musik als Darstellung der Zeit bestimmen, so kann das demnach nur
heißen, daß die Musik eben diese Universalität, in der sich alles, was überhaupt sein kann, stets befindet, in ihrem klingenden Raume zur Erscheinung
bringt. Sie ist deshalb das Medium des Geistes überhaupt. Sie ist nicht,
wie man einseitig zu denken geneigt ist, der Ausdruck der Innerlichkeit des
Menschen in ihrem Konflikt mit einer entfremdeten Außenwelt; sie ist aber
auch nicht, wie die Gegenthese lautet, die Darstellung der reinen Objektivität von mathematisch zu bestimmenden formalen Relationen *in* der Zeit. Sie
bringt vielmehr die Zeit selbst als jenes universale Medium zur Erscheinung, in dem sich beide Sphären, die bewegte Innerlichkeit der Subjektivität
und die Objektivität der "Außenwelt", gemeinsam befinden. Sofern Musik die
Zeit erscheinen läßt, überbrückt sie die Kluft zwischen Subjektivität und
Objektivität; sie weist hinaus über die uralte Entfremdung. Das ist der
Grund, weshalb sich der Begriff der Erlösung immer wieder aufdrängt, wenn
man versucht, die Wirkung der Musik zu beschreiben.

Wir wenden uns nun wieder zu Kants Begriff der Zeit zurück, denn es läßt
sich daraus für die Musik noch mehr gewinnen. Die Zeit wird vorgestellt nach
Analogie einer ins Unendliche fortgehenden Linie, deren Punkte den kontinuierlich in die Vergangenheit entschwindenden Augenblicken entsprechen.

Sie erscheint als ein eindimensionales Kontinuum; in diesem Kontinuum
allein ist alle Wirklichkeit der Erscheinungen möglich. Während aber in der
Zeit alles verstreicht, bleibt die Zeit als solche sich selbst stets gleich.
Sie ist, wie Kant sagt, unwandelbar und bleibend, obwohl doch jede Erscheinung *in* der Zeit im Zug ihres steten Verstreichens sich verändert. Wie
kommt es zu diesem paradoxen, ja widersprüchlichen Begriff eines kontinuierlichen Verstreichens, das sich nicht wandelt und deshalb zugleich steht?
Es sei gestattet, auf diese Frage hier eine Antwort zu geben, die einen
reich gegliederten Gedanken auf unzulässige Weise vereinfacht. Kant will in
der Kritik der reinen Vernunft die Bedingungen der Möglichkeit der klassischen Physik aufzeigen. Von einer theoretischen Grundlegung der Physik muß
gefordert werden, daß sie erklärt, wie es möglich ist, die reine Mathematik
auf die Erscheinungen der Natur anzuwenden. Nun läßt sich auch die Reihe
der Zahlen, wie die unendliche Folge der Zeit, nach Analogie einer eindi-
mensionalen Geraden darstellen, auf der die Zahlen stetig einander folgen.
Zugleich bezeichnen wir aber jede einzelne Zahl, z.B. die Zahl 5, als die
zusammenfassende Einheit der ihr vorangegangenen Zahlen. Die Zahl ist also
Einheit in der Sukzession. Das setzt die Stetigkeit des Kontinuums, die
Einheit der Kontinuität voraus. Auf dieser nicht zu deduzierenden, sondern
stets schon vorausgesetzten Einheit beruht die Gültigkeit der Rechenregeln.
Im Begriff des Kontinuums als einem reinen Zeitbegriff ist also immer beides zugleich enthalten: die bleibende Einheit und die Sukzession. Entsprechend beruht die Gültigkeit der Naturgesetze nach der klassischen Physik
auf der durch nichts bewiesenen, sondern stets schon vorausgesetzten Einheit und Gleichartigkeit der Zeit in der Sukzession der zeitlichen Phänomene. Zwischen den Zahlen und den Naturerscheinungen besteht ein Struktur-
zusammenhang, weil beide die Zeit repräsentieren. Deshalb gehorcht die Natur
der Mathematik - wir könnten auch umgekehrt sagen: die Mathematik der Natur.

Wäre mit diesen Feststellungen das volle Wesen der Zeit schon expliziert,
so hätte die Musik mit der Zeit nichts zu tun, denn aus der so beschriebenen Zeit sind die Phänomene der Musik nicht abzuleiten. Wir müssen deshalb
noch einen Schritt weitergehen. Die paradoxe Verbindung von stehender Einheit und fließender Sukzession beruht auf einem tiefen Gedanken, der, wie
sich zeigen ließe, im Hintergrund die Architektonik der Kritik der reinen
Vernunft zusammenhält, aber von Kant selbst nicht entfaltet wurde, weil er
nach seiner Lehre die Grenzen der menschlichen Vernunft übersteigt. Wir
fassen diesen Gedanken, der Kant durch die philosophische Tradition vermittelt war, in seiner ursprünglichen Gestalt bei Platon. Platon bestimmt im
Timaios die Zeit als "ewigliches, nach Zahl fortschreitendes Abbild der im
Einen verharrenden Ewigkeit". In dieser Definition der Zeit finden wir alle
Bestimmungsstücke des kantischen Zeitbegriffes vereinigt: das fortschreitende Kontinuum der Zeit in seiner Entsprechung zum Fortschreiten der Zahl
und die Beziehung dieses Fortschreitens auf eine Einheit, die beharrt und
feststeht. Aber das bei Kant im Dunkel gelassene Verhältnis zwischen der
stehenden Einheit und dem Kontinuum des Verstreichens wird hier in seinem

Wesen bestimmt. Das Kontinuum verhält sich zur stehenden Einheit wie Abbild zu Urbild. Die Zeit ist deshalb homogen, weil in ihr stets *das Gleiche* erscheint. Sie ist ein Verstreichen, weil die Einheit in ihr nur *erscheint*, also nicht so präsent ist, wie sie an sich selbst ist, nämlich als stehende Gegenwart. Die Zeit ist nach Platon reine Erscheinung des reinen Seins. Wir verstehen nun, woher es kommt, daß Kant die Zeit zugleich als reine Form der Anschauung bestimmt; denn Anschauung ist die Bedingung der Möglichkeit von Erscheinung oder ihr Horizont überhaupt. Der Begriff der Zeit als einer reinen Form der Anschauung ist eine Explikation der platonischen Lehre. Aber während bei Kant der innere Bezug zwischen dem Begriff der Anschauung und den anderen Bestimmungsstücken seines Zeitbegriffes im Dunkeln bleibt, hängt bei Platon alles aus einem Guß zusammen.

Es gilt nunmehr zu zeigen, daß das Formgesetz der gesamten bisherigen europäischen Musik auf eben diesem Zeitbegriff beruht. Die Homogenität in der kontinuierlichen Folge aller Erscheinungen in der Zeit hat bei Platon ihren Grund darin, daß in der Zeit als solcher immer das Gleiche erscheint. Jede verstreichende Erscheinung innerhalb des Kontinuums der Zeit bleibt also durch die Struktur der Zeit als solche auf eine sich selbst gleiche Einheit bezogen. Entsprechend wird schon in den modalen Tonsystemen und mit noch strikterer, die Subjektivität als Wille vollziehender Konsequenz in dem System der tonalen Musik jeder Ton auf die im Grundton repräsentierte Einheit der Tonalität als solcher bezogen. Dieser, in der Folge der Tonverbindungen stets durchgehaltene Bezug auf die Einheit der Tonalität konstituiert die künstlerische Einheit jedes Werkes, das in einem tonalen System gestaltet wird. Sie konstituiert die Einheit aller in diesem Tonraum möglichen musikalischen Erscheinungen. Gewiß gibt es Werke, deren musikalische Substanz sich aus einer Spannung ihrer individuellen Gestalt zu dem Gefüge des tonalen Systems ergibt. Aber auch diese Werke sind in ihrer widersprüchlichen Konstitution durch ihren Bezug auf das tonale System bestimmt. Auch ihre musikalische Erscheinung ist nur in dem tonalen Tonraum möglich. Man könnte deshalb sagen, daß die Grundfigur jeder musikalischen Gestaltung in den tonalen Systemen die Darstellung der als Kosmos begriffenen Welt ist: eine unermeßliche Fülle möglicher Erscheinungen wird durchgängig auf eine letzte und zugleich erste Einheit bezogen. Platons Definition der Zeit läßt sich auf jedes Werk der europäischen Musiktradition bis zur Auflösung der Tonalität übertragen; jedes Werk dieser Epoche ist: "ein nach Zahlenverhältnissen fortschreitendes Abbild der in der Einheit verharrenden Ewigkeit". Damit wäre aber für die bisherige Geschichte der europäischen Musik die Grundthese bereits erwiesen, daß die Musik Darstellung der Zeit ist; denn nur, weil das Wesen der Zeit in ihr erscheint, läßt sich die Definition der Zeit zugleich als Definition des musikalischen Kunstwerkes gebrauchen.

Wenn wir verstehen wollen, was das heißt, müssen wir das Wesen der ewig bei sich selbst verharrenden Einheit des Seins mit ihrem überlieferten Namen benennen. Bei Platon trägt sie den Namen "Gott", und dieser Gottesbe-

griff der griechischen Philosophie hat auf die christliche Theologie so
tief gewirkt, daß auch noch Hegel seinen Begriff des absoluten Geistes
durch die selben ontologischen Prädikate bestimmt, die Platon in seiner hintergründigen Untersuchung über die Einheit des Seins im Dialog Parmenides
entwickelt hat. Wenn es wahr ist, daß Platons Definition der Zeit als Definition der Grundgestalt des musikalischen Gebildes in den Tonsystemen der
bisherigen europäischen Tradition aufgefaßt werden kann, so bedeutet dies
nichts anderes, als daß noch das System der Tonalität, analog zu dem System von Hegels Philosophie, als Abbild der Idee des platonischen Gottes,
moderner gesprochen: als Abbild des Absoluten, zu deuten ist. Alle tonale
Musik ist dann in einem nur selten verstandenen Sinn absolute Musik, denn
sie bewegt sich im Horizont jenes Grundverständnisses der Zeitlichkeit der
Zeit, das die Zeit als Abbild der sich selbst gleichen Einheit begreift.
Dann wird aber auch die in den letzten Jahrzehnten vollzogene Abkehr vom
System der Tonalität erst recht verständlich; denn es ist der als absoluter
Geist verstandene Gott, also der Gott der griechischen Philosophen, von
dem Nietzsche in einem berühmten Wort gesagt hat "Gott ist tot". Das Absolute im Sinne der unbewegten Einheit des Seins hat Glanz und Glaubwürdig-
keit verloren. Wir erfahren uns nicht mehr als Glieder einer Welt, die auf
eine unwandelbare Einheit zugewendet, also ein uni-versum ist.

Für das Verständnis der heutigen Lage der Musik sind diese Feststellungen so wichtig, daß wir an dieser Stelle noch verweilen müssen. Die Gegner
der atonalen Musik pflegen zu sagen, die Tonalität allein entspreche der
Natur. Versteht man die Natur als Kosmos, so haben sie recht, denn auch die
griechische Naturidee des Kosmos ist, wie sich zeigen ließe, als Inbegriff
der Erscheinung in der Zeit ein Abbild der Einheit des Absoluten. Der Kosmos ist im strengsten Sinne des Wortes ein Götterbild, nämlich das Bild des
Gottes der griechischen Philosophen. Aber die neue Physik hat uns gelehrt,
daß dieses Bild einer in sich geschlossenen Welt, in der die unwandelbare
Einheit sich darstellt, der Wirklichkeit der Natur nicht entspricht. Das
Götterbild ist unwiderruflich zerbrochen. Wir wissen, daß die Keplersche
Harmonie der Welt nicht stimmt. Wer trotzdem an ihr festhalten will, der
lügt, mag er auch subjektiv guten Glaubens sein. Wer die Musik auf die Natur gründen will, der muß auch bereit sein, sich von der Naturwissenschaft
über die Wahrheit der Natur belehren zu lassen, und darf sich nicht sträu-
ben, wenn er von ihr dementiert wird. Es steht nicht in der Macht des Menschen zu verfügen, was als natürlich gelten soll. Wir müssen die Wahrheit
anerkennen, wie sie sich zeigt und sich, ob wir es wissen und wahrhaben
wollen oder nicht, durch alle menschlichen Gebilde hindurch ihre Bahn
bricht.

Das Verlöschen des Absoluten zerstört aber auch die Sphäre seiner Erscheinung. In einer geschichtlichen Lage, in der die Musik aus der Tonalität heraustritt, wird erst sichtbar, welche unermeßlichen Gehalte der europäischen Musik durch ihre pythagoreische Grundlegung mitgegeben worden sind,
und welcher Zusammenhang sich deshalb, meist unbewußt aber darum nicht weni-

ger wirksam, in der tonalen Musik stets mit ausspricht. Wir sind gewohnt, nur auf den individuellen Gehalt des einzelnen Kunstwerkes zu reflektieren, und machen uns nicht klar, daß auch die Formengesetze, die ganze Epochen der Kunstgeschichte beherrschen, schwerwiegende inhaltliche Aussagen enthalten, die dann in jedem einzelnen Werk, unbeschadet seines individuellen Gehaltes, impliziert sind. Wer die Tonalität verlassen hat, sollte sich zum Bewußtsein bringen, was damit geschehen ist. Die Tonalität impliziert, wenn das bisher Gesagte richtig ist, als den Gehalt, der in jeder nach tonalen Beziehungen geordneten Tonfolge unausdrücklich mitausgesagt ist, das gesamte System der klassischen Metaphysik. Ihre Gestalt beruht auf dem Gedanken, die Natur sei Kosmos, und alles Zeitliche sei die abbildliche Erscheinung des Absoluten. Nachdem der Kosmos unwiderruflich zerbrochen ist, befindet sich die Musik - und nicht nur die Musik - in einem ungeheuren Vakuum, und es stellt sich die Frage, wie sie in jenem Überall und Nirgendwo bestehen soll, in dem sich alle Musik faktisch befindet, nachdem sie die Weltbezüge verlassen hat, die sich in der Tonalität repräsentieren. Die moderne Musik versucht, dem einzelnen Kunstwerk durch seine totale Organisation aus sich selbst heraus jene Einheit zu geben, die der bisherigen Kunst dadurch gespendet war, daß ihre Formgesetze die Einheit des gesamten Kosmos, die unwandelbare Einheit der Zeit, zur Darstellung brachten. Aber die Einheit der totalen Organisation beraubt das Kunstwerk seiner Offenheit zur Welt. Sie beraubt es damit seines symbolischen Charakters; sie macht es zu einem verlorenen Ding neben anderen Dingen.

Es ist manifest, daß ein solcher Prozeß die innere Möglichkeit der Kunst in allem, was sie zur Kunst macht, tief bedroht. Man darf sich nicht wundern, daß die Verzweiflung über ein solches Geschehen weite Kreise zur Auflehnung gegen jene Wahrheit verführt, deren Geschichte sich in der Entwicklung der modernen Musik auf eine so großartige, ja heroische Weise Bahn bricht. Es sind gerade die geglücktesten Werke der neuen Musik, in denen die Not am offenkundigsten ist - so offenkundig, wie die Verlogenheit aller Versuche, sich so zu stellen, als wäre der Kosmos nicht zerbrochen. Die wahrhaftigen Werke verweisen uns auf die Zukunft, auf eine neue Erscheinung des Wesens der Zeit, die wiederum alles, was ist, in sich begreift.

Wir haben bei der bisherigen Erörterung unserer Grundthese, die Musik sei Darstellung der Zeit, ein wesentliches Element dieser These noch nicht beachtet. Wir haben bisher nur von der Zeit gesprochen, aber wir haben nicht bedacht, was es bedeutet, daß die Musik die Zeit *darstellen* soll. Es gilt jetzt, die Darstellungsfunktion der Musik genauer zu untersuchen. Die reine Form der künstlerischen Darstellung, ohne Betracht des dargestellten Inhaltes, bezeichnet man im allgemeinen als Stil. Ist die Musik Darstellung der Zeit und soll der Stil sich dem, was er erscheinen läßt, nicht äußerlich wie eine fremde Hülse überstülpen, so müssen sich die Formgesetze musikalischen Stiles selbst aus dem Wesen der Zeit herleiten lassen.

Die ausgeführte Probe auf die Richtigkeit einer so weitgreifenden Forderung wäre ein unermeßliches Unternehmen. Es möge genügen, den Gedanken an

einem einzigen Beispiel zu demonstrieren. In dem erbitterten Zwist zwischen
der Wiener Schule und den von Strawinsky und Hindemith vertretenen Richtungen spielte die Antithese zweier Stilbegriffe eine zentrale Rolle, die man
mit den Schlagworten "Expressionismus" und "Objektivismus" recht mißverständlich zu bezeichnen pflegt. Wir ersparen uns eine differenzierte Entwicklung der höchst komplizierten und in sich selbst oft widersprüchlichen
Intentionen, die sich mit diesen beiden Begriffen verbunden haben. Wichtig
ist aber die Deszendenz dieser Antithese. Sie hat ihren nur selten bedach-
ten Ursprung in der berühmten Antithese von dionysischer und apollinischer
Kunst - also in jener Antithese, aus der der junge Nietzsche seine metaphysische Deutung des Gesamtkunstwerkes von Wagner entwickelt hat. Aber der
Rückgang auf Nietzsche reicht noch nicht aus, um die tief verborgenen Implikationen des Gegensatzes von Expressionismus und Objektivismus, von dionysischer und apollinischer Kunst, aufzudecken. Wir müssen uns schon auf
die Quelle besinnen, aus der Nietzsche diese Entgegensetzung übernommen und
entwickelt hat. Nietzsche war nicht umsonst klassischer Philologe. Wenn er
eine Philosophie der Musik machen wollte, so las er die große Abhandlung
über die Musik im zweiten Buch von Platons "Gesetzen". Dort fand er gleich
zu Beginn (653 D) die Zurückführung der gesamten Musik auf die Vereinigung
von Apollon und Dionysos und fand eine Philosophie, die den gesamten Bereich der Möglichkeiten der Musik aus der durch diese Namen bezeichneten Polarität entfaltet. Sieht man bei Platon nun genauer zu, so zeigt sich, daß
die Zurückführung der Musik auf Apollon und Dionysos etwas anderes ist als
eine mythische Ursprungslegende. Die Götternamen dienen vielmehr zur Bezeichnung der beiden ersten Prinzipien des Seins, die Platon aus pythago-
reischer Lehre übernommen hat; Apollon steht für das peras - die Begrenzung, Dionysos für das apeiron - das Unbegrenzte. Die Zweiheit dieser beiden Prinzipien gründet aber in der von uns schon betrachteten Polarität in
der Bestimmung der Zeit, der Polarität zwischen dem unbewegten Einen und
dem fließenden Kontinuum. Im Bereich des Apollinischen herrscht das unwandelbare peras, die Struktur, im Bereich des Dionysischen herrscht das Prinzip des Kontinuum, die grenzenlose Wandelbarkeit, das apeiron. Die Verbindung dieser beiden polaren Bestimmungen tritt in jeder Bewegung deutlich
ans Licht, denn jede Bewegung verläuft im Kontinuum und ist doch diese bestimmte Bewegung nur, weil sie zugleich eine bestimmte Ordnung und ein Maß,
oder, griechisch gesprochen, einen Rhythmus hat. Nun macht nach Platon das
Bewegtsein das ursprüngliche Wesen der Seele aus. Die Seele wird definiert
als das, was sich selbst bewegt, und diese Selbstbewegung der Seele entsteht durch die Verbindung zweier Prinzipien, die man als Spontaneität und
Rezeptivität bezeichnen könnte - nur daß bei Platon gerade auch das zweite
Prinzip, die Dynamik der Seele, als aktiv wirkende Macht verstanden wird.
Das erste Prinzip führt zur Gestalt, Begrenzung und zur Einheit; das zweite
führt zur Auflösung der Ordnung, zur Grenzenlosigkeit und zur Vielheit. Die
freie Selbstbewegung der Seele geschieht nur dann, wenn beide Kräfte im
Ausgleich sind. Treten sie auseinander, so wird die Seele nicht mehr durch

sich selbst, sondern durch Anderes bewegt; sie ist nicht frei. Diese vereinfachende und deshalb freilich auch verkürzende Erinnerung an die platonische Lehre von der Seele zeigt, daß sich unter den Namen dionysischer und apollinischer Musik die beiden Grundkräfte der Seelenbewegung verbergen, und daß diese beiden Formen der Bewegung die zwiespältige Weise sind, wie in der Seele des Menschen die ursprüngliche Polarität der Zeit erscheint. Deshalb ist auch bei Platon die Musik Darstellung der Zeit. Aber die Darstellung der Zeit ereignet sich im Bereich der Seele; die Seele und der von der Seele im Tanz bewegte Leib ist deshalb der Erscheinungsbereich und der Darstellungshorizont der Musik. Seele bedeutet bei Platon aber nicht die private Innerlichkeit des isolierten Subjektes, sie bedeutet auch nicht das Irrationale. Was bei Platon "Seele" heißt, das heißt bei Hegel "Geist": die sich selbst bewegende allgemeine Vernunft, die das Irrationale und Individuelle in sich aufhebt.

Hat man sich diese Zusammenhänge einmal klar gemacht, so wird deutlich, daß es sinnwidrig ist, das Streben nach Expressivität und das Streben nach Ordnung gegeneinander auszuspielen. Der Antagonismus zwischen diesen beiden Momenten jeder Bewegung ist ein Antagonismus, der dem Wesen der Zeit entspringt. Man kann ihn nicht kurzschlüssig auf Antagonismen in der Struktur der gegenwärtigen Gesellschaft reduzieren, weil der zu Grunde liegende Weltentwurf sich in den letzten zweieinhalb Jahrtausenden durch alle Umstürze und Revolutionen der politischen und der sozialen Strukturen nahezu unverändert durchgehalten hat, unberührt davon, ob Römer oder Germanen, kirchliche Hierarchie, deutsche Kaiser, Feudalherren, Bürger oder Revolutionäre ihn sich zu eigen machten. Er ist im Wesen der Zeit so tief begründet, daß er sich auch in der modernen Physik kaum modifiziert hat. Noch immer ist die ontologische Basis der Physik die Polarität von Struktur und Kontinuum, und diese selbe Polarität erzeugt noch immer jene elementare Spannung, aus der sich jede Musik, gleichgültig welcher Schule, entwickelt. Die Differenz zwischen der Erscheinung dieser Polarität in der tonalen und in der atonalen Musik liegt nicht etwa darin, daß die Polarität in der neuen Musik verschwunden wäre, sondern darin, daß sie nicht mehr so wie bisher zum Ausgleich gebracht werden darf. Im klassischen Kosmos werden die Beweglichkeit des Kontinuums und die Statik der Struktur im Gleichgewicht gehalten - in einem Gleichgewicht, das man nicht vorschnell als "natürlich" bezeichnen sollte, denn nach dem griechischen Mythos wurde es durch einen Akt der Gewalt, durch den Sieg des Zeus über die Titanen, begründet. Das durch die unwandelbare Einheit des Seins stabilisierte Gleichgewicht der beiden polaren Prinzipien ist mit dem Versinken des Absoluten auseinandergebrochen, ohne daß sich bisher schon eine neue Zuordnung der antagonistischen Momente aller Musik, ja alles Zeitlichen überhaupt, hätte finden lassen. Damit ist aber das elementare Gefüge jeder Musik bis in das sogenannte "Tonmaterial" und in die Elemente der Rhythmik hinein zutiefst gestört. Es kommt zu der paradoxen Erscheinung, daß sich die totale Ordnung gerade des expressiven Stiles bemächtigt hat, und daß umgekehrt die Musik von Strawinsky aus den Bewegungsimpulsen lebt, die sie für ein äußerliches Verständnis zu negieren scheint. Man sieht, wie tief die platonische Lehre begründet ist, daß nur der Ausgleich der beiden Gegenkräfte die Freiheit seelischer Bewegung möglich macht. Die künstlerische Substanz der Musik wurde durch den Zerfall des Absoluten bis in den innersten Kern versehrt. Darin bezeugt sich die Unausweichlichkeit ihres Bezuges auf die Wahrheit. Aber dieser Prozeß darf nicht nur als ein Negativum betrachtet werden. Die große Musik des 20. Jahrhunderts hat eben diesen Prozeß zu ihrem Inhalt: sie demonstriert die Folgen der Zertrümmerung der klassischen Erscheinung des Wesens der Zeit; sie demaskiert unerbittlich die Illusionen, in denen sich restituieren will, was nicht mehr wahr ist; sie vollbringt in der Negation den Durchbruch zu neuen Möglichkeiten der Erscheinung der Zeit.

Im Horizont des klassischen Zeitbegriffes bedeutet Erscheinung der Zeit, wie wir gesehen haben, Erscheinung der Einheit der Zeit. Die Einheit der Zeit ist aber die Einheit des Universums in seiner Universalität, und die Einheit des Universums ist das Sein. Erscheinung der Einheit der Zeit ist Erscheinung des Seins, und die Erscheinung des Seins nennen wir Wahrheit. Deshalb können wir nunmehr sagen: die Wahrheit ist die Erscheinung der Einheit der Zeit. Wenn die Musik, wie wir behauptet haben, Darstellung der Zeit ist, so muß sie die Einheit der Zeit zur Erscheinung bringen; sie ist dann unmittelbar Darstellung der Wahrheit. Diese Wahrheit erscheint, wie wir inzwischen gelernt haben, in der Seele, genauer: in den von polaren Kräften bestimmten Bewegungsabläufen der Seele. Die verschiedenen Typen der Bewegungsabläufe der Seele entsprechen nach Platon den verschiedenen Typen des menschlichen Ethos; das Ethos ist der Darstellungshorizont der Musik. Wir haben erst im 20. Jahrhundert eine Methode der exakten Analyse gelernt, welche die Wahrheit dieser platonischen Lehre bestätigt, nämlich die Methode der Schriftdeutung in der Graphologie. Jede Gebärde des Menschen ist Bewegungsablauf; die Schrift ist dadurch ausgezeichnet, daß sie die Form des Bewegungsablaufes graphisch festhält. Deshalb können wir, was für jede Gebärde gilt, im fixierten Schriftbild genau erfassen und deuten. Was aber ist das Prinzip dieser Deutung? Robert Heiß sagt: "Wie der Charakter des Menschen natürlicher Ablauf und geprägte Form ist, so ist seine Schrift flutender Bewegungsablauf und gestalteter Formvorgang. Die graphologische Methode aber entziffert, wenn sie deutet, nichts anderes als den Wesensniederschlag dieser Vorgänge." (Die Deutung der Handschrift, Claassen, Hamburg 1966, S. 11) In der Polarität der beiden Momente der Zeit, wie sie sich in der bestimmten Bewegung darstellt, in der konkreten Wechselbeziehung der beiden platonischen Grundprinzipien der Seelenbewegung, tritt der gesamte Charakter, griechisch: das Ethos des Menschen, zu Tage. Das auf den ersten Blick rein formale Verhältnis von Bewegungsablauf und Strukturgesetz enthüllt im Wechsel seiner Interferenzen eine unendliche Fülle von konkretem Gehalt. Die gesamte Lebenshaltung eines Menschen in der vollen Breite seiner Weltbezüge läßt sich mit einem hohen Grad von Eindeutigkeit aus dem Spannungsgefüge jener Grundkräfte ableiten, in denen, wie wir sahen, die

Zeit erscheint. Menschliches Leben ist also, wenn der Ausdruck gestattet ist, reine Zeitigung. Charakter ist die Weise, wie der Mensch sich in dem reinen Horizont der Zeit verhält. Er kann die Zeit zulassen oder sie negieren, er kann sich ihr öffnen oder ihr versperren - es gibt unendliche Modifikationen, wie er sich im Horizont der Zeit zur Phänomenalität der Zeit verhalten kann. Ist aber Wahrheit die Erscheinung der Einheit der Zeit, so erweisen sich alle möglichen Formen des menschlichen Ethos als Weisen des In-der-Wahrheit-Seins oder des Truges. Auch die Musik ist, wie das graphische Bild der Schrift, klingende Darstellung der Vielfalt möglicher Spannung zwischen flutenden Bewegungsabläufen und gestalteter Form; im Austrag dieser Spannung bildet sich ihr Stil. Ihr Aussagegehalt ist deshalb gerade dann, wenn sie die reinen Formen der möglichen Bewegungen in der Zeit zur Darstellung bringt, so reich wie die Formen menschlichen Daseins überhaupt. Wie diese, so bewegt sich auch die Musik im steten Wechselspiele von Wahrheit und Trug. Aber sie vollzieht die Darstellung der Zeit in der Bewegung nicht unbewußt, sondern in der Freiheit des Geistes. Ihr Thema ist nicht die bewußtlose Mimesis, ihr Thema sind vielmehr die Grundgestalten jeder möglichen Mimesis. Deshalb entdeckt alle große Musik den wahren Raum, in dem sich menschliches Dasein sonst bewußtlos bewegt. Dies ist der geistige Auftrag der Musik.

II

Der wahre Raum, in dem sich menschliches Dasein sonst bewußtlos bewegt, und den die große Musik entdeckt: das ist, wie wir jetzt deutlicher sehen, die Zeit. Jenes Vakuum, das mit dem Verlöschen der Einheit des Absoluten entstanden ist, wartet auf eine neue Erscheinung des Wesens der Zeit, die wiederum alles, was ist, in sich begreift. Nur so kann jener Horizont sich wieder öffnen, den die Verfinsterung des Absoluten, wie Nietzsche sagt, gleichsam wie mit einem Schwamm hinweggewischt hat. Wie orientieren wir uns über das Wesen der Zeit?

Diese Frage greift weit über den hier gezogenen Rahmen hinaus. Wir beschränken uns auf einige einfache Feststellungen, die nicht mehr als einen ersten Hinweis geben sollen. Für unser unmittelbares Zeitverständnis ist die Zeit zwar ein Kontinuum, aber sie ist nicht, wie im klassischen Weltentwurf, homogen. Wir unterscheiden vielmehr drei Modi der Zeit: die Vergangenheit, die Gegenwart und die Zukunft. Nach dem klassischen Zeitbegriff ist die Verschiedenheit dieser drei Modi der Zeit nur subjektiver Schein, der sich aus dem zufälligen Standort des Beobachters irgendwo in der Flucht der Zeit ergibt. Je nachdem, wann man gerade lebt, gelebt hat oder leben wird, ist für den Einen Zukunft, was für den Anderen Vergangenheit und für den Dritten Gegenwart ist. Am Zug der Zeit als solchem ändert sich, so hat man bisher gemeint, dadurch nichts, daß relativ auf den jeweiligen Standort der eine Zeitraum als die Zukunft, der andere als die Vergangenheit erscheint. Bei dieser Betrachtungsweise wird jedoch unterschlagen, daß die Modi der Zeit nicht strukturgleich sind. Für die Vergangenheit gilt ein

Gesetz, das als das Fundament aller Naturgesetze betrachtet werden muß, das Gesetz nämlich, daß nichts, was einmal geschehen ist, wieder ungeschehen gemacht werden kann. Nichts, was einmal in Erscheinung getreten ist, kann wieder aufgehoben werden. Auf diesem Gesetz gründet ein zweites Phänomen, das für die Konstitution der Zeit wesentlich ist, nämlich die Unumkehrbarkeit, die Irreversibilität der Zeit. Im klassischen Zeitmodell läßt sich nicht einsehen, warum man in der Zeit nicht - nach dem Muster der Zeitmaschine von Wells - auch rückwärts fahren kann; die Richtung der Zeit ist aus dem Wesen der Zeit nicht abzulesen. Wenn aber nichts, was einmal geschehen ist, sich wieder aufheben, also bewegen läßt, so kann die Zeit sich nur nach vorne bewegen. Das erste Grundaxiom der Zeit legt zugleich ihre Richtung fest. Im Gegensatz zur Vergangenheit nennen wir Zukunft den Spielraum dessen, was noch offen, oder wie wir auch sagen, was möglich ist. Zwischen den Grenzen des Notwendigen (Unaufhebbarkeit) und des Unmöglichen (Irreversibilität) liegt ein Bereich, in dem nicht feststeht, was geschehen wird; hier können wir nur verschiedene Grade von Wahrscheinlichkeit unterscheiden. Die Zukunft ist deshalb der Vergangenheit nicht strukturgleich. Sie ist kein geschlossenes, sondern ein offenes Gefüge. Erst dadurch kommt die Richtung der Zeit wirklich zustande; sie bewegt sich immer in das Offene fort. Die strukturelle Verschiedenheit der Modi der Zeit ermöglicht erst die Bewegung der Zeit. Sie ist also kein subjektiver Schein, sondern ist für das Wesen der Zeit konstitutiv.

Was in diesen Bestimmungen entwickelt wurde, ist nichts anderes als unsere unmittelbare oder, wie man auch sagen könnte: unsere natürliche Zeiterfahrung. Es gibt keine Erfahrung der Zeit, in der nicht unmittelbar der Unterschied von Vergangenheit, Gegenwart und Zukunft erfahren würde. Hat man sich dies einmal klar gemacht, so sieht man, wie paradox es ist, daß die im klassischen Zeitbegriff begründete Idee des Kosmos bis heute als das "natürliche" Weltbild gilt. Denn mit der Unterscheidung der drei Modi der Zeit wird die unmittelbarste Weise, wie wir im Gang unseres Lebens und in der Reihe der Generationen Natur erfahren, gewaltsam außer Kraft gesetzt, oder genauer gesagt: zum Schein erklärt. Dies kann hier nicht weiter ausgeführt werden, es war aber nötig, darauf hinzuweisen, weil der Begriff des "Natürlichen" in den Diskussionen über moderne Musik eine so große Rolle spielt, und es nicht unnötig ist, sich klarzumachen, daß die bisherige Musik gerade nicht auf der natürlichen Erfahrung der Zeit beruht.

Wir haben noch nicht von der Gegenwart gesprochen, weil sie am schwersten zu verstehen ist. Bevor wir aber einsehen können, was Gegenwart ist, müssen wir uns noch einmal der Vergangenheit und der Zukunft zuwenden. Die überlieferte Lehre vom ständigen Fluß der Zeit in seinem Gegensatz zum unwandelbar Einen übersieht einen sehr einfachen Tatbestand, daß nämlich das Vergangene nicht vergeht. An dem Stein, den wir vom Boden auflesen, können wir die geologische Epoche bestimmen, der er angehört; noch heute ist in ihm gegenwärtig, auf welche Weise er in Erscheinung trat. Jeder Mensch trägt die Geschichte seines Lebens, er trägt die Geschichte seiner Ahnen im

Gesicht, sein vergangenes Schicksal ist seine Gegenwart. Nichts, was jemals geschehen ist, bleibt ohne Wirkung, und in seiner Wirkung ist es aufbewahrt. Die Lehre von dem Fluß der Zeit vergißt, daß auch das Beharren ein reiner Modus der Zeit ist, und daß in der einen oder anderen Weise alles beharrt, was je in Erscheinung getreten ist. Wenn wir bestimmen wollen, was Beharren heißt, so können wir nur sagen: Das Beharren ist die Gegenwart der Vergangenheit. Wir wissen aber, daß dieses Beharren auch in der Zukunft fortdauern wird, und zwar als jene Notwendigkeit, die den offenen Spielraum des Möglichen begrenzt. Wir sind deshalb genötigt, nicht nur von einer Gegenwart, sondern sogar von einer Zukunft der Vergangenheit zu sprechen. Diese Feststellung ist für die Zeit konstitutiv, denn auf ihr beruht die Kontinuität der Zeit.

Die Zukunft haben wir vorläufig durch den Begriff der Möglichkeit bestimmt. Was morgen wirklich sein kann, ist heute möglich. Aber wenn wir schon heute sagen können, daß es möglich ist, so ist in der Gestalt der Möglichkeit das Zukünftige heute schon gegenwärtig. Wir müssen also wagen, von einer Gegenwart der Zukunft zu sprechen. Im Keime ist bereits der Baum enthalten, und jedes Hoffen, jedes Planen, jede Angst, ja jede Lebensregung überhaupt läßt uns die Gegenwart der Zukunft erfahren. Das gilt sogar von der Erinnerung, denn die Erinnerung bewahrt das Vergangene nicht als etwas, das vorbeigegangen und versunken ist, sondern entdeckt es als umrissenen Spielraum zukünftiger Möglichkeiten ständig neu. Jetzt läßt sich die Struktur der Gegenwart bestimmen: die Gegenwart ist nicht ein beliebiger Punkt auf der unendlichen Zeitgeraden, der, während wir von ihm sprechen, schon vergangen ist. Die Gegenwart ist vielmehr in der Verschränkung von Vergangenheit und Zukunft die stets neue Einheit der Zeit, in der der ganze Raum des Vergangenen aufbewahrt, die ganze Weite der Zukunft als ein Spielraum der Möglichkeit schon erschlossen ist. Ist aber die Gegenwart Einheit der Zeit, so ist das Wesen der Zeit Vergegenwärtigung. Freilich darf nun die Gegenwart nicht mehr als die unwandelbare Gegenwart des unbewegten Einen verstanden werden - jenes Einen, das selbst vom Gang der Zeit nicht berührt wird und deshalb außerhalb der Zeit steht. Die Zeit produziert ihre Einheit ständig neu, aber nicht willkürlich, sondern an das Gesetz gebunden, daß alles Vergangene sich so bewahrt, wie es einmal gewesen ist und deshalb bleibt. Wir brauchen also die Idee, daß die Einheit der Zeit die Welt zusammenhält, nicht preiszugeben, aber diese Einheit stellt sich uns anders dar. Sie ist nicht unbewegte Identität, sondern sie hat selbst eine Geschichte. Das Absolute ist nicht ausgelöscht, aber wir haben entdeckt, daß es sich bewegt. Deshalb ist es am alten Ort nicht mehr zu finden. Es ist auch nicht mehr "absolut" im Sinne einer aus aller Zeitlichkeit herausgelösten Transzendenz. Die Einheit der Zeit ist weder Substanz noch Subjekt.

Im klassischen Entwurf des Wesens der Zeit, der sich von Platon bis zu Hegel und darüber hinaus bis heute durchhält, ist die Wahrheit die Erscheinung der Einheit der Zeit, die Vergegenwärtigung der ewigen Gegenwart. Durch die Entdeckung, daß das Absolute sich bewegt, wird diese Bestimmung der

Wahrheit nicht aufgehoben. Was einmal wahr gewesen ist, bleibt wahr. Aber sie wird in ihrem Sinn verändert. Die Wahrheit ist nicht mehr eine geschlossene Kugel. Die Idee des geschlossenen Systems ist in der Philosophie ebenso unwahr geworden, wie die Rückkehr zum Grundton in der tonalen Musik. Die Einheit der Zeit und damit die Wahrheit ist nach der Zukunft hin geöffnet. Sie verweist uns in unsere offenen Möglichkeiten, sie bindet uns in unsere Verantwortung. Die Rede vom "Wesen" der Musik ist deshalb mißverständlich, weil sie noch so gedeutet werden könnte, als ob die Musik ein ewig sich gleichbleibendes Wesen hätte. Deshalb haben wir eben nicht vom Wesen, sondern vom geistigen Auftrag der Musik gesprochen, denn der Begriff des Auftrages verweist in eine offene Zukunft. Wir wollen nun sehen, was sich für das Verständnis der Musik aus der Bestimmung der Struktur der Zeit gewinnen läßt.

Musik, so lautete die Grundthese, ist Darstellung der Zeit. Wir haben dies im Fortgang genauer bestimmt. Musik bringt die Einheit der Zeit zur Erscheinung, und die Erscheinung der Einheit der Zeit ist die Wahrheit. Der Erscheinungsbereich der Musik ist die menschliche Seele als die sich selbst bewegende Vernunft und der von der Seele im Tanz bewegte Leib, also jene Form in der Zeit zu sein, welche die Darstellung des in der Zeit-Seins zum Thema hat. Die Weise, wie der Mensch sich in dem reinen Horizont der Zeit und damit in der Wahrheit verhält, ist sein Ethos, das sich danach modifiziert, ob er die Zeit zuläßt oder sie negiert, ob er der Zeit sich öffnet oder sich ihr versperrt. Diese verschiedenen Möglichkeiten, in der Zeit zu sein, bilden den Darstellungsraum aller Musik. Musik, die ihren geistigen Auftrag erfüllt, erschließt den wahren Raum, in dem sich menschliches Dasein sonst bewußtlos bewegt. Wir nennen den zeitlichen Horizont des menschlichen Daseins die Geschichte. In der Kontinuität der Geschichte erscheint immer neu die Einheit der Zeit. Aber diese Einheit bewegt sich im Fortgang der Zeit. Deshalb ereignet sich die Erscheinung der Einheit der Zeit in der jeweiligen Gegenwart stets als einmalige Epiphanie, die sich in den möglichen Grundgestalten des menschlichen Ethos bricht. Es ist also die stets neue Gegenwart, in der die Erscheinung der Einheit der Zeit sich, durch das Ethos prismatisch gebrochen, ereignen kann. Wenn die Musik die Einheit der Zeit zur Darstellung bringt, so muß das klingende Kunstwerk durch und durch den Charakter des Sich-Ereignens haben. Musik ist Ereignis, oder sie ist nicht Musik. Es gilt jetzt zu fragen, was das heißt.

Der Ereignischarakter der Musik läßt sich an dem eigentümlichen Wesen des musikalischen Werkes ablesen. Die Partitur, die der Komponist aufschreibt, ist nicht das fertige Werk, denn sie klingt noch nicht. Sie entwirft nichts als die umrissenen Möglichkeiten künftigen Erklingens. Andererseits ist auch die wirklich erklingende Tongestalt nicht das fertige Werk, denn sie ist nur eine neben unendlich vielen anderen Möglichkeiten wirklichen Klingens, die in der Partitur schon vorgezeichnet sind. Es kommt also im Bereich der Musik überhaupt nie zur Fertigstellung eines Werkes. Das musikalische Werk ist niemals fertig; es ist nur eine Konfiguration von Möglichkeiten, die in der Zukunft liegen und auf ihre Erfüllung warten.

Aber diese Möglichkeiten sollen in die Wirklichkeit treten. Was in der Partitur schon angelegt ist, soll erklingen - das Stück soll, wie wir sagen, aufgeführt werden. Die Aufführung ist stets an eine bestimmte Gelegenheit gebunden. Sie geschieht zu einer bestimmten Zeit, in einem bestimmten Raum, für bestimmte Hörer, durch diese und keine anderen Musiker. Wenn diese Musiker wirklich Künstler sind, so werden sie eine jener Möglichkeiten, die in der Partitur entworfen sind, derart in dieser Gegenwart sich ereignen lassen, als ob das Kunstwerk jetzt zum ersten Male geboren würde. Und in der Tat: so wie es jetzt, in dieser Stunde im Klang zur Darstellung kommt, kann es nur dieses eine Mal und niemals wieder sonst in seinem Glanz erscheinen. Das Ereignis, auf das die Musik ihrer Struktur nach angelegt ist, geschieht nur dann, wenn sich die Einmaligkeit der Stunde erfüllt, in der sie erklingt. Pierre Boulez hat in seiner dritten Klaviersonate aus dieser Erkenntnis die Konsequenz gezogen, die Grundform der Partitur neu zu entwerfen. Die Partitur zeichnet hier nicht mehr nur eine einzige mögliche Folge von Tönen vor, sondern sie entwirft verschiedene Möglichkeiten der Konfiguration von Strukturelementen, zwischen denen der Spieler frei zu wählen hat. Damit entsteht eine Musik, die keine Schallplatte wiedergeben kann.

Die Partitur enthält die festgelegte Struktur für eine Unendlichkeit zukünftiger Möglichkeiten, die nur in der Gegenwart des Sich-Ereignens ihre stets einmalige Wirklichkeit erlangen. Dies ist die Grundform des musikalischen Werkes. Aber diese Grundform repräsentiert, wie wir jetzt sehen, die Struktur der Zeit in ihrer Verschränkung von Vergangenheit, Zukunft und Gegenwart. Musik ist Darstellung der Zeit, weil ihre eigene Struktur rein zeitlich ist. Die in der Doppelheit von Partitur und klingendem Ereignis zutage tretende Polarität von fester Form und offener Möglichkeit kehrt wieder in der Polarität von gestalteter Form und flutendem Bewegungsablauf, von apollinischer Gestalt und dionysischem Drang, aus deren Spannung, wie wir schon gesehen haben, der musikalische Stil in seiner Eigenart entspringt. Auch die Polarität des Stiles repräsentiert, wie wir schon wissen, die Struktur der Zeit. Was sich schließlich im Klingen der Musik ereignet, ist das Zusammenschießen von aus der Vergangenheit schon vorgegebener Struktur und in der Zukunft liegender Möglichkeit klingender Bewegung in dieser einen und erfüllten Gegenwart. Damit erscheint plötzlich die Einheit der Zeit. Die Zeitvergessenheit, die uns umfangen hält, wird aufgesprengt. Wir werden in die Wahrheit dieser Stunde versetzt. Was sich ereignet, ist die Erscheinung der Wahrheit selbst, im hellen Licht jener unendlichen Offenheit, in der Vergangenheit und Zukunft uns zumal als unsere eigene Gegenwart erschlossen sind.

Hat man einmal begriffen, daß die Partitur der Entwurf zukünftiger Möglichkeiten ist, so rückt auch die Aufführung von Werken einer vergangenen Epoche in ein neues Licht. Nur wer ein Musikwerk als ein fertiges Ding betrachtet, kann meinen, daß die Aufführung von Werken einer früheren Zeit nichts anderes sei als der Versuch, ein längst Versunkenes historisch zu konservieren. Niemand vermag darüber zu verfügen, ob überhaupt und wann die Möglichkeiten, die eine Partitur entwirft, erschöpft sind. Wie uns die reine Analyse der Zeit genötigt hat, von der Zukunft der Vergangenheit zu sprechen, so nötigt uns auch die Analyse der Struktur des musikalischen Werkes zu der Erkenntnis, daß geistige Gebilde aus der Tiefe der Geschichte in ihrer klar umrissenen Gestalt Möglichkeiten unserer eigenen Zukunft in sich bergen. Es hat seinen tiefen Sinn, daß die Psychoanalyse die Kranken durch reine Anamnese zu heilen vermag. Denn das bedeutet, daß eine Epoche erkrankt, wenn ihr die Wahrheit ihrer Geschichte nicht offenliegt. Es entspringt dem Wesen der Zeit, daß unsere Zukunft immer auch die Zukunft unserer Geschichte ist. Diese Geschichte ist uns zumeist verdeckt; wir haben die Tendenz, sie zu verdrängen und ihre wahre Gestalt zu verfälschen. Wir entziehen uns unserer Vergangenheit, selbst wenn wir sie vordergründig zu pflegen scheinen. Wir verdinglichen das Geschichtliche, indem wir es als ein bloß Historisches betrachten - so meinen wir uns seiner Verbindlichkeit entzogen zu haben. Aber wer der geschichtlichen Vergangenheit und damit seinem Schicksal zu entrinnen sucht, begibt sich jeder Möglichkeit der Freiheit; die Vergangenheit verschlingt ihn dann unerkannt und hinterrücks. Behandelt man das Vergangene als ein Totes, so wirft es seine Schatten über die Zukunft und läßt uns sterben, bevor wir geboren sind. Deshalb ist das Erklingenlassen von Werken aus früheren Epochen unserer Geschichte in ihrer reinen, unverfälschten Gestalt ein Amt von nicht geringerer Verbindlichkeit als die Komposition von neuen Werken. Auch hier soll sich ereignen, was jetzt not tut, damit wir unsere Zukunft nicht verfehlen.

Da die Musik Darstellung der Zeit ist, eröffnet jedes große musikalische Werk einen Durchblick in die Tiefe der Geschichte und in die Weite der uns aufgegebenen Zukunft. Das musikalische Werk hat nicht nur seine eigene Zeit, sondern die Erinnerung an die gesamte Geschichte der Musik ist stets, verstanden oder unverstanden, in ihm aufgehoben. Es bringt wirklich die ganze Fülle der Zeit zur Erscheinung, und zwar in einer Weise, die sich demonstrieren läßt. Es hat deshalb seinen genauen Sinn, wenn wir behaupten, in der Musik komme die Einheit der Zeit zur Erscheinung. Musik versetzt uns in die Gegenwart und das heißt: in die Wahrheit der gesamten Geschichte. Indem sie die Einheit der Zeit erscheinen läßt, eröffnet sie den Raum des Geistes überhaupt. In der Musik erscheint der Geist als Ereignis. Dies zu vollbringen, ist der Auftrag und damit zugleich das Wesen der Musik.

Elmar Budde
MUSIK - SPRACHE - SPRACHLOSIGKEIT

Vorbemerkung

Im heutigen Sprachgebrauch ist es üblich, Musik als Sprache zu bezeichnen.
Versucht man, die Vielzahl der sprachlichen Äußerungen über Musik (vom In-
terview über Plattentext und Kritik bis zur musikwissenschaftlichen oder
musikphilosophischen Abhandlung) nach Begriffen zu ordnen, dann wird in der
Tat offenkundig, daß die Bezeichnung *Musiksprache* bereits aufgrund ihrer
statistischen Häufigkeit eine zentrale Stellung innezuhaben scheint. Indessen will es nur schwer gelingen, die Bezeichnung *Musiksprache* so zu definieren, daß der gemeinte Sachverhalt stringent hervortritt. Die Häufigkeit
des Wortgebrauchs vermag nicht darüber hinwegzutäuschen, daß der gemeinte
Sachverhalt dunkel und verschwommen bleibt. Versuche, Musik nach linguisti-
schen, semiotischen oder semantischen Kriterien zu analysieren und zu bestimmen, unterliegen, was die Ergebnisse betrifft, einer merkwürdigen Ambivalenz. Ohne auf Einzeluntersuchungen einzugehen[1], läßt sich sagen, daß
diese Ambivalenz je konträre Ergebnisse gezeitigt hat. Es haben z.B. linguistisch orientierte Untersuchungen von Musik (bei gleichem wissenschaftstheoretischen Ansatz) sowohl zu der Erkenntnis geführt, daß Musik eine Sprache sei oder zumindest sein kann, als auch zu der gegenteiligen Einsicht,
daß Musik weder sprachähnlich sei noch überhaupt mit der Sprache verglichen werden könne, daß sie vielmehr ein ästhetisches Gebilde darstelle, das
sich außerhalb jeglicher objektivierbarer Kommunikationsmechanismen, wie
sie der Sprache zugrunde liegen, angesiedelt habe[2]. So verworren sich der
Sachverhalt, ob Musik sprachähnlich oder eine Sprache sei, darstellt, sofern man ihn, gleichsam als ein synchron zu verstehendes Faktum, systematisch zu erfassen sucht, so unkompliziert erscheint er, wie zu zeigen sein
wird, vor dem Hintergrund der Geschichte der Musik. Das Mißlingen einer
präzisen sprachtheoretischen Definition vermag nur bedingt etwas über den
zu definierenden Sachverhalt auszusagen; ihm dürfte jedoch ein für die Gegenwart kaum zu überschätzender Aussagewert zukommen.

Die gegenwärtige musikalische Wirklichkeit wird zumeist als eine pluralistische beschrieben. Obwohl diese Beschreibung zu weitmaschig ist, um als
Definition und nicht als Schlagwort zu gelten, haftet ihr doch eine eigen-
artige, man ist versucht zu sagen, resignative Aura an. Ein Sachverhalt
wird benannt, ohne daß man sich seiner mit einer Definition bemächtigen
kann; die musikalische Wirklichkeit erscheint dem definierenden Betrachter

---

1   Ein umfassendes Literaturverzeichnis zum Problemkreis *Musik und Sprache*
    findet sich in: W. Gruhn, Musiksprache - Sprachmusik - Textvertonung.
    Aspekte des Verhältnisses von Musik, Sprache und Text, = Schriftenreihe
    zur Musikpädagogik, hg. von R. Jakoby, Frankfurt/M. 1978, S. 166 ff.

2   Vgl. die Beiträge in dem Sammelband *Musik und Verstehen* - Aufsätze zur
    semiotischen Theorie, Ästhetik und Soziologie der musikalischen Rezep-
    tion, hg. von P. Faltin und H.-P. Reinecke, Köln 1973

als ein unentwirrbares und in seinen Dimensionen wertfreies Konglomerat von Gegebenheiten und Fakten. Der gehäufte Gebrauch der Bezeichnung *Musiksprache* mutet im Kontext dieser Wirklichkeit widersprüchlich an. Denn worauf bezieht sich die Bezeichnung *Musiksprache*? Ist damit die Pluralität der musikalischen Wirklichkeit gemeint? Eine pluralistische Wirklichkeit, die ein wertfreies Konglomerat von Sachverhalten darstellt, als Sprache zu bezeichnen, widerspricht jedoch den Erkenntnissen der Sprachwissenschaft über die meinende Sprache. Vor dem Hintergrund der pluralistischen Totalität der musikalischen Wirklichkeit erscheint die Bezeichnung *Musiksprache* als eine leere Metapher, die aufgrund der ihr innewohnenden Assoziationskraft den zu definierenden Sachverhalt verstellt und zugleich verfälscht. Was zeichnet sich also im Gebrauch des Wortes *Musiksprache* ab, wenn die musikalische Wirklichkeit, auf die das Wort gerichtet ist, diesem nicht nur entgegensteht, sondern dem Anspruch der Bezeichnung, Musik als Sprache zu begreifen und zu definieren, aufgrund ihrer Pluralität widerspricht? Ist es vielleicht eine insgeheime Sehnsucht nach einer kohärenten musikalischen Wirklichkeit, die sich im Gebrauch des Wortes widerspiegelt? Nur mit einem breiten Spektrum von Antworten lassen sich die skizzierten Fragestellungen einlösen; dabei wird indessen immer noch offen bleiben, das läßt sich im voraus sagen, ob die Antworten, über das Erkennen von Problemen hinaus, auch Ergebnisse im Sinne von Lösungsversuchen implizieren. Die vorliegenden Überlegungen beanspruchen nicht, das Spektrum der Fragen und möglichen Antworten in seiner ganzen Breite aufzuzeigen, geschweige denn Lösungen andeuten zu können; sie versuchen vielmehr, querschnittartig und punktuell, das Geflecht der Probleme deutlich und einsichtig zu machen. Dabei gilt es, das Phänomen der Sprachlichkeit von Musik sowohl in seiner historischen Bedingtheit als auch in seiner gegenwärtigen Problematik und Widersprüchlichkeit herauszustellen. Obwohl die Ausführungen insgesamt eher historisch orientiert sind, bleiben sie dennoch, wenn auch ungesagt, immer auf die gegenwärtige Situation bezogen. Wenn die Ausführungen sich in ihrem abschließenden Teil auf den Hörer konzentrieren, so soll damit nicht dem Hörer die Ausweglosigkeit der gegenwärtigen Situation angelastet werden. Am Beispiel der hörenden Rezeption von Musik läßt sich das gegenüber der Tradition des frühen 19. Jahrhunderts veränderte Verstehen von Musik, das durch ein nichtsprachliches Verhalten und durch Kommunikationsferne gekennzeichnet ist, paradigmatisch darlegen. Die neue Musik Schönbergs und seiner Schüler hat das veränderte Rezeptionsverhalten von Musik in aller Deutlichkeit bloßgelegt. Das Bemühen dieser Komponisten, eine Musik zu komponieren, deren Sinn nur als eine sprachähnliche Mitteilung zu begreifen ist, hat die Sprachlosigkeit der Musik und damit der gegenwärtigen musikalischen Wirklichkeit bewußt und zugleich erfahrbar gemacht.

Musik als Musiksprache

Spätestens seit der Mitte des 18. Jahrhunderts wird die Musik mit der Sprache, genauer gesagt, mit der meinenden Sprache in Beziehung gesetzt. Dieser

Bezug gilt mehr als ein bloßer Vergleich oder eine Analogie. Musik selber wird als Sprache begriffen und definiert; man spricht von *musikalischer Sprache*, von *Musiksprache* oder auch von *Tonsprache*. Ausgehend von J.J. Rousseau, der die Musik als *langage du coeur* bezeichnete, haben insbesondere J.G. Herder im *Vierten kritischen Wäldchen* (1769) und in der *Kalligone* (1780) und J.N. Forkel in der Einleitung zu seiner *Allgemeinen Geschichte der Musik* (1788) sachliche Grundlagen und ästhetische Kategorien bereitgestellt, mit deren Hilfe der Sprachcharakter von Musik zu bestimmen und zu begreifen war[3]. Während Herders Überlegungen im Zusammenhang mit seinen philosophischen und sprachwissenschaftlichen Bemühungen zu sehen sind, versucht Forkel, gewissermaßen als Musiker und Historiker, den Sprachcharakter von Musik im Gefüge der Musik selber nachzuweisen und darzulegen. Seine Ausführungen basieren auf der These, daß zwischen Sprache und Musik tiefgreifende Gemeinsamkeiten bestehen. "Die Aehnlichkeit, die sich zwischen der Sprache der Menschen, und ihrer Musik findet, eine Aehnlichkeit, die sich nicht blos auf den Ursprung, sondern auch auf die vollkommene Ausbildung derselben vom ersten Anfang an bis zur höchsten Vollkommenheit erstreckt, kann hier den sichersten Leitfaden abgeben. Musik ist in ihrer Entstehung, eben so wie die Sprache, nichts als tonleidenschaftlicher Ausdruck eines Gefühls. Sie entspringen beyde aus einer gemeinschaftlichen Quelle, aus der Empfindung. Wenn sich in der Folge beyde trennen, jede auf einem eigenen Wege das wurde, was sie werden konnte, nemlich die eine, Sprache des Geistes, und die Andere, Sprache des Herzens, so haben sich doch beyde so viel Merkmale ihres gemeinschaftlichen Ursprungs übrig behalten, daß sie auch sogar noch in ihrer weitesten Entfernung auf ähnliche Weise zum Verstande und zum Herzen reden"[4]. Nachdem Forkel seine These vor dem Hintergrund einer idealistischen Periodengliederung der Kunst entwickelt hat, kommt er zu folgendem Schluß: "Aus allem dem, was bisher gesagt worden ist, wird nunmehr der Leser leicht den Schluß machen können, daß man sich unter dem Worte Musik eine allgemeine Sprache der Empfindungen zu denken habe, deren Umfang eben so groß ist und seyn kann, als der Umfang einer ausgebildeten Ideensprache. So wie nun in der Ideensprache Reichthum an Ausdrücken für alle möglichen Gedanken mit ihren Beziehungen, Richtigkeit und Ordnung in der Verbindung dieser Ausdrücke, und die Möglichkeit, die sämmtlichen Ausdrücke nach allen den verschiedenen Zwecken und Absichten, die ein Redner damit verbinden kann, zu biegen und zu gebrauchen, Merkmale ihrer höchsten Vollkommenheit sind; so müssen auch in der Tonsprache 1) Reichthum an Combinationen der Töne, 2) Richtigkeit und Ordnung in der Verbindung derselben, und 3) gewisser Endzweck, die drey Hauptmerkmale einer wahren, guten und ächten Musik seyn"[5].

---

3 Vgl. hierzu: H.H. Eggebrecht, Musik als Tonsprache, in: AfMw 18. Jg., 1961, S. 73 ff.; insbesondere S. 94 ff.

4 J.N. Forkel, Allgemeine Geschichte der Musik, Band I, Leipzig 1788, S. 2

5 J.N. Forkel, a.a.O. S. 19

Forkels weitere Ausführungen sind weitgehend um die Bereiche der musikalischen Grammatik und der musikalischen Rhetorik zentriert; dabei versucht er, beide Bereiche systematisch so zu ordnen und zu gliedern, daß das grammatikalische und das rhetorische System der Musik, die für Forkel die Grundlagen der Musik darstellen, je offenkundig werden. "Bey der Zusammensetzung musikalischer Ausdrücke zu einem an einander hängenden Ganzen, bemerkt man vorzüglich zweyerley: *erstlich* die Verbindung einzelner Töne und Accorde zu einzelnen Sätzen, und *zweytens* die Verbindung mehrerer Sätze nach einander. Bey beyden Arten dieser Verbindungen kommen wieder sehr viele einzelne Dinge in Betrachtung, das heißt: jede kann auf sehr mannichfaltige Weise bewerkstelligt werden. Wenn nun jede Verbindung nur auf eine einzige Art eine gewisse Absicht erfüllen kann, oder genau das ist, was sie nach einer vorhabenden Absicht seyn soll; so müssen Regeln und Vorschriften vorhanden seyn, die bestimmen können, welche Art für jeden Fall die angemessenste ist. Die Vorschriften zur Verbindung einzelner Töne und Accorde zu einzelnen Sätzen, sind in der musikalischen *Grammatik* enthalten, so wie die Vorschriften zur Verbindung mehrerer einzelner Sätze in der musikalischen *Rhetorik*. Beyde zusammen enthalten die Gesetze, nach welchen die ganze Menge aller möglichen musikalischen Ausdrücke erst richtig zusammengesetzt werden können; aus den einzelnen Theilen derselben besteht folglich auch das ganze Kunstgebäude, welches ich dem Leser als ein Maaßstab zur richtigen Beurtheilung des Zustands der Musik bey verschiedenen Völkern, hier vorzeichnen will"[6]. Die Gesetzmäßigkeiten, die die musikalischen Verbindungen insgesamt regulieren, sind nicht nur sprachähnlich oder der Sprache verwandt, sie sind vielmehr, wie Forkel unterstreicht, durchaus sprachliche Gesetzmäßigkeiten. "Die musikalisch-grammatischen Regeln sind allgemeine Vorschriften, nach welchen einzelne Töne gebildet, verbunden und geschrieben werden, so wie die Grammatik jeder Sprache, aus den verschiedenen Lauten des Alphabets erst einzelne Sylben, dann Worte, und endlich Sätze oder ganze Gedanken bilden lehrt. Die Bildung der Töne zu musikalischen Worten und Sätzen geschieht auf dreyerley Weise: 1) mit einzelnen nach einander verbundenen Tönen, nemlich melodisch; 2) mit übereinander verbundenen Tönen, nemlich harmonisch; 3) mit Bestimmung der Dauer jedes einzelnen Tones, nemlich rhythmisch"[7].

Während Forkel bei der Systematisierung der musikalisch-sprachlichen Gesetzmäßigkeiten allgemein beschreibend verfährt[8], finden sich in den zeitgenössischen Musiklehren eine Fülle von Zeugnissen, welche zu belegen vermögen, daß Musik konkret als Sprache verstanden und gelehrt wurde. Musikali-

---

6 J.N. Forkel, a.a.O. S. 21

7 J.N. Forkel, a.a.O. S. 21

8 Forkels Versuch, die Musik als Sprache zu definieren und zu systematisieren, verfolgt keine propädeutischen Ziele, er bildet vielmehr programmatisch die Einleitung zu seiner Musikgeschichte; in der Einleitung wird jene Musik (nämlich die Musik des ausgehenden 18. Jahrhunderts) systematisch erläutert, die für Forkel Ziel und eigentliche Erfüllung der Geschichte der Musik darstellt.

sche Elementarlehre und Grammatik der Sprache werden unmittelbar aufeinander bezogen und, wenn auch häufig unreflektiert, in eins gesetzt. Ganz im Sinne Forkels ist das 1827 in Berlin erschienene *System der Musikwissenschaft und der praktischen Composition* von Johann Bernhard Logier aufgebaut. "Musik ist als eine Sprache anzusehen, deren Alphabet nur aus sieben Tönen besteht, durch deren verschiedene Kombinationen alle musikalische Wirkungen hervorgebracht werden"[9]. Das Alphabet der Töne bildet also die Voraussetzung und die Grundlage der Musik. "Haben wir zuvor den Inbegriff der Töne in der Musik mit dem Alphabet verglichen, so wollen wir jetzt einen Akkord als ein Wort ansehen. Eine Verbindung von Buchstaben bildet ein Wort. Eine Verbindung von Tönen bildet einen Akkord"[10]. Nicht nur die Akkordbildung, auch die Aufeinanderfolge der Akkorde wird im Sinne der Sprache erklärt und beschrieben. "Solch eine Akkordfolge ist ähnlich einem Satz in der Sprache, der eine Folge von Worten ist; und wie unter den Worten eines Satzes ein gewisser Zusammenhang sein muß, um einen Sinn zu geben: so ist eben so nothwendig, daß eine Akkordfolge auf gleiche Weise in sich zusammenhängt"[11]. Nachdem Logier die Vielzahl der Verbindungs- und Kombinationsmöglichkeiten der Töne an Lehrbeispielen demonstriert hat, kommt er in einem abschließenden Analyse-Kapitel, das die Überschrift *Analysation* trägt und einen Konzertsatz von Corelli sowie einen Quartettsatz von Haydn zum Gegenstand hat, zu der im damaligen Musikschrifttum zitathaft wiederkehrenden Schlußfolgerung: "Musik ist als eine Sprache anzusehen, in der jede Leidenschaft, jedes Gefühl, deren das menschliche Gemüth fähig ist, ausgedrückt werden kann"[12].

Auch die zeitgenössischen Instrumentalschulen lehren den musikalischen Vortrag im Kontext einer Verknüpfung von Musik und Sprache. Die häufig anzutreffende Gleichsetzung von Musik und Rede darf weder im Sinne der musikalischen Rhetorik der Barockzeit noch im Forkelschen Sinne verstanden werden; Rede meint die gesprochene musikalische Sprache schlechthin[13]. So schreibt August Leopold Crelle in seiner Vortragslehre für Fortepiano-Spieler: "Musik ist eine Sprache in Tönen, statt in Worten. Musik und Rede sind verwandte Künste. Dieses folgt daraus, dass sie nicht allein an einander grenzen, sondern sogar unmerklich in einander übergehen"[14]. Nach einem all-

---

9 J.B. Logier, System der Musik-Wissenschaft und der praktischen Composition, Berlin 1827, S. 1

10 J.B. Logier, a.a.O. S. 12

11 J.B. Logier, a.a.O. S. 15

12 J.B. Logier, a.a.O. S. 329

13 Selbstverständlich umfaßt die musikalische Rhetorik der Barockzeit auch den musikalischen Vortrag, die Deklamation der "Klangrede". Als entscheidender Unterschied zur Musik des ausgehenden 18. und des beginnenden 19. Jahrhunderts ist jedoch festzuhalten, daß in der Barockzeit sowohl die Komposition als auch der musikalische Vortrag innerhalb eines Regelsystems stehen, das sich als rhetorisch begreift.

14 A.L. Crelle, Einiges über musicalischen Ausdruck und Vortrag. Für Fortepiano-Spieler, zum Theil auch für andere ausübende Musiker, Berlin 1823, S. 11

gemeinen, ästhetisch orientierten Vergleich zwischen Musik und Rede (Sprache), wird deren Verhältnis genauer umschrieben. "Nähere und eigenthümlichere Aehnlichkeit aber haben Rede und Musik schon in ihren allgemeinen Formen und Mitteln des Ausdrucks und Vortrags. Die inneren Formen der *Rede*, in welche sich dieselbe insbesondere dann fügt, wenn sie sich zum Kunstwerke erhebt, sind *Rhythmus* und *Takt*, *Consonanz* und allgemeiner *Wohlklang*; das heisst, *Vers* und *Metrum*, *Reim* und *Fülle*. Ganz ähnliche Formen hat die Musik. Den *Rhythmus* hat sie mit dem Vers gemein, für das Metrum hat sie den *Tact*, für die Consonanzen und Assonanzen, die harmonischen Verbindungen und für den allgemeinen Wohlklang und die Fülle, die regelrechte Aufeinanderfolge der Zusammenklänge, das heisst, die naturgemässen Verflechtungen der Melodieen verschiedener Stimmen zu einem Ganzen"[15]. Während die meisten Autoren, ähnlich wie Forkel und Logier, auf die Sprache als solche Bezug nehmen, verweist Crelle auf Beziehungen zwischen Musik und dichterisch gebundener Sprache, d.h. Lyrik.

Die Zitatkomplexe von Logier und Crelle definieren die Musik je als Sprache. Wie die Lehrbücher insgesamt zeigen, sind die Definitionen nicht metaphorisch gemeint, vielmehr stützen sie sich auf Fakten, die in der Musik konkret gegeben sind. Logier beschreibt jene Fakten, die im musikalischen Gefüge einer Komposition als allgemeinverständlich entgegentreten; Crelle hingegen demonstriert sie im Bereich der klingenden Verwirklichung einer Komposition, d.h. im Bereich der Interpretation. Der mögliche Vorwurf, daß Autoren wie Logier und Crelle kaum mit Forkel gewissermaßen in einem Atemzug genannt und gleichgesetzt werden können (eher wäre Forkels Entwurf im Kontext der Philosophie und der Ästhetik seiner Zeit zu sehen), ist in der Tat kaum zu entkräften. Indessen geht es bei der vorliegenden dokumentarischen Zusammenstellung nicht um einen Vergleich oder ähnliches. Die Schriften von Logier und Crelle wurden bewußt als Äußerungen der musikalischen Alltagsliteratur der Zeit zitiert; denn die Alltagsliteratur spiegelt die zeitgenössische musikalische Wirklichkeit genauer wider als Geschichtskonzeptionen oder ästhetisch orientierte Betrachtungen, in denen sich philosophische Reflexionen über Musik niederschlagen, wie z.B. in der Musikästhetik Hegels.

Musiksprache und musikalische Wirklichkeit

Ohne eine Untersuchung der musikalischen Fakten durchgeführt zu haben[16], bleibt festzuhalten, daß die Musik des ausgehenden 18. und des beginnenden

---

15 A.L. Crelle, a.a.O. S. 13 f.

16 Eine solche Untersuchung, die im Rahmen der vorliegenden Ausführungen nicht zu leisten ist, hätte zunächst die musikalischen Fakten im Sinne der Musiklehren aufzuarbeiten und zugleich zu versuchen, alle Vergleiche, Analogien und Gleichsetzungen (auch terminologische) mit der Sprache herauszustellen und zu erklären. Eine Konfrontation der Ergebnisse mit den Erkenntnissen der modernen Sprachwissenschaft ist erst im Spätstadium der Untersuchung möglich; ob sie indessen zu einer vertieften Einsicht führen wird, mag hier unerörtert bleiben.

19. Jahrhunderts sich als Sprache begriff, und daß sie in engem Bezug zur meinenden Sprache beschrieben und definiert wurde. Die zeitgenössische Charakterisierung der Musik als Sprache zielt einerseits auf den Bedeutungskern der Musik; andererseits versucht sie, über die Struktur der Musik etwas auszusagen. Wie die Musiklehren darzulegen sich bemühen, ist die Musik in ihrem Gefüge wie eine Sprache strukturiert. Das Gefüge der Musik ist also ein Sprachgefüge und als solches gleicht es dem Gefüge der meinenden Sprache. Erst eine Musik, die sich als Sprache begreift und ein konkret lehr- und lernbares Sprachgefüge ausgebildet hat, vermag sich im Sinne der meinenden Sprache als ein Medium der Kommunikation zur Geltung zu bringen. In der Tat hat sich die traditionelle Musik immer als ein Medium der Kommunikation verstanden. Ein ganz wesentliches Merkmal der traditionellen Musik ist ihr Mitteilungscharakter. Die Musik hat etwas zu sagen, sie will etwas mitteilen. Die unbeirrbare Intention der Musik, etwas mitzuteilen, gelangt jedoch erst zu ihrer Erfüllung, wenn das Mitzuteilende auch als sinnvoll verstanden wird. Um den beabsichtigten Kommunikationsfluß zu verwirklichen, der das Mitzuteilende zu vermitteln vermag, bedarf es allgemeiner Kriterien und Kategorien, die sowohl für den, der mitteilt (d.h. für den Komponisten), als auch für den, der das Mitzuteilende zu verstehen sucht (d.h. für den Hörer), verbindlich sind. Die Kommunikationsebene der traditionellen Musik, auf der der Kommunikationsfluß stattfindet, wird von jenem Gefüge bestimmt und getragen, das die Zeitgenossen im Vergleich zur meinenden Sprache als Sprachgefüge beschrieben haben. So einfach sich der musiksprachliche Kommunikationsmechanismus begrifflich bestimmen läßt, so vielschichtig erscheint er, wenn man versucht, ihn analytisch aufzuschlüsseln. Musikalische Sprache, Mitteilungscharakter, Sprachgefüge etc. bilden ein komplexes System sich gegenseitig bedingender Tatsachen.

Entscheidend für das Sprachverständnis von Musik dürfte gewesen sein, daß dieses komplexe System normativ vorgegeben war. An ihm partizipierten in gleicher Weise Komponist und Hörer. Jede Komposition, die sich dem genannten Zeitausschnitt geschichtlich zuordnet, bewegte sich im Kontext dieses Systems und basierte auf dessen Normen[17]. Das System mit seinen unterschiedlichen Normen und Kategorien entschied, ob Tonkonstellationen, harmonische oder melodische Zusammenhänge, Formdispositionen und schließlich ganze Kompositionen "richtig" oder "falsch" waren. Man sollte sich heute bewußt sein, daß es allgemein gültige Kriterien gab, mit deren Hilfe, unabhängig von ästhetischen Wertbestimmungen, Musik objektiv zu beurteilen war. Die ästhetische Frage, ob eine Komposition als schön, verworren oder gar häßlich zu gelten habe, war dem objektiven Urteil, das sich auf Fakten stützte, nachgeordnet. Erst wenn eine Komposition als sinnvoll und "richtig" verstanden werden konnte, ließ sie sich ästhetisch wertend beurteilen. Eine Komposition, die den Anspruch erhob, etwas mitzuteilen und zugleich ver-

---

17 Derartige Normen lassen sich u.a. im Tonsystem, in der Harmonik, der Metrik und der Rhythmik, der Syntax der musikalischen Form sowie der Idiomatik der Melodie- und Harmoniebildung unschwer erkennen.

standen zu werden, hatte sich also den Normen zu fügen, bzw. die Normen als Hintergrundsmodelle zu reflektieren. Das Besondere und im individuellen Sinne Einmalige einer Komposition ließ sich entweder in der Spezifizierung von Normen oder aber in Differenz zu ihnen verwirklichen. Beethovens Kompositionen können als Paradigmen der Individualisierung betrachtet werden; insbesondere Techniken der Spezifizierung und der Differenz sind in Beethovens Kompositionen beispielhaft zu beobachten.

Der normative Hintergrund der Musik, der eine der Voraussetzungen bildete, um Musik als Sprache zu bestimmen, bezog sich im ausgehenden 18. und beginnenden 19. Jahrhundert nicht auf einen bestimmten Ausschnitt von Musik, sondern auf die Gesamtheit von Musik schlechthin. Sowohl einfache Lieder, Tänze, Gassenhauer als auch Opernmusik, Kammermusik und auch die große sinfonische Musik basierten auf dem gleichen Normgefüge und hatten somit Teil am Sprachgefüge der Musik. Das heißt, auf der Ebene des Sprachgefüges (mit seinen Normen, Kategorien etc.) konvergierten alle Kompositionen bzw. sämtliche musikalische Äußerungen der Zeit. Dieser Sachverhalt ist zu akzentuieren, denn er stellt eine jener wichtigen Bedingungen dar, die dazu führten, daß sich spätestens seit dem ausgehenden 18. Jahrhundert eine einigermaßen kohärente und geschlossene musikalische Wirklichkeit ausgebildet hat[18]. Unter musikalischer Wirklichkeit ist die Totalität der musikalischen Gegebenheiten einer Zeit zu verstehen, darüber hinaus schließlich das gesamtgesellschaftliche Bewußtsein von Musik. Die Kompositionen (seien es Lieder, Tänze oder anspruchsvolle Kunstgebilde) gingen aus der musikalischen Wirklichkeit hervor, zugleich waren sie auf diese Wirklichkeit ausgerichtet bzw. zehrten von ihr. Selbst Kompositionen, deren individuelle Physiognomie in Kontrast zur musikalischen Wirklichkeit zu stehen schien, begriffen sich nicht als isolierte Einzelwerke, als Unika, sondern als Einzelwerke innerhalb dieser Wirklichkeit. Eine Komposition, die das Verhältnis (und sei es noch so weit gespannt) von Allgemeinem (Sprachgefüge, Norm etc.) und Besonderung (Spezifizierung, Individualisierung etc.) zerschnitten hätte, wäre der Sinnlosigkeit verfallen; eine derartige Komposition kann im Kontext eines musikalischen Sprachbewußtseins nicht gedacht werden und existiert darum auch nicht. Es will scheinen, daß die Ausbildung einer geschlossenen musikalischen Wirklichkeit eine weitere Voraussetzung war, damit Musik zu einer Sprache sich zu entwickeln vermochte. Das musikalische Sprachgefüge mit seinen Kategorien, Normen etc. bildete gleichsam das materiale Korrelat der musikalischen Wirklichkeit. Musik als eine allgemeinverbindliche Sprache und musikalische Wirklichkeit, so ist als These zu formulieren, sind unmittelbar aufeinander bezogen. Einerseits stellt erst eine geschlossene musikalische Wirklichkeit die Bedingungen her zu einer allgemeinen Musiksprache, andererseits konstituiert eine allgemein verbindliche Musiksprache überhaupt erst jenen Bereich, in dem eine musikalische Wirklichkeit sich als eine geschlossene und in sich kohärente zu konkretisieren vermag. So

---

18 Vgl. hierzu: E. Budde, Über Analyse, in: Musik und Bildung, 11. Jg., 1979, S. 155; insbesondere S. 158 f.

wie eine Sprache erst dann als Sprache zu definieren ist, wenn sie eine sprachliche Wirklichkeit ausbildet, so kann Musik sich erst dann als musikalische Sprache begreifen, wenn es ihr gelingt, aus sich heraus eine musikalische Wirklichkeit, der die Gesamtheit der Musik sich zuordnet, zu schaffen[19]. Das sich gegenseitig bedingende Ineinander von Wirklichkeit und Musiksprache läßt die vielen zeitgenössischen Versuche, Musik strukturell als Sprache zu bestimmen, in einem neuen Licht erscheinen; erst im Kontext der musikalischen Wirklichkeit des ausgehenden 18. und des beginnenden 19. Jahrhunderts erfahren diese Bestimmungsversuche recht eigentlich ihren Sinn, losgelöst von der Wirklichkeit und musikalisch immanent verharrend bleiben sie hingegen fragmentarisch.

Die Divergenz von musikalischem Ausdruck und musikalischer Norm in der neuen Musik des frühen 20. Jahrhunderts

Die Geschichte der Musik des 19. Jahrhunderts wird durchweg als ein sich stetig verengender Individuationsprozess beschrieben, der schließlich zur sogenannten neuen Musik des 20. Jahrhunderts führt. In der Tat ist als eine progressiv sich steigernde Tendenz zu beobachten, daß die Komponisten zunehmend beanspruchen, individuelle Kunstwerke zu schaffen, die aus dem Kontext der Wirklichkeit herausragen. Indem die Kompositionen sich individualisieren, versuchen sie zugleich sich zu vereinzeln; das kann nur geschehen, wenn die Kompositionen sich den tradierten Normen der musikalischen Wirklichkeit entziehen. Der Individuationsprozess läßt also die zuvor beschriebene Differenz zwischen dem Allgemeinen der Norm und der Besonderung der Komposition ständig anwachsen, bis zu Beginn des 20. Jahrhunderts jener Punkt erreicht ist, wo von Differenz kaum oder schon nicht mehr die Rede sein kann. Die Komposition steht nicht mehr in einem musiksprachlichen Spannungsverhältnis zur musikalischen Wirklichkeit; sie versucht vielmehr (gleichsam in einer Gegenposition) die musikalische Wirklichkeit zu negieren. Das musikalische Sprachgefüge verdunkelt sich unaufhaltsam; im Umfeld von Kompositionen, die sich als isolierte Einzelwerke begreifen, verliert es seinen Sinn. Die Kompositionen verstehen sich schließlich nicht mehr vor dem Hintergrund bzw. im Kontext eines normativen Sprachgefüges, das zugleich die allgemeine musikalische Wirklichkeit bestimmt; die Utopie eines jeden Werkes ist es, aus der Unmittelbarkeit des Besonderen begriffen zu

---

19 Der skizzierte Sachverhalt, daß der Sprachcharakter von Musik unabdingbar auf eine geschlossene musikalische Wirklichkeit ausgerichtet ist und zugleich von ihr abhängt, impliziert eine Fülle weiterer Probleme und Fragestellungen (so ist z.B. der Bereich der musikalischen Wirklichkeit ohne eine musiksoziologische bzw. allgemein gesellschaftlich orientierte Untersuchung kaum angemessen zu analysieren und zu interpretieren), die wegen ihrer Extensität innerhalb der vorliegenden Ausführungen jedoch nicht zufriedenstellend dargelegt werden können.

werden[20].

Die angedeutete Entwicklungstendenz, die seit der Romantik das 19. Jahrhundert durchzieht, kulminiert in der Musik zu Beginn des 20. Jahrhunderts.
Jenes in der Entwicklung latent angelegte radikal Neue, das in der Individualisierung und Vereinzelung der Kompositionen zunehmend Gestalt angenommen hat, dringt schlagartig ins musikalische Bewußtsein, d.h. es schlägt
um in eine gegenüber der Tradition neue Qualität. Der Kulminationspunkt
bzw. der Umschlag wird, was Konsequenz und Ausschließlichkeit betrifft, um
1908/1909 in den Kompositionen Schönbergs und denen seiner Schüler Berg und
Webern evident. Schönberg ist sich, wie aus der Vielzahl seiner Äußerungen
hervorgeht, dieser Entwicklung (sei es theoretisch, spekulativ oder sei es
emotional) in aller Deutlichkeit bewußt gewesen. Im Programmheft zur Urauf-
führung der in den Jahren 1908/1909 komponierten George-Lieder op. 15 und
der Drei Klavierstücke op. 11 schreibt Schönberg u.a.: "Mit den Liedern
nach George ist es mir zum erstenmal gelungen, einem Ausdrucks- und Form-
Ideal nahezukommen, das mir seit Jahren vorschwebt. Es zu verwirklichen,
gebrach es mir bis dahin an Kraft und Sicherheit. Nun ich aber diese Bahn
endgültig betreten habe, bin ich mir bewußt, alle Schranken einer vergangenen Ästhetik durchbrochen zu haben; und wenn ich auch einem mir als sicher erscheinenden Ziele zustrebe, so fühle ich dennoch schon jetzt den Widerstand, den ich zu überwinden habe; fühle den Hitzegrad der Auflehnung,
den selbst die geringsten Temperamente aufbringen werden, und ahne, daß
selbst solche, die mir bisher geglaubt haben, die Notwendigkeit dieser Entwicklung nicht werden einsehen wollen"[21].

In den Schlußkapiteln seiner Harmonielehre unternimmt Schönberg den Versuch, das Neue dieser Musik (vor allem im Bereich der Klangbildungen) sowohl im ästhetischen als auch im kompositorisch-ästhetischen Sinne zu erklären. Eine exakte theoretische Begründung der Klänge und Klangbildungen betrachtet Schönberg indessen als nachgeordnet und sekundär, obwohl ihn sein
unbezähmbarer Hang zu Logik und Zusammenhang immer wieder, wenn auch unsy-
stematisch, zu Erklärungsversuchen hinreißt. Entscheidend für ihn ist, jene
Ausdrucksmomente anzudeuten und zu benennen, von denen die Kompositionen
getragen werden. "Das Neue und Ungewohnte eines neuen Zusammenklangs
schreibt der wirkliche Tondichter nur aus solchen Ursachen: er muß Neues,
Unerhörtes ausdrücken, das ihn bewegt. Für die Nachkommen, die daran weiter-
arbeiten, stellt es sich bloß als neuer Klang, als technisches Mittel dar;
aber es ist weit mehr als das: ein neuer Klang ist ein unwillkürlich gefun-

---

20 Seit dem ausgehenden 19. Jahrhundert kann die musikalische Wirklichkeit
   nicht mehr als kohärent und geschlossen charakterisiert werden. Die individuelle "Sprache" der Komposition läßt die pluralistische "Sprache"
   der musikalischen Wirklichkeit hinter sich und denunziert sie als ein
   sinnleeres Einerlei austauschbarer Schablonen und Versatzstücke; diese
   kritische Komponente gehört oft genug zum kompositorischen Programm der
   neuen Musik.

21 Abgedruckt bei A. Webern, Schönbergs Musik, in: Arnold Schönberg, München 1912, S. 40

denes Symbol, das den neuen Menschen ankündigt, der sich da ausspricht"[22].
Dem Künstler selber bleibt dieses Neue verborgen, d.h. es ist ihm als solches kaum bewußt; er steht gewissermaßen unter einem Zwang. "Das Schaffen
des Künstlers ist triebhaft. Das Bewußtsein hat wenig Einfluß darauf. Er
hat das Gefühl, als wäre ihm diktiert, was er tut. Als täte er es nur nach
dem Willen irgendeiner Macht in ihm, deren Gesetz er nicht kennt. Er ist
nur der Ausführende eines ihm verborgenen Willens, des Instinkts, des Unbewußten in ihm. Ob es neu oder alt, gut oder schlecht, schön oder häßlich
ist, er weiß es nicht. Er fühlt nur den Trieb, dem er gehorchen muß"[23].
Dennoch ist dieser Schaffensvorgang für Schönberg nicht ein unterhalb der
Bewußtseinsschwelle liegender Akt, der für jegliche Art von subjektiver
Willkür zugänglich wäre. "Ich entscheide beim Komponieren nur durch das Gefühl, durch das Formgefühl. Dieses sagt mir, was ich schreiben muß, alles
andere ist ausgeschlossen. Jeder Akkord, den ich hinsetze, entspricht einem
Zwang; einem Zwang meines Ausdrucksbedürfnisses, vielleicht aber auch dem
Zwang einer unerbittlichen, unbewußten Logik in der harmonischen Konstruktion"[24]. Die zitierten Äußerungen Schönbergs beschwören nicht die Tradition
oder, um es neutral zu formulieren, sie verweisen nicht auf ein normativ
vorgegebenes Repertoire musikalischer Fakten; ihr Grundtenor ist vielmehr
in einem utopischen Sinne zukunftsgerichtet. Momente des Utopischen (der
neue Klang ist nicht nur neu aufgrund seines Gefüges, er ist neu, weil er
zugleich ein Symbol einer zukünftigen Menschheit darstellt) verschränken
sich mit dem Ausdrucksbedürfnis des kompositorischen Subjekts. Während in
den Zitaten des ausgehenden 18. und des beginnenden 19. Jahrhunderts deutlich gesagt wird, daß die Musik insgesamt als eine für Komponist und Hörer
verbindliche Sprache zu verstehen ist, konzentrieren sich Schönbergs Bemerkungen auf den Ausdruckscharakter von Musik schlechthin. Ausdruck impliziert
Unmittelbarkeit; Unmittelbarkeit läßt sich jedoch mit dem normativen Charakter einer musikalischen Sprache nicht vereinbaren; Unmittelbarkeit und
Norm schließen sich aus.

Schwierigkeiten des musikalischen Verstehens

Schönberg war sich bewußt, wie die Programmnotiz zu den Georgeliedern op.
15 belegt, daß die gegenüber der Tradition extreme Position seiner Kompositionen den Hörer mit Schwierigkeiten konfrontiert, die schier unüberwind-
lich sind; der Hörer vermag die Kompositionen nicht mehr unmittelbar zu
verstehen. Damit ist ein Problem angeschnitten, das scheinbar unablösbar
zur neuen Musik gehört, nämlich die Schwierigkeit die Kompositionen als
sinnvoll zu verstehen. Das Problem ist seit den ersten Werken der neuen

---

22 A. Schönberg, Harmonielehre, Wien [3]1922, S. 479
23 A. Schönberg, a.a.O. S. 500
24 A. Schönberg, a.a.O. S. 502

Musik gesehen und eingehend erörtert worden[25]; dennoch haben die Diskussionen das Problem weder zu widerlegen noch zu beseitigen vermocht. Daß eine Komposition bei ihrem ersten Erklingen nicht verstanden wird, war auch in früheren Zeiten eine bekannte Tatsache, daß das Nichtverstehen den Kompositionen indessen über Jahrzehnte anhaftet, begegnet erst im 20. Jahrhundert. Die Kompositionen Schönbergs und seiner Schüler, die um 1908/1909 entstanden sind, zählen im allgemeinen Bewußtsein ebenso noch zur neuen Musik wie die Kompositionen der unmittelbaren Gegenwart; die Kompositionen scheinen kein Altern zu kennen, sie gelten weiterhin als neu. Wenn man sich die Schwierigkeiten vergegenwärtigt, die diese Musik seit mehr als sechzig Jahren dem Hörer entgegenstellt, dann ist zumindest die Frage legitim, ob das Altern von Musik vielleicht mit der Überwindung von Schwierigkeiten zusammenhängt. Ist die Frage richtig gestellt, dann ist der Charakter des Neuen von Musik abhängig vom Verständnis dieser Musik; oder anders gesagt, eine Musik ist so lange neu, so lange sie nicht verstanden wird, nur "verstandene" Musik vermag, das wäre die logische Schlußfolgerung, zu altern. Diese Argumentation ließe sich als ein Gedankenspiel abtun, das zum Aphorismus taugt, aber kaum zur Einsicht in die Schwierigkeit der Sache führt. Sobald man indessen die Blickrichtung ein wenig ändert, beginnt sich hinter der Fassade des Aphoristischen ein Sachverhalt abzuzeichnen, der unmittelbar zum Problemkreis der neuen Musik gehört, die seit ihrem Entstehen nicht altern will.

Th.W. Adorno hat darauf hingewiesen, daß die Bezeichnung Neue Musik mehr als eine modische Vokabel darstellt, daß der Name vielmehr "die Erfahrung eines jäh qualitativen Sprunges"[26] notiert. Damit ist vor allem gemeint, daß die neue Musik Kriterien gehorcht, die sich von denen der traditionellen Musik prinzipiell unterscheiden. Die Kriterien lassen sich vor dem Hintergrund der traditionellen Musik negativ als Fortfall aller a priori gegebenen Vermittlungskategorien umschreiben, d.h. als Fortfall jenes beschriebenen Normgefüges, das den Sprachcharakter der traditionellen Musik so entscheidend bestimmt und geprägt hat. Der Verlust des Normgefüges und der damit verbundene Verzicht auf unverwechselbare idiomatische Wendungen (wie z.B. der Verzicht auf bestimmte Tonanordnungen, deren Grundriß als bekannt vorausgesetzt wird), ist als Ergebnis des angedeuteten Individuationsprozesses zu interpretieren. Damit hat sich im Verhältnis zur traditionellen Musik für den Hörer etwas Entscheidendes geändert. Während in der traditionellen Musik der Verstehensprozeß an ein bestimmtes erlernbares musikalisches Vokabular geknüpft war, ist in der neuen Musik seit Schönberg, die

25 Aus der Vielzahl der Schriften von Th.W. Adorno, die dieses Problem analysieren und kritisch reflektieren, sei die unter dem Titel "Schwierigkeiten" veröffentlichte Abhandlung genannt; sie behandelt den hier vorliegenden Problemkreis. Vgl. Th.W. Adorno, Schwierigkeiten. I. Beim Komponieren, II. In der Auffassung neuer Musik, in: Impromptus. Zweite Folge neu gedruckter musikalischer Aufsätze, Frankfurt/M. 1968, S. 93 ff.

26 Th.W. Adorno, Musik und Neue Musik, in: Quasi una fantasia, = Musikalische Schriften II, Frankfurt/M. 1963, S. 341

jegliche vermittelnde und als solche für den Hörer erlernbare Bereiche
scheinbar zurückdrängt, der Verstehensprozeß an den musikalisch-kompositorischen Augenblick gebunden[27]. Jeder Hörer wird beim Umgang mit neuer Musik
die Erfahrung gemacht haben, daß die einzelnen Werke aufgrund ihres unverwechselbaren Profils zwar erkennbar werden, daß sich jedoch aus der Summe
verschiedener Werke keine allgemein verbindlichen Kategorien, deren musikalische Funktion als sprachähnlich charakterisiert werden könnte, abstrahieren lassen. Jedes Werk findet seine Verbindlichkeit, so will es scheinen,
in sich selbst bzw. in Differenz zu anderen Werken. Die Schwierigkeit beim
Hören neuer Musik besteht also vor allem darin, Verbindlichkeit und Logik
des einzelnen Werkes als sinnvoll zu verstehen, ohne dabei unmittelbar auf
Normen, die von außen gesetzt sind, zurückgreifen zu können.

Neue Musik als Musiksprache jenseits tradierter Normen

Die skizzierten Probleme mit ihren Ansprüchen und Widersprüchen verschränken sich, wenn man sie aufzulösen sucht, zu einem schier unentwirrbaren
Geflecht. Wie kann Ausdruck als unmittelbare Form subjektiver Äußerung musikalisch vermittelt werden, wenn die tradierten Formen der Vermittlung bewußt zurückgedrängt werden? Welches sind nach dem Fortfall vorgegebener
Vermittlungskategorien die allgemeinen Kriterien dieser neuen Musik? Kann
überhaupt noch von einem musikalischen Verstehensprozeß gesprochen werden,
wenn sich aus den Werken keine allgemein verbindlichen Kategorien mehr abstrahieren lassen? Vermag eine Musik, die jegliche Art von Norm abstößt,
noch den Anspruch zu erheben, Sprache zu sein? Ist die Hermetik der Einzelwerke nicht eher ein Zeichen für Sprachlosigkeit und Kommunikationsferne?
Sofern die These[28] zutrifft, daß die Ausbildung einer kohärenten musikalischen Wirklichkeit die entscheidende Voraussetzung zur Konstituierung einer
musikalischen Sprache darstellt, dann fällt es in der Tat schwer, die neue
Musik als Sprache oder als sprachähnlich zu begreifen. Und doch stand für
Schönberg, obwohl er das radikal Neue der neuen Musik genau erkannt hatte,
zweifelsfrei fest, daß seine Musik im Sinne der Tradition als Sprache zu
verstehen sei. Wie Schönbergs Schriften dokumentieren, hat er Musik immer
als ein Medium der Kommunikation betrachtet; keine seiner Kompositionen
kann den ihr eingeschriebenen Mitteilungscharakter verleugnen. In eindrucksvoller Weise hat Schönbergs Schüler Anton Webern das Sprachverständnis von
Musik in seinen Wiener Vorträgen dargestellt und definiert. "Was ist denn
die Musik? - Die Musik ist Sprache. Ein Mensch will in dieser Sprache Gedanken ausdrücken; aber nicht Gedanken, die sich in Begriffe umsetzen las-

---

27 Wenn behauptet wird, daß die neue Musik die tradierten Vermittlungskategorien, die den Sprachcharakter von Musik bestimmten, zurückdrängt, dann
   ist dieser Sachverhalt nicht als ein willkürlicher und widerrufbarer Akt
   zu verstehen; er ist wiederum ein Ergebnis jenes komplexen geschichtlichen Entwicklungsvorgangs, der als Individuationsprozeß bezeichnet
   wurde.

28 Vgl. S. 138 f.

sen, sondern musikalische Gedanken"[29]. Musik ist für Webern mehr als akustisches Material, sie ist für ihn (ganz im Sinne Schönbergs) ein Medium sprachlicher Kommunikation, mit dessen Hilfe Gedanken artikuliert und mitgeteilt werden können. "Der Mensch kann eben nicht anders existieren als indem er sich ausdrückt. Die Musik tut es in musikalischen Gedanken. Ich will etwas sagen, und es ist selbstverständlich, daß ich mich bemühe, es so auszudrücken, daß die anderen es verstehen"[30]. Der Mitteilungsvorgang wird, wie Webern darlegt, von allgemeinen Gesetzmäßigkeiten bestimmt, denen sich eine Komposition fügen muß, wenn sie den Anspruch erhebt, verstanden zu werden. "Darstellung eines musikalischen Gedankens: wie will man sich das vorstellen? - Darstellung eines Gedankens in Tönen! - Mit dieser Absicht, einen Gedanken ausdrücken zu wollen, werden allgemein gültige Gesetze vorausgesetzt ... Es wird in Tönen etwas ausgesagt - also eine Analogie mit der Sprache. - Wenn ich etwas mitteilen will, dann tritt sofort die Notwendigkeit ein, daß ich mich *verständlich* mache. - Wie mache ich mich aber verständlich? - Indem ich mich möglichst *deutlich* ausdrücke. Es muß *klar* sein, was ich sage. Ich darf nicht umständlich herumreden um das, worum es sich handelt. Dafür haben wir ein bestimmtes Wort: *Faßlichkeit*. - Das oberste Prinzip jeder Darstellung eines Gedankens ist das Gesetz der Faßlichkeit.... Was drückt das Wort 'Faßlichkeit' selbst aus? - Nehmen Sie das Wort genau im bildlichen Sinn: daß Sie etwas 'fassen' wollen: wenn Sie einen Gegenstand in die Hand nehmen, dann haben Sie ihn gefaßt. - Aber ein Haus können wir nicht in die Hand nehmen und 'fassen'. Also im übertragenen Sinne: Faßlich ist etwas, was überblickbar ist, dessen Konturen ich unterscheiden kann. Vor einer glatten Fläche fehlt also auch die Möglichkeit des Fassenkönnens. Die Sache wird anders, wenn wenigstens etwas gegeben ist, ein Anfang. - Was ist aber so ein Anfang? - Damit kommen wir zur *Gliederung*. Nun wollen wir das Bild erweitern! - Wir haben von der glatten Fläche gesprochen und sehen zum Beispiel hier die glatte Wand durch Pfeiler gegliedert. Natürlich ist das höchst primitiv, aber immerhin habe ich einen Anhaltspunkt der Gliederung. Ganz anders wird die Sache, wenn sich noch andere faßbare Stücke zeigen. - Was ist also Gliederung? - Allgemein gesprochen: Abschnitte hineinbringen! - Wozu dienen Abschnitte? - Um die Dinge auseinanderzuhalten, Haupt- und Nebensachen zu unterscheiden. - Dies ist notwendig, um sich verständlich zu machen, und muß daher auch in der Musik vorhanden sein. - Wenn Sie jemandem etwas klarmachen wollen, dann dürfen Sie die Hauptsache nicht vergessen, das Wichtigste, und wenn Sie etwas zur Erläuterung heranziehen, dürfen Sie nicht ins Hundertste und Tausendste kommen. - Es muß also ein *Zusammenhang* gegeben sein, sonst werden Sie unverständlich. - Hier haben wir ein Element, das eine besondere Rolle spielt: Zusammenhang wird nötig sein, um einen Gedanken faßlich zu machen"[31].

29 A. Webern, Wege zur neuen Musik (Vorträge 1932/1933), hg. von W. Reich, Wien 1960, S. 46

30 A. Webern, a.a.O. S. 46

31 A. Webern, a.a.O. S. 18 f.

144

Faßlichkeit, Gliederung und Zusammenhang bezeichnen, wie Webern darlegt, allgemeine Gestaltungskategorien; als solche bilden sie die Voraussetzung zur Darstellung und zugleich zur Vermittlung eines musikalischen Gedankens. Eine Musik, deren Intention es ist, Gedanken bzw. Sinnzusammenhänge mitzuteilen, muß sich, sofern das Mitzuteilende verstanden werden soll, jenen beschriebenen Gestaltungskategorien fügen. Die Gestaltungskategorien stellen gleichsam eine objektive Instanz dar, die sowohl für den Hörer als auch für den Komponisten verbindlich ist. Da die traditionelle Musik, wie Webern an anderer Stelle seiner Vorträge analytisch darlegt, aufgrund ihres Sprachcharakters auf den gleichen Gestaltungskategorien beruht, sieht sich Webern als ein unmittelbarer Fortsetzer dieser Tradition. Webern lehnt es indessen ab, konkrete Modelle und Formeln aus dem Sprachreservoir der traditionellen Musik zu übernehmen; eine solche Übernahme wäre für ihn ein in Schablonen erstarrtes Epigonentum. Die Beziehung zwischen seinen Kompositionen und der Musiksprache der traditionellen Musik vollzieht sich für Webern im Bereich der Gestaltungskategorien, die als Invarianten hinter dem Normgefüge der tonalen Musik stehen. Webern war sich sicher, daß seine Kompositionen und die traditionelle Musik in jenen Gestaltungskategorien konvergierten; aus dieser Erkenntnis heraus glaubte er, eine neue, den erstarrten Normen entronnene Musiksprache schaffen zu können. Eine Musik, die, um Sinnzusammenhänge verstehbar darzustellen, den Gestaltungskategorien der Faßlichkeit, der Gliederung und des Zusammenhangs gehorcht, galt ihm als der Inbegriff von Sprache; denn in ihren Gestaltungskategorien war diese Musik allgemein und damit zugleich frei von subjektiver Willkür.

Schönbergs zitierte Bemerkungen, die den musikalischen Ausdruck, die Unmittelbarkeit des Schaffensvorgangs und schließlich das kompositorische Subjekt glorifizieren, widersprechen der nüchternen Position Weberns. Gleichwohl ist dieser Widerspruch nur scheinbar; auch Schönberg will der subjektiven Willkür nicht das Wort reden, auch er ist von der Existenz allgemeiner Kategorien und Kriterien überzeugt, die, so paradox es auch scheinen mag, die Unmittelbarkeit von Ausdruck zu vermitteln vermögen[32]. Schönberg spricht in den zitierten Bemerkungen nämlich nicht vom bloßen Gefühl, sondern vom Formgefühl; auch das Ausdrucksbedürfnis schränkt er ein, wenn er es dem Zwang einer unerbittlichen Logik unterwirft. Ein allgemeiner und übergeordneter Bereich bildet die Voraussetzung, damit das Gefühl sich zum Formgefühl und das Ausdrucksbedürfnis sich zu verbindlicher Stringenz objektivieren. Während die frühen theoretischen Schriften Schönbergs Momente des Ausdrucks insgesamt akzentuieren, hat Schönberg in seinen späteren Lehrschriften diesen allgemeinen Bereich konkret darzustellen versucht. Auffallend ist, daß Schönberg fast nie Bezug zum damals gegenwärtigen Komponieren nimmt; nur in seltenen Fällen werden Beispiele aus eigenen Werken oder denen seiner Schü-

---

32 Am Beispiel der *Erwartung* hat der Verfasser versucht, das Verhältnis von Ausdruck und kompositorischer Vermittlung analytisch dingfest zu machen; vgl. E. Budde, Arnold Schönbergs Monodram *Erwartung* - Versuch einer Analyse der ersten Szene, in: AfMw XXXVI, 1979, S. 1 ff.

ler und Zeitgenossen angeführt und beschrieben. Im Mittelpunkt der Überlegungen steht die Musik der Klassik, insbesondere die Werke Beethovens; darüber hinaus zieht Schönberg Entwicklungslinien bis zu Wagner und vor allem bis zu Brahms. In dem nach Schönbergs Tod erschienenen Buch "Fundamentals of Musical Composition"[33], das auf der Basis des Schönberg'schen Theorie- und Analyse-Unterrichts in Amerika entstand, hat Schönberg nicht nur die Grundlagen der klassischen Komposition aufgezeigt, sondern zugleich auch den Entwurf einer musikalischen Syntax gegeben. Schließlich ist darauf hinzuweisen, daß Schönberg in seinem Unterricht nahezu ausschließlich Werke der traditionellen Musik (im Mittelpunkt standen die Werke von Beethoven und Brahms) mit seinen Schülern analytisch behandelt hat; selbst im Kompositionsunterricht war die Analyse zeitgenössischer Kompositionen, wie Schönbergs Schüler berichtet haben, ein durchaus sekundäres Ereignis. Das analytische Insistieren auf traditionelle Musik ist nicht als ein rückwärtsgewandter Traditionalismus zu verstehen, vielmehr war es Schönbergs Absicht, die Bereiche der Musik aufzudecken, die den Sprachcharakter der traditionellen Musik konstituiert haben; es sind dies Bereiche der musikalischen Syntax und der musikalischen Formbildung. Syntax und Formbildung werden indessen von jenen Gestaltungskategorien bestimmt und getragen, die Webern mit den Begriffen Faßlichkeit, Gliederung und Zusammenhang beschrieben hat. Das heißt, daß auch Schönbergs analytische und theoretische Bemühungen als ein Indiz zu verstehen sind, das sprachliche Selbstverständnis von Musik in seinen allgemeinen Bedingungen bewußt zu machen. In diesem Zusammenhang dürfte es von Interesse sein, daß Schönberg das analytische Herausarbeiten von musikalischen Materialstrukturen strikt abgelehnt hat[34]; den Bereich des musikalischen Materials betrachtete er als Privatsache des Komponisten[35]. Er wußte, daß das musikalische Material jenseits des musikalischen Sprachbereichs angesiedelt war. Das Material mit seinen vielfältigen Strukturen und Strukturmöglichkeiten war zwar auch für Schönberg konstituierender Bestandteil der Komposition (man denke nur an die komplexen Strukturen einer Zwölftonkomposition), doch die musikalische Kommunikationsebene betrachtete er als dem Material übergeordnet. Die Kenntnis des Materials ermöglicht zwar Einblicke in das Gefüge einer Komposition, sie bleibt jedoch für dessen sprachliche Sinnzusammenhänge blind.

---

33 A. Schönberg, Fundamentals of musical composition, ed. by G. Strang, London 1967; deutsch als: Grundlagen der musikalischen Komposition, übertragen von R. Kolisch, hg. von R. Stephan, Wien 1979

34 Vgl. Schönbergs Brief vom 27. Juli 1932 an R. Kolisch, in: A. Schönberg, Briefe, ausgewählt und hg. von E. Stein, Mainz 1958, S. 178 f.

35 Th.W. Adorno, Philosophie der neuen Musik, Frankfurt/M. ^{2}1958, S. 62

Der Widerspruch zwischen den musiksprachlichen Intentionen der
neuen Musik und dem veränderten musikalischen Hören

Die Kompositionen Schönbergs und seiner Schüler[36] begreifen sich, wie die
Ausführungen deutlich zu machen suchen, als sprachähnlich; die Kompositionen wollen verstehbare Sinnzusammenhänge sprachlich vermitteln. Eine detaillierte Analyse der Kompositionen Schönbergs und seiner Schüler, die
sich nicht, wie es durchweg geschieht, im Materialgestrüpp verliert, sondern ihren Blick auf die zuvor skizzierten Gestaltungskategorien richtet,
vermag zu zeigen, daß die Kompositionen insgesamt sich diesen Gestaltungskategorien fügen. Jede Komposition hat ein unverwechselbares syntaktisches
Gefüge, in dem sich die Kategorien der Faßlichkeit, der Gliederung und des
Zusammenhangs verwirklichen; das syntaktische Gefüge ist nicht eine private
Erfindung des Komponisten, es hat vielmehr allgemeinen Charakter. Es berührt
sich in vielen seiner Dimensionen mit den syntaktischen Grundmustern der
traditionellen tonalen Musik; das ist, wenn man sich die zitierten Bemerkungen von Schönberg und Webern vergegenwärtigt, nicht verwunderlich. So
basiert z.B. jede Komposition auf thematischen oder zumindest themenähnli-
chen Gestalten, die ein hörbares Phrasengefüge aufweisen. Die Phrasen wiederum konstituieren die thematischen Gestalten und bestimmen damit zugleich
deren Charakter; andererseits liegen den Phrasen motivische Einheiten zugrunde, die für den internen Zusammenhang der Komposition verantwortlich
sind. Dennoch begegnet der unvoreingenommene Hörer den Kompositionen zumeist mit Ablehnung; die Werke lassen sich, wie er meint, nicht verstehen,
sie bleiben dunkel und verworren. Die kompositorischen Intentionen der Werke und die analytischen Befunde stehen in einem merkwürdigen Kontrast zu
deren akustischer Rezeption.

Die sich in diesem Kontrast auftuenden Fragestellungen sind im Zusammenhang des skizzierten Problemkreises von Musik und musiksprachlicher Vermittlung zu sehen. Aus dem Spektrum der Fragen sei ein kleiner Ausschnitt herausgegriffen. Sofern die Bemerkungen von Schönberg und Webern musikalisch
dingfest zu machen sind, und sofern die analytischen Befunde den kompositorischen Fakten entsprechen, ist zu folgern, daß das Unverständnis, dem
die Kompositionen begegnen, eher dem Hörer als dem Werk anzulasten ist. Der
Hörer vermag die Kommunikationsebene der Werke nicht zu erreichen; ihm
fehlt die Kenntnis jener Kategorien, die den Allgemeincharakter dieser Ebene konstituieren. Der heutige Hörer ist gewohnt, eine Komposition aufgrund
ihres Klangcharakters zu verstehen und zu beurteilen. Das Urteil orientiert
sich nur zu oft an dem Bekanntheitsgrad der Klangbildungen; je vertrauter
dem Hörer die Klänge sind, desto eher ist er den Kompositionen günstig ge-

---

36 Die Einschränkung auf das kompositorische Schaffen der Wiener Schule bedeutet nicht, daß ausschließlich diese Komponisten die Problematik von
Musik und Musiksprache in ihren Werken artikuliert und entfaltet haben;
die Problematik läßt sich in ihren Werken insgesamt deutlicher begreifen
und darstellen, deshalb die Einschränkung. Über die Wiener Schule hinaus
wären vor allem die Kompositionen von Bartók, Strawinsky und des frühen
Hindemith einzubeziehen, nicht zuletzt auch die Werke des Schönberg-Schü-
lers Eisler.

stimmt. Die Klangbildungen der neuen Musik negieren indessen nicht nur Klangmuster, die als bekannt vorausgesetzt werden können, sondern sie vermeiden sogar den Schein des Bekannten. Während in der traditionellen Musik Syntax und Klangbildung unmittelbar korrespondieren, ist in der neuen Musik dieses Verhältnis eher akzidentiell. Es will paradox erscheinen, daß Klänge, die sich der Tradition verweigern, in eine Syntax eingebunden sind, die sich als traditionell begreift. Die Paradoxie ist jedoch weniger gewichtig, als man zunächst vermutet; einerseits wurde aufgezeigt, daß die Syntax der neuen Musik nicht eine bloße Nachahmung traditioneller Syntax darstellt, sondern daß sich beide in ihren Gestaltungskategorien treffen, andererseits läßt sich bereits im frühen 19. Jahrhundert beobachten, daß die Klangbildungen eine gewisse Tendenz zur Verselbständigung zeigen und ein Eigenleben zu führen beginnen, ohne jedoch den übergeordneten Bereich der Syntax zu tangieren. Eher ist das Phänomen zu beleuchten, daß sich im Verlauf des 19. Jahrhunderts die Klangbildungen so stark verselbständigen. Die Klänge individualisieren sich zu unverwechselbaren Klanggestalten, die die traditionellen Normen der Klangbildungen hinter sich lassen. Der angedeutete Individuationsprozeß des 19. Jahrhunderts treibt Ausdrucksformen hervor, die ihren Niederschlag in zunächst veränderten und differenzierteren, später jedoch völlig neuartigen Klangbildungen finden; Ausdruck und Klang stehen in einem unmittelbaren Abhängigkeitsverhältnis. Obwohl die Syntax durch die neuartigen Klangbildungen nicht direkt beeinflußt wird, so lassen sich doch, ohne daß die Syntax in ihrer Substanz sich ändert, Bedeutungsverschiebungen beobachten. Das Hervorkehren des Klanglichen läßt die Syntax im allgemeinen Rezeptionsbewußtsein zurücktreten. Der Hörer, der sich zunehmend an der klanglichen Außenseite der Kompositionen delektiert, vergißt die musikalische Syntax. Die Nichtbeachtung führt schließlich zu einer Art Bewußtseinsverkümmerung; da der Hörer die Syntax nicht mehr wahrzunehmen vermag, kann er sie auch nicht mehr verstehen. Durch die Verlagerung des Rezeptionsbewußtseins vom musikalisch-syntaktischen Zusammenhang auf das klangliche Einzelereignis verdunkelt sich zugleich jene Kommunikationsebene, die für den sprachlichen Mitteilungscharakter von Musik von entscheidender Bedeutung ist; die Existenz dieser Ebene ist dem allgemeinen Bewußtsein nicht mehr präsent. Obwohl die Kompositionen durchweg an der tradierten Syntax festhalten, machen sich dennoch seit der Mitte des 19. Jahrhunderts syntaktische Regressionserscheinungen bemerkbar. Häufig bildet die Syntax nur noch eine Art Raster, der die Klangprogressionen formal artikuliert und zusammenhält. Die Syntax erscheint seltsam erstarrt; gegenüber differenzierten Formen in Kompositionen des frühen 19. Jahrhunderts ist sie oft auf einfache Muster reduziert. Trotz dieser syntaktischen Reduktionsformen und Erstarrungen ist hervorzuheben, daß einerseits den Kompositionen immer noch syntaktische Modelle eingeschrieben sind, daß aber andererseits diese Modelle vom Hörbewußtsein nicht mehr erreicht werden. Das Interesse des Hörers richtet sich auf den "schönen" Klang. Das verstehende Hören, das dem Sprachcharakter von Musik angemessen war, wandelt sich zu einem kulinarischen, d.h. die Musik ausschließlich genießenden Hören.

Die neue Musik seit Arnold Schönberg steht diesem Hörverhalten grundsätzlich entgegen. Der Komponist erfindet Klangbildungen, die jenseits tradierter Normen angesiedelt sind; der Sinn der Klänge erfüllt sich nicht in
ihrer akustischen Außenseite, vielmehr im strukturellen Gesamtgefüge der
Komposition. Einem Hören, das gewohnt ist, die Klänge gewissermaßen als
isolierte Substanzen zu dissoziieren und zu rezipieren, erscheinen deshalb
die Klangbildungen der neuen Musik, die sich der Isolierung widersetzen,
amorph und verworren; der Hörer vermag die klanglichen Zusammenhänge, die
für die Komposition allein von Bedeutung sind, weder wahrzunehmen noch zu
verstehen. Damit ist wiederum auf das Problem der musikalischen Syntax verwiesen. Da dem Hörer die Voraussetzungen fehlen, Zusammenhänge wahrnehmen
und verstehen zu können, gelingt es ihm nicht, in die syntaktischen Bereiche der Komposition vorzudringen. Das heißt, jene Bereiche, die dem Hörer
die allgemeinen Voraussetzungen bieten, die musikalisch-kompositorischen
Intentionen der Werke zu begreifen, bleiben ihm verschlossen. Gerade die
Bereiche der Syntax aber sind es, die die Komponisten der Wiener Schule in
ihren Werken mit größter Sorgfalt und unter genauer Beachtung jener allgemeinen Gestaltungskategorien behandelt haben. Wenn gesagt wurde[37], daß die
Kriterien der neuen Musik negativ als Fortfall des vorgegebenen Normgefüges
mit seinen Vermittlungskategorien zu umschreiben sind, so läßt sich diese
Aussage nun genauer präzisieren. In der Tat sind im Bereich der Klangbildung (aber auch innerhalb der Intervallführung der Melodik) weder Normen
noch Modelle auszumachen; sie werden als tote Vokabeln empfunden und als
solche vom Komponisten gemieden. Ihr idiomatischer Charakter hat sich zur
austauschbaren Chiffre verhärtet. Gleichwohl kann vom Verlust der Vermittlungskategorien nicht gesprochen werden; sie haben sich, um es als Bild zu
pointieren, aus den konkret gegebenen und als solche lernbaren Normen der
Tradition in den Bereich allgemeiner Gestaltungskategorien zurückgezogen.

So extrem andersartig die Klangbildungen der neuen Musik der Wiener
Schule gegenüber der Tradition auch sind, so traditionsgebunden bleiben die
Kompositionen in ihrem syntaktischen Gefüge; die Traditionsgebundenheit hat
ihren historischen Ort in der musikalischen Klassik des ausgehenden 18. und
des beginnenden 19. Jahrhunderts. Gegenüber den in Schablonen erstarrten
Kompositionen der zweiten Hälfte des 19. Jahrhunderts versuchen insbesondere Schönberg und seine Schüler eine Musik zu schaffen, die als Sprache fähig ist, die differenziertesten Formen des Ausdrucks zu registrieren und
zu vermitteln. Schönberg und in noch höherem Maße sein Schüler Webern waren
sich bewußt, daß sie einerseits in ihren Werken sprachliche Extremsituatio-
nen zu artikulieren versuchten, daß sie andererseits aber einer Wirklichkeit gegenüberstanden, deren Pluralismus ihre Werke zu verschlingen drohte.
Diese doppelte Extremsituation zwang die Komponisten zu einer genauen Definition der eigenen Position, sei es im Kontext der eigenen Gegenwart, sei

---

37 Vgl. S. 142f.

es in Bezug zur Tradition. Wenn Schönberg von sich sagt, daß er die Schranken einer vergangenen Ästhetik durchbrochen habe[38], dann bedeutet das nicht nur, daß er eine neue Musik und eine neue musikalische Sprache zu schaffen gedenkt, sondern zugleich auch eine Rückbesinnung auf die musikalische Sprache der Tradition. Das Durchbrechen der vergangenen Ästhetik ist für Schönberg zugleich ein Durchstoßen jenes geschichtlichen Schutts, der das sprachliche Selbstverständnis der Musik im Verlauf des 19. Jahrhunderts zunehmend überlagert und erstickt hat. In der Verquickung von Ausdruck, Sprache, Tradition und Neuem, die in den Kompositionen der Wiener Schule so prägnant begegnet, liegt mit Sicherheit jenes zutiefst schockierende und zugleich provozierende Moment begründet, das die Zeitgenossen erfahren haben, und das auch heute noch jeder unvoreingenommene Hörer erfährt. Die Klangbildungen stehen quer zu seinen Hörgewohnheiten; der syntaktische Zusammenhang bleibt ihm verborgen. Die Unfähigkeit, die Musik zu verstehen, wird als Schock empfunden. Aber eines versteht der Hörer doch, sofern er bereit ist zuzuhören: die Musik stellt seine Hörgewohnheiten mit ihren eingefahrenen Mustern und Formeln nicht nur in Frage, sie zwingt ihn, sein "genießendes" Hören als unangemessen zu erkennen, um Neues und Unerhörtes, wie Schönberg gesagt hat[39], zu hören. Indessen wäre es zu einfach und zu eindimensional, wollte man das Spezifische der neuen Musik Schönbergs und seiner Schule, wie es gern geschieht, ausschließlich in ihrer kritischen Funktion sehen. Entscheidend bleibt der Anspruch dieser Musik, eine Sprache zu sein, die musikalische Gedanken zu artikulieren und zu vermitteln vermag. Dieser Anspruch ist es, der in seiner Konkretisierung recht eigentlich die Sprachlosigkeit der musikalischen Wirklichkeit seit dem frühen 20. Jahrhundert aufgedeckt hat bzw. immer noch aufdeckt. Umgekehrt läßt die musikalische Wirklichkeit die Kompositionen nicht ungeschoren; in dem Maße wie der Anspruch der Kompositionen ungehört (d.h. unverstanden) und damit uneingelöst bleibt, werden die Werke zunehmend auf sich selber verwiesen. Ihr musiksprachlicher Anspruch verfällt einer musikalisch-kompositorischen Immanenz, die gleichsam mit sich selber redet. Eine Entwicklung beginnt sich anzubahnen, die seit den frühen fünfziger Jahren ihren Ausdruck in Kompositionen findet, deren Hermetik ein sprachliches oder sprachähnliches Verstehen programmatisch verweigert.

Schlußbemerkung

Die Kompositionen Schönbergs und seiner Schüler verweisen aufgrund ihres Mitteilungscharakters auf allgemeine musikalische Kategorien, die im Sinne der Tradition als sprachähnlich zu verstehen sind. Indem die Kompositionen in so hohem Maße von der tradierten Musiksprache zehren, bewahren sie zugleich, wenn auch nur erinnernd, Spuren der musikalischen Wirklichkeit der Vergangenheit. Das beschriebene Abhängigkeitsverhältnis von musikalischer

---

38 Vgl. S. 140
39 Vgl. S. 140

Sprache und musikalischer Wirklichkeit[40] ist auch in dieser Musik noch latent gegeben; gleichwohl ist dieses Verhältnis so gespannt und gedehnt, daß es sich scheinbar kaum noch wahrnehmen läßt. Die Musik bewegt sich gewissermaßen auf einem äußerst schmalen Grat; in ihr artikulieren sich zugleich inhaltliche und sprachliche Grenzsituationen. Demgegenüber ist die Musik der unmittelbaren Gegenwart einer musikalisch-gesellschaftlichen Wirklichkeit ausgesetzt, deren Pluralismus den Anspruch der Musik, Sprache zu sein, paralysiert und erstickt. Die gegenwärtige musikalische Wirklichkeit ist weder, wie es im frühen 19. Jahrhundert möglich war (einige Gründe hierfür wurden aufgezeigt), im musiksprachlichen Sinne zu erreichen, noch gehen von ihr Impulse aus, die als sprachlich oder sprachähnlich definiert werden können. Selbst der in den Kompositionen der Wiener Schule sich manifestierende musiksprachliche Anspruch scheint in einer veränderten musikalischen Wirklichkeit, wie sie heute begegnet, nicht wiederholbar zu sein.

Im Anschluß an die neue Musik der ersten Hälfte des 20. Jahrhunderts wurde das sprachliche Unvermögen der gegenwärtigen Musik zunächst jedoch nicht als Verlust empfunden; das Gegenteil war der Fall. Es gehörte zum Programm der seriellen Musik nach 1950, jegliche Art musikalischer Muster und Kategorien bewußt zu tilgen und aus den Kompositionen zu verbannen. Die Musik will nicht mitteilen; sie stellt vielmehr ein durchorganisiertes Ordnungsgefüge dar, das "den Zustand meditativen Hörens" hervorruft; "man hält sich in der Musik auf, man bedarf nicht des Voraufgegangenen oder Folgenden, um das einzelne Anwesende (den einzelnen Ton) wahrzunehmen"[41]. Das den Kompositionen anhaftende Signum der Sprachlosigkeit gerät seit Anfang der sechziger Jahre zunehmend ins Bewußtsein. Neben dem meditativen Hören und der ihm zugeordneten Musik begegnen seit dieser Zeit kompositorische Versuche, die gegebene pluralistische Wirklichkeit musikalisch zu erfassen, indem man ihre Pluralität in den Kompositionen widerzuspiegeln und zu verdoppeln trachtete (z.B. mit Hilfe von Zitaten, Collagen bzw. vorgeprägten musikalischen Materialien schlechthin). Beiden Formen musikalischer Erfindung und Reaktion ist das Unvermögen gemeinsam, musiksprachliche Ausdrucksformen in einer entsprachlichten musikalischen Wirklichkeit zu finden. Dennoch wäre es falsch und der Sache unangemessen, der neuen Musik musikalische Ausdrucksformen abzusprechen; diese Ausdrucksformen aber als sprachlich oder sprachähnlich zu bestimmen, wäre ebenso falsch. Weberns Musik wird häufig als eine Musik des Verstummens[42] beschrieben, d.h. als eine Musik, die Fragmente von Sprache bewahrt, sich zugleich aber an der Grenze zur Sprachlosigkeit bewegt. Der neuen Musik der Gegenwart ist dieser schmale Bereich zwischen Sprache und Sprachlosigkeit versagt; sie verfällt der Sprachlosigkeit, wenn sie beansprucht, Sprache zu sein.

---

40 Vgl. S. 138ff.

41 K. Stockhausen, Situation des Handwerks (Kriterien der punktuellen Musik), in: Texte zur elektronischen und instrumentalen Musik, Bd. 1, Köln 1963, S. 21

42 Vgl. Th.W. Adorno, Anton von Webern, in: Klangfiguren, = Musikalische Schriften I, Frankfurt/M. 1959, S. 180

Giselher Klebe
VON DER VERANTWORTUNG DER KUNST HEUTE
Ein Gespräch mit dem Herausgeber

E.: Herr Klebe, Sie haben in einem Vortrag zur Eröffnung des Studienjahres
1975/76 von den Traumata der Neuen Musik gesprochen*. Ich möchte zwei wichtige Sätze daraus zitieren: "Der revolutionär-avantgardistische Elan, der
das Hauptingrediens alles dessen ausmacht, was unter dem Namen 'Neue Musik'
figuriert, ist an absoluten Grenzen angelangt... Das Trauma, aus analytisch-
enzyklopädisch zusammengetragenen Elementen ein akustisches Novum herzustellen, legt sich wie Meltau auf die inspiratorischen Quellen, wenn nicht
das Bewußtsein eintritt, daß Musik weniger das nebenbei klingende Erzeugnis
hypothetischer Konstruktionsbegeisterungsausbrüche, sondern die klingende
Synthese aller Zuträger zu sein hat." Wie stehen Sie heute zu Ihrer Aussage?
Hat sich die Lage geändert?

K.: Ich stehe auch heute noch zu der These, daß die Entwicklung der Neu-
en Musik in unserem Jahrhundert Traumata ausgelöst hat, die uns bedrängen
und die wir in gemeinsamem Nachdenken überwinden müssen. Ich meine das Trauma des Fortschrittdenkens, das ja nicht nur in den Bereichen der Wissenschaft und der Wirtschaft unser Leben beherrscht, sondern auch in der Kunst,
und das an seine Grenze stößt. Der Glaube an einen kausalen Fortschritt,
der uns zu immer neuen Ufern führt, schwindet, und zwar mit Recht. Das ist
weniger ein Problem des einzelnen Komponisten und schon gar nicht ein Bezweifeln seiner schöpferischen Potenz, sondern gehört zu den Fragen, die
uns alle angehen. Insofern ist die Kunst im gleichen Boot wie alle Bereiche
unseres Lebens, wo wir solche Erfahrungen ja machen.

E.: Die Kritik am naiven, quasi automatischen Fortschritt legt es nahe,
nach dem Selbstverständnis des Künstlers zu fragen. Schönberg hat in einem
bekannten Diktum den Umschlag vom handwerklich orientierten zum "autonomen"
Künstler prägnant formuliert, wenn er sagt, Kunst komme nicht von Können,
sondern von Müssen. Solches Müssen impliziert, das Genie sei Sprachrohr des
"Unendlichen", habe also eine prophetisch-priesterliche Aufgabe zu erfüllen,
die sich eben nur vor dem "Unendlichen" oder der "Geschichte", also im
Grunde gar nicht zu verantworten habe. Ist hier nicht auch eine Grenze sichtbar geworden, die es nahelegt, zu sagen, Kunst käme nicht nur von Können
oder von Müssen, sondern insbesondere von Verantworten?

K.: Aus diesem Impetus heraus habe ich damals meinen Vortrag gehalten.
Ich meinte sagen zu müssen, daß die von der Wissenschaft adaptierte Form
des Experiments in der Kunst an die Grenze dessen stößt, was verantwortet
werden kann, wenn man noch von Kunst sprechen will.

E.: Nun enthält der Begriff der Verantwortung ja einen ethischen Impuls.
Wie verstehen Sie ihn im Zusammenhang der Kunst und des Komponierens?

K.: Ich glaube, daß die Faszination des "Neuen", wie sie uns seit Beginn
der Neuzeit verfolgt, in diesen Zusammenhang gehört. Wenn Aspekte, Probleme

---

* G. Klebe, Die Traumata der Neuen Musik, in: Meyers Enzyklopädisches Lexikon, Mannheim-Wien-Zürich o.J. (Sonderbeitrag)

oder Sachverhalte unseres Denkens und Sehens neu in den Horizont traten, dann waren es meist Varianten bereits vorliegender Erfahrungen, die aber wieder vergessen worden sind. Das Schwierige ist, daß mit fortschreitender Neuzeit solche Neuerungen immer stärker unter dem Aspekt äußerer Kriterien gesehen wurden, die keineswegs in jedem Fall mit einer Bereicherung der inneren Substanz Hand in Hand gingen. Man hat übersehen, daß die geistig-seelische Entwicklung des Menschen - und damit hängt ja die Entwicklung der Kunst entscheidend zusammen - auf anderen Bahnen läuft als der des Immer-Neuen. Was nicht heißt, daß Kunst nicht nach neuen Ausdrucksformen sucht, die dem jeweiligen geschichtlichen Standort entsprechen. Aber dieses Neue ist nach meiner Überzeugung vor allem Variante, deren Grundmuster im anthropologisch - oder wenn Sie so wollen: metaphysisch - unveränderbaren Kern des Menschen verankert ist. Die Wahrung dieses Zusammenhangs gehört zu dem, was man Verantwortung des Künstlers nennen kann.

E.: In den Bereich eines solchen anthropologischen Fundaments, das ja Bedingung für Leben überhaupt ist, gehört doch offensichtlich auch, daß Musik ihre "Sprachlichkeit" nicht verlieren darf. Sie ist nicht nur Ausdruck eines Menschen, der anderen etwas mitteilen will, sondern sie will auch verstanden werden. In unserem Jahrhundert ist dieses Problem besonders deutlich geworden, wobei die Alternative Tonalität-Atonalität in diesem Zusammenhang gewiß nicht im Vordergrund steht. Wie denken Sie darüber?

K.: Lassen wir dahingestellt bleiben, ob der "Tristan" Richard Wagners als Ausgangsbasis einer Entwicklung angesehen werden kann, die folgerichtig - Schönberg gebraucht immer wieder den Begriff "Konsequenz" - neue Ausdrucksformen der Musik ermöglicht oder erzwungen hat, oder ob er vielmehr das letzte "Warnschild" vor der Grenze war. Gewiß ist nach meiner Überzeugung, daß die Wiener Schule die Dimension der Sprachlichkeit vernachlässigt hat. Der Faden der Kommunikation reißt, der Hörer kann den Sprachintentionen des Komponisten nicht mehr folgen, weil die Strukturen zu kompliziert geworden sind. Er verliert die Geduld und "schaltet" ab; oder er gibt in mißverstandener Begeisterung für das Ungewohnte und Neue vor, er habe die Musik verstanden. Sie wissen ja, daß Schönberg gelegentlich geklagt hat, seine Freunde hätten ihm mehr geschadet als seine Feinde. Auch Adornos Interpretation der Wiener Schule und ihrer Vorstellungen hat leider das Ihre dazu beigetragen, das Mißverständnis zu vertiefen.

Es kann kein Zweifel sein, daß die Erwartungen des Komponisten und der Grad der Verständnisbereitschaft beim Hörer in den letzten Jahrzehnten bedenklich auseinandergefallen sind. Ganz abgesehen davon, daß vieles komponiert worden ist, z.B. bei Schönberg und Berg, was gehörmäßig gar nicht erfaßt werden *kann*, auch nicht unter der Voraussetzung, daß die Hörfähigkeit weiterentwickelt werden kann.

Daß diese Weiterentwicklung der Hörfähigkeit, in die Schönberg sein Vertrauen setzte, nicht über eine schon Schönberg bekannte Grenze hinausgeführt werden kann, ist inzwischen akustisch bewiesen. Es ist zu einer Kernfrage des Gewissens des Komponisten geworden, inwieweit eine intellektuell geformte, aber akustisch nicht in dieser Exaktheit nachzuvollziehende Musik komponiert werden soll. Ich beziehe mich hier auf meinen eingangs von Ihnen zitierten Satz, daß Musik weniger das "nebenbei klingende Erzeugnis hypothetischer Konstruktionsausbrüche, sondern die klingende Synthese aller Zuträger zu sein hat." Natürlich kann man sagen, daß solche Musik geschrieben werden mußte (oder auch muß), damit man zur Erkenntnis der Situation kommen kann. Der Irrtum ist ein wichtiger Treibstoff der Geschichte. Aber entscheidend ist doch, was man aus solcher Einsicht in einen Irrtum macht. Ich meine, dies ist eine Frage der Verantwortung: In dem Moment, wo ich ein solches Problem wie das des drohenden Sprachverlustes erkenne, wo eine Musik seine Adressaten nicht mehr erreicht, die sie erreichen will, darf ich nicht mehr weiterschreiten auf dem alten Weg. Eine solche Einsicht ist natürlich keine Sache von verbindlichen Normen, die für alle Komponisten Geltung beanspruchen. Verantwortung ist Sache des einzelnen und seines Gewissens. Ich muß an diesem Punkte schon allein deshalb zurückhaltend sein, weil es künstlerische Entscheidungen gegeben hat, die ich zunächst für verantwortungslos gehalten, erst später aber als notwendig erkannt habe. Aber darüber hinaus gilt, daß es nicht nur der Hörer schwer hat, der Entwicklung der Musik zu folgen, sondern daß der Primat des Neuen, zumal bei dem Tempo der Entwicklung, zu einer Abnutzung neuer Kompositionsmittel führt, die alle erschreckt. Adorno hat dieses Problem wohl richtig erkannt, als er vom "Altern der Neuen Musik" gesprochen hat.

Andererseits hat diese Entwicklung auch dazu geführt, den Anspruch des Ewigkeitswertes beim romantischen Musikwerk illusorisch zu machen. Ich glaube, wir müssen wieder zurückkehren zu einer Musikauffassung, die den - recht verstandenen - Gebrauchsanspruch in das Zentrum rückt. Bach hat seine Kantaten bekanntlich nicht für eine solche, im übrigen zweifelhafte "Ewigkeit" geschrieben, sondern für den Gottesdienst eines Sonntags. Dann wurden sie in den Schrank gelegt. Vielleicht holte er sie gelegentlich wieder einmal heraus.

E.: Der Verweis auf Bach und auf die Notwendigkeit, den Gebrauchsanspruch der Musik zu betonen, legt es nahe, über den Ort von Kunst und Musik in unserer Gesellschaft heute nachzudenken. Mit dem Begriff des Gebrauchsanspruchs verbinden Sie doch auch - wenn ich Sie richtig verstanden habe - eine deutlichere funktionale Einbindung der Musik, die dazu beitragen würde, daß der Abstand zwischen Neuer Musik und Hörer, wie er heute leider nicht zu leugnen ist, überwunden werden kann. Zur Zeit ereignet sich Neue Musik fast ausschließlich in Konzertsälen, häufig nur als Alibistück oder bei avantgardistischen Festivals. Neue Opern, und wer wüßte das nicht besser als Sie, werden selten ins Repertoire übernommen. Der Rundfunk hat die Mauer der Nachtprogramme zwar überwunden, aber ob er zugleich den Hörerkreis Neuer Musik vergrößern konnte, ist zu bezweifeln.

Wenn man in dieser Situation den Gebrauchsanspruch der Musik betont, dann ginge es wohl vor allem darum, die Brücke zum Hörer wieder zu finden. Und dies führt zurück zum Problem der Sprachlichkeit. Wie kann die Sprachfähigkeit der Musik zurückgewonnen werden, ohne "überholte" Sprachmittel, die der Geschichte angehören, oder "verlogene" Einfachheit zu postulieren? Der Vorwurf der Nostalgie und der "Regression" wird ja heute mit einem Unterton der Entrüstung erhoben, als ginge es um das Delikt des Verrats. Es ist zuzugeben, daß Kunst nicht nur Einverständnis des Gegebenen, sondern Überschreitung menschlicher Möglichkeiten sucht. Und dies schließt Zumutung, ja auch Provokation ein. Wie kann die Spannung kompositorisch bewältigt werden?

K.: Ich möchte zunächst klarstellen, daß ich mit dem Begriff des Gebrauchsanspruchs natürlich nicht gemeint habe, daß Musik schlicht zum Konsumartikel des Tages wird. Jeder Künstler wünscht seinem Werk eine lange Lebensdauer. Nein, es geht mir vor allem darum, die Einstellung des Komponisten zu umschreiben, der nicht nur komponiert, was ihm der Einfall "diktiert" - ein verhängnisvoller Begriff, so meine ich -, sondern der auch an die Hörer und Spieler denkt.

Was die Verwendung von Stilmitteln und Ausdrucksformen der Vergangenheit angeht, so glaube ich, daß man dem Vorwurf der Regression gelassen begegnen kann, wenn man der Überzeugung ist, daß ich mich nur so ausdrücken kann. Es geht dabei ja um die Ehrlichkeit des Komponisten vor sich selbst. Sie ist schwer zu umschreiben, aber sie kann, so meine ich, einer Komposition abgespürt werden. Ich glaube, daß diese Ehrlichkeit vor sich selbst auch dann zu respektieren wäre, wenn ein Komponist sich entscheiden zu müssen glaubt, nicht chromatisch-zwölftönig, sondern etwa in D-Dur zu schreiben. Freilich wird dies nur überzeugen, wenn man den Verdacht fernhalten kann, dies geschehe nur aus Gründen des Anderssein-Wollens, des Modischen oder was auch immer. Aber man kann die Ehrlichkeit vor sich selber und die äußeren Einflüsse, die eine bestimmte Entwicklung begünstigen, nur sehr schwer voneinander trennen. Manchmal weiß ein Komponist auch gar nicht, ob es mehr die Notwendigkeit der allgemeinen Entwicklung ist, die er spürt und die ihn zu dieser oder jener Entscheidung drängt, oder seine subjektive, mehr persönliche Erwägung. Der Vorwurf der Regression ist in jedem Fall zu pauschal.

E.: Der Psychologe Ernst Kris hat ja den Begriff "Regression" gerade im Zusammenhang der Psychologie des Kunstschaffens positiv, ja als notwendig angesehen - im Gegensatz zu Freud, der ihn als Zurücksinken in die Infantilität prägte, oder der Kritischen Theorie, die die Dialektik des Fortschritts in Gefahr sah. Es scheint überhaupt, daß Regression als negativer Kontrastwert zum positiven (und darin übersteuerten) Begriff der Progression, des Fortschritts geworden ist. Ist nicht aber Regression als Rückgriff auf das eigene Selbst, auf die Tiefenschichten des Er-Lebens notwendig, um leben zu können? Und gälte dies nicht auch für die Musik? Würde in ihr nicht auch gerade dann ein Stück "Mensch" zum Klingen kommen?

K.: Es ist schon fast makaber, daß die Komponisten der ersten Generation der Neuen Musik bekämpft wurden, weil sie Konventionen in Frage stellten oder "über Bord warfen". Das Maß der Beurteilung war die Konvention. In den letzten Jahrzehnten hat sich dies insofern gewandelt, als nun umgekehrt der äußerlich meß- und nachweisbare Fortschritt zur Grundlage der Beurteilung erklärt wird. Diese an äußeren Kriterien gemessene Fortschrittsgläubigkeit gehört zu den Traumata, die ich kritisieren zu müssen glaubte. Man kann die künstlerische Produktion doch nicht auf die gleiche Stufe wie ein Konsumgut stellen. Ein neues Automodell mag neu sein, weil es eine neue Karosserie bekommen hat. Aber inwendig bleibt doch meist alles beim alten, selbst der Motor. Solche Vorstellung von Produktion darf nicht Vorbild der Kunst werden. Das gehört auch in den Bereich dessen, was man Verantwortung der Kunst nennen kann.

E.: Wie beurteilen Sie die jüngste Entwicklung des musikalischen Schaffens? Hier scheint sich eine neue Einstellung zum Komponieren durchzusetzen, die auch nicht davor zurückscheut, wieder den Begriff der Schönheit zu gebrauchen.

K.: Ich halte es für sehr wichtig, diesen Aspekt von Kunst wieder aufzugreifen, der entweder überdeckt oder vergessen oder auch bewußt zerstört worden ist. Natürlich ist der Begriff der Schönheit sehr schillernd geworden. Aber sieht man einmal davon ab, dann muß man mit Bedauern feststellen, daß Schönheit als Kriterium von Kunst oft genug anderen Ansprüchen weichen mußte, die nicht unbedingt etwas mit Kunst zu tun haben. Ich meine, daß etwa die Überbewertung des "Geistigen" in der Kunst (und ich beziehe mich dabei auf Kandinskys Schrift "Das Geistige in der Kunst") auch dazu beigetragen hat, Schönheit in der Kunst als minderwertig oder nicht mehr zeitgemäß anzusehen. Was heißt denn "geistig"? Ich verstehe unter diesem Begriff mehr als nur das Umwerfen von Konventionen oder die Veränderung von bestimmten Konstruktionsbestandteilen. Man kann doch nicht im Ernst behaupten, daß die Entscheidung, zwölftönig zu komponieren, eine Entscheidung für das "Geistige" in der Kunst sei. Die Dogmatisierung ging ja früher so weit, daß der, der "nur" zehntönig komponierte, in den heiligen Hain des "Geistigen" nicht aufgenommen werden konnte. Ich weiß das aus eigener Erfahrung. Natürlich komponiere ich heute ebenso wie vor dreißig Jahren zwölftönig, aber in ganz anderer Weise als Schönberg. Für ihn war nach der Erfindung der Zwölftonmethode das Problem des harmonisch-vertikalen Gefüges einer Komposition zweit- oder drittrangig geworden. Diese Einstellung kann ich nicht teilen. Für mich ist die Harmonie eine unabdingbare Notwendigkeit. Die Grundforderung des geregelten Simultanklangs mit der für mich unverzichtbaren Idee des Komponierens mit den zwölf Tönen zu verknüpfen und daraus eine klanglich wahrnehmbare Ordnung zu gestalten, ist die conditio sine qua non meines musikalischen Schaffens.

E.: Wenn ich noch einmal zurücklenken darf auf die Scheinalternative von Schönheit und Geist: Sind viele zeitgenössische Komponisten nicht auch deshalb so allergisch gegen eine wie auch immer geartete Ästhetik der Schönheit, weil ihr Selbstverständnis, vor allem in der Nachfolge Schönbergs, vom Postulat der Provokation bestimmt ist, die das Beunruhigende oder gar Häßliche bevorzugte, um den Menschen den Spiegel ihrer - wie die Kritische Theorie nachträglich gedeutet hat - Entfremdung vorzuhalten? Wie stehen Sie dazu?

K.: Mit dem Vorhalten des Spiegels habe ich meine Zweifel. Ein Spiegel setzt ja bekanntlich voraus, daß der, der in ihn hineinschaut, sich auch wiedererkennt, zumindest, daß er weiß, daß er in einen Spiegel schaut. Die meisten Menschen suchen in der Kunst aber nicht einen solchen Spiegel, sondern sie hoffen, im Erleben von Kunst etwas in sich wiederzufinden, was ihnen selber verborgen geblieben ist, was sie vielleicht auch nicht wahrhaben wollen (insofern muß Kunst auch provozieren) oder was sie bestätigt wissen wollen. Vielleicht suchen sie auch und vor allem das Spiegelbild einer Ordnung, die die Summe aller Teile übersteigt, die unbewußt aufscheint wie die Ordnung des Geschaffenen. Ob man das mit dem abgegriffenen Ausdruck Provokation bezeichnet oder nicht, ist zweitrangig.

E.: Provozieren heißt dem genauen Wortsinn nach nur heraus-rufen. Kunst sollte also - so gesehen - den Menschen aus seiner, wie Heidegger gesagt hat, "Uneigentlichkeit" herausrufen. Aber wohin ruft Kunst?

K.: Genau dies scheint mir das Problem einer Kunst zu sein, die einseitig auf - meist ja vordergründig gesellschaftspolitisch motivierte - Provokation setzt. Die Frage ist doch, mit welcher Vollmacht dies geschieht. Wer legitimiert den Künstler, diese Rolle zu übernehmen?

E.: Die Zweite Aufklärung in unserem Jahrhundert hat an diesem Punkt ja bekanntlich ihre Schwierigkeiten gehabt. Keiner wußte so recht, wohin denn die Reise gehen sollte und mit welchem Anspruch sie ihren Zeitgenossen den Spiegel vorzuhalten nicht müde wurde. Man wird den Verdacht nicht los, daß der, der provoziert, zu wenig davon weiß, daß er selbst genauso im Dilemma steckt wie der, den er herausrufen möchte; also ein Defizit an Selbstkritik. Und ist nicht auch die Musik selbst in den Strudel geraten, in dem der Mensch sich heute wiederzufinden scheint?

K.: Es ist immer schwierig, den Zusammenhang von Kunst und Ethos deutlich zu machen, ohne beiden zu schaden. Wenn ich persönlich Erfahrungen der Kunst, der Natur oder des Glaubens reflektiere, dann komme ich immer wieder an einen Punkt, wo die Linien sternförmig zusammenzulaufen scheinen. So empfinde ich, so denke ich, so fühle ich. Selbst wenn ich nicht immer in der Lage bin, so zu handeln, wie es sein müßte. Ich weiß aber: So möchtest du handeln, so möchtest du gerne sein. Mit der "Überheblichkeit" eines kunstschaffenden Menschen bilde ich mir ein, daß ein anderer Mensch auch so denken, empfinden und handeln würde wie ich, mit dem ich zumindest partiell übereinzustimmen meine. Für diesen Menschen komponiere ich. Andere zu provozieren setzt also die Provokation meiner selbst voraus. Und ich glaube, das ist der Kern dessen, was man das Humanum der Kunst nennen könnte. Wenn ich einen Kompositionsschüler unterrichte, dann gebe ich ihm nicht in erster Linie meine Kompositionstechniken weiter, sondern versuche, ihn zu sich selbst zu führen. Dann kann er gerne anders schreiben als ich. Wichtig ist, daß Person und Ausdruck samt Technik eine überzeugende Einheit werden. Ich glaube, dies ist ein Stück pädagogischer Verantwortung, die zugleich eine künstlerische ist. Mein Lehrer Boris Blacher war für mich weit mehr als nur ein Kompositionslehrer. Er hat mir die Freiheit gegeben, mich selbst zu finden, auch auf Wegen, die er für sich selbst radikal ablehnen zu müssen glaubte.

E.: Es ist bezeichnend, wie Sie die etwas abstrakte Frage nach dem Humanum in der Musik immer wieder auf Ihre eigene Person und Ihre Einsichten und Erfahrungen rückbeziehen. Das Reden vom "Menschen" oder vom "Menschenbild" droht ja meist in eine unverbindliche Konturlosigkeit zu geraten, die keinem mehr hilft. - Darf ich abschließend noch einmal auf das für mich dringliche Problem der Sprachlichkeit der Musik zurückkommen? Glauben Sie nicht auch, daß die Subjektivierung im musikalischen Schaffen nicht ungestraft die Basis der Allgemeinverständlichkeit vernachlässigen darf? Bleibt nicht auch unsere Alltagssprache selbst für hochesoterische Lyrik Bezugspunkt des Verstehens? Muß nicht die Unverletzlichkeit der semantischen Grundschicht musikalischer Sprachlichkeit erhalten bleiben, wenn Komposition weiterhin Mit-Teilung bleiben will? Und ich wage zu sagen: Ist Musik denn nur (noch) Ausdruck eines Individuums oder nicht vielmehr *auch* hörbares Symbol eines Gemeinsamen unter Menschen? Ich weiß, dies klingt gefährlich. Aber welche andere Funktion hat denn das Kirchenlied oder die Nationalhymne oder der Schlußsatz der Neunten von Beethoven als gerade das (jeweilig) Gemeinsame zum Ausdruck zu bringen? Ich möchte Sie einmal prägnant fragen: Könnten Sie sich vorstellen, daß Sie - auch im Sinne einer stärkeren funktionalen Einbindung der Musik (Sie sprachen vorhin vom "Gebrauchswert") - eine jeweils modifizierte Musiksprache "sprechen" könnten, je nachdem, ob Sie ein Werk für Donaueschingen oder für den Evangelischen Kirchentag oder für den Schulchor in X komponieren? Und dies nicht so sehr im Hinblick auf die Leistungsfähigkeit der Musiker, sondern der der Hörer samt ihren Erwartungen?

K.: Ich gehe davon aus, daß eine Komposition für ein extravagantes Publikum, für einen Kirchentag oder für einen Schulchor Unterschiede im rein technischen Bereich - also Besetzung, Schwierigkeitsgrad, Dauer und evtl. Textwahl - hat, aber die individuelle Sprache des jeweiligen Komponisten spricht. Dies setzt voraus, daß die Sprache verstanden werden kann, ohne daß deswegen - um im Bild zu bleiben - Wörterbücher und Grammatik beim Spieler oder Hörer verteilt werden müssen. Es ist ungemein schwer, ein Gegenwartsgefühl, das der Künstler individuell zu spüren meint, *nicht* zu verleugnen und gleichzeitig dieses Gefühl in einen allgemein verständlichen Sprach-Konsens zu bringen. Aber diese Schwierigkeit muß jeder Künstler bewältigen, und ich glaube, daß die Kluft zwischen Ausübenden und Hörer einerseits und dem Komponisten andererseits schon verringert wird, wenn der Versuch zu dieser Bewältigung hörbar wird, ohne daß er vorher umständlich erläutert wurde. Auch diese Aufgabe gehört in den Verantwortungsbereich des Künstlers.

Rudolf Affemann

ZWISCHEN VERKOPFUNG UND IRRATIONALITÄT

Der geteilte Mensch im Zeitalter der Verschulung

In den letzten beiden Jahrzehnten ging eine neue Welle der Aufklärung über uns hinweg. Der durch diese geistige Bewegung geprägte Zeitgeist schätzte Verstand, Vernunft, Wissen, Wissenschaft, Technik, das Machen und das Machbare zu hoch ein. Damit entstand ein geistiges Klima der Überbewertung des Sachlichen, Nüchternen, Zweckhaften, Praktischen, Nützlichen. Mit jener übermäßigen Hochschätzung des Rationalen ging einher eine Unterbewertung des Emotionalen. Wenn ich vom Emotionalen rede, meine ich die Wirklichkeiten von Gefühl, Gemüt, Intuition, Instinkt, Erlebnisfähigkeit, Phantasie, Antrieb. Die so entstandene Atmosphäre prägte den Einzelmenschen, die zwischenmenschlichen Beziehungen, den Mitmenschen, die Gesellschaft zutiefst. Was waren und sind die Folgen jener Gleichgewichtsverschiebung im Spannungsfeld zwischen dem Rationalen und dem Emotionalen?

Dem menschlichen Bewußtsein, dem Empfinden, Befinden und Verhalten ging die Dimension des Emotionalen in erheblichem Umfang verloren. Das Lebensgefühl wurde oft schal. Eine Stimmung von Leere und Langeweile griff um sich. Viele gewöhnten sich daran, Anregungsmittel von außen zu nehmen, um das Lebensgefühl zu steigern und Lebensspannung zu schaffen. Das mögen materielle Mittel wie Zigaretten oder Alkohol sein. Auch starke Reize, wie sie die Massenmedien oft liefern, kommen hierzu in Frage (wie etwa die Sensationsmeldungen als Morgenlektüre).

Der Schwund des Emotionalen wirkte sich auch auf das Rationale im Menschen aus. Der Typ des instinktlosen und gefühlsarmen Intellektuellen mehrte sich. Ein Denken nahm zu, das in sich stimmige, geschlossene Gedankenfolgen aufzubauen imstande ist, und dennoch wirklichkeitsfremd blieb. Die Fähigkeit, zunächst einmal intuitiv den Kern einer Sache zu erahnen oder zu spüren, wo ein Problem liegt, um es danach mittels kritischer Reflexion zu durchdenken, bildete sich zurück. Häufig unterbleibt heute die Prüfung von Gedankengängen an der Realität mit Hilfe des Instinktes. Emotional verarmte Menschen haben keine gefühlsmäßige Ausstrahlung. Ihre Kommunikation Mitmenschen gegenüber läuft über die Schiene des Rationalen; ihre Verständigungsmittel beschränken sich auf das Argument.

Infolge der einseitig rationalen Einstellung wird die Beziehung zum Mitmenschen, ebenso wie der Mitmensch selbst, verändert. Der Verlust an Gefühl bewirkt eine soziale Verarmung des Menschen. Je weniger Gefühle wir haben, umso weniger sind wir zu Gefühlsbeziehungen und zu Bindungen fähig, die von emotionalen Wirklichkeiten getragen werden. Also ist es nötig, mitmenschliche Beziehungen auf gemeinsame Interessen und Funktionen zu gründen. Zwischenmenschliche Beziehungen werden damit funktionalisiert. Sie erhalten einen zweckrationalen Charakter.

Ohne emotionale Beteiligung am Anderen wird der Mitmensch zu einer leibhaftigen Funktion, zu einer Sache, mit der man umgeht. Der Mensch fungiert nun als Konsumgut, das man verbraucht, verschleißt und danach, ohne daß einen dies sonderlich aufregen würde, wegwirft. Der Mitmensch wird, wenn wir gefühlsmäßig an ihm nicht beteiligt sind, zu einem Funktionsträger in der Arbeitswelt.

Ohne Gefühlsbeziehungen zwischen Mensch und Mensch ist der Einzelne nicht davor gefeit, seiner menschlichen Würde beraubt zu werden. Selbst eine ethische oder gar religiöse Betrachtungsweise des Menschen garantiert nicht, sofern sie den Menschen nur sachhaft betrachtet, seine Humanität. Erst wenn diese Auffassung von Menschsein gelebt, also ins Emotional-Soziale, oder um es altmodisch zu sagen, in Liebe umgesetzt wird, ist der Mensch davor geschützt, zu einem Ding zu werden.

Der rationalistische Zeitgeist führte ferner zu Verzerrungen im Verständnis von Gesellschaft. Gesellschaft wurde und wird ebenfalls zu funktionalistisch und zu wenig personal gesehen. Wir meinten, Gesellschaft zu sehr auf Befriedigung und Ausgleich von Interessen aufbauen zu können. Organisierte und organisatorische Prozesse überwucherten direkte Bezüge von Mensch zu Mensch. Manche glauben immer noch an die Machbarkeit der Gesellschaft. Dabei schaffen sie aber nicht nur - oder besser gesagt gerade nicht - humanere Lebensbedingungen, unter denen sich der Einzelne besser entfalten könnte. Der überzogene Glaube an das Machen macht den Menschen zu einem Objekt des Machens. Auch dies ist ein Weg zur Entpersönlichung des Menschen. Humanisierung der Gesellschaft verlangt jedoch gerade umgekehrt Personalisierung mitmenschlicher Verhältnisse. Dies aber beinhaltet und setzt Menschen voraus, die ihre Gesamtpersönlichkeit, darunter auch die Schicht des Emotionalen, entwickeln. Je mehr das Emotionale verdrängt wird, umso mehr muß folglich auch das Gemeinwesen Schaden nehmen.

Mit der Hypertrophie des Rationalen ging eine Mangelentwicklung des Emotionalen einher, stellten wir fest. Was sind die Folgen dieser Unterentwicklung? Aufgrund der einseitigen Identifizierung mit dem Kopf kommt es zu einer Abspaltung des Gefühls- und Gemütsbereiches. Verneinte, abgewertete, also ungeliebte Gefühle können jedoch nicht heranreifen. Das ist beim Erwachsenen der Fall, der sich gegen jene Wirklichkeiten in sich absperrt. Es trifft noch mehr auf Kinder zu. Sie leben weit stärker als der ältere Mensch in diesen Bereichen. Das Emotional-Soziale ist die Grundlage, auf der die Persönlichkeit beim Kind aufgebaut wird. Entsteht kein tragfähiges emotionales Fundament, so hängt alles Weitere und Spätere in der Luft. Wenn Eltern nicht dazu fähig sind, sich emotional, also nicht nur vom Willen, sondern vom Gefühl her, an sie zu binden, so werden die Kinder ihrer selbst nicht sicher. Folge der inneren Unsicherheit sind Labilität, Anfälligkeit, Angst. Eltern, die ihre Kinder gefühlsmäßig unterernähren, erzeugen emotional verhungerte Kinder und Jugendliche.

Das Resultat mangelnder gefühlsmäßiger Zuwendung ist auf der einen Seite Gefühlsarmut, Gefühlskälte der bewußten Persönlichkeit sowie manches an affektiven Problemen in ihrem Unbewußten. Werden die emotionalen Anlagen aufgrund einer falschen Haltung zu sich selbst bzw. aufgrund unzureichender emotionaler Anregung von außen nicht entwickelt, so entstehen aus ihnen primitive Affekte. Werden diese Affekte ebenfalls wieder zurückgestaut, so bildet sich ein oft erheblicher Affektdruck. Er versucht sich zu entladen.

Dumpfe affektive Spannungen hindern z.B. Schüler daran, mit gesammelter Aufmerksamkeit zu lernen. In vielen Klassen herrscht eine Atmosphäre nervöser Unruhe. Unausgelebte Bewegungsimpulse, unterschwellige Aggressionen, sowie der affektive Stau des Inneren machen sich Luft in Form von Schwätzen, nervösen Bewegungen und Störhandlungen. Je weniger der emotionale Untergrund des jungen Menschen zur Entfaltung gebracht wird, umso mehr entstehen neurotische Störungen, die rationale Funktionen und soziale Bezüge einschränken. Affektive Stauungen tragen demnach wesentlich bei zur Ausbildung der heute verbreiteten Lernstörungen. Es rächt sich folglich, wenn in einer verkopften Welt das Emotionale vernachlässigt wird. Das Unterdrückte richtet sich auch hier gegen den Unterdrücker.

Angestaute Affekte haben die Tendenz, in Form von Affekthandlungen auszubrechen. Häufig kommt es dabei zu einer Verbindung mit Aggressions- und Destruktionspotentialen, die im Unbewußten bereitliegen. Diese Zusammenhänge zeigen sich besonders deutlich in extremen Formen von Affekthandlungen. Jugendliche Gewalttäter sind oftmals in ihrem bewußten Verhalten gefühlsarm oder gar gefühlskalt. Andere Menschen berühren sie nicht gefühlsmäßig. Ganz plötzlich, - sei es, daß der Binnendruck zu groß wurde, sei es, daß eine zusätzliche Belastung hinzutrat, sei es, daß sich ein günstiges Opfer anbot -, kommt die Affekthandlung zustande. Brutalitäten, Grausamkeiten, die häufig der Umwelt unverständlich sind, treten hierbei zutage. Leider hat rohes, gefühlskaltes, brutales Verhalten unter Jugendlichen in der letzten Zeit spürbar zugenommen.

Werden die Primitivaffekte durch moralische Hemmungen oder durch Disziplinierung bzw. durch Angst vor den Folgen daran gehindert, nach außen zu dringen, so tendieren sie dazu, nach innen, in den Körper hineinzugehen. Verdrängte Affekte somatisieren sich, wie es in der Sprache der Psychosomatischen Medizin heißt. Sie toben sich im Körper aus, beeinträchtigen die nervliche Steuerung des Leibes, stören Organfunktionen, ziehen Organkrankheiten nach sich. Jene Affekte suchen sich im Körper den Ausdruck, der ihnen im Erleben, in der Sprache und in Form von anderen Ausdrucksmitteln nicht zur Verfügung steht. Die Medizin redet von der Sprache der Organkrankheiten. Weil also kein anderer Ausdruck möglich ist, wählt das Unbewußte den Ausdruck der Störungen oder gar Veränderungen leiblicher Organe.

Die Zunahme von vegetativen Fehlregulationen, organischen Störungen und psychosomatisch bedingten Organerkrankungen geht somit u.a. auch auf Affekte zurück, die nicht zur Reifung gelangen, die nicht in das bewußte Befinden und Verhalten hineingenommen werden, die sich in der Sprache und mit anderen Ausdrucksmöglichkeiten nicht zu äußern vermögen. Auch die Verarmung des Menschen unserer Zeit, was Ausdrucksformen emotionaler Inhalte anlangt, ergibt sich aus der Überbewertung des Rationalen sowie der Unterbewertung des Emotionalen.

Unsere Sprache erhielt fast vollständig den Charakter der Informations-
sprache. Mit ihrer Hilfe werden folglich rationale Informationen ausge-
tauscht. Unsere Sprache erschöpft sich zumeist in rationaler Kommunikation.
Ihre ursprüngliche Funktion, als Ausdruck unbewußter Inhalte zu dienen,
ging hierbei weitgehend verloren. Die Sprache unserer Zeit ist darum kaum
mehr imstande, emotionale Kommunikation herzustellen. Das bedeutet: sie
kann weder Emotionales im anderen Menschen anregen und herausfordern, noch
vermag auf diesem Wege Emotionales seine Form zu finden und dabei zu reifen.
Ebensowenig ist es einer so verarmten Sprache möglich, emotionale Spannungen zum Abfließen zu bringen. Dieser Schwund der Ausdrucksprache muß zusammen gesehen werden mit dem Verlust anderer Äußerungsmöglichkeiten für
Emotionales. Beeinflußt von dem Ideal, "cool" zu sein oder dem Leitbild der
Älteren, nüchtern und sachlich zu sein, zeigen wir zu wenig Gefühle. Eine
lange Vorgeschichte hat den Weg hierzu bereitet. Begeisterung war suspekt
geworden, nachdem sie im Dritten Reich in schlimmster Weise mißbraucht worden war. Um sich nicht ähnlich wie in jener Zeit zu Gefühlsbewegungen und
Gefühlshandlungen hinreißen zu lassen, bezog der Nachkriegsdeutsche ge-
nerell eine skeptische Haltung Gefühlen gegenüber. Ferner disponierte uns
eine Unterströmung in unserer Kultur, die bis an die Ursprünge der abendländischen Geschichte zurückreicht, dazu, Gefühle zu disziplinieren, gleich-
mütig zu sein, mehr den Kopf als das Herz walten zu lassen.

Heute sind nun Mimik und Gestik bei vielen Menschen erloschen. Auf diesem Weg kommen kaum mehr Gefühle zum Vorschein. Die Stimme vieler Menschen
ist unbewegt. Gefühlsbewegungen bringen sie nicht mehr zum Schwingen. Noch
vor 60-70 Jahren wurde in Handwerksbetrieben oder bei der bäuerlichen Arbeit häufig gesungen. Der Takt, der Lärm, der Geist einer mechanisierten
Fertigung hat uns das Singen ausgetrieben. Schließlich wurde dem Bürger der
Konsumgesellschaft das Ohr auf Musikkonsum gerichtet und der Mund verstopft.

Glücklicherweise wehrt sich die vergewaltigte Natur des Menschen. Die
Gläubigkeit dem Rationalen, dem Machbaren und dem Machen gegenüber weicht
einer Ernüchterung. Das Bedürfnis nach der Wärme und dem Leben des Emotionalen wird stärker. Singen wird wieder modern. Es wäre jedoch verfehlt anzunehmen, die menschliche Natur sei so vollkommen, daß sie das Gestörte von
selbst aufgrund ihrer konservierenden und regenerierenden Dynamik wieder
in's Lot zu bringen vermöchte. Die Sehnsucht nach Gefühl und Gemüt ist mit
erheblichen Gefahren verbunden. Überläßt man den Trend der Psyche sich
selbst, so wird man wohl wieder beobachten können - wie so oft in der Geschichte - daß ein Extrem das andere ablöst. Aus dem Rationalismus der letzten zwei Jahrzehnte, der dem Irrationalismus des Nationalsozialismus folgte,
könnte besonders bei uns Deutschen, die wir offenbar zu extremen Ausschlä-
gen neigen, ein neuer Irrationalismus werden.

Ein solcher Irrationalismus käme zustande, wenn wir, enttäuscht von den
Ergebnissen unserer rationalistischen Gläubigkeit, nun im Emotionalen ein-
tauchen würden, anstatt es der Gesamtpersönlichkeit einzufügen. Ein neuer
"Ismus" wäre dann geboren, wenn das Emotionale mit einer höheren Wertigkeit

als das Rationale versehen würde. Unser Ziel muß es daher sein, Rationales und Emotionales im Menschen in ein spannungsvolles Gleichgewicht zu bringen. Wird der Intellekt somit von Gefühl und Gemüt getragen und durchdrungen, so bildet sich lebendiger Geist anstelle von dürrem, totem Intellekt. Bringt die Ratio Klarheit und verhilft bewußter Ausdruck Gefühlen zur Kultur, so entsteht eine menschliche Gefühls- und Gemütswelt.

Ausblenden des Rationalen kann zu einer neuen Form dumpfer Gefühligkeit führen. Aber auch Konsum von außen zugeführten irrationalen Ersatzinhalten ist möglich. Es mag dies die Welt der Drogen oder einer Konsumreligiosität oder irrationaler Ideologien sein. Die Gefahr für alles liegt spürbar in der Luft. Erziehung zur Kritikfähigkeit allein wird jene Gefahren nicht bannen. Wer sich so viel vom Kritikvermögen verspricht, offenbart nur noch einmal seine Fehleinschätzung rationaler Möglichkeiten. Verlangen nach emotionalen Erfahrungen wird auf künstliche Weise gestillt werden, wenn der Mensch nicht imstande ist, auf natürliche Weise Gefühlserfahrungen zu machen. Hierzu sind jedoch mehrere Voraussetzungen nötig:
1. Die im Menschen selbst bereitliegenden Möglichkeiten des Emotionalen gilt es zu erschließen.
2. Dem Menschen ist zu soviel Stabilität, zu Ichstärke (um es psychologisch auszudrücken) zu verhelfen, daß er sich ohne Angst eigenen Gefühlen überlassen kann, daß er nicht aus Angst, von ihnen hinweggerissen zu werden, auf den Konsum fremder Inhalte ausweicht.
3. Damit Gefühlsspannungen nicht zu groß werden, sind Ausdrucksmittel erforderlich.
4. Soll all dies gelingen, so verlangt dies Erziehung, Erziehung im allgemeinen und Erziehung des Emotionalen im besonderen. Hierbei besitzt Musikerziehung erhebliche Möglichkeiten.

Wenn nun von Erziehung gesprochen wird, so ist damit Hilfe zur Entfaltung der Gesamtpersönlichkeit des Menschen gemeint. Aufgabe von Erziehung ist es demnach, die rationalen, emotionalen, sozialen, leiblichen Seiten des Menschen bei ihrer Entfaltung zu unterstützen und Antworten auf das Fragen nach Wert und Sinn anzubahnen. Hierbei sollte für eine ausgewogene Entwicklung dieser verschiedenen Bereiche Sorge getragen werden. Werden unter dem Einfluß des Zeitgeistes bestimmte Schichten des Menschen einseitig angereizt und andere zugedeckt, so ist Erziehung dazu aufgefordert, kompensatorisch gerade das Vernachlässigte umso sorgfältiger zu bilden.

All dies gilt für Erziehung im allgemeinen und für Schulerziehung im speziellen. Für die Schule bedeutet dies: sie benötigt eine neue Orientierung. Bislang richtete sie sich stärker nach den Erfordernissen der Wissenschaft, der einzelnen Wissensfächer sowie den Interessen ihrer Vertreter. Die Schule muß sich aber primär orientieren an den Grundgegebenheiten und Grundbedürfnissen des Kindes. Die Wissenschaftsorientiertheit sollte der Orientierung am Kind ein- und untergeordnet werden. Wissensfächer und Fachunterricht haben folglich der Erschließung der kindlichen Gesamtpersönlichkeit zu dienen. Das heißt u.a., die Schule kann nicht den Schüler voraussetzen, der geeignet ist, den Anforderungen nachzukommen, die sich aus dem Ideal der Wissenschaftlichkeit der Schule ergeben. Sie muß vielmehr von den konkreten Jugendlichen, wie sie hier und heute nun einmal sind, ausgehen, deren Unausgewogenheiten angehen, sie ganzheitlich fördern und fordern und erst auf diese Weise den Notwendigkeiten, die sich aus der nachrangigen Wissenschaftsorientierung ergeben, näherbringen.

Wir erkannten ja, daß gerade Beeinträchtigungen des Emotionalen und des Sozialen die rationalen Funktionen stören. Gelingt es nicht, durch Stabilisierung der leiblich-seelischen Fundamente und durch Erschließung von Sinn und Wert bessere Voraussetzungen des Lernens zu schaffen, so ist eben der Durchschnittsschüler, gleich in welcher Schulart und Schulstufe, nicht imstande, die vielen Einzelfakten mit gesammelter Aufmerksamkeit in sich aufzunehmen, zu verarbeiten, zu behalten und unter Prüfungsbedingungen wiederzugeben, wie dies ein wissenschaftliches Schulwesen verlangt. Wird einseitig Denk- und Kritikvermögen "gezüchtet" und dabei das Emotionale übergangen, so erreicht man gerade kein wissenschaftliches Denken. Es entstehen dann zwar die in sich "richtigen" Gedankenketten, die aber auf falschen Annahmen beruhen und darum trotz aller Logik in die Irre gehen. In diesen nicht an der Wirklichkeit kritisch überprüften Prämissen steckt oft massive Irrationalität wie z.B. Wunschdenken, fast wahnhafte Verkennung der Realität aufgrund von Störungen der eigenen Innenwelt.

Dieser zweigeteilte Mensch unserer Zeit - Verkopfung auf der einen Seite, emotionale Verwilderung auf der anderen Seite - stellt gerade der musischen Erziehung, darunter der Musikerziehung, eine wichtige Aufgabe. Für die Schule ist dies besonders bedeutsam, weil der junge Mensch heutzutage leider verschult wird. Er bleibt länger in der Schule, als dies seiner Reifung gut tut. Eine theoretisierende Schule drängt ihn vom Erfahren der Wirklichkeit und Handeln an der realen Welt in die sekundäre Welt der Wissensfächer, die, zumindest für das Erleben der meisten Schüler, mit ihren täglichen Erfahrungen wenig zu tun hat. Daraus ergibt sich als Konsequenz: Wenn schon der Jugendliche so lange auf Schulen verweilt, muß die Schule umsomehr auf eine Entwicklung seiner Gesamtpersönlichkeit ausgehen, ihn auf die Erfordernisse des Lebens - seines jetzigen und des späteren - vorbereiten und seinen Wirklichkeitsbezug festigen.

Wie für jede andere Art von Erziehung ist all dies natürlich auch für Musikerziehung eine schwierige Aufgabe. Erziehung, so stellten wir fest, sollte sich um Korrektur von Verzerrungen im Menschen bemühen, die durch Einseitigkeiten des Zeitgeistes entstanden sind. Die Erziehung ist jedoch genauso dem Zeitgeist ausgesetzt. Sie wurde in den letzten beiden Jahrzehnten, soweit man hier noch von Erziehung reden kann, rationalistisch und technologisch verformt. Damit aber verstärkte sie noch einmal jene Verbildungen im jungen Menschen. Hieraus geht hervor, daß Erziehung in jeder Zeitepoche vor der kaum lösbaren Aufgabe steht, sich jeweils kritisch auf die eigenen zeitbedingten Deformationen hin zu überprüfen und kompensatorische Alternativen zu entwickeln.

Für Musikerziehung heißt das: Sie wurde in einer wissenschaftsgläubigen Zeit verwissenschaftlicht. Demgegenüber muß man sich heute darauf besinnen, daß Kunst keine Wissenschaft darstellt, und darüber nachdenken, worin das ihr Eigene, ihre Eigenart, ihr Eigenständiges besteht. Im Hinblick auf unsere gegenwärtige Situation hat dies zur Folge, daß sie entschlossen den Überhang des Intellektuellen in der schulischen Musikerziehung straffen muß, damit der Akzent mehr auf elementare Erfahrungen und Vollzüge gelegt werden kann. Falls der Pendelschlag der Geschichte wieder mehr - ähnlich wie vor 50 Jahren - in ein irrationalistisches Extrem hinüberleiten sollte, wären wiederum die rationalen Elemente von Musikerziehung stärker hervorzuheben. Das Leitziel ist immer das spannungsvolle Fließgleichgewicht zwischen dem Emotionalen und dem Rationalen im Menschen. Je nachdem, wie der geschichtliche Trend sich abzeichnet, sollte gegensteuernd einmal mehr der eine, ein andermal mehr der Gegenpol betont werden.

Soll Musikerziehung in der Schule u.a. zu einem lebendigeren Wirklichkeitsbezug beitragen, so ist es auch ihre Aufgabe, die menschlichen Sinne zu entwickeln. Das bedeutet für sie vor allem, sie sollte helfen, daß der Schüler hören, daß er zuhören lernt. Das Ohr gilt es zu öffnen, nicht allein für physikalische Quantitäten, sondern für ästhetische Qualität. Damit leistet Musikerziehung einen Beitrag zur Förderung der Erlebnisfähigkeit beim jungen Menschen. Öffnen des Ohres, Zuhören lernen, erschließt Wege zur Welt, erzeugt eine offenere Haltung für den Mitmenschen. Eine solche Einstellung der Offenheit des Zuhörens ist Vorbedingung des Miteinandersprechens. Das Gespräch aber ist ein zentrales Element sozialer Kommunikation.

Das Bemühen um Hören lernen, Öffnen des Ohres muß sich natürlich auseinandersetzen mit der ständigen Musikberieselung, mit Phonstärke auf dem Musikmarkt und anderswo. Diese Erscheinungen ziehen Abstumpfung, Reizschutz, also Verschlossenheit und Verkümmerung von Erlebnisfähigkeit nach sich. Allein mit Aufklärung gegen die hiermit verbundenen kommerziellen Interessen, gegen Konsumprägung, gegen Verdummungstendenzen vorgehen zu wollen, reicht nicht aus. Sehr oft besteht bei Musikkonsumenten bereits ein Abhängigkeitsverhältnis den Musikwaren gegenüber. Der musikalische Suchtstoff dopt wie eine Droge. Er füllt innere Leere auf. Er vertreibt das Gefühl der Einsamkeit. Viele Schüler behaupten, ohne ständige Musikkulisse nicht lernen zu können. Manche können es tatsächlich nicht. Erneut zeigt sich, wie wichtig es ist, mittels Erziehung angelegte Lebens-, Erlebens-, Handlungsmöglichkeiten zu erschließen. Nur auf diese Weise werden die innerseelischen und zwischenmenschlichen Hohlräume vermieden, die sonst u.a. mit Musik ausgefüllt werden. Hieraus wird klar, wie eng Musikerziehung - auch in der Schule - mit Gesamterziehung verbunden sein muß.

Musikerziehung in der Schule vermag jedoch nicht nur neue Erlebnismöglichkeiten aufzuschließen, sie kann ebenso neue Ausdrucksmittel eröffnen. Im Singen kann der Mensch vieles aus sich herausbringen, was sich entweder nur teilweise oder gar nicht in Begriffe fassen und in Worte kleiden läßt. Singen ist aber zugleich eine kommunikative Möglichkeit. Spielen eines

Instrumentes, und sei es nur ein wohl für fast jeden erlernbares Instrument wie die Blockflöte, ermöglicht ebenfalls, Emotionen aus sich herauszubringen. Gestaute Affekte finden durch musikalische Äußerung einen Ausweg. In der musikalischen Formung werden undifferenziert gebliebene Affekte kultiviert. Indem so auf dem Wege von Musikerziehung Emotionalität und mittels dieser Form von Erziehung der ganze Mensch gebildet wird, kommt es zur Integration von Emotionalem in die Gesamtpersönlichkeit.

Dies alles ist nicht schon Musiktherapie, sondern Musikpädagogik und deshalb legitimer Auftrag der Schule. Die Schule ist keine therapeutische, aber eine pädagogische Anstalt. Erzieht sie in der hier beschriebenen Weise den Schüler auch mit Hilfe von Musik, so zielt sie nicht auf therapeutische Erfolge, sondern auf das Heranwachsen von jungen Menschen ab, die in all ihren Schichten gebildet wurden. Der Weg ist ganzheitliche Erziehung. Das Ziel ist die sich verwirklichende Gesamtpersönlichkeit des Schülers. Die Folge ist, daß bei ihm weniger Störungen auftreten, bzw. daß bereits vorhandene Mängel und Auffälligkeiten gemildert oder gar überwunden werden.

Wenn wir uns daran erinnern, wie verformt viele Menschen unserer Zeit sind und welche schwerwiegenden Folgen sich aus Verkopfung und Unterentwicklung des Emotionalen ergeben, so wird es höchste Zeit, daß musische Erziehung in unserem Schulwesen den Platz erhält, der ihr, gemessen an den Aufgaben und an ihren Möglichkeiten der Bewältigung, zukommt. Der erste Schritt hierbei wäre, wie schon erwähnt, eine Beschneidung des kognitiven Wildwuchses in diesem Fach. Bereits hierdurch würde viel Zeit gewonnen, die nötig ist, um fundamentale Fähigkeiten des Hörens und Vollziehens von Musik bilden zu können. Ich möchte hier eine schon öfters von mir erhobene Forderung wiederholen, daß an allen Schularten und in allen Schulstufen zwei Stunden Musik in der Woche gegeben werden sollten. Erfolgt mit dieser Aufwertung des Musikalischen ebenfalls, wie zu wünschen, eine Aufwertung des Gestalterischen, des Sportlichen, des Werkens, ja des Mitmenschlichen, so wird deutlich, daß das Kognitive in der Schule einer neuen Zentrierung bedarf. Es ist verständlich, wenn heute viele nach der großen Zahl von zum Teil verfehlten äußeren Schulreformen den dringenden Wunsch haben, daß endlich einmal Ruhe in die Schule einkehren möge. Dennoch ergibt sich aus der notwendigen Neuorientierung der Schule am Kind, der neuen Bedeutung von Erziehung, dem Ziel einer Bildung der Gesamtpersönlichkeit eine innere Reform der Schule. Sind wir zu dieser Neuorientierung nicht bereit oder nicht fähig, so wird das Unbehagen an der Schule weiterhin zunehmen.

Hans Hermann Groothoff

ÄSTHETISCHE ERZIEHUNG UND HUMANE SCHULE

Vorbemerkung

Wenn es um das Selbstverständnis der Musikerziehung in der modernen Gesellschaft geht, dann geht es einerseits um die allgemeinbildende Schule als
einen zentralen Ort der Musikerziehung und damit um die Krise und die Reform der Schule und andererseits um die ästhetische (musische) Erziehung
und Bildung überhaupt und damit um die Funktion der Kunst in einer Gesellschaft mit einem zunehmend verwissenschaftlichten Selbstverständnis.

Diesen Zusammenhang sollen die nachfolgenden Überlegungen verdeutlichen
helfen.

I. Zur neueren Entwicklung der Schule und der Schulbildung

Die Bundesrepublik Deutschland ist zwar - nach längeren und gelegentlich
quälenden Auseinandersetzungen - 1970 in die längst fällige "Jahrhundert"-
Reform ihres Bildungswesens eingetreten, doch ist diese Reform inzwischen
ins Stocken geraten; sie hat bisher nicht nur zu gewissen Erfolgen geführt,
sondern auch Enttäuschungen hervorgerufen, und das bei Schülern wie Lehrern - von den Eltern ganz zu schweigen. Alles in allem genommen muß sie
wohl, ungeachtet der Tatsache, daß die traditionellen sozialen und regiona-
len Benachteiligungen zumindest erheblich gemindert wurden, mehr junge
Menschen zum Abitur geführt und auf verschiedenen Gebieten höhere Leistungen erzielt worden sind, als nicht eigentlich erfolgreich bezeichnet werden. Man kommt allerdings nur dann zu einem solchen Urteil, wenn man davon
ausgeht, daß die "allgemeinbildende" Schule nach wie vor einen "Bildungs-
auftrag" hat und im Sinne dieses Auftrags reformiert werden sollte.

In der Bildungsreform von 1970ff. sollte es in der Hauptsache darum
gehen, alle Bildungseinrichtungen zu einem stimmigen System zusammenzufas-
sen (was im übrigen schon Dilthey hundert Jahre zuvor als notwendig erkannt
hatte), sodann dieses System so auf die ganze nachfolgende Generation hin
auszulegen, daß prinzipiell und strukturell gesehen allen alle Bildungs-
bzw. Ausbildungsgänge offen stehen, wobei dann auch das leidige, ebenfalls
schon von Dilthey als zentral bezeichnete Problem der Übergänge und der
Vermeidung von Sackgassen gelöst werden sollte. Das deutsche Bildungswesen
sollte daher Zug um Zug, wie nicht erst seit dem 19. Jahrhundert, sondern
schon seit der Reformation immer wieder gefordert worden war, in ein Stufen-
system umgewandelt werden. Eben dies hatte Comenius, hatte aber auch Humboldt für notwendig erachtet. Zentrales Stück dieses Systems sollte wie in
den meisten Industrieländern eine "Gesamtschule" (Comprehensive High School)
sein. Außerdem sollten für alle zentralen Lehrgänge - teils um sie vergleichbar zu machen, teils aber auch, um sie für Lehrer wie Schüler leichter
und zugleich erfolgreicher zu gestalten - Curricula (i.e.S. des Begriffs)
entwickelt werden.

Die Frage: "traditionelles (dreigliedriges) Schulsystem oder Gesamtschule?" hat inzwischen zu einer bildungs- und gesellschaftspolitischen Polarisierung geführt, die weit über die darin enthaltene pädagogische Problematik hinausgeführt und Klassenkampfzüge angenommen hat, sind doch beide
Systeme möglich und haben beide ihre Stärken und Schwächen, wobei auf die
Länge gesehen wohl mehr für das neue als für das alte System spricht. Es
kommt aber weniger auf die betreffende Grundform als vielmehr auf deren
konkrete pädagogische Durchbildung an. Und so gesehen sind Gesamtschulen
in der Regel noch nicht optimal durchgebildet worden.

Die geplante allgemeine "Curriculumrevision" ist dagegen inzwischen
stillschweigend aufgegeben worden, was seinen Grund zum einen in den hohen
Kosten und in den Meinungsverschiedenheiten der Länder über deren Zielset-
zungen, zum anderen in der pädagogischen Problematik solcher Curricula hat.
Programmierter Unterricht läßt sich nur für einzelne verhältnismäßig eng
begrenzte Lehrgänge entwickeln, weswegen die Frage nach dem Zusammenhang
zwischen den solchermaßen erreichbaren Lernzielen und dem Sinn von Bildung
nicht mehr beantwortet werden kann. Die (Schul-)Bildung zerfällt in einzelne "Kenntnisse" und "Fertigkeiten". Hinzu kommt aber noch, daß der einzelne
Fall, die einzelne Klasse, der einzelne Lehrer und der einzelne Schüler in
solchen Curricula nicht aufgehen.

Zwar hat man anhand der Versuche, Curricula zu entwickeln, viel gelernt,
auch hat man den Begriff des "offenen Curriculums" geprägt und gibt es er-
folgreiche Versuche zu solchen offenen Curricula, doch kann von einer allgemeinen Curriculumrevision nicht mehr die Rede sein.

Manche Bildungspolitiker und Schulpädagogen wollen es noch nicht wahrhaben, daß die Bildungsreform von 1970ff. als Reform der "Bildung" zunächst
an der zentralen pädagogischen Problematik vorbeigelaufen und diese Fehl-
entwicklung längst Gegenstand öffentlicher Erörterungen geworden ist. Unsere Schule bekommt ihren Schülern wie auch ihren Lehrern immer weniger. Die
Klagen häufen sich; sie sind auch längst zu Standardthemen in Hörfunk und
Fernsehen geworden. Zwar soll die Schule nicht mehr auf Leistung abgestellt
sein, doch nimmt der Leistungsdruck überall zu. Eben dieser unausdrückliche
Leistungsdruck scheint aber eher Leistungsabfall als das Gegenteil zur Folge zu haben.

Diese Entwicklung hat ihren Grund zunächst darin, daß die Schule zunehmend zu einem Ort der Vor-Ausbildung für berufliche Zwecke, wie aber auch
zu einem Ort geworden ist, an dem man Berechtigungen für eine höhere berufliche Ausbildung und damit Chancen für ein soziales Revirement erwirbt.
Und da die Industriegesellschaft eine Konkurrenzgesellschaft ist, ist auch
die Schule zu einem Konkurrenzsystem geworden. Dazu gehört, daß die Ver-
fachlichung und die Versachlichung der Lehrinhalte zugenommen hat. Und da
die Industriegesellschaft ihr Selbstverständnis ebenso zu verwissenschaft-
lichen wie sie ihre konstitutiven Systeme zu rationalisieren trachtet, soll
die Versachlichung der schulischen Lehrinhalte nach Möglichkeit die Form
einer Verwissenschaftlichung annehmen.

Diese Tendenz hat inzwischen zu so frappierenden Entwicklungen geführt wie der Umwandlung schon von Grundschulunterricht in wissenschaftlichen Unterricht und dem Bestreben, die Kunsterziehung in Kunstwissenschaft und die Musikerziehung in Musikwissenschaft zu überführen. Doch sind es nicht diese Entwicklungen, die sich verhängnisvoll ausgewirkt haben, sondern die mit diesem Prozeß verbundene Reduktion der interpersonalen Beziehungen in der Schule, die im übrigen durch die neue Vorliebe für große Systeme noch verstärkt worden ist. Eben diese Entwicklung hat u.a. einen Vandalismus zur Folge gehabt, den man sich vor wenigen Jahren noch nicht vorstellen konnte.

Hinzu kommt aber noch, daß im Zuge dieser Entwicklung die sogenannten musischen Fächer, aber auch Spiel und Sport, Feste und Feiern reduziert worden sind. Es ist zu einer immer schärfer eingegrenzten Intellektualisierung gekommen; diese hat aber nicht zu verstärkter Reflexion, wie überhaupt zu einer Ausbildung des Denkens geführt, wie sie seinerzeit Humboldt für die eigentliche Aufgabe der Schule erklärt hatte, sondern zu bloßer Nachahmung des Gebotenen - oder zu einem bloßen Meinen und Sichunterhalten - oder auch zur Verweigerung.

Natürlich ist diese Entwicklung auch den Verantwortlichen nicht verborgen geblieben. Man hat auch Remedur zu schaffen versucht. Und hierzu hat man auf die Reformpädagogik zurückgegriffen. Zensuren sollen durch Charakteristiken ersetzt werden. Der Unterricht soll weniger lehrerzentriert als vielmehr schülerzentriert gestaltet werden. Die Lehrer sollen didaktisch besser ausgebildet, die Zusammenarbeit von Lehrern und Eltern soll kultiviert werden, und die Schüler sollen mehr Wahl-, aber auch mehr Mitsprachemöglichkeiten erhalten. Es sieht aber nicht so aus, als ob diesen Rückgriffen viel Erfolg beschieden sein wird, was wohl damit zusammenhängt, daß die innere Form und der Geist der Schule so leicht nicht verändert werden können, die Maßnahmen daher unstimmig sind und gerade den Erfolg, den sie haben sollen, nicht haben.

Überhaupt läßt sich feststellen, daß die Reform von 1970 ungeachtet der Auswirkungen allgemeiner gesellschaftlicher Entwicklungen auf das Bildungswesen wie auf die nachfolgende Generation als solche, wie z.B. die zunehmende Bürokratisierung auf der einen und die zunehmenden Proteste auch der Jugendlichen hiergegen auf der anderen Seite, dadurch in Schwierigkeiten gekommen ist, ja sich teilweise in das Gegenteil des Beabsichtigten "verkehrt" hat, weil man zu viele verschiedene, wenn nicht sogar gegenläufige Ziele zugleich - und möglichst schnell - erreichen wollte, wie u.a. aus dem Strukturplan des Bildungsrates herausgelesen werden kann. Es kann aber auf dieses Problem hier nicht weiter eingegangen werden. Auf ein Teilproblem muß aber hingewiesen werden:

Wie bereits erwähnt, hat man (für die Mittel- und die Oberstufe) Wahlmöglichkeiten geschaffen. Einerseits wollte man mehr Freiheit gewähren und den Interessen der Schüler entgegenkommen, andererseits wollte man auf diese Weise bei gleichzeitiger Vermehrung der Schulfächer für den einzelnen Schüler eine Verringerung seiner Fächer erreichen. Damit hat man aber dem

Schüler den Schwarzen Peter zugeschoben. Und der Schüler hat seltener die
Fächer gewählt, die seinen geistigen Interessen entsprachen, als vielmehr
die, in denen er am leichtesten Pluspunkte im Konkurrenzkampf um Berechtigungen sammeln konnte. Daß dies im übrigen nur in Ausnahmefällen "musische"
Fächer waren, dürfte sich von selbst verstehen.

Hinter diesem Problem steckt das des Bildungskanons. Wenn die Mitwirkung
der Schule an der Bildung junger Menschen nicht in die Vermittlung einzelner "Kenntnisse" und "Fertigkeiten" auseinanderfallen soll, muß diese Mitwirkung an der Einheit der Person des jungen Menschen wie an der Einheit
unserer geschichtlichen Lebenswelt orientiert sein, muß also, was die Schule vermittelt, eine Einheit bilden und eine existentielle wie auch eine le-
bensweltliche, eine soziale, kulturelle und politische Bedeutung, somit die
Struktur eines Bildungskanons haben. Hierauf wird aber mehr oder weniger
ausdrücklich verzichtet. Ein Kanon sei nicht mehr möglich. Der moderne Pluralismus, die Explosion des Wissens und die Komplizierung von Leben und
Gesellschaft erlaubten keinen derartigen Kanon mehr. Doch wenn es keinen
Bildungskanon mehr gibt, ist die Schule, wie Nietzsche es genannt hat, nur
noch eine "Anstalt der Lebensnot" und keine "Anstalt der Bildung" mehr.
Man wird aber davon ausgehen können, daß hierüber das letzte Wort noch nicht
gesprochen ist. Es sind neue Formen und Inhalte eines solchen Kanons denkbar, - in welchem Zusammenhang darauf hinzuweisen ist, daß das Wissen über
unsere existentiellen Probleme keineswegs explodiert ist und wir es - wenn
auch in differenzierter Form und unter veränderten Bedingungen - immer noch
mit den alten Problemen von Not und Tod, von Freiheit und Sinngebung zu tun
haben.

Andererseits darf man nicht verdecken, daß sich in eben dieser Problematik die Legitimationskrise der Industriegesellschaft ausdrückt, die nicht
ernst genug genommen werden kann[1].

II. *Zur Geschichte und Situation der ästhetischen Erziehung und der Kunst*

Zu den ältesten und bedeutungsvollsten Traditionen unserer Bildungs- und
Gesellschaftsgeschichte gehört die Durchbildung der Erziehung zu einer "musischen Erziehung", wie die Griechen, bzw. zu einer "ästhetischen Erziehung", wie neuzeitliche Denker sie genannt haben. Nachdem sich aber schon
im 19. Jahrhundert kritische Geister genötigt gesehen hatten, von einem
"Ende der Kunst" als einer maßgeblichen Wahrheit, einer Selbstoffenbarung
des geschichtlichen Lebens bzw. einer ebenso authentischen wie konkreten
Interpretation dieses Lebens zu sprechen (Hegel u.a.), wies Dilthey auf eine
"Anarchie" im System Kunst (als einem unabdingbaren "System der Kultur") hin,
worunter er die Herrschaft des breiten Publikums über die Künste und damit
deren Kommerzialisierung verstand, zugleich aber auch von einer gefährlichen
Überschätzung der (analytischen und spezialisierten) Wissenschaft sprach[2].

---

1 Vgl. J. Habermas, Legitimationsprobleme im Spätkapitalismus, Frankfurt
   1973

2 W. Dilthey, Gesammelte Schriften VI, S. 242 ff.

Nach all dem kann es inzwischen keinen Zweifel mehr darüber geben, daß die Industriegesellschaft ungeachtet oder auch auf Grund ihrer zunehmenden Perfektion in eine Krise namentlich ihres Selbstverständnisses und ihres Zukunftsentwurfs wie aber auch ihres Verhältnisses zur Vergangenheit gekommen ist, die, wie bereits erwähnt, auch eine Legitimationskrise, aber auch eine Krise ihrer Wissenschaft und ihrer Kunst ist und daher zwar weniger die wissenschaftliche Bildung als vielmehr die Erziehung zur Kunst und durch die Kunst - zu humaner und urbaner Existenz - infrage gestellt hat.

Andererseits hat man inzwischen auch begriffen, daß ein Leben ohne Kunst wie ein Bildungswesen ohne musische bzw. ästhetische Erziehung verarmt. So hat denn auch die Bund-Länder-Kommission 1978 einen "Ergänzungsplan zum Bildungsgesamtplan" mit dem Titel "Musisch-kulturelle Bildung" vorgelegt, der einer allzu einseitigen Intellektualisierung wie überhaupt einer Verarmung von Bildung und Leben entgegenwirken soll, der sich aber - leider - weniger auf die allgemeinbildende Schule als auf außerschulische, vor allem erwachsenenbildnerische Einrichtungen bezieht, was u.a. darin begründet zu sein scheint, daß die Kunst der Freizeitwelt wie die musisch-kulturelle Bildung der Freizeitpädagogik zugeordnet worden ist[3].

Nach Meinung der Bund-Länder-Kommission soll die "musisch-kulturelle Bildung" den Menschen
- "zu einer differenzierten Wahrnehmung der Umwelt anregen und sein Beurteilungsvermögen für künstlerische oder andere ästhetische Erscheinungsformen des Alltags fördern ...
- zu eigen- und nachschöpferischen Tätigkeiten hinführen. Diese Tätigkeiten ... vermitteln Befriedigung und Freude am Tun, fördern kommunikative Verhaltensweisen und erleichtern soziale Bindungen, Voraussetzung hierfür ist das Erlernen des künstlerischen Ausdrucks ...
- in seiner intellektuellen Bildung vervollständigen ...
- in seiner Persönlichkeitsbildung und -entfaltung fördern, ihn harmonisieren und zur Selbstverwirklichung führen.
Des weiteren hat musisch-kulturelle Bildung ... einen besonderen heilpädagogisch-therapeutischen Wert".

Es spricht manches dafür, daß diese Sinngebung und Zielsetzung enthält, was heute weithin für richtig und wünschenswert gehalten wird.

Es gibt aber gerade unter den Befürwortern einer musischen Bildung nicht wenige, die von einer anderen Sinngebung und Zielsetzung ausgehen: Auch und gerade diese Bildung soll der Emanzipation, das soll heißen, der weiteren Befreiung der Gesellschaft, namentlich ihrer "unterprivilegierten Klassen" von illegitimer Unterdrückung und Ausbeutung zugunsten ihres Selbstverständnisses und ihrer Selbstverwirklichung - im Sinne humaner und urbaner

---

3 Die Einseitigkeit des "Ergänzungsplans" ist inzwischen auf Initiative des Deutschen Musikrats durch ein "Realisierungsprogramm Musik", das ausdrücklich die schulische Musikerziehung als Fundament der musikalischen Erziehung einbezieht, korrigiert worden (vgl. Deutscher Musikrat - Referate, Informationen Heft 35 und 38 und Sonderdruck vom Juni 1978).

Existenz - dienen.

Es sind aber alle diese Aufgabenstellungen instrumentell gedacht. Es stellt sich daher die Frage, ob die Kunst und die ästhetische Erziehung hierin aufgehen sollen und ob nicht gerade dann, wenn es um den Zusammenhang von Leben, Kunst und Bildung gehen soll, ein ganz anderer Gedanke versucht werden muß.

Menschliches Leben bedarf als gesellschaftliches und damit als geschichtliches Leben einer Selbstverständigung und einer Selbstgestaltung im Lichte einer Leben und Welt zukunftsträchtig erschließenden Wahrheit. Solche Wahrheit setzt eine gesellschaftlich-geschichtliche Selbsterfahrung menschlichen Lebens ebenso voraus wie sie sie ermöglicht. Hat nicht nun eben diese Wahrheit immer auch die Gestalt der Kunst angenommen und geht es nicht in der ästhetischen Erziehung immer auch um die Vermittlung dieser Wahrheit?

Jeder Mensch muß lernen, sich auf seine Aufgaben und seine Möglichkeiten wie aber auch auf seine Umwelt zu verstehen. Dies setzt voraus, daß es eine Wahrheit gibt, in deren Licht (Sinn) man lernen und leben, leben und lernen kann.

Für unsere Geschichte ist zunächst entscheidend gewesen, daß die Griechen ihre Mythologie als die ursprüngliche Wahrheit ihres Lebens und ihrer Welt infrage gestellt und in eine mythologische (religiöse), eine künstlerische und eine wissenschaftliche (philosophische) Wahrheit aufgegliedert haben. In diesem Prozeß hat Platon in seiner "Paideia" der Kunst nur eine dienende, namentlich eine pädagogische Funktion zuerkannt. Sie sei zwar (als künstlerische Mimesis des Lebens selbst) fähig, den Menschen zu bezaubern, sie könne ihn aber auch verführen, weswegen sie, was ihren Wahrheitsgehalt beträfe, unter die Aufsicht der Philosophie gehöre. Andererseits habe sie - vor allem in der bei den Griechen üblichen Form von Liedern - die Möglichkeit, die Seele auf die eigentliche Wahrheit einzustimmen wie überhaupt sie in die rechte (tugendhafte) Verfassung zu versetzen, welche Möglichkeit insbesondere für die Erziehung derjenigen von Bedeutung sei, die wegen ihrer Jugend noch nicht in ihre (eigentliche) philosophische Ausbildung eintreten könnten.

Ähnlich hat man im Christentum gedacht, nur hat man sich dabei weniger auf die Jugend, als auf die Erwachsenen bezogen, eine für die Entwicklung der bildenden Künste und der Musik überaus bedeutsame und bis heute nachwirkende Entscheidung.

Eine grundlegend andere Situation ist erst im Zuge der neuzeitlichen Säkularisierung entstanden. Hier erst haben sich die Philosophie und die Wissenschaften von der Herrschaft der Kirche befreit und hat sich die Kunst verselbständigt und weltlichen Themen zugewandt. Hier ist die moderne Literatur entstanden, aber auch die absolute Musik.

In dieser Entwicklung als einer "emanzipatorischen" Entwicklung war begründet, daß einerseits die neue Philosophie zu einer Begründung und Rechtfertigung ihrer selbst wie auch der Wissenschaften gezwungen war, wie z.B.

von Kant in seiner "Kritik der reinen Vernunft" unternommen worden ist, und daß andererseits auch die Kunst begründet und gerechtfertigt werden mußte, welche Aufgabe aber nur die Philosophie - im Verein mit der Anthropologie (Psychologie) - leisten konnte. Auf diese Weise ist es zu einer "Philosophie der Kunst" und zu einer "Theorie der Erziehung zur Kunst und durch die Kunst" gekommen, wobei es aber mehr oder weniger nur um die Dichtung ging. Für die "Philosophie der Kunst" hat man u.a. auch die Titel "Ästhetik" wie für die zugehörige Erziehung den einer "ästhetischen" Erziehung gebraucht, was seinen Grund darin hatte, daß die Kunst es immer auch mit der Wahrnehmung (aisthesis) zu tun hat: sie gründet in äußeren und zugleich inneren Wahrnehmungen und schafft Gebilde, die sich immer auch der äußeren und zugleich inneren Wahrnehmung darbieten.

In der Philosophie der Kunst wurde darüber entschieden, welche Bedeutung der Kunst - im Verhältnis zur alltäglichen wie zur wissenschaftlichen Erfahrung wie aber auch im Verhältnis zur Philosophie selbst - für das Selbstverständnis und die Lebensgestaltung des Menschen zukommen könnte. Damit wurde zugleich über den Rang der ästhetischen Erziehung entschieden. Diese Entscheidung ist nicht einhellig gewesen. Alles in allem genommen haben sich zwei Entscheidungen voneinander abgehoben. Sie heben sich auch in der aktuellen Diskussion noch voneinander ab. Entweder erschließt allein die philosophische Reflexion auf Leben und Welt (Geschichte) im Verein mit den einschlägigen Wissenschaften die maßgebliche (theoretische und zugleich praktische) Wahrheit, weswegen der Kunst nur eine subsidiäre und der ästhetischen Erziehung nur eine propädeutische Funktion zukommen kann, wie z.B. Kant in seiner "Kritik der (ästhetischen) Urteilskraft" ausgeführt hat, oder es erschließt in erster Linie die Kunst die Wahrheit, deren Mensch und Gesellschaft bedürfen und dies, weil nur die zur künstlerischen - zugleich anschaulichen und allgemein bedeutsamen - Erfahrung verdichtete Lebenserfahrung der Wahrheit teilhaftig werden und diese in einer Form aussagen kann, die eine imaginative Identifikation ermöglicht, wobei man ebenso davon sprechen kann, daß sich diese Wahrheit paradigmatisch offenbart, wie auch, daß sie immer schon eine durch die Einbildungskraft und damit durch einen Bildungsprozeß vermittelte Deutung, eine authentische - konkrete - Interpretation des Lebens ist. Dies gilt in erster Linie für die Dichtung und für die bildenden Künste, dann aber auch für die Architektur und die Musik. So gesehen ist in dem Prozeß, in dem Kunstwerke entstehen und verstanden werden, schon angelegt, daß sie Bildung in einem ganz konkreten Sinne ebenso voraussetzen wie ermöglichen. Sie erschließen neue wahre Möglichkeiten. In diesem Fall kommt der Philosophie und den (einschlägigen) Wissenschaften eigentlich nur die Aufgabe zu, im Zusammenhang mit ihrer Theorie der Kunst die Kunst zu interpretieren. So hat Schiller gedacht, so auch Herbart, so vor allem aber Schelling. Im 19. Jahrhundert hat man dann zunehmend auf die Philosophie und die Wissenschaften - einerseits von der Natur, andererseits von der geschichtlichen Welt, auf die Ökonomie, die Psychologie, die Soziologie usw. - gesetzt.

So ist es zu einer überaus reichen Entwicklung von Wissenschaften und wissenschaftlichen Hochschulen gekommen, in deren Verlauf sich diese Wissenschaften von der Philosophie emanzipiert und zu positiven Einzelwissenschaften entwickelt haben. Auf diese Wissenschaften setzen wir immer noch, wir haben aber inzwischen eingesehen, daß sie nicht unproblematisch sind und uns nicht nur nützen, sondern auch schaden können.

III. *Wilhelm Diltheys Versuch einer Revision der Philosophie, der Wissenschaften von der geschichtlichen Welt und der Theorie der Kunst*

Mit der oben angesprochenen Problematik hat sich in Deutschland vor rund hundert Jahren Wilhelm Dilthey zuerst grundsätzlich befaßt. Auf Grund eingehender Untersuchungen war er zu der Überzeugung gekommen, daß die Wahrheit über Leben und Welt in der "entwickelten" (europäischen) Gesellschaft eine dreifache Wahrheit ist:

- die der Religion und damit die eines grundlegenden Glaubens, mag dieser nun die Gestalt eines Gott- oder eines Weltvertrauens haben, der sich auf das große, als solches nicht erkennbare Ganze bezieht und ohne den kein menschliches Leben auf der Erde und unter dem Himmel möglich ist; sodann
- die der Kunst als einer authentischen und konkreten, sinnstiftenden Interpretation des menschlichen Lebens und seiner Geschichte, wie sie von jedem Menschen (als einem potentiellen Künstler) für sich, wie sie aber vom (wahren) Künstler stellvertretend für die ganze Gesellschaft geleistet wird, so daß wir mit ihm empfinden und verstehen lernen können[4]; und schließlich
- die der Wissenschaft, der philosophischen und der empirischen (teils technisch, teils praktisch relevanten) Disziplinen, einerseits von der Natur und andererseits von den "Systemen der Kultur und der äusseren Organisation der Gesellschaft", von Dilthey nicht unmißverständlich als "Geisteswissenschaften" bezeichnet.

Im Gegensatz zur Religion und zur Kunst kommt der Wissenschaft (Philosophie und Geisteswissenschaften) nur eine reflexive und kritisch-konstruktive Bedeutung zu. Sie setzt das Leben und damit die Geschichte voraus und besinnt sich auf diese. Sie fragt danach, was geschehen ist und was dieses bedeutet. Im Blick auf die Kunst bedeutet das, daß sie als ein Grundphänomen beschrieben wird und danach gefragt wird, wie sie Leben und Geschichte versteht und wie sich dieses Verständnis zur geschichtlich-gesellschaftlichen Entwicklung verhält, ob das "System" Kunst (Künstler, Kunstwerke, Publikum, Kritiker, Gespräche über Kunst und Verwendung der Kunst) in sich stimmig ist und zur geschichtlich-gesellschaftlichen Entwicklung stimmt oder nicht, wobei gegebenenfalls Kriterien für seine Erneuerung ausgearbeitet werden.

Dilthey hat früh darauf hingewiesen, daß die Kunst der "deutschen Bewe-

---

4 Ges. Schriften VI, S. 276

gung" (1770-1830) dem Leben in der neuen industriellen und tendenziell demokratischen Gesellschaft nur noch bedingt zu dienen vermag. Später hat er dann den "Naturalismus" als zur neuen Gesellschaft stimmend, aber als bloß deskriptiv bezeichnet. Daß er das derzeitige System Kunst zudem als weithin in sich unstimmig (anarchisch) gekennzeichnet hatte, ist bereits erwähnt worden.

Die Kriterien, die dabei erarbeitet werden, können aber nur der Erziehung und Bildung der Künstler, der Kritiker und des Publikums dienen, eine neue Kunst kann mit ihrer Hilfe nicht erzwungen werden. Sie kann nur erhofft werden.

Die Kunst ist ein Prozeß im gesellschaftlich-geschichtlichen Leben selbst, ohne den dieses sich nicht eigentlich "entwickeln" kann. Kunst und Wissenschaft müssen daher einen Zusammenhang bilden und gemeinsam dem Leben dienen, wobei die Kunst die eigentliche Form der Wahrheit und die Wissenschaft vom menschlichen Leben und von der geschichtlichen Welt nur deren - kritischer - Interpret ist.

Für die neuzeitliche, erst recht für die moderne Kunst ist aber, wie Dilthey selbst für die deutsche Literatur und Philosophie der Zeit zwischen 1770 und 1830 nachgewiesen hat, charakteristisch, daß sie sich auch ihrerseits an der Philosophie bzw. an den Human- und Sozialwissenschaften orientiert und damit auch von sich aus den Zusammenhang von Kunst und Wissenschaft hergestellt hat und immer wieder herstellt.

Dilthey hatte aber auch begriffen, daß die hochentwickelte "moderne" Gesellschaft darauf angewiesen ist, für ihre Systeme, für ihren Staat, ihr Rechtswesen, ihre Wirtschaft, ihr Bildungswesen usw. Wissenschaften zu entwickeln, die sie darin unterstützen, diese Systeme im Sinne ihrer Geschichte fortzubilden. Diese Wissenschaften bedürfen, wie bereits erwähnt, einer philosophischen (wissenschaftstheoretischen) und einer "positiven psychologischen Grundlegung" und haben im Zusammenhang miteinander phänomenologische, historisch-kritische und empirisch-praktische bzw. empirisch-technische Untersuchungen anzustellen. Zwar kommt den letztgenannten Untersuchungen eine besondere Bedeutung zu, weil sie sich auf die realen Möglichkeiten der Steuerung der infrage stehenden Prozesse beziehen, doch können gerade ihre Ergebnisse auch zu Mißverständnissen führen.

Dies geschieht, wenn nicht auf der einen Seite von einem Gesamtverständnis des menschlichen Lebens und der geschichtlich-gesellschaftlichen Entwicklung ausgegangen und die Untersuchungen nicht in ihrem Sinne ausgelegt werden und wenn auf der anderen Seite nicht die doch immer einmaligen Situationen, die in den "Regeln" (Konstrukten, Modellen), die die Wissenschaft erarbeitet hat, nicht aufgehen, in Freiheit beurteilt und bewältigt werden können. - Hierin ist begründet, warum auch die Wissenschaft nicht auf die Kunst verzichten kann.

Wie dies zu verstehen ist, hat Dilthey bezeichnenderweise vor allem in seiner Vorlesung über "Geschichte und System der Pädagogik" und in seinen Arbeiten zur Ästhetik und zur ästhetischen Erziehung und Bildung ausgeführt[6].

Seit der Aufklärung, seit Herder und Humboldt, versteht man philosophi-
scher- und pädagogischerseits unter Bildung den Prozeß, in dem ein Mensch
einerseits seine geschichtlich-gesellschaftliche Gestalt gewinnt und andererseits sein Selbst- und sein Menschen- und Weltverständnis ausbildet,
wozu er sich die vorherrschende Überlieferung aneignet und sich mit ihr
auseinandersetzt und wozu er sich an seine Umwelt anpaßt und sich auch mit
ihr auseinandersetzt, ein Prozeß, der natürlich mehr oder weniger glücklich
oder unglücklich verlaufen und einen mehr oder weniger weiten Horizont an
Möglichkeiten erschließen kann. Von Bildung im dezidierten Sinne sprechen
wir aber nur dann, wenn dieser Prozeß glücklich verläuft und ein weiter
Horizont gewonnen wird[7].

Dilthey war davon überzeugt, daß das faktische "Seelenleben" in diesem
Prozeß "erworben" wird, also ein geschichtliches und ebensowohl ein je eigenes wie ein gesellschaftliches Produkt ist. Und in dieser "Produktion"
ist begründet, daß das leitende Lebens- und Weltverständnis auch eine pro-
duktive Leistung ist. Und hierin wieder ist nicht nur die Geschichte begründet, sondern auch die Kunst. Der Bildungsprozeß des Menschen ist immer
schon ein potentieller künstlerischer Bildungsprozeß. Darum auch kann dieser Prozeß durch eine imaginative Identifikation mit dem Künstler bzw. mit
seinem Werk (Gebilde) entscheidend vertieft und erweitert werden und das
auf allen Bildungsstufen.

So und nur so kann das Verstehen von Leben und Welt als ein Verstehen
von Möglichkeiten über die eigene, immer begrenzte Umwelt hinausgeführt
werden. Hierbei ist von entscheidender Bedeutung, daß solches Verstehen
keine bloß intellektuelle (kognitive) und dementsprechend auch keine bloß
theoretische, sondern eine existenzielle Leistung ist, die von unserer Le-
bensgeschichte und Lebenserfahrung, insbesondere aber von unserer - erworbenen - inneren Freiheit, unserem Selbstverhältnis, unserer Sensibilität
wie überhaupt von unseren stimmungs- und gefühlsmäßigen Möglichkeiten abhängt.

Es muß also der ganze Zusammenhang des "Seelenlebens" ausgebildet werden. Eben dies ist aber entscheidend an die Identifikation mit "Vorbildern"
in der Realität oder in der Imagination gebunden. Daß hierbei nicht nur der
Dichtung, sondern auch der Musik eine wesentliche Bedeutung zukommen kann,
hat Dilthey selbst verschiedentlich ausgeführt.

IV. *Zur neueren Situation von Kunst und Kultur*

Es stellt sich die Frage, was inzwischen als Kunst hervorgebracht worden
ist und welche Bedeutung diese für die Bildung des Menschen in unserer Zeit
und für die Fortbildung unseres Lebens haben könnte. Es gibt nicht wenige,
die meinen, daß es eigentlich keine "Kunst" mehr gäbe. Oder gibt es nur

---

6 Ges. Schriften IX; V, S. 1 ff.; VI, S. 103 ff.; VI, S. 242 ff.
7 Ges. Schriften VI, S. 142

keine "Kunst" im traditionellen Sinne mehr? Und gibt es, falls dies so sein sollte, dann auch keine "Bildung" im traditionellen Verstande mehr?

Dilthey hat, wie bereits erwähnt, schon 1867 (in seiner Baseler Antrittsvorlesung) darauf hingewiesen, daß es in Deutschland zwar zwischen 1770 und 1830 eine gewisse Kulmination in der Entwicklung von Dichtung und Philosophie gegeben habe, durch die daher denn auch Maßstäbe gesetzt seien, hinter die man nicht zurückfallen dürfte, daß aber das Leben in der neuen "industriellen" Gesellschaft nicht mehr von dieser Dichtung und Philosophie aus verstanden und bewältigt werden könnte. Und in seinen Arbeiten zur Ästhetik hat er ausgeführt, daß schon der Pariser Commune-Aufstand von 1832 eine neue Epoche eingeläutet habe und daß sich die Kunst nunmehr mit dem realen Leben, mit der sozialen Frage, mit den Großstädten und dem Massendasein auseinandersetzen müßte, was sie auch tatsächlich getan habe[8]. Sie müsse dabei aber über die bloße Deskription und über negative Bilder (kritische Darstellungen) hinaus wieder zu positiven Bildern kommen. Der "Naturalismus" habe sein gutes Recht, könne aber doch nicht die Kunst der Zukunft sein. "Wir harren des Dichters, der uns sage, wie wir leiden, genießen und mit dem Leben ringen"[9].

Dilthey hatte begriffen, daß wir in einen Umbruch eingetreten sind, der allenfalls mit dem zwischen dem Untergang der antiken und dem Aufgang der europäischen Welt verglichen werden kann, er hat aber nicht geahnt, wie radikal das Christentum abgebaut und das technische Denken durchgesetzt werden würde, er hat daher denn auch die gegenwärtige Krise von Kunst und Wissenschaft nur bedingt vorausgesehen. Es ist nötig, auf einige Grundzüge der neueren Entwicklung von Gesellschaft und Kunst einzugehen:

Das im wesentlichen zwischen 1770 und 1830 begründete traditionelle Verständnis von Kunst und Philosophie bzw. (Geistes-)Wissenschaft stammt aus einer Phase unserer Geschichte, in der die ältere ständisch gegliederte Gesellschaft begann, sich in eine bürgerliche Gesellschaft umzuwandeln. Kunst, Wissenschaft und Bildung sollten einen "allgemeinen" Charakter und eine humane Bedeutung gewinnen. Es ist dann aber doch nur die neue Oberschicht, die Honoratiorengesellschaft, von dieser Möglichkeit erfüllt gewesen. Kunst, Wissenschaft und Bildung blieben daher an sie gebunden und erhielten einen schichtenspezifischen Charakter. Die Bauern auf dem Lande und die Handwerker und Kaufleute in der Stadt verblieben in ihren ständisch begründeten (Volks-)Kulturen, von denen sich gewisse Reste ja bis heute erhalten haben. Die neue bürgerliche Gesellschaft hatte zwar das Bewußtsein, die Gesellschaft der Zukunft zu sein, sie hat zumindest in Deutschland aber nur bedingt auf diese Zukunft eingewirkt; zum einen hatte sie nur bedingt Zugang zur Politik und zum anderen hatte sie die Industrialisierung mit ihren Folgen und damit auch die "soziale Frage" nur bedingt als auch ihr Problem

---

8 Ges. Schriften VI, S. 245, 285
9 Ges. Schriften VI, S. 241, 246

akzeptiert[10]. Dies hat zur Folge gehabt, daß ihre Bildung veräußerlicht und ihr Kunst- und Wissenschaftsverständnis ideologisiert wurde[11]. Hierin vor allem ist begründet, daß in der frühen Industriegesellschaft ein Vakuum entstand, von dem die "Fabrikanten", insbesondere aber die "Arbeiter" betroffen waren.

In dieser Situation steigerte sich die Bedeutung der Natur- und Ingenieurwissenschaften wie auch die der Medizin und der (neu entwickelten) Wirtschaftswissenschaften. Die Philosophie und die Geisteswissenschaften (im üblichen, nicht im Diltheyschen Verstande) gerieten folgerichtig in eine Krise, die sie bis heute nicht überwunden haben. Dafür hat man den Versuch unternommen, die Denkweise der Naturwissenschaften auf den Menschen und die Gesellschaft anzuwenden. Es entstanden die modernen (szientifischen) Human- und Sozialwissenschaften. Sie sollten die Bedingungen einerseits des faktischen individuellen und sozialen Lebens - andererseits die Bedingungen für ein menschlicheres Leben und eine freiere Gesellschaft eruieren. Es sind aber auch diese Wissenschaften in Schwierigkeiten geraten. Indiz hierfür ist die weltweite auf sie bezogene Methoden- und Theorie-Praxis-Diskussion, in deren Verlauf u.a. Dilthey wiederentdeckt worden ist (Habermas, Taylor u.a.).

Ähnlich und zugleich anders hat sich die Situation der Kunst entwickelt. Sie ist zwar auch, aber nicht nur dadurch bestimmt worden, daß sie mit einer Gesellschaft konfrontiert war, die sich wiederum nicht durch eine "Einheit des Stiles in allen ihren Lebensäußerungen" - für Nietzsche bekanntlich das entscheidende Kriterium einer Kultur - auszeichnete, die vielmehr in einem Maße zerrissen war, wie man sich das noch am Anfang des 19. Jahrhunderts gar nicht vorstellen konnte, und die zudem für ihre Kunst keinen anderen Ort mehr hatte als den freien Markt. Eine durchgehende Kommerzialisierung war unvermeidbar, was zur Folge hatte, daß sie einerseits auf die neue reiche Oberschicht und auf hohe Preise, andererseits auf die Massengesellschaft und damit auf hohen Umsatz ausgelegt wurde. Daß dabei den neuen technischen Möglichkeiten und damit den Massenmedien eine entscheidende Bedeutung zukam, versteht sich von selbst. Ob diese Entwicklung schon verstanden ist, das ist freilich eine andere Frage.

Es wäre aber nichts falscher, als diese Entwicklung einfach abtun zu wollen. Man möge sich verdeutlichen, welche positiven - neben den negativen - Möglichkeiten im "Kino" gesteckt haben, und das doch auch in künstlerischer Hinsicht. Und welche Bedeutung doch auch die technisch reproduzierbare Musik errungen hat.

Um all dies richtig einschätzen zu können, muß man sich verdeutlichen, was es heißt, daß es nunmehr eine zumindest tendenziell egalitäre Gesellschaft gibt und daß diese nur noch bedingt auf Traditionen zurückgreifen kann. Hierin war denn auch begründet, warum die Kunst wie die Wissenschaft

---

10 Vgl. D. Claessens, Kapitalismus als Kultur, Düsseldorf 1973
11 Darauf hat vor allem Adorno hingewiesen.

- und zwar hinsichtlich ihrer Formen und ihrer Themen - auf "Bedingungen" zurückging, zu "experimentieren" anfing und zunächst einmal zunehmend abstrakter, aber auch provokanter wurde.

Selbstverständlich wurden alle Möglichkeiten der Massenunterhaltung ausgenutzt, zum Teil in platter Weise, zum Teil aber auch höchst artifiziell. Dasselbe gilt für alle Möglichkeiten dekorativer Kunst.

Andererseits wurde aber gerade die Möglichkeit nicht - oder noch nicht - realisiert, die Dilthey für notwendig gehalten hatte. Es blieb im wesentlichen bei der kritischen oder eben provokanten Kunst. Zu einer großen zusammenhängenden "positiven" Kunst ist es nicht - oder eben noch nicht - gekommen. Verfremdungen spielten und spielen auch noch eine entscheidende Rolle. Sie insbesondere sollten denn auch der Emanzipation dienen, der nach Meinung vieler Autoren auch die ästhetische Erziehung zu dienen habe.

Der innere Zusammenhang mit den neuen Human- und Sozialwissenschaften reicht aber noch weiter: Die Rückfrage nach den gesellschaftlichen und den seelischen Bedingungen unseres Lebens hat diesen Zusammenhang erstmals differenziert verdeutlicht. Dabei ist denn auch klar geworden, wie durch und durch gesellschaftlich unser Leben ist und welche verschiedenen Formen diese Gesellschaftlichkeit in der "entwickelten Gesellschaft" angenommen hat und auch immer wieder annehmen muß. Und dabei wiederum ist deutlich geworden, wie entscheidend der Mensch der Kommunikation mit anderen und der gemeinsamen Konsensbildung bedarf, wie einsam aber der Mensch der modernen Industriegesellschaft (namentlich in den ehemals christlichen Ländern) geworden ist. Kommunikation und Konsensbildung müssen also kultiviert werden, und das auch in politischer Hinsicht.

Eben diese Einsichten aber hatten Künstler in jüngerer Zeit auch gewonnen oder von den Wissenschaften übernommen. Sie haben daher versucht, sich in das Leben und in die Gestaltung, die dieses tagtäglich erfährt, einzuschalten und neue Kommunikationsmöglichkeiten zu schaffen. In diesem Zusammenhang hat man denn auch von visueller bzw. auditiver Kommunikation gesprochen. Hierzu sind die Künstler auf die Straßen und Märkte gegangen und haben sich u.a. an Straßen- und Stadtfesten beteiligt. Man hat aber auch versucht, Ausstellungen, Konzerte und Theateraufführungen so zu gestalten, daß das Publikum in Akteure verwandelt wurde. Alle diese Vorgänge haben die Kunstszene bereits erheblich verändert und sollten nicht unterschätzt werden.

Verständlicherweise konnte zu diesen Zwecken der Weg der Abstraktion nicht weitergegangen werden. Viele Künstler (aller Kunstarten) griffen daher auf vorbürgerliche, auf folkloristische, ja sogar auf archaische Traditionen teils der eigenen Welt, teils auch fremder Welten zurück, eine Entwicklung, die im übrigen ebenso wie die des Abstrahierens eine internationale Entwicklung ist und einer tendenziell globalen Kunst zugute kommt.

Alles in allem genommen scheint sich zumindest andeutungsweise eine Kultur der Industrieländer auszubilden, die einerseits hochdifferenzierte, artifizielle Züge aufweist, andererseits eine "proletarische Kultur", wie sie sich schon in den zwanziger Jahren andeutete, zu sein scheint. Es handelt sich um einen faszinierenden Vorgang, den manche freilich, erfüllt von Vorurteilen, nicht wahrnehmen und daher auch nicht mitbestimmen können. Daß die junge Generation und in ihr auch und gerade die Studenten intensiver als die ältere Generation an diesem Vorgang teilnimmt, versteht sich von selbst. Freilich hat sich dieser Vorgang nicht aus dem Nichts entwickelt, auch er entstammt unserer Geschichte und läßt sich auch nur im Zusammenhang mit ihr verstehen.

V. *Humane Schule und ästhetische Erziehung*

Unsere Schulentwicklung steht an einem Scheideweg: Entweder wird unsere allgemeinbildende Schule konsequent als ein Ort sachlich-fachlicher und in Grenzen wissenschaftlicher Vor-Ausbildung für die spätere berufliche Ausbildung zu Zwecken einer Mitarbeit auf den verschiedenen Ebenen der "Systeme der äußeren Organisation der Gesellschaft" - einige zusätzliche Möglichkeiten eingeschlossen - weiter durchgebildet, wobei das Leben der Schüler wie das der Erwachsenen in zwei Sphären zerlegt, der Schulbesuch zum Beruf und alle anderen Tätigkeiten zur Privatangelegenheit erklärt werden - oder sie wird in ausdrücklichem Gegensatz zur Aufspaltung unserer Lebenswelt auf das Ganze unseres Lebens wie auf eine "ganzheitliche Bildung" (Synode der EKD 1978) bezogen, eine freilich außerordentlich schwierige Aufgabe. Auf Grund unserer Kenntnis von der Entwicklung der Jugend in einer Industriegesellschaft, von den Schwierigkeiten ihrer Personwerdung und Identitätsbildung, den zahlreichen Möglichkeiten zu Fehlentwicklungen und zur Selbstentfremdung spricht aber alles dafür, die zweite Alternative zu versuchen.

Hierzu müßte aber zunächst und insbesondere die interpersonale Kommunikation zwischen Lehrern und Schülern, Lehrern und Lehrern, Schüler und Schulen wie auch zwischen der Schule und ihrer Umwelt wieder kultiviert werden, was aber strukturelle Änderungen und eine Erweiterung der Methodenfreiheit zur pädagogischen Freiheit zur Voraussetzung hat. Große Systeme müßten aufgegliedert und die nicht-unterrichtlichen Aktivitäten müßten verstärkt werden.

Natürlich kann nur die Gesellschaft selbst entscheiden, welcher Weg gegangen werden soll. Ihre Entscheidung wird von ihrem Selbst- und Zukunftsverständnis, aber auch davon abhängen, ob sie die derzeitige Krise der Erziehung und des Bildungswesens begreift. Diese Krise müßte ihr dazu weiter verdeutlicht werden, ein Prozeß, der aber doch schon recht weit gediehen ist.

Entscheidet sie sich für den Weg der Bildung, so bedeutet das, daß sie sich nicht mehr so naiv wie bisher als Erwachsenen-Leistungs- und Konsum-Gesellschaft verstehen darf und ihre Kinder- und Jugendfeindlichkeit aufheben muß. Es wird aber auch dieses Problem längst so grundsätzlich wie leidenschaftlich diskutiert. Noch ist also nichts entschieden.

Soll die Schule wieder ein Ort der Bildung und damit eine humane Schule werden, dann muß sie wie die "alte" Schule, die Schule des 19. Jahrhunderts, und wie die Schule der "Reformpädagogik" wieder mit dem Leben ihrer Schüler und mit deren Lebenswelt verschränkt werden. Sie muß die Interessen, die Motive und die Lebens- und Welterfahrung ihrer Schüler aufnehmen und im Sinne der geschichtlichen Entwicklung weiterführen. Das In-der-Welt-sein, das Mitsein-mit-anderen und das Selbstsein der Schüler muß weiter durchgebildet werden; eine freilich schwierige Aufgabe.

Eben diese Aufgabe wird sich nicht lösen lassen, wenn nicht noch einmal darüber nachgedacht wird, inwiefern der Unterricht eigentlich wissenschaftlich sein soll und inwieweit die Schule den Künsten - als authentischen und konkreten Interpretationen von Leben und Welt - wieder geöffnet werden muß. Anders wird weder Bildung gefördert noch ein Verständnis der Lage des Menschen vermittelt werden können. Genauso wie im Blick auf die Wissenschaften in deren Methode eingeführt werden muß, weil doch sonst ihre Ergebnisse nicht richtig eingeschätzt werden können, muß in den künstlerischen Fächern, der Deutschunterricht eingeschlossen, in eigenes Schaffen oder Nachschaffen eingeführt werden. Hierbei kann z.B. auch statt eigenen "bildnerischen Gestaltens" Fotografieren gelernt werden. Andererseits kann es im Deutschunterricht nicht gut darum gehen, "dichten" zu lernen, wohl aber "erzählen", eine fast vergessene "Kunst". Besonders schwierig ist die Situation im Fach Musik. Das Problem ist bekannt. Nicht alle Kinder können Musizieren wie Lesen und Schreiben lernen. Auch braucht selbst eine elementare Ausbildung viel Zeit. Möglicherweise können Schulen und Musikschulen zusammenarbeiten. Entscheidend ist aber, daß die Mühe, die hier aufgewandt, und die "Leistung", die hier gezeigt wird, auch honoriert werden. Entscheidend ist aber auch, daß es nicht bei der Vermittlung von Kenntnissen und Fertigkeiten bleibt, sondern daß auch und gerade in der Schule kommunikatives musisches Leben entfaltet wird.

In diesem Zusammenhang stellt sich die Frage, wie man sich einerseits zur Überlieferung und andererseits zum aktuellen Geschehen verhalten soll. Die allgemeinbildenden Schulen sind immer auch Orte der Überlieferung gewesen und müssen dies auch bleiben. Wie immer auch die Überlieferung ausgewählt und vermittelt wird, nur auf ihrem Boden kann sich ein gemeinsames Verständnis auch und gerade des aktuellen Geschehens entwickeln. Im übrigen scheint das Interesse z.B. für das 19. Jahrhundert auch in der jungen Generation zu wachsen. Was nun das Verhältnis zum aktuellen Geschehen selbst anbetrifft, so gibt es zwar die Meinung, die Schule dürfte nicht dazu mißbraucht werden, das zu vermitteln, was auf der Straße vermittelt würde. Dieser Meinung darf aber doch nur bedingt zugestimmt werden. Das aktuelle Geschehen muß soweit miteinbezogen werden, als es zum einen die Lebenswelt mit ausmacht, zum anderen nicht nur naiv, sondern doch auch reflektiert mitvollzogen werden soll.

Es dürfte sich empfehlen, sich an der außerschulischen Jugendbildung und an der Erwachsenenbildung zu orientieren und wie diese außer naturwissenschaftlichen Räumen auch "Studios" für die künstlerischen Fächer, für "szenische Spiele" und für Schulveranstaltungen zu schaffen.

Es stellt sich natürlich die Frage, wie dies alles auf den Stundentafeln unserer Schulen untergebracht werden soll. Der Fremdsprachenunterricht ist schon zu stark reduziert worden. Der Mathematikunterricht braucht seine Zeit. Besondere Aufmerksamkeit verdient die Politische Bildung. Denkbar wäre es, in den (natur-)wissenschaftlichen Fächern durch vermehrten Einsatz von Filmen Zeit einzusparen. Man müßte sich nur dazu entschließen. Entscheidend ist aber bei all dem die grundsätzliche Frage, ob die allgemeinbildende Schule nicht auch ganz anders, als es bei uns die Regel ist, organisiert sein könnte. So wäre denkbar, viel stärker mit Intensivkursen und Unterrichtsblöcken zu arbeiten oder auch speziell ausgerichtete Halb- oder Ganzjahrskurse vorzusehen. In jedem Fall muß die Möglichkeit von Arbeitsgemeinschaften bestehen bleiben, in denen fortgesetzt und vertieft werden kann, was im allgemeinen Unterricht begonnen worden ist.

Der Hauptfeind einer solchen Reorganisation ist zur Zeit die deutsche Praxis, bei der Vergabe von Studienplätzen auf die Noten im Reifezeugnis zurückzugreifen, eine im übrigen pädagogisch gesehen unsinnige Regelung, die aber auf das ganze Bildungswesen in der denkbar verhängnisvollsten Weise zurückwirkt. Leider besteht wenig Aussicht darauf, daß dieses Problem in absehbarer Zeit gelöst wird.

Die große schulbezogene pädagogische Reformbewegung zwischen 1900 und 1933 hat vor allem auf eine "innere" Reform der Schule gezielt. Man hat ihr aber nicht ganz zu unrecht vorgeworfen, daß eine innere nicht ohne eine äußere (strukturelle und organisatorische) Reform möglich sei. Außerdem käme doch unter dem Gesichtspunkt des Bürgerrechts auf Bildung und des innerschulischen Chancenausgleichs der äußeren Reform sogar eine gewisse Priorität zu. Es hat sich inzwischen aber doch gezeigt, daß eine äußere Reform zwar unabdingbar war, daß die innere Reform aber für die Bildung der Jugend entscheidend ist. Dies wird auch durch die Tatsache einer weltweiten Entwicklung von Gegenmodellen zur Normalschule (sogenannten Antischulen) dokumentiert.

In der Bundesrepublik hat man zwar dazu angesetzt, eine Reform der Reform einzuleiten, doch ist es bei Einzelmaßnahmen geblieben, die sich zudem gegenüber der derzeitigen Bürokratisierung des Bildungswesens nur bedingt auswirken konnten. Es wird Zeit, unsere Bildungsreform erneut und offener als bisher zur Diskussion zu stellen.

Karl Heinrich Ehrenforth

MUSIK ALS LEBENSHILFE?

Die Ästhetik der Entfremdung als Problem einer säkularisierten Musikerziehung

I

Die Erwartung, die Künste und der (vor allem propädeutische) Umgang mit
ihnen könnten einen wichtigen und unaustauschbaren Beitrag dazu leisten,
eine aus dem Gleichgewicht geratene Schule wieder zurechtzurücken, sie le-
bensnäher, menschlicher, "humaner" werden zu lassen, ist bekanntlich nicht
neu. Schon um die Jahrhundertwende und danach setzten sich Kunsterziehungs-
und Jugendmusikbewegung sowie die nachfolgende Musische Bildung - bei gewissen Unterschieden der Positionen darin weitgehend übereinstimmend - dafür ein, die "schöpferischen" Kräfte des Menschen, seine Gestaltungskraft
und sein Wahrnehmungsvermögen auch und gerade in der Schule mehr als bisher
zu fördern. Dahinter stand ein Bild von Schule, das sich als Antwort auf
kulturkritische Einsichten und Ängste verstand und mehr "Muße", mehr emotionale Ansprache, mehr Selbstverwirklichung, ja mehr Geborgenheit und Heimat verbürgen sollte. Als Sammelbegriff dieser künstlerisch betonten Erziehungsvorstellung bildete sich Ende der zwanziger Jahre der Begriff der
"musischen Fächer" heraus, der bis heute noch in der bildungspolitischen
Öffentlichkeit in Umlauf ist. Mit ihm verbindet sich weitgehend die Vorstellung eines kompensatorischen Erziehungs- und Unterrichtsangebots, das ein
Gegengewicht zur rational betonten, intellektuellen Bildungsidee des vor
allem sprachlich und wissenschaftlich geprägten Denkens entwickeln sollte.
Es war nach Nietzsches, Langbehns, Lichtwarks, Spenglers und Götsch'
Attacken auf die Einseitigkeit dieser Bildungsidee und Bildungspraxis kein
Wunder, daß das verbreitete kulturelle Unbehagen der Jahrhundertwende nach
neuen Horizonten Ausschau hielt. "Der historisch-ästhetische Bildungsphili-
ster, der altkluge und neuweise Schwätzer über Staat, Kirche und Kunst, das
Sensorium für tausenderlei Anempfindungen, der unersättliche Magen, der
doch nicht weiß, was ein rechtschaffener Hunger und Durst ist"[1]: diese
Karikatur von Bildung sollte überwunden werden. Was bot sich mehr an als
die scheinbar ungebrochene Lebenskraft der Kunst, die nach einem Siegeszug
ohnegleichen neue Quellkräfte für eine von Grund auf zu erneuernde Gesellschaft zu bieten schien? Kunst sollte dazu beitragen, den Lebensbezug der
Kultur wiederherzustellen, die inneren, seelischen Kräfte des Menschen zu
wecken, dem der technischen Faszination verfallenen Bürger zu helfen, die
selbstverschuldete Entfremdung zu überwinden und eine neue Gesinnung zu
fördern. "Wenn der Wille zur Musik nicht aus dem Willen zur Gesinnung, d.h.
zum Menschen, d.h. zur Gemeinschaft erwächst, so geht sie uns nichts an"[2].

---

1 Friedrich Nietzsche, Unzeitgemäße Betrachtungen, zit. nach Wilhelm Flitner (Hrsg.): Die deutsche Reformpädagogik Bd. I, Düsseldorf/München,
  2. Aufl. 1967, S. 42
2 Fritz Jöde, Musik und Erziehung, Wolfenbüttel 1919, S. 10

Als die Flammen des Zweiten Weltkriegs erloschen waren, glaubten die Protagonisten der musischen Erziehung an einen Neuanfang. Eine Erziehung nach Auschwitz, so war die Überzeugung, müßte vor allem eine so sichtlich verratene Wertordnung wieder aufrichten und die "seelische Wiedergeburt" und eine neue Gesittung zum Ziel haben. Ortega y Gasset, Josef Pieper, Romano Guardini, Wilhelm Flitner, Otto Haase und viele andere waren sich darin einig. Allerdings war der Glaube an die ungebrochene Lebenskraft der Kunst, an ihr gesittungsförderndes und -forderndes Potential sichtlich erschüttert, von einigen Nimmermüden abgesehen. Dennoch wagte man es, die zweite Bundesschulmusikwoche 1957 in Hamburg unter das Thema "Musik als Lebenshilfe" (ohne Fragezeichen!) zu stellen. Der Versuch, die kunstpädagogischen Strömungen der ersten Jahrhunderthälfte wieder aufzunehmen und nun endlich auf breiter Front durchzusetzen, nahm seinen Lauf. Einigkeit bestand darin, daß die Schule nach wie vor das geeignete Fundament einer solchen Strategie sei. Im Windschatten einer allgemeinen Forderung nach einer anderen Schule hoffte man, den Lebensraum der Kunst- und Musikerziehung zu festigen. "Es wird ein Bild der Schule und eine Form des Unterrichtens gesucht, die aus den schöpferischen Quellkräften der menschlichen Seele stammt"[3]. Diese Quellkräfte zu fördern, daran bestand kein Zweifel, war Chance und Auftrag vor allem der musischen Erziehung.

Zweifel an dieser Erziehungsvorstellung kamen auf, als man zu fragen begann, ob die Restauration einer vom platonischen Idealismus und vom idealistischen Humanismus des 19. Jahrhunderts geprägten Wertordnung heute, in einer säkularisierten und "pluralistischen" Gesellschaft noch zu verwirklichen sei; ob dieses Ziel nicht, gerade weil es unerfüllbare Erwartungen auslöst, wiederum zum Anlaß unkontrollierbarer Irrationalität werden könne, deren sich gerade totalitäre Ideologien so gerne zu bedienen pflegen. Hitler und Auschwitz waren - unter diesem Aspekt gesehen - weniger ein Problem der seelischen Entwurzelung und des Verlustes der Mitte als vielmehr das der blanken Unfähigkeit, den Untermenschen rechtzeitig zu durchschauen. "Der Vorwurf, daß unsere Bildung zu viel Theorie, zu viel Rationalität, zu viel Intellektualität vermittelt, hört sich seltsam an in einem Volk, dessen Erscheinung in seiner neueren Geschichte sicher nicht durch ein übergroßes Maß an Aufklärung, sondern durch ein übergroßes Maß von Irrationalität und Sentimentalität geprägt gewesen ist"[4]. Von dieser Position wird denn auch in den sechziger Jahren lapidar dekretiert: "In der Schule ist die beherrschende Aufgabe das kritische Denkenlernen und die Ordnung der rationalisierten Vorstellungswelt"[5].

Heute hat die Forderung einer "humanen Schule" das Pendel offensichtlich wieder in die andere Richtung schlagen lassen. Mit ihr verbindet sich auch

---

3 Otto Haase, Musisches Leben, Hannover 1951, S. 66

4 Hellmut Becker, Auf dem Weg nach vorn die Angst überwinden, in: Kulturbrief 8/9 1977, Internationes, zit. nach Musik und Bildung 10/1977, S. 565

5 Theodor Wilhelm, Theorie der Schule, Stuttgart 2. Auflage 1969, S. 130

der Ruf nach mehr "musischer Erziehung", nach mehr "Kreativität", nach "handlungsorientiertem Musikunterricht". Nicht wenige Kunst- und Musikpädagogen befürchten jedoch, daß dieser Trend die gerade erst überwunden geglaubten Maximen und Mystifikationen der Musischen Bildung wieder zum Leben erweckt. "Musik als Lebenshilfe" ist zum Reizwort für all diejenigen geworden, die die Errungenschaften einer schulfachlichen Konsolidierung vor dem Hintergrund einer Pädagogik der Aufklärung und der Wissenschaftspropädeutik nicht aufs Spiel setzen wollen. Nach ihrer Meinung bedroht jede Kurskorrektur, die diesen Weg verläßt, die Überlebenschance der Kunst- und Musikerziehung in der allgemeinbildenden Schule[6].

Diese Ansichten sind ernst zu nehmen. Es gibt keinen, der die Euphorie eines neuen Menschenbildes am Anfang des Jahrhunderts in sein Ende hinüberretten zu können glaubt. Das Problem der kunstpädagogischen Bewegungen, vor allem der Musischen Bildung, war es, daß sie aus einer ungenügenden Zeitanalyse heraus (die mehr das allgemeine Unbehagen artikulierte, denn umfassende Diagnose aus Kenntnis der entscheidenden Denkansätze der Jahrhundertwende war) zu teils naiven, teils politisch nicht durchsetzbaren Postulaten gelangte. Die Zuversicht, man könne die kranken Wurzeln eines Stammes mit den Früchten des gleichen Stammes heilen, war ebenso trügerisch wie die Sehnsucht Georg Götsch', Kunst müsse ihre vorindustrielle, gar vor-neuzeitliche "Reinheit" und Einheit wiedergewinnen.

Solche unangemessenen Aussagen, Forderungen und Erwartungen haben jedoch nicht vermocht, die richtigen Fragen zu ersticken. Vielmehr liegen sie heute mit noch größerer Dringlichkeit vor unseren Füßen. Es wäre niemandem gedient, wenn die Ein- und Ansichten Lichtwarks um 1900, Götsch' um 1925 und Haases um 1950 zum Ausgangspunkt einer Kritik genommen würden, die mit den Antworten von damals auch die Fragen als gegenstandslos betrachtet. Sicher auch kann das Problem auf der Ebene des idealistischen Humanismus des 19. Jahrhunderts oder der kulturkritischen Positionen der Jahrhundertwende nicht mehr behandelt werden. Aber es ist ernsthaft zu fragen, ob sich nicht hinter den Erwartungen gegenüber der "musischen Erziehung" ein mehr oder weniger verschlüsseltes Fragen nach mehr Sinnhaftigkeit in einer den Zwecken so grenzenlos huldigenden Welt der Arbeit und der "sekundären Systeme" (Freyer) verbirgt[7]. Wenn es stimmt, daß sich dieses Fragen auf eine seelische Tiefenschicht des Menschen berufen und begründen kann, die etwas weiß vom Zusammenhang zwischen den Künsten und dem Humanum, dann stellt sich jederzeit das Problem neu. Dabei geht es nicht in erster Linie um die seit Platon lebendige Tradition, daß die Kunst - und vor allem die Musik - eine herausragende Bedeutung für die sittliche Erziehung des Menschen habe (eine Auffassung, die seit der Antike auch immer ihre skepti-

---

6 Vgl. Heinz Antholz, Unterricht in Musik, Düsseldorf 1970, die unter den vielen Veröffentlichungen aus dem Bereich der Musikerziehung die herausragende für diesen Problemkreis ist.

7 Vgl. Christoph Richter, Notwendigkeit und Möglichkeiten der Entfaltung von Emotionalität im Musikunterricht, Musik und Bildung 1/1978, S. 21-30. Im gleichen Heft eine Reihe von weiteren Beiträgen zum gleichen Thema.

schen Gegner hatte), sondern vor allem um die solchem Erziehungsdenken zugrunde liegende Verankerung der Künste im Mythos, ein Faktum, das auch im
Prozeß der Säkularisierung und Entmythologisierung nicht dem (unbewußten)
Wissensschatz einer Kultur entrissen zu werden vermag. Heutige Kunst- und
Musikpädagogik, die sich aus verständlichen Gründen von "Weltanschauung"
zu lösen trachtet, steht in Gefahr, solche Zusammenhänge jedoch zu übersehen. Die Berufung auf die im 19. Jahrhundert errungene Autonomie überschätzt
die Lebenskraft solcher Autonomie, die vielleicht mehr ästhetisches Postulat denn Wirklichkeit gewesen ist. Der Verweis auf die psychologische und
gesellschaftliche Bedingtheit der Künste wiederum vermag nicht auszuschließen, daß diese Bedingtheit ihrerseits bedingt ist: ein kurzschlüssiges psy-
chologisches oder sozialkulturelles Befragen der aktuellen Wirklichkeit
droht die Tiefenschicht, der sich der Befragte selbst nicht immer bewußt
ist, gar nicht zu erreichen.

Die nachfolgenden Überlegungen sind als Versuch anzusehen, alte Fragen
vor dem Hintergrund veränderter geschichtlicher Bedingungen und Erfahrungen neu zu stellen, ohne der Versuchung zu erliegen, die Analyse als umfassend auszugeben, geschweige denn probate Antworten und Empfehlungen her-
vorzuzaubern. Es geht vielmehr darum, das *Bedingungsgefüge* der Musikerziehung über eine fachdidaktische oder psychologische oder gesellschaftswis-
senschaftliche Engführung hinaus sichtbar zu machen.

Nach zwei einleitenden Skizzen, die den Säkularisierungsprozeß der Musikerziehung im 18. und 19. Jahrhundert in Erinnerung rufen und vor den
Hintergrund der allgemeinen Säkularisierung stellen (Kapitel II und III),
soll das Problem der Neuen Musik vor allem der Wiener Schule samt ihrem
Fortgang nach dem Zweiten Weltkrieg unter dem Aspekt der Entfremdung des
Menschen im Spiegel der Musik erörtert werden (Kapitel IV, V und VI). Anschließend wird die Ästhetik der Entfremdung als Problem der Musikerziehung dargestellt (Kapitel VII). Ein Ausblick auf die Konsequenzen für die
Position der Musikerziehung schließt den Gedankenkreis ab (Kapitel VIII).

II

Der Versuch einer Standortbeschreibung soll zunächst vom Phänomen der Säkularisierung her erfolgen, den ich bei rechter Verwendung für elastisch und
leistungsfähig genug halte, um die Komplexität der heutigen Wirklichkeit
relativ bündig zu umschreiben. Allerdings darf dieser Begriff nicht zu eng
gesehen werden[8]. Säkularisierung ist nicht nur "Verweltlichung" oder gar
"Abfall" und Abstieg aus der einst lebensbestimmenden Geschlossenheit des
christlichen Weltbildes, sondern umfaßt auch den (zunächst) befreienden
Erkenntnis- und Autonomiefortschritt der westlichen Welt, den sie nun seit

---

8 Zum Problem der Säkularisierung: Hermann Lübbe, Säkularisierung. Geschichte eines ideenpolitischen Begriffs, Freiburg-München 1965; Willi
   Oelmüller, Die Grenze des Säkularisierungsbegriffs am Ende der bisherigen Neuzeitgeschichte, in: Ulrich Hommes (Hrsg.), Gesellschaft ohne
   Christentum, Düsseldorf 1974; Heinrich Fries, Theologische Deutung der
   Säkularisierung, in: Ulrich Hommes (Hrsg.) a.a.O.; Hans Blumenberg, Säkularisierung und Selbstbehauptung, Frankfurt 1974

etwa 500 Jahren geht. Aber er hat bekanntlich ambivalente Entwicklungen eingeleitet, die uns heute zu schaffen machen. Säkularisierung - so gesehen - artikuliert Befreiung *und* Fesselung durch die rationale Bewältigung der Welt und umschreibt die Dialektik des Fortschritts, die Glanz und Elend des anthropozentrischen Weltbildes umspannt.

Die Geschichte der (schulischen) Musikerziehung seit dem späten Mittelalter stellt gleichsam einen Musterprozeß der Säkularisierung dar. Ich rufe ihn skizzenartig in Erinnerung.

Bis ins 18. Jahrhundert hinein lebte Musikerziehung in der Geborgenheit einer gottesdienstlich-liturgischen Funktionszuweisung, die allerdings nie eine Musikerziehung im modernen Sinn eines allgemeinbildenden Schulfachs anstrebte. Das Bildungsideal der Aufklärung hat dem ein Ende gesetzt. Wie sollte es weitergehen? Autonome Erziehung war hinsichtlich der Musikerziehung zunächst ratlos. Humboldt plädiert für schulische Musikerziehung, aber tut wenig zu ihrer Verwirklichung. Zelter schlägt vor, sie mit dem "Kultus" zu verbinden und damit den Faden der Tradition wieder aufzunehmen:

> "Das nächste Bedürfnis, wenn von Seiten des Staats etwas Ernsthaftes für die Musik geschehen soll, scheint mir darin zu bestehen, diese Kunst wieder mit einem würdigen Kultus zu vereinigen, dem sie angehört (sic!)... Durch den gänzlichen Übergang der Musik auf das Theater und ins gemeine Weltleben, ist ihre eigentliche Wirkung aufgehoben ... In den Schulen müßten wie ehedem ordentliche Singklassen stattfinden. Die Cantores, welche sämtlich Schule halten sollen, müssen die Knaben von Jugend auf im Singen unterrichten; dadurch wird sich jeder Kantor für seine Kirche einen kleinen Chor bilden... Da sie (die Musik) sich unmittelbar an das Gefühl wendet..., so ist die Musik ein natürliches Band zwischen den unteren und höheren Klassen der Nation und dies ist es, was ihr vorzüglich beim Gottesdienst, dessen ganz eigentlicher Zweck es ist, alle Glieder der Nation nur als Menschen und ohne die zufälligen Unterschiede der Gesellschaft zu vereinigen, einen großen und mächtigen Einfluß verschafft ... (Es geht darum), wie die Wirksamkeit der Musik auf den öffentlichen Gottesdienst und die Nationalbildung erhöht (werden könne)"[9].

Die Forderung Zelters ist deshalb so aufschlußreich, weil sie die Tradition der Musikerziehung verknüpft mit dem aktuellen Gebot einer allgemeinen Bildung für alle, die keine Klassenunterschiede kennt und im Gottesdienst der Kirche längst praktiziert wird.

Zu gleicher Zeit schwärmt Hans Georg Nägeli in der Nachfolge Pestalozzis von einer Symbiose von antiker und christlicher Tradition, die es im Zeichen der Musik, vor allem des Chorgesangs zu vereinigen gilt:

> "Das Zeitalter der Musik wird zuerst in der Kinderwelt Wurzel fassen, von der Kinderwelt wird so die Menschheitsveredelung ausgehen... Dann kommen wir endlich dahin, zu dem veredelten häuslichen Leben frommer Christen das öffentliche Leben der Griechen wieder zu gewinnen und so die Blüten der Kunst mit den Blüten der Religion in einen unverwelklichen Kranz zu flechten... Erst da beginnt das Zeitalter der Musik, wo die Menschheit selbst in das Element der Musik aufgenommen wird. Das wird nur möglich

---

9   Carl Friedrich Zelter und die Akademie - Dokumente und Briefe, ausgew. von Cornelia Schröder, in: Akademie der Künste, Monographien und Biographien Bd. 3, Berlin o.J. (1959), S. 117

sein durch Beförderung des Chorgesangs"[10].

Ideen Winkelmanns, Lavaters und Pestalozzis verbinden sich in dieser Utopie zum Glauben an ein "Zeitalter der Musik", das der Menschheit Versöhnung verspricht und ihrer Geschichte eine neue Zukunft verheißt. Der Chorgesang wird zum Symbol einer säkularisierten Menschheitsgemeinde, die sich nicht mehr um das Kreuz, sondern um die Idee der singenden Gemeinschaft zu scharen anschickt.

Die Unschlüssigkeit der Zielsetzung zwischen Tradition und Fortschritt bestimmt den schulischen Gesangunterricht im 19. Jahrhundert. Der traditionelle Aspekt dieses unklaren Selbstverständnisses zeigt sich dort, wo Schulfeiern liturgisch-kultisch überhöht werden: Knabenchor im Matrosenanzug vor dem Orgelprospekt der säkularen Gedenk- und Feierhalle der Schule. Erst allmählich setzt sich der Gedanke durch, daß nicht nur das Singen, sondern auch das (autonome) Musikkunstwerk bildungsmächtig sei. Liszt und A.B. Marx setzten sich gegen Ende des Jahrhunderts dafür ein. Diese Idee kann jedoch erst Kestenberg nach dem Ersten Weltkrieg durchsetzen, just zu einem Zeitpunkt, als die Autonomie der Musik ihre Strahlkraft einzubüßen beginnt.

Heutige Musikerziehung verdankt, vor allem als Schulfach, ihr Dasein der zu Beginn des Jahrhunderts und nach dem Zusammenbruch im Ersten Weltkrieg noch wirksamen Schubkraft dieser beiden Strömungen. Wie lange aber kann sie davon leben? Weder ist eine säkularisierte Heilsbotschaft noch denkbar, die ein Zeitalter der Musik einzuläuten vermag, noch ist die sozialromantische Idee einer nationalen Volksbildungsidee heute realisierbar. Aber auch das Überleben der autonomen Musik als wichtigste Stütze eines eigenständigen Bildungsanspruchs ist fraglich geworden. Neuere Versuche einer sozialwissenschaftlichen oder kommunikationstheoretischen Begründung sind gescheitert, weil sie diese historischen Implikationen und ihre Verankerung im öffentlichen Bewußtsein unterschätzt haben.

III

Die besondere Struktur des neuzeitlichen, von den Naturwissenschaften und ihrer Methodologie geprägten Denkens ist hier nur in Kürze in Erinnerung zu rufen, darf jedoch nicht außer Acht gelassen werden, wenn es darum geht, das Bedingungsgefüge von Musikerziehung zu beschreiben. Die Ablösung des Menschen aus den geistigen Bezügen eines religiös-mythischen, später christlichen Weltbildes ist zwar nie rigide vollzogen worden, wird aber bestimmend für das von Wissenschaft und Fortschritt geprägte Denken. Die kopernikanische Wende der Wissenschaft ist der äußere historische Zeitpunkt, an dem nach langen Anläufen endgültig sichtbar wird, daß es die Einheit von Glauben und Wissen, von weltlichem und göttlichem Ordo nicht mehr gibt. Der Weg dorthin entbindet ungeahnte Kräfte der Befreiung und Weltgestaltung.

---

10 Gesangsbildungslehre nach Pestalozzischen Grundsätzen, pädagogisch begründet von Michael Traugott Pfeiffer, methodisch bearbeitet von Hans-Georg Nägeli, Zürich 1810

Die Erkenntnisfortschritte der Wissenschaft sind das hervorstechende Ergebnis solcher Befreiung. Der Wissenschaft folgen im 19. Jahrhundert die Künste.

Der bewältigende Zugriff des Menschen aber hat Schatten gebracht, die uns heute erst voll sichtbar werden. Die solchen Zugriff ermöglichende Entwürdigung der Natur einschließlich des Menschen selbst und die damit verbundene Spaltung von Subjekt und Objekt bis in die Leiblichkeit des Menschen hinein hat jenes Gefühl der Ungeborgenheit erzeugt, das Marx Selbstentfremdung nennt und Georg Lukacs als "Verdinglichung" der Kultur und des Denkens brandmarkt[11], wobei Lukacs den Entfremdungsaspekt von der ökonomischen Engführung bei Marx befreit und auf eine breitere Basis zurückführt. Die Verdinglichung des Subjekts ist um so leichter möglich, als die neuzeitliche Erkenntnistheorie die Trennung von Leibseele und (rationalem) Geist so radikal praktiziert, daß dabei übersehen wird, daß jeder Erkenntnisakt unbewußt in unsere leibseelische Geschöpflichkeit eingebunden ist. Diese Frage ist in jüngerer Zeit als Problem des "Leibapriori" unserer Erkenntnis wieder aufgegriffen worden. Und die Anthropologie wird nicht müde, in Erinnerung zu rufen, daß wir nicht nur einen Leib *haben*, sondern vor allem Leib *sind*[12]. Obwohl die Grenzen des (natur)wissenschaftlichen Zugriffs, vor allem das ethische Defizit bei der technologischen Nutzung wissenschaftlicher Erkenntnisse, längst durchschaut sind, scheint es, als habe der Mensch der westlichen Welt den Machtrausch des kalkulierenden und ausbeutenden Eingriffs gleichsam so internalisiert, daß ein Umdenken vom "Haben" zum "Sein", wie es Erich Fromm[13] fordert, so unausweichlich wie unrealistisch erscheint.

Bedrückend bleibt, daß alle Gegenströmungen gegen solche rationalistische Verengung der Wirklichkeitserfahrung diesen Schicksalsweg des westlichen Abendlandes nicht vereiteln konnten: Pascals "raison de coeur", der Durchbruch in das Geheimnis der Lebenserfahrung in der Romantik, die intuitive Erkenntnisweise der Lebensphilosophie, die Kulturkritik der Jahrhundertwende.

Die Eigenart westlichen Denkens wird noch deutlicher in der Gegenüberstellung zum östlichen Denken. Westliches Denken ist - bündig formuliert - handelndes Denken, das Wirklichkeit gefügig macht, um sie beherrschen, "manipulieren" zu können. Östliches Denken dagegen ist offen-vernehmendes Sehen und Hören, das Wirklichkeit erfahren will, um in das Erfahrene ver-

---

11 Georg Lukacs, Geschichte und Klassenbewußtsein, Neuwied 1968, S. 257 ff.

12 Karl Otto Apel, Das Leibapriori der Erkenntnis, in: Neue Anthropologie, hg. von Hans Georg Gadamer und P. Vogler, Band II Philosophische Anthropologie, Stuttgart 1975, S. 264 ff.; Karl Löwith, Zur Frage einer philosophischen Anthropologie, in: Neue Anthropologie a.a.O., S. 334; ähnlich auch bei Helmuth Plessner, Philosophische Anthropologie, Frankfurt 1970

13 Erich Fromm, Haben oder Sein - Die seelischen Grundlagen einer neuen Gesellschaft, Stuttgart 1977

wandelt zu werden. Dem Tatdenken steht das Meditationsdenken gegenüber[14].
So erinnert der Ruf nach Meditation - jenseits bloßer Mode und Geschäfts-
tüchtigkeit - daran, daß es Erfahrungen des Menschen mit der Wirklichkeit
gibt, die dem Netz rationalen, kausal-logischen Denkens nicht nur entgehen,
sondern deren permanente Ausklammerung eine Welt in Gefahr bringt, die
menschlicher zu werden sich bemüht. Daß die Voraussetzungen des rationalen
Denkens selbst transrational, ja wie die der Kunst im Mythos begründet
sind[15], daß der rationale Zugriff im unbegründbaren Vertrauen auf die Ge-
ordnetheit der Welt geschieht, ist eine Einsicht, die wiedergewonnen werden muß.

Das szientistisch-technokratisch geprägte Weltbild hat, so ist zu
hoffen, keine Zukunft. Ein neues "Gestell" (Heidegger) von Seinserschlie-
ßung wird notwendig werden. In diesem Gestell wird die Keuschheit vor dem
Unverfügbaren einen höheren Stellenwert haben müssen als die Skrupellosig-
keit in der Nutzung und Ausbeutung des Noch-Verfügbaren. Solche Keuschheit
vermag die erzwungene Erfahrung der Grenze menschlicher Eingriffe umzu-
werten in die Einsicht einer natürlichen Ordnung, die uns in verhaltener
Selbstverständlichkeit trägt. A.M. Klaus Müller hat es in diesem Zusammenhang gewagt, die biographische Erfahrung des Menschen mit dem Begriff der
"Offenbarung" zu verknüpfen. Erfahrung solchen Zuschnitts ist geprägt von
der Offenheit gegenüber dem Unverfügbaren[16]. Von einer ganz anderen Einstellung her plädiert Erich Fromm für eine "Religiosität ohne Religion"[17].

Die kurze Skizze der geistigen Situation der Gegenwart muß hier abge-
brochen werden, zumal die Aspekte in vielen Beiträgen dieses Bandes anklingen.

Bevor wir den Blick auf die Musik zurücklenken, mögen einige Thesen folgen, die versuchen, den Zusammenhang zwischen geistiger Situation der Gegenwart und Entwicklung und Standort der Kunst(erziehung) in durchaus vor-
läufiger Unvollständigkeit anzuleuchten:

1. Die Kunst der Neuzeit hat ihre Autonomie im geschichtlichen Prozeß der
   Säkularisierung errungen, der zugleich aber auch die Einwurzelung der
   Kunst in den Mythos bedrohte. Wagners, Liszts, Mahlers und Schönbergs
   Rückgriff auf den Mythos - zumindest in der Wahl der textlich-program-
   matischen oder ästhetisch-philosophischen Grundkonzeption - versuchte,
   solcher Bedrohung entgegenzusteuern.

2. Die Dichotomie von transrationaler Einwurzelung in den Mythos und rationaler Entmythologisierung hat die neuzeitliche Polarisierung von Kunst
   und Wissenschaft begünstigt, deren Bewältigung bis heute nicht gelungen

---

14 Vgl. Karlfried Dürckheim, Vom doppelten Ursprung des Menschen, Freiburg,
   2. Auflage 1974

15 Darauf hat Karl Popper bei seinem Festvortrag aus Anlaß der Salzburger
   Festspiele 1979 wieder hingewiesen. Das Thema lautete: "Schöpferische
   Selbstkritik in Wissenschaft und Kunst".

16 A.M. Klaus Müller, Definierte Verhältnisse in der Erziehung? In:
   A.M. Klaus Müller, Wende der Wahrnehmung, München 1979, S. 27 ff.

17 Erich Fromm, Haben oder Sein, S. 198

ist, die jedoch ihre Tendenz zu rigider Ausschließlichkeit überwunden zu haben scheint.

3. Kunst- und Musikerziehung wurden in diese Polarisierung hineingezogen. Das Ringen um ein fundiertes Selbstverständnis war geprägt von der Faszination logischer Denkschulung, der sich die Schule nicht zu entziehen vermochte. Trotz vieler gegenteiliger Beteuerungen vor allem der Bildungspolitiker ist die Rolle eines mehr oder minder unverbindlichen Ausgleichs zur "Anstrengung des Geistes" für die Künste bestimmend geblieben. Andererseits sind sie zugleich zum Prüfstein dafür geworden, in welchem Maße und mit welchem Ernst auch gerade nicht-rationale, jedoch ebenbürtige Weisen der Erkenntnis und Erfahrung in die schulische Erziehung einbezogen wurden. Zwar waren die Argumentationsformen und -inhalte für eine solche Erziehung bisweilen politisch unrealistisch und unvertretbar einseitig - wie die Postulate der Musischen Bildung bewiesen - aber das Anrennen gegen die übermächtige Konsistenz des rational-logischen Denkens und seine Wirklichkeitsverengung hielt die Wunde offen. Freilich führte solches Insistieren zu unangemessener Einseitigkeit, die die Chancen des rationalen Zugangs zum Kunstwerk verdeckten. Umgekehrt war der Eifer, nun erst recht die "Wissenschaftlichkeit" der Kunst- und Musikerziehung nachzuweisen, genauso bedenklich.

IV

Das anthropozentrische Weltbild prägte auch die Musik. Die Subjektivierung des musikalischen Ausdrucks war Voraussetzung dafür, daß ungeahnte schöpferische Kräfte freigesetzt wurden, die das herausragende Musikschaffen des 19. Jahrhunderts erst ermöglichten. Die Euphorie eines neuen, weltbestimmenden und weltheilenden Zeitalters der Musik erreichte bei Richard Wagner ihren Höhepunkt:

"Wie unter der römischen Universalzivilisation das Christentum hervortrat, so bricht jetzt aus dem Chaos der modernen Zivilisation die *Musik* hervor. Beide sagen aus: 'Unser Reich ist nicht von dieser Welt.'"[18]

Aber zugleich war bereits zu Anfang des 19. Jahrhunderts unverkennbar, daß der schöpferische Einstieg in die Tiefe der menschlichen Seele Ängste auslöste, die in einem Lied wie Schuberts "Leiermann" aus der "Winterreise" von 1827 Ausdruck fanden: Zum ersten Mal in der Geschichte der Musik wurde in dieser Weise das hoffnungslose Dunkel einer Vereinsamung des Menschen gestaltet, dem nur noch die Begegnung mit sich selbst bleibt. Typisch für das 19. Jahrhundert wurde der Kontrast, mit dem sich der Glanz der Beethovenschen "Neunten" von 1824 im Freudenjubel der elysisch gestimmten Menschheitsgemeinde diesem Dunkel des "Leiermann" zugesellt.

Vierzig Jahre nach Wagners Prophetie eines Zeitalters der Musik droht der musikalische Expressionismus am dichotomischen Erbe des 19. Jahrhunderts zu zerbrechen. Die Spannung zwischen hochexpressiver, psychogrammhafter

---

18 Richard Wagner, Beethoven, Leipzig o.J., S. 81

Irrationalität und wachsendem Verlangen nach Einbindung in geschichtlich-objektive Formen und Kompositionstechniken war schier unlösbar und blieb auch bestimmendes Problem der Entwicklung nach 1945. Angestrebt wurde die Vermittlung von hochdifferenziertem Ausdruck und rationalem, gleichsam wissenschaftlichem Kalkül, ein Versuch, der mit fortschreitender Komplizierung der musikalischen Sprache und dem Zwang zum "Neuen" als Zeichen des Fortschritts immer schwerer zu tragen war. Die Symbiose gelang nicht. Das Pendel schlug zwischen Anarchie (z.B. in der Aleatorik) und Fesselung (z.B. im Serialismus) hin und her. Die postserielle Kompositionspraxis vermochte die Verkrampfung zeitweilig zu lösen, die Grenzen einer sprachlichen Differenzierung der Geräuschmusik wurden indes bald sichtbar.

Das Problem heutigen Musikschaffens ist offensichtlich begründet in der Erfahrung einer Grenze, die den einzelnen Komponisten und seine schöpferische Potenz übersteigt. Die Kunstformen der alten Welt, die sich vornehmlich der Avantgarde öffnen, sind gezeichnet von dieser Grenzerfahrung.

"Ich bin der Ansicht, daß sich heute zu komponierende Musik ... zu messen hat an der Möglichkeit ihres Verstummens, des Sich-Verschweigens, des Aufhörens von kompositorischer Tätigkeit überhaupt."[19]

Dieses offene Bekenntnis eines Komponisten, mag es auch von den meisten seiner Kollegen zurückgewiesen werden, scheint zu bestätigen, was schon Thomas Mann im "Doktor Faustus" anklingen läßt:

"Ohnmächtig sind sie auch ..., aber ich glaube, du und ich ziehen die achtbare Ohnmacht derer vor, die es verschmähen, die allgemeine Erkrankung unter würdigem Mummenschanz zu hehlen... Droht nicht die Produktion auszugehen? ... Das Komponieren selbst ist zu schwer geworden, verzweifelt schwer."[20]

Die Einsicht, daß "die Kategorie des 'Neuen' ihre bislang einzigartige Kraft verloren [hat]"[21], daß die "transkontinentalen Kelterfeste letzter Reizkombinationen" erschöpft sind[22] und ein Komponist wie Ligeti diese Erfahrung der Grenze im Bilde der Wüstenwanderung umschreibt, die beim Fortschreiten dennoch nichts anderes denn Sand verspricht[23], bietet einem naiven musikalischen Fortschrittsglauben Einhalt. Es wäre irrig, dies als geschichtsphilosophischen Pessimismus mit kulturkritischem Einschlag abzutun. Denn zugleich wächst die Erkenntnis, daß Fortschritt sich heute nicht nur am Zugewinn von "Neuem" oder gar "Aktuellem" mißt, sondern an der Vielfalt der immer neuen und andersartigen menschlichen Erfahrung von Welt und Wirklichkeit im Fortgang der Geschichte. Die Alternative von Progression und Regression, die immer noch unsere Diskussionen bestimmt, ist ohnehin zu simpel. Denn weder Progression noch Regression sind Werte an sich. Erst im

---

19 Hanspeter Krellmann, Komposition als Moment der Verweigerung. Gespräch mit dem Komponisten Peter Ruzicka, in: Musica 30/1976, S. 122

20 Thomas Mann, Doktor Faustus, Frankfurt 1960, S. 256 ff.

21 Wulf Konold, Die Musik der 70er Jahre, in: Musica 1/1978, S. 10

22 Hilde Domin, Wozu Lyrik heute, München 1968, S. 75

23 zit. nach Ove Nordwall, György Ligeti, Mainz 1971, S. 128

verantwortlichen Fortschreiten, das sich des tragenden Grundes tradierter Erfahrungen des Menschen (den man Kultur nennt) vergewissert, besteht Aussicht, die Wirklichkeit nicht zu verfehlen. Daß dies auch und erst recht für die Musik gilt, wird zur bestimmenden Einsicht.

Das Bewußtsein von Grenzen des musikalischen Fortschritts ist zweifellos auch von jener enttäuschenden Erkenntnis gefördert worden, daß weite Bereiche der Musik unseres Jahrhunderts nach einem Zeitraum von fünfzig bis siebzig Jahren immer noch nicht vertraut, ja hinsichtlich der Wiener Schule Schönbergs im eigentlichen Sinn des Wortes fremd geblieben sind. Die Aufbrüche des Expressionismus, ihre dodekaphonischen, seriellen und aleatorischen Verhärtungen oder "Neutralisierungen", sind bemerkenswert museal geworden, gleichsam unerlöst im elfenbeinernen Turm einer gealterten Moderne, die den Expertenzirkel in den meisten Fällen nicht nachhaltig hat durchbrechen können. Und heute? Kagel weicht in eine Theatralisierung des Akustischen mit parodistisch-skrupellosem Ernst aus, Stockhausen verliert sich in die Klangmagie eines neumystischen Nirwana europäischer Denkart, Cage erschöpft sich im Freiheitspathos des polemisch gemeinten Zufalls, Penderecki spürt die Erschöpfung der Clusterwirkung, Ligeti die der mikropolyphonen Klangstruktur und Boulez schweigt. Jüngere Komponisten wie Rihm, Trojahn, von Bose, Müller-Siemens und von Schweinitz versuchen, der Sackgasse jenseits von "Neuer Einfachheit" (dies gelingt nicht in allen Fällen) und Fortschrittszwang zu entgehen. Es scheint sich allgemein die Einsicht durchzusetzen, daß "das zielgerichtet-einseitige Vorwärts der 50er und 60er Jahre musikalische Möglichkeiten verschüttet hat, die weder erschöpft waren, noch so stark mit Hörerwartungen vorgeprägt sind, daß sie sich in ihrer Verwendung gegen den neuen Einsatz kehren"[24]. Es bleibt abzuwarten, ob und in welcher Weise solche Einsichten das musikalische Schaffen in Gegenwart und Zukunft bestimmen werden.

V

Wenn es zutrifft, daß die über Jahrhunderte bestimmende Anziehungskraft des "Neuen" ihre Kraft verliert, so mag es angezeigt sein, ein wenig diese Kategorie zu bedenken, ohne ihre ebenso schillernde wie komplexe Eigenart zu übersehen, noch deren geschichtsphilosophische, kompositionstechnische, wirkungspsychologische oder hermeneutische Komponenten im einzelnen aufschlüsseln zu können.

Das "Neue" ist in der westlichen Kultur seit dem späten Mittelalter zu einer bestimmenden Kategorie sowohl des künstlerischen Ausdrucks als auch der wissenschaftlichen Erkenntnis geworden. Künstlerischer Ausdruck als bisher Unerhörtes wurde - neben dem Gütesiegel einer stimmigen Tektonik des Werks - zum wichtigsten Ausweis schöpferischer Individualität. Dies zeigt sich auf recht verschiedenen Ebenen. Vom Neuen als reizstimulierender Irritation (z.B. die Sixte ajoutée, der Neapolitaner, die enharmonische

---

24 Hans Zender, zit. in Wulf Konold a.a.O., S. 13

Verwechslung) über den subjektiv-souveränen Eingriff in die vom Klischee
bedrohte Gestalt (z.B. die vom griffigen Zweitaktschema sich lösende Ver-
schränkungstechnik Beethovenscher Themen, die eine gänzlich neue Innenba-
lance erforderlich macht) zur Technik der "Verfremdung" historischer Modelle (z.B. die Verwendung des Gregorianischen Chorals bei Bach, die Technik
des Neoklassizismus oder zeitgenössische Zitattechnik) bis hin zur Explikation eines kompositionstechnischen "Problems", dessen "Lösung" "experimentell" erprobt, d.h. im Sinne wissenschaftlicher Methodologie "verifiziert"
bzw. "falsifiziert" wird, reicht eine weite Palette innovatorischer Möglichkeiten.

Gemeinsam ist ihnen zunächst der Anspruch des Komponisten, Unverwechsel-
bar-Einmaliges dem Klischee entgegenzustellen, Neues dem Gewohnten, Heraus-
forderndes dem Bloß-Ansprechenden, Nachdenkliches der Gedankenlosigkeit,
Zukünftiges dem Vergangenen, das Ich dem Man.

Nun bedarf es keiner sprachkommunikativen Einsicht, daß, wofern es eine
Sprachlichkeit der Musik gibt, die semantische "Grundschicht" nicht ungestraft einem unbegrenzten Innovationsdrang des Schöpferischen ausgesetzt
werden darf, soll sie nicht ihre Funktion verlieren, d.h. soll Musik den
Charakter der Mit-Teilung nicht einbüßen. Es fällt dem aufs Neue versesse-
nen Menschen des Abendlandes offensichtlich schwer, einzusehen, daß das
Schöpferische im Grunde nur Variante sein kann[25] und daß Spracherneuerung
nur als Variante "bewährter" Muster möglich ist[26]. "Nur aufgrund ihres
Sprachcharakters konnte Musik zum immer Neuen hin fortschreiten... Eine wie
auch immer geartete Musiksprache, deren Sprachmodell die musikalische Wirklichkeit nicht mehr zu erfassen vermag, läßt sich nicht funktionsfähig halten, indem man endlos neue Vokabeln und Konstellationen erfindet; sie wären
auf die Dauer nichts als die ... unverständlichen, auf kein Gegenüber gerichteten, nur sich selbst genügenden Worterfindungen eines Einsiedlers"[27].

Solcher Sprachverlust mißachtet nicht nur den Hörer, läßt nicht nur das
vom Komponisten gewollte Neue als kompositorisches Detail nicht erkennen,
sondern gibt sich der Sinnlosigkeit preis. Sinnlosigkeit kann sich nur solange als Sinnhaftes behaupten, als sie als Antithese zu Sinnhaftem gelten
kann. Solche geborgte Sinnhaftigkeit ist jedoch bekanntlich nur solange
wirksam, als historische Muster ursprünglicher Sinnhaftigkeit gegenwärtig
bleiben. Eine Musikkultur, die das tradierte Musikwerk präsent hält, kann
sich solche geborgte Sinnhaftigkeit noch leisten. "Aus sich heraus" ist sie
sinnlos.

Die These scheint nicht zu gewagt, daß Schönbergs ästhetisches Programm
einer "Emanzipation der Dissonanz" deswegen so fragwürdig geblieben ist,

---

25 Walter Benjamin, Kleine Geschichte der Photographie, in: Das Kunstwerk
   im Zeitalter seiner technischen Reproduzierbarkeit, Frankfurt 1963,
   S. 90

26 Hilde Domin a.a.O., S. 123

27 Elmar Budde, Zitat, Collage, Montage, in: R. Stephan (Hrsg.), Die Musik
   der sechziger Jahre, Mainz 1972, S. 38

weil es die bewußte Exklusion der Konsonanz mehr im Auge gehabt hat als die "Emanzipation" der Dissonanz; ja, daß mit der Exklusion der Konsonanz die "Emanzipation" erst verhindert wurde, der damit verbundene Zerfall der Sprachlichkeit jedoch nicht. Und es bleibt immer wieder zu fragen, ob Schönberg als Vater des musikalischen Avantgardismus nicht der große Fremde bleiben wollte, ja mußte, um sein künstlerisches Profil wahren zu können: am anderen Ufer stehend, Luft von anderen Planeten fühlend, der große Einsame auf dem Berg der Offenbarung, Moses gleich. Aber ist der Führungsanspruch noch aufrechtzuerhalten? Ist der Fremde nicht fremd geblieben? Mit anderen Worten - und diese Einsicht wäre für das Problem der Vermittlung entscheidend - sucht solche Musik überhaupt Identifikation? Ist ihr ästhetisches Programm nicht von gezielter Entfremdung bestimmt?

VI

Adorno und Horkheimer haben diese Frage eindeutig bejaht und solche Bejahung als geschichtlich unausweichlich angesehen. Der Entfremdungsbegriff der Kritischen Theorie - dessen Genese bei Hegel und Marx in diesem Zusammenhang nicht expliziert werden kann[28] - verdichtet sich in der Formel vom "falschen Bewußtsein", das sich vor allem in einer von "Herrschaft" geprägten "verzerrten Kommunikation" niederschlägt. Die Überwindung der Entfremdung kann nur durch Aufklärung und kritisches Bewußtsein gelingen. Die nicht-verzerrte Kommunikation wird zum Signum einer gesellschaftlichen Utopie des Glücks aller:

"Die kritische Theorie ..., die das Glück aller Individuen zum Ziel hat, verträgt sich ... nicht mit dem Fortbestand des Elends. Die Selbstanschauung der Vernunft, die für die alte Philosophie die höchste Stufe des Glücks bildete, ist im neueren Denken in den materialistischen Begriff der freien, sich selbst bestimmenden Gesellschaft umgeschlagen; vom Idealismus bleibt dabei übrig, daß die Möglichkeiten des Menschen noch andere sind, als im heute Bestehenden aufzugehen, andere als die Akkumulation von Macht und Profit."[29]

Auf diesem Wege der Selbstvollendung der Gesellschaft könne Kunst nicht mehr Abbild oder "Vorschein" eines geglückten Weltzustandes sein, weil solche "Vertröstung" die Selbstentfremdung des Menschen fördere, statt sie zu verhindern:

"Die Clichés von dem versöhnenden Abglanz, der von der Kunst über die Realität sich verbreite, sind widerlich nicht nur, weil sie den emphatischen Begriff von Kunst durch deren bourgeoise Zurüstung parodieren und sie unter die trostspendenden Sonntagsveranstaltungen einreihen. Sie rühren an die Wunde der Kunst selber. Durch ihre unvermeidliche Lossage

---

28 Karl Marx, Die deutsche Ideologie, in: Die Frühschriften, hg. von Siegfried Landshut, Stuttgart 1971, S. 361 u.a.
   Zu Hegels Begriff der Entfremdung siehe: G.W.F. Hegel, Vorlesungen über die Philosophie der Geschichte, Sämtliche Werke, Band 11, Stuttgart 1929
   Zur Marx-Kritik siehe u.a. W. Bienert, Der überholte Marx, 3. Auflage, Stuttgart 1975

29 Max Horkheimer, Traditionelle und kritische Theorie, Frankfurt 6. Aufl. 1975, S. 60 (Nachtrag)

von der Theologie, vom ungeschmälerten Anspruch auf die Wahrheit der Erlösung, eine Säkularisierung, ohne welche Kunst sich nie entfaltet hätte, verdammt sie sich dazu, dem Seienden und Bestehenden einen Zuspruch zu spenden, der, bar der Hoffnung auf ein Anderes, den Bann verstärkt, wovon die Autonomie der Kunst sich befreien möchte... Das affirmative Wesen der Kunst, ihr unausweichlich, (ist) zum Unerträglichen geworden."[30]

Kunst, die sich ihres neuen gesellschaftlich-geschichtlichen Standorts und Auftrags bewußt sei, könne nur eine solche sein, die das Leid in sich aufnehme oder gar auf sich nehme:

"Die Unmenschlichkeit der Kunst muß die der Welt überbieten um des Menschlichen willen. Die Kunstwerke versuchen sich an den Rätseln, welche die Welt aufgibt, um die Menschen zu verschlingen... Die Schocks des Unverständlichen, welche die künstlerische Technik im Zeitalter ihrer Sinnlosigkeit austeilt, schlagen um. Sie erhellen die sinnlose Welt. Dem opfert sich neue Musik. Alle Dunkelheit und Schuld der Welt hat sie auf sich genommen. All ihr Glück hat sie daran, das Unglück zu erkennen; all ihre Schönheit, dem Schein des Schönen sich zu versagen."[31]

Adornos säkularisierte Theologie des Kreuzes, die ihre negative Affinität zur romantischen Kunstreligion nicht verhehlt, verdeutlicht, daß solche Leidbezogenheit der Kunst sich nicht in der bloßen Geste des Tragischen erfüllen könne, sondern ihre Sprachlichkeit, ja ihren Sprachleib einbeziehen müsse. Bei Horkheimer wird dies noch deutlicher:

"Indem diese ungastlichen Werke dem Individuum die Treue halten gegen die Infamie des Bestehenden, bewahren sie den authentischen Gehalt früherer großer Kunst, sind sie Raffaels Madonnen und Mozarts Opern tiefer verwandt als alles, was heute deren Harmonie nachleiert, zu einer Zeit, da die glückliche Gebärde zur Maske des Wahnsinns wurde und die traurigen Gesichte des Wahnsinns zum einzigen Zeichen der Hoffnung. ... Die authentischen Kunstwerke der letzten Zeit verzichten auf die Illusion einer realen Gemeinsamkeit unter den Menschen; sie sind Monumente eines einsamen und verzweifelten Lebens, das keine Brücke zum andern oder auch nur zum eigenen Bewußtsein findet. ... Indem es den geschändeten Menschen ein schockierendes Bewußtsein ihrer verzweifelten Situation gibt, bekennt es sich zur Freiheit... Deshalb mag es nicht ganz sinnlos sein, in der unverständlichen Rede fortzufahren."[32]

Der letzte Satz ist enthüllend. Die "unverständliche Rede" bekennt den Sprachverlust, wird aber in negativer Dialektik zum Paradigma von Sinn. Kunst, die ihre Sprache verloren hat, "spricht" wie der Stumme, dem die Kehle durchgeschnitten ist[33].

In der gesellschaftskritischen Strömung der 60er Jahre nahmen (seinerzeit) jüngere Komponisten wie Schnebel und Lachenmann die ästhetischen Positionen der Kritischen Theorie wieder auf, jedoch mit veränderten Akzenten. Das Pathos des Erleidens in einer sinnlos gewordenen Welt, dem Musik Aus-

30 Th.W. Adorno, Ästhetische Theorie, Gesammelte Schriften, Bd. 7, Frankfurt 1970, S. 10

31 Th.W. Adorno, Philosophie der Neuen Musik, Frankfurt 1958, S. 126

32 Max Horkheimer, Neue Kunst und Massenkultur, in: Kritische Theorie, Bd. II, hg. von Alfred Schmidt, Frankfurt 1968, S. 318 ff.

33 Vgl. Peter Becker, Heinz Holliger: Psalm, in: Musik und Bildung 6 und 7/8 1978, S. 427
Beckers Aufsatz hat die vorliegende Studie des Verf. im besten Sinn des Wortes herausgefordert.

druck verleihe, wandelt sich in das eines euphorischen Veränderungsdrangs der Zweiten Aufklärung, die die Emanzipation von falschem Bewußtsein auf ihre Fahnen heftet. Es gelte, den Hörer vom Verlangen nach "falscher Geborgenheit", die er in der Musik sucht, zu befreien und ihm eine "Ungeborgenheit" zuzumuten, die seiner gesellschaftlichen Wirklichkeit entspreche. Solche "Ungeborgenheit" könne jedoch nur durch Verweigerung von eingespielter "Kommunikation" erreicht werden.

> "Für den Komponisten, der sich an diesem Leitbild orientiert, liegt die Chance, verstanden zu werden, darin, daß er sich den kommunikativen Spielregeln und expressiven Erwartungen der Gesellschaft unmittelbar widersetzt. Indem er ihr konsequent den Weg verstellt, den sie sich nach ihren Vorstellungen zum Werk bahnen möchte, wendet sich seine Musik, die in dem so erzwungenen Freiraum entsteht, der Gesellschaft auf unmißverständliche Weise zu... Kommunikation verweigern und zugleich erzwingen: nur der äußersten Intensität kann dies gelingen."[34]

In einer Welt, in der falsches Einverständnis, verbogene Kommunikation und erlogene Geborgenheit vorherrschen, könne Musik nur den einen Auftrag haben: die Entfremdung bewußt zu machen. Ihre Fremdheit sei nicht nur geschichtlich unausweichlich, sondern Teil eines politischen Programms, zur "Überwindung der Klassengesellschaft". Auf dem Weg dorthin wird "aufklärende Tätigkeit innerhalb und mit Hilfe der Arbeiterorganisationen, welche wacheres Bewußtsein erzeugt und so auch für Kunst empfindlich macht", empfohlen[35]. Deutlicher: Der Sprachverlust neuer Musik ist kein Verhängnis, sondern politisch-ästhetische Not-Wendigkeit.

Wie aber - so wäre zu fragen - kann eine von Sprachverlust gezeichnete "Rede" politisch wirksam werden? Hofft man auf die Bußwirkung des "Ecce homo"? Oder wandelt sich der "Schock" der fremdartigen Rede nicht in die Gleichgültigkeit des Amüsements, das nach dem Überraschungseffekt in Langeweile umschlägt und der gewollten Provokation die Sprengkraft nimmt? Vor allem bleibt auch hier wieder einmal mehr die Frage unbeantwortet, wohin denn die Reise gehen solle.

VII

Der Musikerzieher, der nicht nur über Musik informieren will, sondern auch gemäß einem verbreiteten öffentlichen Verständnis von Musikerziehung "durch" Musik erziehen, d.h. Identifikationschancen bieten möchte, steht hier vor gewichtigen Problemen seines Selbstverständnisses, die - so ist zu befürchten - weitgehend noch gar nicht deutlich geworden sind. Aus der Fülle der Fragen seien einige herausgegriffen.

1. Die These, Neue Musik habe "Kommunikation zu verweigern", um die gesellschaftliche Wirklichkeit des Menschen als schuldlos Entfremdeter gewissermaßen "hautnah" spürbar werden zu lassen, setzt darauf, daß solches Bemühen den Hörer "trifft" und ihn zur Erkenntnis kommen läßt: Ja, so ist

---

34 H. Lachenmann, Die gefährdete Kommunikation, in: Musica 3/1974, S. 229

35 D. Schnebel, Autonome Kunst politisch. Über einige Sprachbarrieren, in: D. Schnebel, Denkbare Musik, Köln 1972, S. 483

es, es muß anders werden! Aber ist solche Erwartung realistisch? Bekundet sie nicht wiederum jenen bemerkenswerten Verlust gesellschaftlicher, ja sogar anthropologischer Wirklichkeitsnähe, der allgemein für die Neue Linke und die aus ihr abgeleitete Emanzipatorische Erziehung gilt?[36] Übersieht sie nicht den gewichtigen Zweifel, ob man im Verhältnis von Musik und Hörer überhaupt von "Kommunikation" sprechen könne? Kommunikation im Sinne von Teilhabe, Mit-Teilung kann wohl nur der sinnvoll und mit Aussicht auf Erfolg verweigern, der damit rechnet, daß seine Mitteilung dem Gegenüber nicht nur interessant, sondern not-wendig, ja unentbehrlich ist. Davon aber kann beim besten Willen die Rede nicht sein, wenn es dem Musikliebhaber dank des breiten Medienangebotes durch einen einzigen Druck auf den Knopf erlaubt ist, den "Partner" ohne Reue zu wechseln, "Kommunikation" also seinerseits nach Belieben aufzukündigen. Er braucht nicht gleich von Schönberg oder Cage zu Freddy oder Heino überzugehen: Bach, Mozart und Schubert stehen mit vielen anderen bereit, "Kommunikation" zu gewähren. Und selbst das Widerständige, das Anspruchsvolle ihrer Musik ist kein Hindernis. Die mitteilsame Sprachlichkeit sucht Verstehen, Identifikation und verweigert nur dort "Kommunikation", wo das Klischee droht. Was bleibt angesichts solcher Wirklichkeit unserer Musikkultur von den Anwürfen "falscher Geborgenheit" und "affirmativer Verlogenheit"? Oder ist der polit-ästhetische Wortaufwand gar nur Ausdruck des verzweifelten Versuchs, der Kunst wieder einen unangefochtenen Platz im Zentrum der Polis zu sichern? Wenn Kunst Provokation und Überschreitung sucht, um ihre besondere Aufgabe und Würde zu behalten, dann muß sie gerade in einer Zeit des Traditionsverlusts sehr genau auf jene Grenze achten, wo Sprachmächtigkeit in Sprachlosigkeit umschlägt.

2. Die These Horkheimers, wonach Kunst in der "unverständlichen Rede" fortfahren müsse, um die Sinnlosigkeit der Welt zu erhellen, verstrickt erzieherische Vermittlung in ein Drahtverhau widersprüchlicher Tendenzen. Der Verweis auf die möglicherweise ohnehin nicht zu überwindende Verstehensbarriere droht jeden Vermittlungsansatz von vornherein zu vereiteln. Erschöpft sich andererseits das Verstehen solcher Musik in der Einsicht, daß die Fremdheit der musikalischen Aussage "meine" Fremdheit in Gesellschaft und Welt spiegelt, daß also Musik nur vermittelt "verstanden" werden soll und (politische) Aufklärung zum Ziel hat, dann droht jene Enttäuschung, die viele schon heimgesucht hat, welche der Kunst bis zu diesem Punkt ohne Murren und willig gefolgt sind, aber sich dann übergangslos alleine gelassen fühlen. Was folgt der gesellschaftlichen Einsicht, die Musik vermittelt hat? Die einzige Alternative solcher Ästhetik ist der Tausch der ästhetischen mit der politisch-aktionistischen Wirklichkeit. Aber ist der Aufwand von Kunst unerläßlich, wenn Gesellschaftsanalyse oder gar politische Parole die gleiche Wirkung haben?

---

36 Vgl. Wolfgang Brezinka, Erziehung und Kulturrevolution - Die Pädagogik der Neuen Linken, München/Basel 1974

3. Emanzipatorische Erziehung verspricht den Zuwachs von Freiheit durch kritisches Bewußtsein, verdeckt jedoch dabei das für die Personwerdung so wichtige Bedürfnis nach Bindung, nach Identifikation mit Menschen und Dingen. Die Kunst gehört von ihren Anfängen her zu jenen Bereichen, die solche Hoffnungen auf Identifikation nicht enttäuscht haben. Daß Musik selbst zum Zeichen von Hoffnung geworden ist, zeigt ihre einzigartige Einverleibung in das gottesdienstliche Handeln der christlichen Kirche.

Eine neue "Ästhetik der Ungeborgenheit" versucht nun, auch die Kunst zum Medium kritischer Einsicht in gesellschaftliche Zustände, d.h. Mißstände zu machen. Geborgenheit sei in unserer Welt der Entfremdung gleichzusetzen mit Schein, Täuschung, Illusion, ja Unwahrheit. Und so tritt solche Ästhetik für eine neue Funktionalisierung der Kunst ein, die "Erkenntnis", nicht "Erbauung" will. Ihre Devise ist: "Bewußt machen heißt: überwindbar machen!"[37]

Aber auch hier wieder stellt sich die Frage, wie Zukunft aussehen soll. Wer vermag den Scheck auf eine versöhnte Zukunft zu decken, den eine "Ästhetik der Ungeborgenheit" - will sie nicht zynisch sein - ausstellt? Wie kann - mit anderen Worten - die Einsicht in eine zweifellos manchmal beängstigende Welt von sich aus glaubhafte Zukunft und Sinnhaftigkeit entbergen? Welche Art von versöhntem Miteinander verspricht sich uns, wenn es eine depravierte "klassenlose Gesellschaft" nicht sein kann?

4. Philosophische Reflexion unserer Tage, die den Tatbestand und den Begriff der Entfremdung nicht leugnen will und kann, sich aber von dessen marxistischer Fixierung im Zusammenhang von Arbeitsteilung und Ausbeutung gelöst hat, plädiert für ein weites Verständnis des Begriffs und schlägt vor, ihn "in den Kontext einer umfassenderen Anthropologie zurückzunehmen und ihn zugleich damit zu lösen von dem Versprechen der Versöhnung des Menschen mit sich selbst"[38]. Entfremdung ist aus dieser Sicht nicht mehr auf einen einzelnen, geschichtlich fixierbaren Tatbestand, der als Begründung dienen könnte, zurückzuführen, sondern ist "vielmehr die ständig drohende Gefahr, daß der Mensch in der Verwirklichung seiner selbst hinter seinen eigenen Werken zurückbleibt"[39].

Die Absage an die Utopie einer sich mit sich selbst versöhnenden Gesellschaft verlegt den Schwerpunkt aus dem gesellschaftlichen Rahmen in den des einzelnen, sucht also nicht nach dem Schuldigen "draußen", sondern nach der Schuld des Menschen selbst. Kritisches Bewußtsein ist, so gesehen, in erster Linie *selbst*kritisches Bewußtsein. Zugleich wirkt eine solche Interpretation der Entfremdung entkrampfend, weil sie nicht

---

37 H. Lachenmann, Die Schönheit und die Schöntöner, in: Neue Musikzeitung 1/1977, Seite 7

38 Ulrich Hommes, Entfremdung und Versöhnung, Privatdruck der Carl Friedrich von Siemens Stiftung, Themen XVIII, München 1972, S. 28

39 ders. a.a.O., S. 30

auf eine horizontlose Fiktion setzt, sondern auf das Erreichbare hier und heute. Sie ist auch ermutigend, weil sie jener Einäugigkeit vorbeugt, die vorgibt, unser Leben sei schlechthin entfremdet. Wer könnte auf Dauer so leben? Und wer gibt die Garantie, daß die Apologeten der Ungeborgenheit und der Emanzipation frei sind von "falschem Bewußtsein"?

5. Musik, die Entfremdung einverleibt in der Hoffnung, sie überwinden zu helfen, steht einerseits weitab von jener, die zum Gleichnis eines geglückten Weltzustandes, zur "Offenbarung des Unendlichen", zum "letzten Geheimnis des Glaubens" (Tieck) werden konnte, andererseits steht sie ihr nahe, weil beide über sich hinauszuweisen trachten. Diese (scheinbare) Gemeinsamkeit ist offensichtlich nur deshalb möglich geworden, weil die Säkularisierung den Glauben an die Transzendenz des göttlichen Advents hineingezogen hat in die Gewißheit einer immanenten Errichtung des neuen Weltzustandes. Die Grenze ist nicht eindeutig, wie am Problem der "Befreiungstheologie" ablesbar ist.

Dennoch aber bleibt unbestreitbar, daß Musik, gerade in unserer Welt des rational gesteuerten Systems und des Fragens nach mehr Sinnhaftigkeit zum Signum einer helleren Welt des nicht-entfremdeten Lebens, zum Trost, ja zur Hoffnung geworden ist, vielmehr es geblieben ist. Wer Mozart hört, tut solches in der Erwartung, daß die Musik ihm ein Fenster in eine ersehnte Welt der Schönheit öffnet, die ihm Heimat verspricht (um an Ernst Bloch zu erinnern). Das unergründliche Geheimnis des Geglückt-Glückspendenden solcher Musik ist weitab vom machbaren Glück der Gesellschaftsveränderer unserer Tage. Daran kann auch der gesellschaftskritische Akzent im "Figaro" oder im "Fidelio" nichts ändern.

Es scheint, daß die ästhetische Anthropologie weiter Bereiche der Neuen Musik quer liegt zur Lebenserfahrung des Menschen. Da ist wohl Fremdsein und Einsamsein, aber doch ebenso Zuspruch, Vertrauen und Getragensein. Da ist gewiß Ungerechtigkeit und Gebrochenheit, Sinnleere und Verzweiflung, aber doch auch die Ordnung einer Natur, einer Schöpfung, deren Balance ein Wunder ist, buchstäblich über dem Abgrund einer unergründlichen und erschreckenden Tiefe. Saat und Ernte, Tag und Nacht, Frost und Hitze, Sommer und Winter tragen unser Leben, als sei es das Selbstverständlichste der Welt. Dies in Erinnerung zu rufen, bedeutet weder, die Idylle einer heilen Welt zu beschwören, noch in schulmeisterlicher Manier beckmessern zu wollen. Es ist vielmehr die Anfrage eines Engagierten, ob das Pathos der Spätaufklärung im gegenwärtigen Musikschaffen nicht an der Wirklichkeit vorbeigeht. Ist es ganz abwegig, zu vermuten, daß das Meer von Trivialmusik auch deswegen sich so ausbreiten konnte, weil es ein Vakuum enttäuschter Erwartungen vorfand?

Carl Friedrich von Weizsäcker hat eine alte Tradition von Platon über Newton bis Novalis wieder aufgenommen, wenn er vermutet, daß die "allgegenwärtige verborgene Mathematik der Natur der Seinsgrund aller Schönheit" ist, [40] einer Mathematik, die sich nicht als Spiegel der Sphärenharmonie versteht, sondern in der aktuellen Erfahrung des ökologischen

Gleichgewichts der Natur gründet. Solche Schönheit ist der Ausdruck eines Gestimmtseins, das höher als alle Vernunft, sich dem zweckhaften Zugriff und der unmittelbaren Lebensnotwendigkeit entzieht.

Musik, die diese Erfahrung nicht mehr zu artikulieren willens ist, die vielmehr die parodistisch-provozierende Sprachverfremdung, die neumystische Sprachentgrenzung und die anarchische Sprachzerstörung vorzieht, um den Menschen aufzu"klären", scheint die wahre Sachlage zu verkennen: Sie wird nicht mehr gehört. Das drohende Ghetto derer, die vom "falschen Bewußtsein" befreit werden sollen, ist in Wahrheit das Ghetto einer Ästhetik, die das "Neue" vergöttert, Aufklärung mit falschen Mitteln sucht und noch dazu des Glaubens ist, solche Musik könne Horizonte aufleuchten lassen, die die Aufhebung der Entfremdung versprechen.

Der singende und tanzende Orfeo negro in den Slums von Rio durchbricht die Fesseln des von Menschen verschuldeten Elends: Nicht mit Aufklärungspathos, nicht mit dem vorgehaltenen Spiegel, sondern eben singend und tanzend. Er entfacht den Sturm der Hoffnung, von der Menschen, auch die Verzweifelten unter den "Herrschenden", leben, und welcher Musik von jeher so unnachahmlich ihre Stimme leihen kann. Freilich nicht in der tränenlosen Lichtwelt der elysischen Glorie, auch nicht im selbstgezimmerten Glück einer von Tragik und Schuld entledigten klassenlosen Gesellschaft. Gehört Musik nicht letztlich dem siebenten Tag der Schöpfung, dem Fest, dem "weltverändernden Sonntag", der das Elend, die Klage und die Trauer nicht verstummen läßt, aber auf-hebt?[40] Musik ist menschlich, wenn sie - das Kainszeichen auf der Stirn nicht verleugnend - den Regenbogen der Versöhnung am Horizont ent-deckt, freilich einer Versöhnung, die das Vermögen der Kunst übersteigt. Kunst ist nicht der Logos, nicht die Frohe Botschaft, sondern (im weitesten Sinn) Ant-Wort und Preisung. Ob sie die Kraft und den Willen dazu wiedergewinnen kann? Die Verneinung träfe wohl nicht allein das Schicksal der Kunst[41].

---

40 Carl Friedrich von Weizsäcker, Das Schöne, in: Der Garten des Menschlichen, 3. Auflage, München 1977, S. 141 ff. (vgl. den Abdruck des Aufsatzes in diesem Band)

41 Nur präsentistische Geschichtsverachtung könnte sich weigern, der Erfahrung musikalischer Traditionen nachzusinnen, wie sie in so unterschiedlichen kulturellen Entwicklungen wie der asiatischen und der europäischen zu Wort kommt: Nicht als Wiederhol-bares, sondern als kritischer Spiegel der eigenen Situation: "Die vollkommene Musik kommt aus dem Gleichgewicht. Das Gleichgewicht entsteht aus dem Rechten. Das Rechte entsteht aus dem Sinn der Welt." (Lü Schi Tsch'un Tsiu um 240 v.Chr., zit. nach Otto Riemer, Einführung in die Geschichte der Musikerziehung, Wilhelmshaven 1970, S. 19). "Wo aber die natürliche Musica [die Musik der Natur, d. Verf.] durch die Kunst geschärft und poliert wird, da siehet und erkennet man erst zum Teil (denn gänzlich kanns nicht begriffen noch verstanden werden) mit großer Verwunderung die große und vollkommene Weisheit Gottes in seinem wunderbarlichen Werk der Musica." (Martin Luther, Präfatio zu den Symphoniae iucundae des Georg Rhau Wittenberg 1538, in der deutschen Übersetzung von Johannes Walter 1564, WA 50 S. 372)

VIII

Wer am Ende einer solchen Betrachtung, die das Bedingungsgefüge der (schulischen) Musikerziehung zum Gegenstand hatte, danach fragt, was nun zu tun sei, mag enttäuscht sein, wenn er zur Antwort bekommt: Nachdenken. Musikerziehung allein ist ohnehin zu schwach, um das Bedingungsgefüge, welches ihr Existenzraum ist, entscheidend zu ändern. Der Traum von einem "Zeitalter der Musik", der den Bildungsanspruch so nachhaltig gefördert hat, ist ebenso ausgeträumt wie der einer Rettung der säkularisierten Zivilisation durch Kunst.

Das bedeutet nicht Resignation. Musikerziehung hat im Gegenteil das Recht und die Pflicht, aus der Defensive einer dauernden Legitimationspflicht auszubrechen und in die Offensive überzugehen: eine Offensive, die die Fragen nach dem Selbstverständnis zurückgibt an die, die sie ihr stellen. Natürlich bleibt vieles im eigenen Hause noch zu bestellen und zu verbessern. Aber die entscheidenden, die innere Kraft der Musikerziehung so ermüdenden Probleme sind Probleme der Bedingungen, in denen sie zu leben gezwungen ist. Darauf muß sie sich mehr als bisher einstellen, nicht in unkritischer Hinnahme des Gegebenen, sondern in kritischer Mitverantwortung eines gleichwertigen Partners, der mitdenkt. Solche Verantwortung für Gesellschaft und Musikkultur schließt das Recht auf Fragen und Nachfragen ein, die nicht als schulmeisterliche Einmischung oder inkompetentes Gerede abgetan werden können. Der Erziehungs- und Vermittlungsauftrag kann ja nur dann recht wahrgenommen werden, wenn das Engagement für das, was es zu vermitteln gilt und wohin erzogen werden soll, nicht in resignativer Gleichgültigkeit versinkt. Dieser Beitrag möchte aus einem solchen Bewußtsein von Verantwortung verstanden werden.

Christoph Richter

DIE AUFGABE DES LEHRERS IN EINER HUMANEN SCHULE

Der Lehrer als humane Instanz - Beispiel: Musiklehrer

I

Es ist heute Brauch, Zustände und Entwicklungen, die im privaten, gesellschaftlichen und wirtschaftlichen Leben als mißlich empfunden werden, der
Schule als Versagen zuzuschreiben und als Bürde aufzuerlegen. Dieser Zustand fördert zumeist euphorisch formulierte Reform-Programme zutage, die
oft genug nur Ausdruck von Hilflosigkeit und Defiziten sind:

Die Differenzen zwischen sozialen Schichten und ungleiche Chancen sollen
durch Gesamtschulkonzepte und emanzipatorische Programme aufgehoben werden.
Spannungen zwischen Generationen und Unselbständigkeit oder Aufsässigkeit
der Jugend hofft man, durch antiautoritäre Erziehungsweisen abzubauen. Man-
gelndem demokratischen Bewußtsein und fehlendem politischen Engagement
werden Mitbestimmungsversuche und offene Unterrichtsweisen entgegengestellt.
Die Orientierungslosigkeit der Jugend in der Berufs- und Lebenswelt der
Erwachsenen beantwortet man mit längerer Schulzeit und dem Versuch wissenschaftlicher Durchdringung aller Lern- und Lebensvorgänge. Um Studienschwie-
rigkeiten an überfüllten Hochschulen zu lindern und um einen glatteren Über-
gang in die Berufsvorbereitung und die Berufswelt zu unterstützen, wurde
das Prinzip der Leistungsfächer und der (relativen) Fächerwahl in der re-
formierten Oberstufe des Gymnasiums eingeführt. Die Beispiele für den Trend,
auf allgemeingesellschaftliche Fehlentwicklungen mit Erziehungsreformen zu
reagieren, lassen sich fortsetzen. Noch nie in der Geschichte der Erziehung hatte Schule eine so große Bedeutung für das gesellschaftliche Leben
und für die Chancen des einzelnen. Noch nie auch wechselten die Ansichten
über die notwendigen Veränderungen und die Konzepte für Unterricht und
Schule so rasch, ziellos und widersprüchlich wie in den letzten zwei Jahrzehnten.

Noch nie mußten die negativen Wirkungen von Reformen alsbald durch andere wieder ausgeglichen werden: Curriculumkonstruktionen durch offene Lehrpläne, große durch kleinere Schuleinheiten, Wissenschaftsschule durch die
Förderung emotionaler Verhaltensweisen u.a.m. Mögen die Reformen und Pläne
das allgemeine Bewußtsein für Erziehungsfragen und die Schulpraxis im einzelnen auch positiv verändert haben - das Vertrauen in eine für die Schüler
und die Gesellschaft hilfreiche Reform ist gemindert. Typisch für die meisten dieser Therapieversuche menschlicher, gesellschaftlicher und wirtschaftlicher Unzulänglichkeiten ist, daß sie alle alsbald zu Moden, zu pädagogischen und politischen Parolen heruntergekommen sind.

Auch der Ruf nach einer humanen Schule, der gegenwärtig die Unzufrieden-
heit über die Ergebnisse der Reform und zugleich den Wunsch nach glücklicher, gesunder, ruhiger und nützlicher Erziehung ausdrückt, ist bereits zum
Schlagwort abgesunken, bevor der Begriff auf Inhalt und Tragfähigkeit geprüft war, bevor aus ihm ein begründetes Konzept sichtbar wurde. Der Begriff

erscheint, da ihn viele aus unterschiedlichen, wenn nicht gar entgegengesetzten Interessen gebrauchen[1], unbrauchbar für wirksame Handlungen, mit denen Schule und Unterricht aus der Atmosphäre von Zwang, Leistungsdruck, Angst, Langeweile, Nichtbetroffensein herausgeführt werden könnten.

Der Ruf nach einer humanen Schule ist also offenbar zunächst nichts als eine Reaktion auf schulische und allgemeine Erscheinungen, die als unerträglich empfunden werden: auf die unwirtlich gewordene Lebenswelt mit ihren Bedrohungen durch Technik, Verwaltung und Interessenkämpfe; auf die "Entartung" der Wissenschaften, die die Kontrolle über ihre Wirkungen zu verlieren drohen; auf das Fehlen von Leitbildern und Vorbildern für das Leben des einzelnen und das Zusammenleben, auf eine Schulplanung und Schulwirklichkeit, die die Schüler allen diesen Unzulänglichkeiten mehr ausliefert und anpaßt als wenigstens versuchsweise von ihnen befreit.

Jeder, der "humane Schule" fordert, reagiert damit auf zumeist persönlich empfundene Defizite der heutigen Schule, und jeder zieht die Negativbilanz ein wenig anders. So werden kleinere Lerngruppen gefordert, mehr Unterricht in musischen Fächern, Stärkung der Emotionalität, mehr praktische Tätigkeit als formales oder wissenschaftliches Denken, mehr Singen und Spielen, aber auch mehr sachbezogenes Lernen, strengere Disziplin, mehr Lehrerautorität u.a.m. Wie die meisten anderen Reformen ist die Forderung nach einer humanen Schule nicht viel mehr als eine unsichere Reaktion auf das Gefühl, daß es mit der Schule (wie auch mit unserem Leben) so nicht weitergehen könne. Die bisherige Auseinandersetzung mit den Möglichkeiten einer humanen Schule tendiert in verschiedene Richtungen, die gleichermaßen ins Leere zu laufen drohen, eine wirkliche Humanisierung aber gerade verhindern und dann wahrscheinlich einem neuen pädagogischen Zauberwort den Platz in der Diskussion räumen werden:

1. Humane Schule wird als allzu kleine Münze gehandelt - im Sinne von Erholung, Abwendung von Streß, freundlichen Klassenräumen usw.
2. Deutlich ist die Neigung, mit diesem Schlagwort einem unzeitgemäßen Konservativismus zu verfallen im Ruf nach hergebrachten Inhalten, Lernformen und Autoritäten. Wer humane Schule jedoch als formale Restauration versteht, verschließt die Augen vor dem tatsächlichen Zustand unseres Lebens mit den Problemen der Großtechnik, der Konsumwirtschaft, der Subkulturen, fehlgeleiteter und fremdbestimmter Identität, der totalen Lebensplanung usw. Der Ruf nach einer humanen Schule führt so verstanden zu Blindheit gegenüber unserer Lebenswelt und schafft kurzlebige und trügerische Idyllen.
3. Humane Schule wird schließlich auch verstanden als Notwendigkeit, die meisten Schüler als therapeutische Fälle zu betrachten, um sie sodann dem Leben in unserer Welt anzupassen. Hierzu müssen Programme der Gruppendynamik, der Lerntheorien usw. herhalten, die fast wie Tierversuche anmuten und von ihnen her ja z.T. auch konzipiert sind. Diese Neigung

---

1 Hartmut von Hentig, Was ist eine humane Schule, München 1977[2], S. 6

übersieht, daß vielleicht unsere Schüler sehr natürlich und korrekt auf
Schule, gesellschaftliches Leben und auf die Lebensart von Erwachsenen
reagieren[2].

Wenn die Besinnung auf die Schule als einer humanen Erziehungseinrichtung
einen Sinn und pädagogische Folgen haben soll, ist es notwendig, hinter die
verschiedenen, oberflächlich lebenspraktischen und weltanschaulichen Vorstellungen zurückzufragen, worin denn das Humane bestehe, das uns bei der
Bewältigung der Überlebens- und Lebensprobleme vielleicht helfen könne.

Im folgenden versuche ich, das Humane von zwei ausgewählten Überlegun-
gen aus zu bestimmen. Hieraus leite ich sodann Hinweise zur Aufgabe und zum
Selbstverständnis des Musiklehrers ab. Das Humane, nach dem wir u.a. auch
Schule und Erziehung ausrichten sollten, fasse ich in zwei Thesen:

1. Das Humane erscheint stets als eine anthropologisch gegebene Antinomie
   oder Aporie, z.B. als die Antinomie zwischen menschlichem Versagen und
   menschlicher Würde. Humane Schule halten heißt, mit dieser Antinomie,
   die viele Gesichter hat, leben zu lehren.

2. Darüber, wie das Leben auf dem Hintergrund der anthropologischen Antinomie des Humanen gestaltet werden kann, muß in jeder Gesellschaft und
   dauernd aufs Neue eine Einigung herbeigeführt werden, die der Einsicht
   und der Zustimmung aller Beteiligten bedarf. Wird über die Art, wie mit
   dieser Antinomie zu leben ist, durch Gewalt in Form von Verwaltung, Wissenschaft, wirtschaftlichem Druck, Ideologie oder anders entschieden,
   so ist das Humane sogleich beschädigt.

II

Bereits der Sprachgebrauch von "human" und seiner deutschen Übersetzung
"menschlich" ist antinomisch. Mit "menschlich" - darauf hat Hartmut v. Hentig hingewiesen[3] - bezeichnen wir sowohl unsere Unvollkommenheit und unser
Versagen als auch den Anspruch auf Freiheit und Sittlichkeit. "Human" hingegen hat den Sinn von "menschenwürdig", wobei diese Würde des Menschen ein
ideal gestecktes, immer erst angestrebtes Ziel menschlichen Verhaltens und
menschlicher Verfassung darstellt. Mit "human" bezeichnen wir die "Vorstellung davon, wie der Mensch sein *soll*"[4] (Hervorhebung vom Verf.).

Einerseits also ist das Wesen des Menschen von der Spannung zwischen
notwendigem Versagen und Wertgefühl bestimmt. Andererseits jedoch umschreibt
das Humane das Bild des erfüllten, aber doch nur im vorläufigen Versuch
möglichen Menschseins. Diese Einsicht zwingt jeden, der Schule und Erziehung
human ausrichten möchte, dazu, sich über die hier verborgene Grundbefindlichkeit des Menschen Gedanken zu machen, um Schule vor wirkungslosen Idyllen und schädlichen Ideologien zu bewahren. (Der unkritische Rekurs auf den
idealistischen Humanitätsbegriff, an den viele Absolventen des alten Gymna-

---

2 Hartmut von Hentig a.a.O., S. 15 und S. 35 f.
3 Hartmut von Hentig a.a.O., S. 6 f.
4 Hartmut von Hentig a.a.O., S. 7

siums wieder anknüpfen möchten, übersieht, daß Menschlichkeit und das Humane nicht unabhängig von der Weltsituation und als geschichtslose Werte verfügbar sind.)

Um das "Humane" als eine antinomische Grundbefindlichkeit des Menschen zu verdeutlichen, bediene ich mich zunächst einiger Hinweise aus der Anthropologie Helmuth Plessners und Jürgen Moltmanns und sodann einiger wissenschaftskritischer Thesen der letzten Zeit.

Helmuth Plessner geht bei seinen Überlegungen zur anthropologischen Bestimmung des Menschen von einem Phänomen aus, das in verschiedenen Auswirkungen auch durch Alltagserfahrungen einzuholen ist: nämlich daß der Mensch Körper *ist* und Körper *hat*. "Ein Mensch ist immer zugleich Leib (Kopf, Rumpf, Extremitäten mit allem, was darin ist) ... und hat diesen Leib als diesen Körper ... Mit dieser Doppelrolle muß sich jeder vom Tage seiner Geburt an abfinden[5]. Er ist zugleich jemand, der über sich verfügt, über sich nachdenkt, der Entwürfe macht und sie auszuführen trachtet, der sich seiner Körperlichkeit - sie gleichsam von außen betrachtend - bewußt ist, *und* er ist in allem an seine Körperlichkeit gebunden. Diesen Zwiespalt, den Josef Speck das "anthropologische Apriori"[6] und Plessner "das Gesetz des utopischen Standortes" des Menschen[7] genannt hat, erlebt der Mensch in seinem eigenen Leben so gut wie in der Menschheitsgeschichte - als Spannung zwischen Schwäche und Mut, zwischen Verzweiflung und Hoffnung, zwischen Versagen und Erfolg.

> "Beide Ordnungen sind ineinander verschränkt und bilden eine merkwürdige Einheit. Sie lassen sich zwar in der Betrachtung für sich charakterisieren, aber nicht voneinander trennen. Ich gehe *mit* meinem Bewußtsein spazieren, der Leib ist sein Träger, von dessen jeweiligem Standort der Ausschnitt und die Perspektive des Bewußtseins abhängen, und ich gehe *in* meinem Bewußtsein spazieren ... Zwischen beiden Ordnungen eine Entscheidung zu treffen, hieße die Notwendigkeit ihrer gegenseitigen Verschränkung mißverstehen. Beide bedeuten mächtige Motive und Argumente für die idealistischen und die realistischen Bewußtseins- oder Welttheorien, deren Polemik ebensowenig zu einem Ende zu bringen als zu verhindern ist, weil die Situation, auf die sie sich berufen, notwendig doppeldeutig ist ... Kann der Mensch auch keine Entscheidung zwischen den beiden Ordnungen, der mittelpunktsbezogenen und der nicht mittelpunktsbezogenen, treffen, so muß er trotzdem ein Verhältnis zu ihnen finden. Jede Beanspruchung der physischen Existenz verlangt einen Ausgleich zwischen Sein und Haben, Draußen und Drinnen"[8].

Die aufgezwungene Doppelrolle zwischen Sein und Haben verstrickt den Menschen in die Aporie, den Mangel an Sozialität, Instinkt und Naturintegriertheit, welche Eigenschaften die Tiere ihm voraus haben, durch Pläne und Versuche zur Selbstverwirklichung immer wieder auszugleichen. Die besondere Situation des Zugleich von Draußen und Drinnen bezeichnet Plessner als die

---

5   Helmuth Plessner, Philosophische Anthropologie (Conditio humana), Frankfurt 1970, S. 43 (Abhandlung: "Lachen und Weinen")

6   Josef Speck, Artikel "Person", in: Handbuch Pädagogischer Grundbegriffe Band II (hg. v. J. Speck und G. Wehle), München 1970, S. 317

7   Helmuth Plessner, Die Stufen des Organischen und der Mensch, Berlin 1975, S. 341 ff.

8   Helmuth Plessner, Philosophische Anthropologie a.a.O., S. 44 f.

"exzentrische Position" des Menschen. Aus ihr erklären sich alle Weisen seines Verhaltens. Jürgen Moltmann charakterisiert den gleichen anthropologischen Sachverhalt mit dem Hinweis, der Mensch sei das Wesen, welches nach sich selbst fragen könne (Wer bin ich?)[9]. Der Mensch kann sich fragend und handelnd von der Welt unterscheiden, bleibt aber gleichzeitig in ihr. Diese Frage stellen zu können bedeutet, daß der Mensch sich ein Geheimnis ist und dies auch weiß. Der Fragende ist zugleich der Befragte. Die anthropologische Aporie, die Plessner konstatiert, findet so eine Entsprechung in Moltmanns Entwurf einer theologischen Anthropologie. Der Mensch "muß sich kennen, um zu leben und sich für andere kenntlich zu machen. Aber er muß sich selbst zugleich verborgen bleiben, um am Leben und in der Freiheit zu bleiben"[10]. Alle Versuche, die Frage nach sich selbst zu beantworten, würden ihn "fest"-stellen, ihm seine Offenheit nehmen und sein Menschsein endgültig "erledigen". Gegenüber allen Ideologien, die den Menschen ja in der Tat "fest"-stellen, gewinnt er – so Moltmanns weitere Explikation – in der christlichen Verheißung auf Erlösung den Mut, es trotz aller Konflikte und Widersprüche immer aufs Neue zu wagen[11].

Aus den Ansätzen Moltmanns und Plessners ergibt sich, daß die Antinomie, die bereits im Begriff des Menschlichen enthalten ist, dauernder Lösungsversuche bedarf. "In der Expressivität liegt der eigentliche Motor für die spezifische historische Dynamik menschlichen Lebens. Durch seine Taten und Werke, die ihm das von Natur verwehrte Gleichgewicht geben sollen *und auch wirklich geben*, wird der Mensch zugleich aus ihm wieder herausgeworfen, um es aufs Neue mit Glück und doch vergeblich zu versuchen"[12]. Humanitas ist "eine ethische und messianische Bezeichnung für die noch ungefundene Erfüllung seiner Aufgaben und seiner Hoffnung"[13]. Im Anschluß an Bloch ist für Moltmann "Menschsein ... das Experiment, an dem wir selbst beteiligt sind und auf dem Spiel stehen"[14].

Die anthropologisch gegebene Antinomie als die grundsätzliche Verfassung des Menschen verbietet es, in Erziehung und Politik von Humanität programmatisch als von einer Lebensqualität zu reden, oder so zu tun, als ob Humanität durch vordergründige Maßnahmen (mehr Singen, kleinere Lerngruppen, freundliche Räume, zwei Wochenstunden Musik) zu erreichen sei, wenn auch der Beitrag solcher Maßnahmen nicht unterschätzt werden soll. Aus der Seinsverfassung der "exzentrischen Position" und aus der unabschließbaren Fraglichkeit des Menschen ergibt sich zunächst die Pflicht, Schule zu einem Erfahrungsbereich zu machen, in dem diese Bestimmung erkannt und vollzogen wird. Hierfür gibt es drei grundlegende Erfahrungs- und Übungsfelder, die

---

9 Jürgen Moltmann, Der Mensch, Stuttgart 1977³, S. 11 ff.

10 Jürgen Moltmann a.a.O., S. 12

11 Jürgen Moltmann a.a.O., S. 30 ff. und S. 152 ff.

12 Helmuth Plessner, Die Stufen des Organischen ... a.a.O., S. 339

13 Jürgen Moltmann a.a.O., S. 23 f.

14 Jürgen Moltmann a.a.O., S. 13

in allen Schulfächern stets thematisch sein müssen:
- die Beschäftigung und Erfahrung mit Geschichte und Geschichtlichkeit,
  weil Geschichte nichts anderes ist als der Bericht, die Sammlung und der
  Zusammenhang von Versuchen und Möglichkeiten, die Frage nach dem Menschen
  zu beantworten,
- die Erfahrung und der Umgang mit den "Sachen" - und nicht nur, wie heute
  vielfach üblich, mit Abstraktionen und Strukturen der Sachwelt,
- die Erfahrung und das Zusammenleben mit den anderen, und zwar in verbindlichen und personalen Beziehungen, nicht aber nur nach formalisierten
  Regeln.

III

Der zweite Aspekt, unter dem ich den Begriff und die Spannung des Humanen
betrachte, betrifft den Widerspruch zwischen dem Selbstverständnis der
technisch-wissenschaftlichen Welt, die weitgehend zum Maß des öffentlichen
und privaten Lebens geworden ist, und der personalen Identität des einzelnen Menschen, das heißt: "der Frage nach dem Sinn seiner Existenz"[15]. Diese
Identitätskrise ist eine späte Folge der kartesianischen Trennung und zugleich bedingt durch die antinomische Stellung des Menschen. Ich folge, um
diese Krise zu beschreiben, Gedanken des Physikers A.M. Klaus Müller[16]:

Das Selbstverständnis der technischen Welt beruht auf der Methode des
Experiments, eines Denkansatzes und Instrumentariums, das sich seit Beginn
der neuzeitlichen oder klassischen Physik zur Grundlage der Naturwissenschaften - und seit diesem Jahrhundert auch zur methodischen Grundlage
humanwissenschaftlichen Denkens - entwickelt hat. Erkenntnisgewinnung mit
der Methode des Experiments bedeutet: Aus dem vielfältigen Wertgefüge der
Lebenswelt wird "ein einziger Wert methodisch isoliert und 'verwertet': der
Wert der Eindeutigkeit". Was eindeutig festgestellt wird, nennt man einen
objektiven Befund, es ist zugleich auch das Resultat einer Manipulation der
primären Naturgegebenheiten; gerade darin wird es erst eindeutig" (Müller,
S. 210 und S. 212). Die naturwissenschaftlich-technische Methode der Manipulation von komplexer Wirklichkeit mit dem Ziel eindeutiger Ergebnisse
prägt zunehmend die technisch-wirtschaftliche Entwicklung unseres Lebens.
Ihr muß der einzelne Mensch sich dauernd anpassen, indem er auf die Folgen
dieser Entwicklung wiederum mit technisch-manipulierenden Lösungen antwor-
tet. Beispiele aus der Energiegewinnung, der Medizin, der Nahrungsmittelver-
sorgung, aus dem Konsumkreislauf zeigen diesen Zustand in unserem Alltag
auf. Darüber hinaus hat die methodische Einstellung der eindeutigen, aber
stets die Ganzheit manipulierenden Erkenntnisgewinnung längst auch das Denken über den Menschen selbst ergriffen: in der Soziologie, der Psychologie

---

15 A.M. Klaus Müller, Die Identität des Menschen und die Identität der wissenschaftlich-technischen Welt, in: Zukunftsperspektiven - zu einem inte-
   grierten Verständnis der Lebenswelt (hg. v. A.M. Klaus Müller), Stuttgart 1976, S. 209
16 Außer dem genannten Aufsatz beziehe ich mich auf Müllers Beitrag: Ge-
   schöpflichkeitsdefizite in Naturwissenschaft und Theologie, in: Wissenschaft und Wirklichkeit (hg. v. J. Anderegg), Göttingen 1977, S. 49-72

und selbst in der Pädagogik[17]. Als "technische Aporie" bezeichnet Müller
das Faktum, daß die wissenschaftliche Methode der Isolierung und der Mani-
pulierung um der Eindeutigkeit objektiver Befunde willen ihre eingeschränkte Wirklichkeitssicht selbst nicht wahrnimmt und - bei Austritt aus dem
wissenschaftlichen Experiment in die Wirklichkeit - auch die Lebenswelt nur
noch verkürzt wahrnimmt. Eine solche Weltsicht ist vom Begriff des "Modells"
bestimmt, einer künstlichen Wirklichkeit, für den Zweck der jeweiligen Untersuchung und Zielsetzung eingerichtet und in diesem Rahmen auch berechtigt (Müller, S. 221 f.). Seitdem Wissenschaft jedoch nicht mehr (nur) im
Labor arbeitet, sondern sich weltweit zur angewandten Wissenschaft gewandelt hat, mitbestimmt von politischen und wirtschaftlichen Mächten, ist unsere Welt buchstäblich selbst zum Labor geworden, und schwer steuerbare
oder unerkannte Nebenwirkungen greifen in die Wirklichkeit direkt ein[18].
Beispiele für Laborsituationen des manipulierenden Wissenschaftsverständ-
nisses sind Wohnsiedlungen, Krankenhäuser, Schulreformen, Vorschulerziehung
usw. Schon längst ist der Punkt erreicht, an dem nicht nur gedanklich, sondern mit spürbaren Folgen das Selbstverständnis der technisch-wissenschaftlichen Welt in unversöhnlichen Widerspruch zur Lebenswelt des einzelnen
Menschen gerät. Diese Lebenswelt ist von Natur aus komplex, und der Mensch
versucht, Glück und Sinnfindung mit den vielfältigen Möglichkeiten dieser
Welt zu begegnen: mit Logik und Traum, Betrachtung und Hingabe, Spontaneität und Passivität ... "Die existentielle Identität und die technische
Identität des Apparates stehen in einer unlöslichen Spannung, man kann den
Konflikt nach dem einen Extrem hin oder auch zur Mitte hin verschieben,
aber man kann ihn nicht aufheben"[19]. Müller verdeutlicht die Unauflöslich-
keit dieses Konflikts mit dem alten Widerspruch von Verstehen und Erklären:
"Wir können verstehend sehen oder kausal erklären. Sehen reicht weiter als
Erklären, aber Erklären kommuniziert präziser als Sehen ... Humanität - in
diesem unausweichlichen Konflikt - steht und fällt mit dem Gelingen einer
optimalen Balance im Kräftefeld antinomischer Tendenzen"[20]. Die Frage ist
nicht, ob und wie wir die Methode der Eindeutigkeit und der Isolierung von
Teilaspekten beseitigen können - sie bleibt notwendige Voraussetzung für
sichere Erkenntnis -, die Frage ist vielmehr, wie wir die Antinomie von
Verstehen und Erklären (Müller) und jene von Sein und Haben (Plessner) in
unserem Leben versöhnen können.

Die Klage darüber, daß diese "optimale Balance" in vielen Fällen wissenschaftlichen Methoden und Vorhaben geopfert werde, ist heute bereits ein
Gemeinplatz. Der Trend jedoch, dieses Selbstverständnis von Wissenschaft
auch in die Schule zu tragen (in Lehrplänen und Unterrichtsmethoden), muß

---

17 A.M. Klaus Müller hat hierzu einen beredten Beitrag geschrieben: Defi-
    nierte Verhältnisse in der Erziehung? in: Überlebensfragen - Entscheidun-
    gen heute für das Leben von morgen (hg. v. Müller u.a.), Stuttgart 1973,
    S. 71-103

18 Johannes Anderegg, Wissenschaft und Wirklichkeit a.a.O., S. 24

19 A.M. Klaus Müller, Die Identität ... a.a.O., S. 225 f.

20 A.M. Klaus Müller, Die Identität ... a.a.O., S. 226 und 229

deutlich bezeichnet und kritisiert werden, weil hierdurch die Frage nach der Humanität der Schule aus dem Blickfeld gerät[21].

Auch die Musikwissenschaft arbeitet mit theoretischen Modellen (z.B. bei der Analyse von Musik) und wendet das Prinzip der Isolierung einzelner Phänomene an. Anders könnte sie nicht zu sicheren und kommunizierbaren Ergebnissen gelangen[22]. Dieses Vorgehen ist jedoch von der Hoffnung bestimmt, von wissenschaftlich gesicherten Einzelaussagen aus ein wenig mehr Klarheit (oder Wahrheit) über das "Ganze" - über die Vieldimensionalität - der Musik, des einzelnen Werkes oder der jeweiligen Fragestellung herauszufinden. Es ist eine Frage wissenschaftlicher Qualität und humaner Verantwortung (für ihren Gegenstand wie auch für die Menschen), ob sie sich mit dem Erklären isolierter Fakten zufrieden gibt und diese letztlich mit der ganzen Sache verwechselt, oder ob sie jenes *Erklären* als Wegstrecke und Teilversuch zum *Verstehen* auffaßt. Die "optimale Balance" kann gewonnen werden, wenn die notwendige isolierende Betrachtung ihre Beschränktheit kritisch mitbedenkt und den Blick auf das unverfügbare "Ganze" offenhält. Ist die Wissenschaft eines Faches auf ihrem Wege zum Verstehen des Ganzen notwendigerweise in (vorübergehender) Faktenisolierung und methodischer Manipulation der Wirklichkeit befangen, so darf für das Schulfach dieses Verfahren nicht gelten.

Hier kommt es wesentlich darauf an, den Reichtum eines Gegenstandes einschließlich seiner Wirkungen, Funktionen und Wirkungsgeschichte "im Leben" auszubreiten: einerseits um Verbindungen zur Lebenswelt der Schüler zu knüpfen, und andererseits um eine persönliche Lebenswelt erst aufzubauen. Hierfür bedienen sich die einzelnen Schulfächer freilich wissenschaftlich gesicherter Einzelbefunde, und Schüler müssen auch lernen, wie man sich die Sicht auf das Ganze stückweise und durch zeitweise isolierte Fragestellungen erobern kann. Das Interesse des Schulfachs liegt jedoch mehr beim "Sehen" und "Verstehen" des Sinns einer Sache als beim "Erklären" von Einzel-

---

21 In einer Analyse der heutigen Literaturwissenschaft hat Kaspar H. Spinner aufgezeigt, wie mit der gegenstandstötenden Neigung zu Formalisierung, Schematisierung und exakter Definition in Linguistik und Sozialtheorie der Gegenstand selbst und die Beziehung des Menschen zu ihm paralysiert werden. Die von ihm beschriebenen Defizite: Wirklichkeitsverlust, Gegenstandsverlust, Komplexitätsverlust, Statik der Betrachtung und Subjektverlust ("Mit der Ausschaltung des Subjekts aber wird das Objekt selbst verfehlt") - sind noch genau jene Ursachen, die humane Erfahrungen der Schüler verhindern. Siehe: Kaspar H. Spinner, Wissenschaftsgläubigkeit und Wirklichkeitsverlust in der Sprach- und Literaturwissenschaft, in: Wissenschaft und Wirklichkeit a.a.O., S. 124

22 Vergleiche hierzu: "Wenig sinnvoll wäre es nun, die methodischen Abstraktionen der historisch-hermeneutischen Fächer rückgängig machen zu wollen: ihnen gerade verdanken wir eine spezifische Erkenntnisleistung gegenüber vorneuzeitlichen Formen der Traditionsaneignung und Welterschließung. Wichtig wäre vielmehr eine richtige Einschätzung des Abstraktionsgewinns, ... Abstraktion setzt (also) immer schon eine Hin-Sicht voraus, in der sie erfolgt. Dieser Vorblick auf etwas Wesentliches, Bedeutsames, Umfassenderes ist die erste und grundlegende Leistung, nicht die Abstraktion selbst". Siehe: Peter Becker, Froschkönig oder ... - Notizen zum Verhältnis von Musikwissenschaft und Musikdidaktik, in: Festschrift Heinrich Sievers, Tutzing 1978, S. 53

heiten. Anders als in der Fachwissenschaft kann Unterricht es sich nicht leisten, den Konflikt der antinomischen Zugänge zu "Weltverstehen" und "Sinngebung" auszuschalten oder zu verdrängen. Sie beseitigte damit zugleich die Möglichkeit von Humanität. "Die Identifizierung von Fachwissenschaft und Schulfach ist ein völliger Irrweg; er trifft nicht die Vielfalt der Funktionen eines Schulfaches und verkennt die Relativität wissenschaftlicher Aussagen ... Deshalb ist zu warnen vor einer Deduktion der Ziele und der Inhalte aus der Wissenschaft"[23].

Sowohl die Anthropologie als auch die angedeutete Richtung der Wissenschaftskritik gelangen zu einem Begriff des Humanen, der in dem dauernden Experiment besteht, die unauflösbar antinomischen Ordnungen zu vereinen. Jürgen Moltmann nennt diese Möglichkeit des Humanen eine konkrete Utopie (a.a.O., S. 66), Helmuth Plessner "das Gesetz des utopischen Standorts" (s.o.).

Diese Vorstellung des Humanen findet sich bereits in älteren pädagogischen Konzepten (z.B. bei Heinrich Roth und Wolfgang Klafki), deren Einsichten, obwohl heute z.T. diffamiert, erneut bedacht werden sollten: "Die Einsicht in die Unvollendbarkeit des Menschen und der menschlichen Dinge, die Bejahung des Fragmentarischen unserer Existenz gehört, wollte man sich auch nur auf die geschichtliche Erfahrung berufen, heute selbst zur Bildung. Damit stößt Bildung an ihre eigene Grenze, verweist sie dialektisch auf die Transzendenz, auf die Dimension des Glaubens und auf die Gnadenbedürftigkeit des Menschen"[24].

Die anthropologische Antinomie als Erscheinungsform des Menschlichen wird in vielen Spannungen konkret und für den einzelnen zum Konflikt, z.B. als Widerspruch von:

Rationalität   und   Emotionalität
Aufklärung   und   Geheimnis
Wissenschaft   und   Lebenswelt
Anpassung   und   Offenheit
Ökonomie   und   Ökologie (im Sinne von Lebenszusammenhang)
Identifikation   und   Orientierungslosigkeit
Sozialität   und   Solizität usw.[25]

Diese und andere Widersprüche dürfen in einer humanen Schule nicht ausgeblendet werden. Sie müssen vielmehr stetigen "Versöhnungs"-Übungen unterzogen werden, damit Humanität sich ereignen kann.

Für die anschließenden Gedanken zum Humanen in der Schule und zur Aufgabe des Musiklehrers in ihr soll - abgeleitet aus den beiden angedeuteten Beispielen - die folgende Definition gelten:

---

23 Hans-Karl Beckmann, Die Wissenschaftlichkeit der Pädagogik, in: Wissenschaft und Wirklichkeit a.a.O., S. 106

24 Wolfgang Klafki, Studien zur Bildungstheorie und Didaktik, Weinheim 1973, S. 96

25 Wilfried Meyer, Lernhindernis Schule, in: Zeitschrift für Musikpädagogik, Heft 5/1978, S. 48

- Menschlich nenne ich das Faktum der vielgestaltigen Antinomien und der
  Aporie zwischen Sein und Haben und das unbewußte oder bewußte Leben mit
  diesem Widerspruch.
- Als human oder Humanität bezeichne ich das Annehmen dieses Faktums und
  den unaufgebbaren Versuch einer stets als vorläufig erlebten Möglichkeit,
  mit jenen Antinomien zu leben. Humanität ist getragen vom Glauben, daß
  die Antinomien des menschlichen Lebens seine Würde ausmachen.
  (Gegensätze zu "menschlich" und "human" sind jedoch nicht immer sogleich unmenschliche und inhumane Handlungen oder Haltungen. Vielmehr
  zeigt sich die Unwilligkeit und Unfähigkeit zu humanem Handeln zumeist
  als Angepaßtheit, Mutlosigkeit, Schwachheit ... Gegen solche Einstellungen und unverschuldete Hindernisse muß sich eine Besinnung auf die Möglichkeiten humanen Handelns ebenso richten wie gegen pure Inhumanität.)

IV

Aus den allgemeinen Überlegungen sind nunmehr praktische Konsequenzen für
eine Konzeption und für den Alltag der Schule zu ziehen. Der Versuch des
Humanen verfolgt zwei Ziele, die nicht unbedingt zusammenfallen: Schule soll
auf humanes Leben vorbereiten - im Zusammenleben der Menschen, im Umgang
mit den Dingen, in der eigenen Identitätssuche. Sie soll andererseits selbst
eine humane Einrichtung sein. Sie darf weder als beschützende Idylle vor
dem "grauen" Leben verstanden werden noch als Zuchtanstalt, in der junge
Menschen vorgeschriebene Humanität lernen. Schule wird vielmehr in doppel-
ter Weise als offenes System angelegt sein müssen: offen in die Lebenswelt,
in die Berufswelt, in die Welt der politischen und moralischen Auseinandersetzung - und offen für eine permanente Diskussion aller Beteiligten darüber, wie aus den vielschichtigen Erscheinungsformen der anthropologischen
Antinomien dennoch Humanität verwirklicht werden kann, mit Hilfe von Verwaltung, Lehrplangestaltung, Gestaltung des Schulalltags, Lehrerverhalten
usw. Wie dies möglich ist, diskutiere ich im folgenden am Beispiel des Musikunterrichts und speziell an den Aufgaben des Musiklehrers.

Es ist freilich die Aufgabe aller Schulfächer und aller Pädagogik, die
oben beschriebenen Bedingungen und Aufgaben des Humanen - im Leben des einzelnen wie im Zusammenleben - deutlich zu machen und sie zu üben. Die künstlerischen Fächer jedoch scheinen mir hierzu in besonderer Weise aufgefordert zu sein. Seit jeher bedient sich der Mensch der Künste (d.h. seiner
gestalterischen Fähigkeiten), um das unaufhebbar Widersprüchliche seines
Wesens und seines Lebens - seinen "utopischen Standort" - zwischen Hilflosigkeit und Herrschaft, zwischen Verzweiflung und Hoffnung zu bewältigen
und mit Sinn zu erfüllen: Er beschwört Mächte, die ihn bedrohen; er betet
die Gottheit kunstvoll an; er schafft sich Bilder und Werke, durch deren
Gegenstände Sinn und Wesen des Menschlichen (oder des Übermenschlichen)
durchscheinen und so zur Erscheinung gebracht werden; er "organisiert" Sprache, Klänge und Formen zu Werken, die davon Zeugnis geben, daß der Mensch
den Sinn seines Wesens immer neu darstellen möchte. Er gestaltet das Zusam-

menleben mit anderen in kunstvollen "Szenen" (Festen, Zeremonien ...) und
macht es vielleicht gerade dadurch menschlich und erträglich. In den Künsten deutet der Mensch sein Leben, und die Künste sind ihm ein Mittel, sich
zu verwirklichen. Er benutzt die Künste auch, um seinem Bewußtsein und seinem Empfinden von sich vielfachen Ausdruck zu verleihen: die Kunst zeigt
seine Freude, seine Trauer, Verzweiflung, Hochmut, Zuversicht, Überschwang,
Wut und alle anderen Verhaltensnuancen, mit denen er täglich lebt. Jedoch
spiegelt der Mensch in der Kunst nicht nur das widersprüchlich Menschliche,
sondern er findet in ihr Trost, Sinnerfüllung und Lebensmöglichkeiten.

Daß dies auch für die Musik gilt, zeigen ihre lange Geschichte und die
Geschichte der Musikauffassung. In der Musik erscheint die antinomische
Spannung des Menschlichen in zwei Weisen:
- als Versuch, das Übermächtige und Bedrohliche in der Natur, in der Über-
  natur und im Menschen selbst zu bannen, gnädig zu stimmen oder zu ehren
  (z.B. in der Liturgie, in Beschwörungsmusik ...),
- als Lust am Leben; an den Möglichkeiten, das Leben zu steigern und zu
  deuten (im Tanz, in der Erfindung von Klängen, Strukturen usw.).

In diesen Weisen der Musik äußert sich der Mensch schon immer en-statisch
oder ek-statisch, sich hingebend oder sich äußernd (im wörtlichen Sinne),
und hieraus resultieren alle Möglichkeiten musikalischer Gestaltung: als
Gedankenspiel und/oder Körperspiel, als Selbstdarstellung und als Darstellung seiner Welt.

Sowohl die Erscheinungen der Musikgeschichte als auch das heutige Musik-
angebot lassen sich unschwer als Abkömmlinge und vielfältige Mischungen jener "Urweisen" der Musik erkennen, die vom antinomischen Wesen des Menschen
Zeugnis geben. Dies gilt auch für Schlager-, Pop- und Rockmusik, in denen
Identifikations- und Rollenangebote als "Kostüme" für Verhaltensmöglichkeiten, als Ausdruck von Hochgefühl oder Verzweiflung, als Möglichkeit der Solidarität mit anderen usw. angeboten werden. Das antinomische Wesen des
Menschen und seine Versuche, eben dieses Wesen in der Musik darzustellen
oder in der Musik erlösenden Ausdruck zu finden, muß das ständige Thema
einer jeden Konzeption von Musikerziehung sein, ganz gleich, ob sie mehr
dem praktischen Musizieren, dem Erfinden von Musik oder dem Deuten der musikalischen Überlieferung oder Gegenwart zuneigt.

Die Erscheinungsweisen der anthropologisch gegebenen Widersprüche, die
bewußt zu leben und versuchsweise zu versöhnen ich als Humanisierung des
Lebens definiert habe, zeigen sich in der Musik und in den Umgangsweisen
mit ihr als altbekannte und im Laufe der Geschichte der Musikerziehung schon
immer diskutierte Probleme - zum Beispiel als Antagonismus und gleichzeiti-
ges Aufeinanderangewiesensein von rationalem und emotionalem Zugang zur Musik, als Spannung zwischen Hingabe und abgesicherter Erkenntnis, als Wech-
selspiel von unvermittelt-körperlichem, selbsttätig-aktivem, empfangend-
passivem, verstandesmäßig-ergründendem oder anderem Umgang mit Musik,
schließlich auch in verschiedenen Möglichkeiten, Musik eine Funktion im Leben zu geben: als Erholung und Spiel, als Mittel regressiven Verhaltens, als

Besinnung oder Sinnsuche, als Äußerung von Gefühl oder seelischem Befinden, als außer- oder übersprachliches Mittel der Verständigung. Der Beitrag der Musik und der Musikerziehung zur Humanisierung liegt darin, den ganzen Reichtum an Zugängen zur Musik anzubieten, zu üben, bewußt zu machen und wachzuhalten; vor allem aber, die Widersprüche und Spannungen zwischen Ratio und Emotio und zwischen Hingabe und Betätigung - als den zentralen Paradigmata der Antinomie des Humanen - in eine "angemessene Balance" zu bringen[26].

Bei dieser Balance geht es fast nie um das Sowohl-als-auch, oder um ein Entweder-Oder, sondern um den Versuch des Zugleich, der gegenseitigen Stützung und Steigerung der beiden Bewußtseinsmodi. Dabei kann das Verhältnis beider im Einzelfall durchaus ungleichgewichtig sein. Wichtig ist ihr Verhältnis dem jeweiligen Interesse, dem Zweck, der Situation und der Konstitution des Menschen immer neu anzumessen.

V

Die wichtigste Instanz, das so beschriebene Experiment des Humanen in der Schule zu verwirklichen, ist der Lehrer. Um seine Schlüsselposition zu bezeichnen, habe ich ihn an anderer Stelle eine "humane Instanz" genannt[27]. Ich knüpfe an diesen Begriff an und versuche, von allgemeineren Aussagen über die Aufgaben des Lehrers zu konkreten unterrichtspraktischen Hinweisen zu gelangen.

Die Aufgabe und Chance des Musiklehrers setzt damit ein, daß er für sich selbst eine Lebensform mit Musik findet und praktiziert, welche - mit den Begriffen der allgemeinen Ausführungen formuliert - die anthropologisch gegebenen Antinomien in seinem eigenen Leben in der ihm angemessenen Balance hält. Diese (musikalische) Lebensform muß er deutlich in den Unterricht einbringen - gleichsam in exemplarischer Absicht, als Angebot und Reibungsfläche. Damit meine ich etwas ganz Einfaches und eigentlich Selbstverständliches: Er soll als Musiklehrer kein anderer sein, als er als Musiker und Musikhörer ist; d.h. aber: er soll zunächst einmal Hörer und Musiker sein.

Aus Erfahrung mit anderen und mit mir selbst weiß ich, daß dies in der heutigen Schule nicht selbstverständlich ist. Der Musikumgang vieler Musiklehrer im Unterricht ist durch eine falsche Gewichtung von Musiktheorie, Analyse, Lernzielorientierung verkürzt. Der Lehrer hält sein privates Mu-

---

26 Das Gebot der angemessenen Balance zwischen den beiden Bewußtseinsmodi des Menschen würde mißverstanden, wenn man dem Fach Musik lediglich eine Ausgleichsfunktion gegenüber der intellektuellen Beanspruchung durch andere Fächer zuwiese. Ebenso falsch wären emotional-rationale Wechselbäder innerhalb des Faches selbst.
   Den Versuch einer eingehenden Erläuterung zum Verhältnis von emotio und ratio und darüber hinaus des Zieles, beide Bewußtseinsmodi in eine "angemessene Balance" zu bringen, habe ich in meinem Beitrag "Notwendigkeit und Möglichkeiten der Entfaltung von Emotionalität im Musikunterricht" vorgelegt. MuB 1/1978, S. 21-31

27 Christoph Richter, Musik in der Schule von heute und morgen, in: Schule ohne Musik? (Vorträge der elften Bundesschulmusikwoche Düsseldorf 1976, hg. v. E. Kraus), Mainz 1976, S. 51 ff.

sikleben aus dem Unterrichtsgeschehen heraus - oder sein Musikumgang und sein Musikdenken haben sich den schulischen Bedingungen angepaßt. Deren äußere Kennzeichen wie Lehrplananforderungen, Disziplin- und Motivationsprobleme, der Wunsch oder Zwang, sich überprüfbarer Ergebnisse zu versichern u.a. bringen auch den Musikunterricht in eine künstliche Laborsituation, in der von der Vieldimensionalität der Musik und vom Menschen, der sich dieser Vielfalt bedienen soll, oft kaum die Rede ist. Provozierend sagt Wilfried Meyer von diesem Zustand: Der Schüler lernt, "was man wissen muß, wenn man Lehrer werden will"[28].

Als Laborsituation des Musikunterrichts bezeichne ich einen Musikumgang, der die lebendige, subjektive und spannungsvoll uneindeutige Erfahrung, die der einzelne mit Musik machen kann, gegenüber den genannten Hilfsmitteln und Theorien, aber auch gegenüber manchen "abrichtenden" Methoden der Improvisation und der Gruppenarbeit hintansetzt. Als Laborsituation bezeichne ich ferner einen Musikunterricht, in dem Musikwerke oder Ausschnitte aus ihnen als Beispiele, als Beweismaterial und Übungen für Regeln einer abstrakten Theorie herhalten müssen - dies ist in lernzielorientiertem Unterricht ja der Normalfall -, anstatt durch eine möglichst vielseitige und offene, eine "fehlerfreundliche" Interpretation Musik als Exemplum einer humanen (geschichtlichen, sozialen oder privaten) Situation zu verstehen und zu benutzen - hörend, spielend, reflektierend. "Exemplum" ist dabei im ursprünglich gemeinten Sinne der mittelalterlichen Pädagogik zu verstehen; als Vorbildhaftes sowohl für die Sache selbst als auch für den Menschen, als seine eigene private Möglichkeit der Erfahrung, als etwas, das für ihn Sinn stiftet, seine Existenz betrifft und ihn (im wörtlichen Sinne) betroffen macht[29]. Neben anderen Fächern muß auch dem Musikunterricht zum Vorwurf gemacht werden, was A.M. Klaus Müller der Naturwissenschaft vorhält: die "partielle Erblindung für die uneingeschränkte Vieldimensionalität des Lebens"[30], die verhindert, daß wenigstens die Tragweite der anthropologischen Widersprüche und der Gefährdung des Menschlichen sichtbar und thematisch, wenn sicher auch nicht gelöst wird.

Einen Weg für das Hereinholen des Humanen in den Unterricht sehe ich nicht in Lehrplanrevisionen und Schulreformen, sondern vornehmlich im Verhalten des Lehrers. Hierfür sind drei "pädagogische" Schritte möglich und nötig.

1. Der Musiklehrer soll als Musiker vor seine Schüler treten - d.h. als einer, dessen Austragungsort des Experiments des Humanen i.o.S. die Musik ist. Wie *er* Musik hört - zwischen Erkennen und Hingabe, wie *er* musiziert

---

28 Wilfried Meyer a.a.O., S. 49

29 Josef Dervolav, Das Exemplarische als didaktisches Prinzip, in: Exemplarisches Lehren - exemplarisches Lernen, Stuttgart 1969, S. 5 ff.; siehe auch: Christoph Richter, Theorie und Praxis der didaktischen Interpretation von Musik (Schriftenreihe zur Musikpädagogik, hg.v. R. Jakoby), Frankfurt 1976, S. 30 f.

30 A.M. Klaus Müller, Die Identität ... a.a.O., S. 225

- zwischen kontrollierender Aufmerksamkeit und unmittelbarem körperlichen Vollzug; wie *er* Musik in seinem Leben einsetzt - als Erfüllung, Bewältigung, Ablenkung, Trost, Steigerung, Selbstverwirklichung usw. - dies alles kann er als lebendiges Beispiel für die gelungene und immer gefährdete Integration der Musik in sein Leben in den Unterricht einbringen. Er kann dies allerdings nur leisten, wenn die Musik in seinem eigenen Leben eine sinnstiftende Funktion erfüllt. Hierfür ist es gut oder sogar unabdingbar, einen musikalischen Schwerpunkt "im Leben" zu haben: als Chorleiter, Sänger, Popmusiker, Musikwissenschaftler. Von seinem eigenen Musikleben sollte der Musiklehrer möglichst viel als Atmosphäre, als Realität, als Not und Freude ins Klassenzimmer tragen, um Musik in ihrer humanisierenden Funktion "vor Ort" vorzustellen[31]. Die Schüler können dann Anteil nehmen, Anregungen bekommen und sich stoßen an seiner wirklichen, nicht immer nur didaktisch präparierten Art, Musik zu hören und zu besprechen. Ein solches Lehrerbild, das in der Praxis ja vielfach vorhanden ist, durch Lernzielorientierung, Schulrealität, Enttäuschung usw. nur häufig verdeckt, wenn nicht zerstört wird, steht freilich in krassem Gegensatz zu heute wissenschaftlich vorgetragenen Vorstellungen vom Lehrer als "Erziehungsingenieur"[32].

2. Der Musiklehrer kann es sich nur leisten, seine Person als Musiker in die Schule zu tragen und als einer, der "das Experiment des Humanen" am Fall Musik selbst versucht, wenn er sich sowohl seiner herausgehobenen Aufgabe wie auch der Problematik des Humanen bewußt ist. Das heißt: er muß seine Erfahrungen verallgemeinern und relativieren, von ihnen abstrahieren können und sie auf anders geartete individuelle und soziale Situationen übertragen. Er muß die Eigenart der Konstellation des Humanen bei jedem anderen zu verstehen versuchen. Wie er aber einerseits nicht auf seine eigene Erfahrung mit dem Experiment des Humanen verzichten darf, so darf er andererseits auch nicht jene notwendigen Verallgemeinerungen verkürzen und erstarren lassen zu einem musikalischen Verhaltenstraining, formalistischen gruppendynamischen Übungen, verallgemeinerten lerntheoretischen Abläufen u.a., um Schüler für humanes Verhalten zu konditionieren.

Die Antinomie und die Gefährdung des Humanen zeigt sich gerade auch im Versuch geplanter Erziehung: Alle Bemühungen, die vielgestaltigen Diskrepanzen zwischen Sein und Haben aufzuheben und zu versöhnen, drohen die menschliche Situation des "Zwischen", die immer nur "vorläufig" gelöst werden kann, in "definierte", d.h. inhumane Verhältnisse einer technologischen, ideologischen oder anders normativen Erziehung zu führen. Eine andere Erziehungswissenschaft, als sie heute noch tonangebend ist, hätte das antinomische Verhältnis zwischen der *Wissenschaft* vom Menschen und seiner Lebenswelt stets wachzuhalten. Voraussetzung dafür, daß der

---

31 Ein Beispiel hierfür findet sich bei: Heinz Meyer, Musik als Lehrfach (Materialien zur Didaktik und Methodik des Musikunterrichts, hg. v. S. Helms und G. Rebscher, Band 7), Wiesbaden 1978, S. 90

32 Zur Problematik der Professionalisierung des Lehrerberufs - siehe: Hans-Hermann Groothoff, Funktion und Rolle des Erziehers, München 1972, S.34ff.

einzelne Lehrer diese Antinomie verwirklicht, ist der notwendige Doppel-
blick auf die eigene Erfahrung und durch sie hindurch auf die, denen er
helfen will. Von sich absehen darf er ebensowenig wie dem anderen seine
Humanität dadurch nehmen, daß er sie auf ein Bild festlegt. Auch dies
ist ein Widerspruch, den er nicht loswird und nicht loswerden darf.

3. Seine eigene menschliche und musikalische Erfahrung den Schülern zur
Verfügung stellen heißt nicht, sie ihnen zur Nachahmung direkt oder indirekt aufzwingen oder sie als vorbildliche Lösung darstellen. Die Vorstellung vom Lehrer als einer humanen Instanz bedeutet vielmehr, beim
Hören, Musizieren und Nachdenken über Musik mit den Schülern gemeinsam
und auf ihre (biographische) Musikerfahrung eingehend Erlebnis- und Verstehensmöglichkeiten aufzubauen und auszutauschen, sie an der Sache zu
messen, die historische Situation einzubeziehen und die Spannung von
Ratio und Emotio im praktischen Musizieren zu erproben. Der Lehrer ist
weder wissenschaftlicher Verwalter der Sache noch Arrangeur gruppendyna-
mischer Prozesse, sondern Teilnehmer an dem gemeinsamen Diskurs. Sein
natürlicher Vorsprung sollte nicht nur im größeren Sachwissen und im ge-
übteren Blick für Zusammenhänge bestehen, sondern mehr noch in der Fähigkeit, persönliche Erfahrung aufzubauen, sie als Angebot darzustellen und
auf jene seiner Schüler einzugehen.

Außer dem exemplarisch eingebrachten "Experiment des Humanen" hat der Musiklehrer eine weitere Chance, Humanisierung im Klassenzimmer vorzubereiten.
Eine unverzichtbare Grundlage für die Erprobung und Sicherung eines humanen
Lebens im Sinne der oben gegebenen Definition ist die Einbettung des Handelns, Denkens, Fühlens und Erlebens in einen individuellen und gefestigten
Lebensraum, d.h. in einen zeitlich, örtlich und sozial umgrenzten Bezirk,
in dem der einzelne und die Gruppe die Antinomien des Menschlichen und seine Lösungsmöglichkeiten verbindlich erfahren und mit ihnen leben können.
Erfahrungen, zumal biographisch gefestigte, kann ich nur dort machen, wo
ich "zu Hause" bin oder heimisch werden kann - mit Menschen und Dingen, die
zu mir gehören. Dies wissen wir aus praktischer Lebenserfahrung:

- Ein häufig besuchter Kirchenraum oder eine vertraute Stadt erschließen
  immer neue Erfahrungen und Bilder räumlicher, sozialer, historischer und
  religiöser Art. Im Laufe der Jahre werden sie zu meinem Raum und meiner
  Stadt, in der meine Gedanken, Erinnerungen, Sorgen usw. aufgehoben sind,
  in denen ich mich stets - vielleicht verändert und erneuert - wiederfinde.
- Der immer wieder besuchte vertraute Ferienort erschließt heranwachsenden
  Kindern gerade wegen seiner zeitlichen und örtlichen Begrenzung und seiner variierten Wiederholung Vertrautheit mit Natur, mit anderen Menschen,
  mit sich selbst. Seine Begrenzung ermöglicht Intensität und Vielseitigkeit
  des Erlebens.
- Beziehungen zu Menschen werden dadurch zu einer Art Heimat, daß wir ihre
  und unsere Eigentümlichkeiten und Entwicklungen, ihre und unsere Fähigkeiten und Fehler usw. in vielen Situationen, Entscheidungen und Erlebnissen

durch lange Zeit hindurch gemeinsam erfahren und betreiben.

- Mit manchen Büchern lebt man, man liest sie nie "aus".

Auf diese und viele andere Weisen bildet sich Lebensraum aus, in denen die
Dinge, die Natur, die anderen und ich einen "Sitz" haben; solche "Heimat"
aber ist Voraussetzung für die Anstrengung und das Glück des Humanen. Für
dieses Phänomen des Lebensraums, das auch für das Musikleben des einzelnen
eine wichtige Bedeutung hat und zu dem auch der Umgang mit Musik beiträgt,
gibt es - wie die Erfahrung zeigt - mehrere Kriterien, die auch Grundprinzipien humaner Schule sind:

1. *Überschaubarkeit* des Erlebens, Denkens, Fühlens, Handelns - im geogra-
   phischen, zeitlichen, sozialen, psychischen und intellektuellen Sinne.
   Überschaubarkeit erzeugt Intensität, Verbindlichkeit, Betroffensein und
   Vertrauen.
2. *Wiederholung* - Die Vieldimensionalität und Veränderlichkeit der Dinge
   und Menschen bedürfen zu ihrer Erschließung der häufigen Wiederkehr,
   der Betrachtung unter veränderten Bedingungen, der Neuentdeckung des
   Alten und des "Heimkehren-könnens" zu ihnen.
3. *Vieldimensionalität* - Erst der Aspektreichtum der Dinge und unsere Erfahrung mit ihnen gibt das Humane frei, das sie enthalten.
4. *Ruhe und gewaltlose Aneignung* - Die Dinge und Menschen ergeben sich
   nicht dem hastigen Zugriff und dem flüchtigen Blick. Sie verlangen
   Hingabe und Geduld.

Die Tatsache, daß wir humanes Leben und humane Schule heute vielfach ent-
behren, liegt u.a. darin begründet, daß wir kaum noch in überschaubaren und
verläßlichen Lebensräumen wohnen, erziehen und zusammenleben. An ihre Stelle ist vielmehr eine Art Tourismus-Verhalten getreten, das sich keineswegs
nur auf das oft karikierte abhakende Eilen durch Länder und Städte erstreckt, sondern sich ebenso in der Lektüre unwichtiger oder fernliegender
Tagesnachrichten zeigt, im Konsum anstatt im Gebrauch von Gütern, in Weg-
werfmoden auf allen möglichen Gebieten, im Sammeln von Gütern, denen wir
uns selten geduldig widmen ... am besorgniserregendsten jedoch in den Lehrplänen und Stundentafeln der meisten Schulfächer.

Fast alle Kriterien zum Aufbau eines musikalischen Lebensraumes bzw. zur
Integration von Musik in den allgemeinen Lebensraum des einzelnen werden
im Musikunterricht häufig und aus äußeren Zwängen vernachlässigt. Die Lehrpläne haben nach Inhalt und methodischem Anspruch enzyklopädische Ausmaße,
zwingen im Unterricht selbst aber zur Beschränkung auf Andeutung, Musikfet-
zen, geschichtslose Fakten, Behandlung vereinzelter Aspekte. Die Menge und
Abstraktheit der Informationen; Gruppengrößen, die die Erfahrung des einzelnen ausschließen; der 45-Minuten-Takt; Leistungskontrollen u.a. verhindern dauerhafte Beziehungen zur Musik und gemeinsam erarbeitete Erfahrungen.
Wie beim Blick aus dem Bus einer Stadtrundfahrt bleiben bereits die einfachsten Voraussetzungen für das Ins-Spiel-Kommen jener humanisierenden

Beziehungen, ihrer Widersprüche und der Lebenschancen, die sie gewähren, zumeist ausgeschlossen. Sie kommen im Unterricht kaum vor. Es muß sich keiner wundern, daß Schüler nicht mehr mittun, wenn ihre Sache nicht verhandelt wird.

Es ist allerdings fraglich, ob Schule überhaupt individuelle Lebensräume erschließen kann. Solche Räume werden im Normalfall in der Lebenswelt aufgebaut und gefestigt - in der Familie, mit Freundschaften, mit Interessensgebieten, mit der Kultur einer Stadt oder Landschaft usw. Wo Schule immer mehr Zeit beansprucht, ohne jedoch Heimat werden zu können; wo Schule immer mehr Erziehungsvorgänge und -inhalte okkupiert, die eigentlich in den Lebensvollzug gehören, schwindet die Chance, private Lebensräume zu gewinnen - es sei denn, Schule gäbe der privaten Lebenswelt in ihren eigenen Mauern mehr Raum und integrierte sich andererseits mehr in die Welt der Arbeit, der Kultur, des allgemeinen Zusammenlebens.

Es ist hier nicht der Ort, der schwerwiegenden und umstrittenen Frage nachzugehen, warum Schule heute im allgemeinen den Aufbau und die Pflege eines individuellen Lebensraumes behindert und wie dies zu ändern wäre. Schulorganisation, Erziehungskonzepte und die Wissenschaften der einzelnen Fächer sind offenbar nicht geeignet, verläßliche "Sicherheits-Plattformen" für das Leben des einzelnen anzulegen. Und zwar versagt die Schule nicht nur bei ihrer Aufgabe, die Lebensräume ihrer Schüler, sofern sie sie schon mitbringen, zu stärken und zu erweitern, sondern sie bietet auch nur in seltenen Fällen sich selbst als ein Stück Heimat an. Der Hauptgrund hierfür, so scheint mir, liegt in der Neigung, "über" Fächer und Gegenstände zu reden und zu denken, anstatt sie zu betreiben und sie in den Lebenshorizont der Schüler einzubeziehen (z.B.: Sprachtheorie anstatt Umgang mit Literatur). Die Gewinnung und die Sicherheit solcher Lebensräume sind jedoch Voraussetzung für humane Schule und humanes Leben, weil die unfriedliche Widersprüchlichkeit in uns und in der Welt nur von einer Heimat stiftenden Basis aus bewältigt werden kann. Hier liegen die Gründe für das Versagen der heutigen Schule, aber auch die Chancen für eine veränderte Schule. Im gegebenen Zusammenhang ist es freilich nur möglich, an einigen Punkten aufzuzeigen, wie das Fach Musik und der Musiklehrer solche Chancen nutzen könnten.

VI

Die beiden allgemeinen Aufgaben des Musiklehrers: sich als Person und Beispiel für das "Experiment des Humanen" zur Verfügung zu stellen und den Schülern einen privaten und verbindlichen Lebensraum - gleichsam als Austragungsort und Spielfeld des Humanen - zu erschließen, können nunmehr in einem nächsten Schritt als Grundweisen des Unterrichts konkreter benannt werden. Hierzu erörtere ich 7 didaktische Grundprinzipien:

1. Eine Chance, die persönliche Erfahrung des Humanen im definierten Sinne zum Inhalt von Unterricht zu machen, liegt in der *Hörerziehung*. Hierunter

verstehe ich sowohl den Aufbau von Musikerfahrung auf dem Wege und mit
dem Mittel des Hörens als auch die Analyse des Hörens selbst, seines
Ablaufs, seiner Voraussetzungen, Nebenerscheinungen usw. Hörerziehung
zielt auf die Beschäftigung mit jener Vielzahl von Hörweisen, zu denen
Musik einlädt und die im alltäglichen Umgang mit Musik gepflegt werden:
konzentriertes Hören auf Details, auf Zusammenhang oder musikalischen
(subjektiv gegebenen oder historischen) Sinn; Hören als Erkennen allgemeiner, zeitbedingter, kulturhistorischer Prinzipien; Hören als Mitden-
ken eines kompositorischen Problems, als Erfahrung menschlichen Befin-
dens und menschlicher Haltung; Hören als Meditieren, als Belebung, Erinnerung oder Bewältigung der eigenen Biographie, als Entspannung, als
Kontrolle beim Musizieren, ...[33]. Die in diesem weiten Begriff des Hörens gegebene Möglichkeit, die Problematik des Humanen in den Unterricht
zu holen, hängt an zwei Prämissen: Höranalyse muß sich stützen auf die
gesicherte Vorerfahrung des Lehrers mit Musik und seinen Schüler-Hörern,
und das unter vielfältigen Aspekten Er-hörte darf die Orientierung am
Hörgegenstand nicht aufgeben.

2. Eine weitere Grundweise eines humanisierenden Musikunterrichts besteht
   im *Aufbau der historischen Situationen* oder Lebenszusammenhänge, in denen Musik steht oder stand. Solche Situationen stellen Versuche des Humanen dar, in denen Fragestellungen, Erlebnisse, Lebensdeutungen, Wirkungen, Schicksale u.a. als Möglichkeiten und Lösungen aufleuchten. Der
   anschauliche und die Musik übersteigende Aufbau historischer Situationen
   gilt als Unterrichtsprinzip von der ersten bis zur letzten Klasse. Diese
   didaktische Grundweise läßt sich methodisch unterschiedlich anlegen:
   Man kann um ein Stück Musik herum ihren Lebensraum aufbauen; man kann
   das Wesen einer Epoche, Gattung o.ä. an Musik aufscheinen lassen; man
   kann ein die Schüler betreffendes Problem (z.B. das der Entspannung
   durch Musik) an Musik verschiedener Zeiten und Arten verdeutlichen usw.
   Jeweils gilt, daß die subjektive Lebenssituation der Musik *und* der Schüler Vorrang hat vor Musiklehre und isolierten Fakten, so unentbehrlich
   sie hierfür auch sind. Humanisierung des Unterrichts durch den Aufweis
   geschichtlicher Situationen ist daran gebunden, daß der Lehrer diese
   Brücke des Historischen zum Menschen auch für sich selbst zu schlagen
   vermag.

3. Eine dritte Grundweise, den Ort des Humanen in der Musik zu bestimmen,
   ist, sie "beim Wort" zu nehmen, d.h. ihre Struktur und ihre Besonderheit
   im einzelnen durch Analyse und Interpretation so intensiv zu befragen,
   daß sie einerseits den Schlüssel ihrer Besonderheit freigibt und andererseits - das ist häufig die Kehrseite dazu - Interessen weckt. Das ist
   nicht der Fall, wenn Analyse und Interpretation an ihrer Fassade, an ihrer äußeren Beispielhaftigkeit für Formschemata, harmonische Führung,
   Instrumentenverwendung hängenbleiben. Die Orientierung an den Einzel-

---

33 Christoph Richter, Höranalyse (Sachwörter zur Musikpädagogik), MuB 3/1979

heiten und den Besonderheiten der Sache[34] soll eine einseitige Subjekt-
orientierung ebenso wie eine einseitige Theorieorientierung verhindern
und kann unter Beachtung dreier Kriterien, die unschwer in konkrete
Ziele und Methoden überführbar sind, die Humanität, die in der Sache
selbst verborgen ist, aufschließen:

a) Der Begriff "Auseinandersetzung" mit der Sache ist wörtlich zu nehmen: Erst bei genauem Hinschauen entdecken wir das Fremde und Neue
   an den Sachen. Ihre Eigentümlichkeit setzt den eingeschliffenen Ver-
   stehens- und Verhaltensnormen Widerstand entgegen. Erkennt man diesen
   Widerstand, so kann die Sache die Erfahrung verändern und erweitern.

b) Der Widerstand gegen das Gewohnte wird am ehesten in den verborgenen
   Einzelheiten und Feinheiten der Sache sichtbar. Je intensiver und
   phantasievoller die Aufmerksamkeit sich den Details und Nuancen widmet, um so deutlicher wird das Besondere offenbar.

c) Je aspektreicher eine Sache untersucht wird, desto mehr "Ansichten",
   Ausstrahlungen und Wirkungen können erschlossen werden. Auf diese
   Weise kann sie zum "Schlüssel" von Erfahrung werden[35].

4. Höranalyse, Aufbau historischer Lebenssituationen und Orientierung an
   der Sache erfüllen ihren Beitrag zum "Experiment des Humanen" umfassender, wenn sie im gegenseitigen Austausch mit anderen vollzogen werden.
   Am Austausch biographischer und sachlicher Erfahrung kann ich lernen,
   wie andere Menschen historische Situationen und Sachauseinandersetzung
   verstehen, in ihren Lebensraum integrieren, wie andere dies zu ihren
   Möglichkeiten machen, in ihre Vorerfahrung einbinden und dadurch vielleicht verändert werden. Das erweitert die Sicht des einzelnen, und der
   einzelne kann durch seine Erfahrung anderen Hilfe leisten. Dieser Austausch ist vornehmlich eine sprachliche Aufgabe, d.h. ein Bereich, in
   dem wiederum das widersprüchliche Verhältnis von Eindeutigkeit (des Er-
   klärens) und vieldimensionalem Verstehen auftaucht. Es geht um den Ausgleich von notwendig "definierender" und notwendig "explizierender"
   Sprache[36]. Versprachlichung und Bereitschaft zum Erfahrungsaustausch
   aber hängen primär von der Fähigkeit und dem Engagement des Lehrers ab.

5. Ein weiteres Grundprinzip, das der Lehrer im Unterricht individuell verwirklichen muß, ist das Prinzip der Wiederholung und Befestigung, eine
   wichtige Voraussetzung für den Aufbau eines musikalischen Lebensraumes.
   Mehrere Formen dieses Prinzips lassen sich unterscheiden:
   - Hörende und interpretierende Beschäftigung mit ähnlichen Stücken,
     gleichen Phänomenen, Aussagen oder Haltungen in regelmäßigen Abstän-
     den - jedoch den Aspekt der Betrachtung wechselnd;

---

34 Christoph Richter, Theorie und Praxis ... a.a.O., S. 20 ff.

35 Christoph Richter, Analyse im Studium und in der Unterrichtsvorbereitung
   des Lehrers (Vorträge der zwölften Bundesschulmusikwoche Karlsruhe 1978,
   hg. v. E. Kraus), Mainz 1978

36 Zum Problem der Sprache in der didaktischen Interpretation von Musik:
   Christoph Richter, Notwendigkeit ... a.a.O., S. 28/29

- lange genug - aber mit wechselnden Interpretationsansätzen und Aus-
  blicken - an einem Stück verweilen;
- Hören, Musizieren und Deuten mit Hör- und Musizieranlässen aus dem
  "Leben" verbinden;
- Hören und Interpretieren immer wieder an Grundbegriffen orientieren,
  die zu einer Art Erlebnis- und Denkheimat werden können, z.B. Musik
  als Mittel zur Besinnung, als Spiel, als Sprache, als Tanz usw.;
- nach dem Prinzip des "exemplarischen Lernens" (Wagenschein) "Plattformen" des Musikwissens, des Hörvermögens, der Versprachlichung usw.
  bilden, auf die der Unterricht immer wieder zurückkommen kann[37].
  Solche "Plattformen" bestehen aus dem Besitz von Erkenntnissen, Wissen,
  Erlebnissen und Fähigkeiten, die dem Menschen sicher (geworden) sind,
  in denen er zu Hause ist und bei denen er sich wiederfindet. Bei ihnen
  kann er im Unterricht immer wieder ansetzen, um Neues oder neue "Ansichten" seiner Welt zu erobern. Diese Plattformen bilden eine ruhige
  Zone der Personalität, von der aus der Konflikt des Humanen harmoni-
  siert werden kann, der sich in Überforderung, Langeweile, Angst, Des-
  orientierung, Verzweiflung, Überheblichkeit oder anders äußert;
- früher durchgenommene Stücke als Hörbeispiele wiederholen - zur Erinnerung an alte Einsichten und Erlebnisse -, um Neues an ihnen zu
  zeigen usw.

6. Als zwei weitere Prinzipien seien nur genannt:
   - Die ständige Verbindung und Verquickung von Hören, Deuten, Musizieren,
     Komponieren;
   - eine möglichst enge Verbindung des Musikunterrichts zu Situationen des
     Musiklebens, und zwar sowohl des einzelnen als auch gemeinsam erlebter
     Situationen.

Eine weitere Konkretisierung des "Experiments des Humanen" kann nur in der
Beschreibung von Unterrichtsmodellen und -projekten geleistet werden. Das
ist im gegebenen Rahmen nicht möglich und auch nicht sinnvoll, weil der Erfolg dieser Zielsetzung von den individuellen Handlungen des Lehrers abhängt.

VII

Die Überlegungen zu den mehr privaten und fachlichen Möglichkeiten des Musiklehrers, seine Aufgabe als "humane Instanz" aufzufassen, hängen in der
Luft, wenn sie nicht seine Abhängigkeit vom System Schule mit in den Blick
nehmen. Dies sind die (politisch vertretene) Schulkonzeption, die Schulorganisation, der Status des Lehrers und der Lehrplan. Mit ihm beschäftigen
sich die abschließenden Bemerkungen.

Ein Lehrplan hat zwei Aufgaben: Er beschreibt die didaktische Konzeption
eines Faches, und er muß Schülern, Lehrern, Schulverwaltung und Eltern eine

---

37 Martin Wagenschein, Zum Begriff des exemplarischen Lernens, in: Ursprüng-
   liches Verstehen und exaktes Denken I, Stuttgart 1970[2], S. 297-316

Kontrolle über die Erfüllung dieser Konzeption gestatten. Er enthält übli-
cherweise allgemeine Aussagen zur Begründung und Zielsetzung des Faches,
und er formuliert konkrete bis rigide Bestimmungen über Inhalte, Methoden,
Gegenstände, Lernziele und ihre zeitliche Anordnung. In dem Maße, in dem
Lernziele und Unterrichtsverlauf um der Kontrolle willen eindeutig beschrieben sind, werden sowohl die Komplexität der Inhalte und Gegenstände
als auch die (unfertigen) Erfahrungs- und Verhaltensmöglichkeiten methodisch - potentiell bis zur Sinnentleerung - verkürzt. Gleichzeitig werden
zwangsläufig auch die didaktischen Prinzipien des Humanen beseitigt. Daher
empfehle ich, das Verhältnis von Zielsetzung und Ausführungsbestimmungen
im Lehrplan umzukehren:

   Eine konkrete Verpflichtung sollte lediglich für jene didaktischen Prinzipien ausgesprochen werden, die als Voraussetzungen für die Auseinandersetzung mit den anthropologisch gegebenen Antinomien - mit dem "Experiment
des Humanen" - dienen können. Hingegen dürfen Aussagen zum Unterrichtsauf-
bau, zum Inhalt, zu Gegenständen, Methoden, Sach-Lernzielen nur als Anregungen formuliert werden, als Angebot von Möglichkeiten, diese didaktischen
Prinzipien zu verwirklichen. Der verpflichtende Teil des Lehrplans muß freilich Überprüfbarkeit zulassen. Er könnte in einer Auflistung jener Grundprinzipien bestehen, die ich zur Verwirklichung des antinomischen Bewußtseins vom Humanen und eines musikalischen Lebensraumes angeführt habe. Um
sie herum werden sich dann zwangsläufig Faktenwissen, Arbeitsmethoden und
andere Fertigkeiten ausbilden, die aber - wie wir wissen - für sich genommen die Erschließung eines musikalischen Lebensraumes nicht garantieren.
Die übliche Lehrplankonzeption ist noch immer auf einen berufsorientierten
Musikunterricht ausgerichtet oder wenigstens auf den musizierenden Kenner,
und für diese Zielgruppen mag ein Primat der Musiklehre angemessen sein.
Wenn es aber um einen Beitrag der Musik zur Humanisierung des Lebens geht,
müssen wir die Vorstellungen von einem durchgehend aufbauenden Lehrgang,
der die Formalien und bestimmte Techniken als Grundraster benutzt, aufgeben
zugunsten eines Prinzips, das jedem Schüler in jeder Altersstufe quasi vor-
aussetzungslos und in sich geschlossene Zusammenhänge musikalischen Verstehens und musikalischer Erfahrung anbietet. Solche Erfahrungszusammenhänge muß der Lehrer in Kenntnis seiner Schüler, der örtlichen Gegebenheiten und in Erfüllung der genannten Prinzipien selbst wählen. Zusammengebun-
den und kontrolliert werden diese Erfahrungszusammenhänge durch die Beachtung jener Grundweisen, mit deren Hilfe das "Experiment des Humanen" im
Fach Musik verwirklicht werden kann.

   Die verbindlichen didaktischen Prinzipien lassen sich - von allgemeineren zu konkreteren Bestimmungen fortschreitend - etwa wie folgt anordnen:

A - allgemeinste Stufe:
1. Erfahrung von der Vieldimensionalität der Musik sowie von den anthropologisch gegebenen Widersprüchen im Umgang mit ihr und die Einübung in
   die Verhaltensfigur der angemessenen Balance,
2. als Basis hierfür: Aufbau eines persönlichen musikalischen Lebensraumes.

B - Grundweisen und Sinnkategorien des Musikverstehens (als "Spurensicherung des Menschlichen im musikalischen Werk"[38]), z.B.

- Musik als Sprache
- Musik als Spiel
- Musik als Bewegung (im Tanz, im musizierenden Vollzug)
- Musik als Ausdruck von religio
- Musik als Ausdruck und Anlaß von Sozialität
- Musik als Ausdruck von Freiheit, Verfremdung, Humanität ...

C - Prinzipien des Unterrichts

1. Funktion des Lehrers als "humane Instanz" (sich einbringen als Person und als Musiker, Einbringen des eigenen musikalischen Lebensraumes)
2. Hörerziehung als Höranalyse und Analyse des Hörens
3. Erschließung des historischen und anthropologischen Lebensraumes der Musik
4. Orientierung an der Sache
5. Austausch biographischer und sachgerichteter Erfahrung
6. Aufbau eines persönlichen musikalischen Lebensraumes durch das Prinzip der Wiederholung und Überschaubarkeit
7. Prinzip der Verquickung der musikalischen Aktionsformen
8. Prinzip der Einbindung des Musikunterrichts in das Musikleben des einzelnen und der Gesellschaft.

Wird Unterricht auf diese Weise konzipiert und durchgeführt[39], ergibt sich zwangsweise und für den Schüler im einzelnen Anwendungsfall einsehbar die Notwendigkeit, auch das musikalische "Handwerkszeug" zu lernen: die Notenschrift; Fähigkeiten, Musik zu gliedern; Harmonielehre usw. Die "definierten" oder zu definierenden Verhältnisse in der Musik sind dann jedoch nicht mehr Inhalt des Lehrplans und Ziel des Unterrichts, sondern erscheinen als wichtige Durchgangswege zur Erfahrung und zum Verstehen von Musik.

Eine solche Lehrplankonzeption versagt es dem Lehrer, sich an Rezepten und an den Realien der Musiklehre zu orientieren. Sie nötigt ihn, die allgemeine und theoretische Zielsetzung des Unterrichts (Lehrplanteile A - C) immer im Blick zu behalten, auch bei Unterrichtsbereichen, die das Erklären und Lernen von Handwerklichem und von theoretischen Fakten verlangen. Wegen ihrer Offenheit ermutigt diese Konzeption ihn, sich an der theoretischen Diskussion über den Musikunterricht zu beteiligen und die Beziehung zwischen didaktischer Theorie und Unterrichtswirklichkeit wachzuhalten.

Das setzt freilich voraus, daß die musikdidaktische Theorie selbst sich nicht in selbstzweckliche Kalkülbildung und wissenschaftstheoretische Modelle verliert, sondern ihrerseits versucht, Musikunterricht als das "Expe-

---

38 Peter Becker a.a.O., S. 55

39 Beispiele für Modelle eines solchen Unterrichts finden sich u.a. bei:
Peter Becker, Heinz Holliger: "Psalm". Versuch einer didaktischen Annäherung, MuB 6 und 7-8/1978
Walter Heimann, Komposition als soziales Handeln (Analyse Bachscher Harmonik mit soziologischen Kategorien), in: MuB 1/1979
in den Unterrichtsbeispielen meiner Arbeiten: "Musik als Spiel" und "Theorie und Praxis ..." a.a.O.

riment des Humanen" zu begründen und im einzelnen zu strukturieren. Die von mir vorgeschlagene Lehrplankonzeption fordert den einzelnen Lehrer dazu heraus, an solchen theoretischen Überlegungen teilzunehmen und den verständlichen Theorieüberdruß abzubauen. Dies ist notwendig, um die Unterrichtspraxis auf der Spur ihrer Zielsetzung zu halten.

Eine solche Lehrplankonzeption, die ja zugleich die Unterrichtsgestaltung ganz in die Hände des Lehrers gibt, setzt schließlich ein verändertes Verhältnis des Staates und der Gesellschaft zum Lehrer voraus. Er muß, soll er für das Humane auch mit seiner Person einstehen, über seinen Unterricht frei entscheiden können, verpflichtet nur jenen Prinzipien und Kriterien, die das "Experiment des Humanen" möglich machen. Diese Freiheit bedeutet zugleich mehr Verantwortung und mehr Spielraum, beides Voraussetzungen, um humanes Leben führen und aufzeigen zu können. Ein Lehrer, der auf der einen Seite gefesselt ist durch Richtlinien, Verwaltungsvorschriften, Kontrollen und Gegenkontrolle bei Reifeprüfungen, Unterrichtsinhalten usw., auf der anderen Seite jedoch humane Schule halten soll, kann selbst keine "humane Instanz" sein, weil ihm als "Funktionär" des Systems die Möglichkeit genommen ist, in exemplarischer Vorbildlichkeit die Antinomien des Menschlichen auszutragen. Ich knüpfe damit an meine zweite Eingangsthese an. Das Humane läßt sich nur aufzeigen und verwirklichen, wenn ein freier Diskurs darüber möglich ist, wie ein Leben mit den anthropologisch gegebenen Widersprüchen geführt werden kann. Eine Gesellschaft, die zur Erziehung ihrer Jugend eine "humane Instanz" haben will, tut gut daran, ihre Lehrer für die Auseinandersetzung mit den Möglichkeiten "freizulassen", sie auf diesen Anspruch jedoch gleichzeitig zu verpflichten.

Ich habe absichtlich ein idealistisches oder gar utopisches Bild vom Lehrer gezeichnet. Dies scheint mir notwendig, um die Konsequenzen deutlich zu machen, die eine ernstgemeinte humane Schule vor allem im Hinblick auf ihre Lehrer ziehen muß. Bekanntlich sind viele Lehrer schon immer über Lehrpläne und Restriktionen des Systems Schule hinweg außerordentlich wirksam. Es ist aber geboten, die zahlreichen Barrieren zur Kenntnis zu nehmen, die den Lehrer daran hindern, seinem Beruf als "humane Instanz" nachzugehen:
- Viele Lehrer haben in ihrem eigenen Unterricht die Dimension des Humanen nicht erfahren.
- Vielen Lehrern ist es - aus unterschiedlichen Gründen - versagt, für sich selbst einen musikalischen Lebensraum auszuprägen und weiterhin zu pflegen; ihnen fehlen die Wurzeln hierfür, die ja in frühen Jahren gelegt werden müssen; ihnen fehlen Anregungen der Studienzeit, und sie haben keine Muße, noch "Musiker" zu sein.
- Das Musiklehrerstudium widmet sich zu wenig jenen Prinzipien, die Grundlage für das "Experiment des Humanen" mit Musik sein können, vielmehr reibt es sich im gegenseitigen Eifer und Anspruch der Einzelfächer auf, anstatt sie dem Sinn von Musikunterricht zu unterstellen und alle Dozenten hierauf zu verpflichten.
- Der Praxisschock, der z.T. auf Defizite in der Ausbildung zurückzuführen

ist - jedenfalls soweit dort die Konflikte und die Chancen eines humanen Unterrichts zu wenig in den Blick kommen -, verleitet oder zwingt viele Lehrer zur Flucht in die "definierten Verhältnisse" der Analyse, der Musiklehre u.a. "fest"-zustellender Unterrichtsziele.

- Viele Musiklehrer sind in ihrer Arbeit isoliert; sie wagen es nicht, einen ehrlichen Austausch über Unterrichtserfahrungen und -probleme zu führen; sie lassen lieber keinen in ihre Praxis hineinsehen, die sie selbst unglücklich oder angepaßt macht; sie gewöhnen sich die Rolle des Sicheren an, die gerade das Gegenteil einer "humanen Instanz" ist.

- Die Schülerschaft bildet heute eine Mischung aus allen Schichten, Ständen, Bildungsinteressen usw. Die meisten Lehrpläne und die Lehrerausbildung rechnen jedoch noch immer zu sehr mit solchen Schülern, die von vornherein Interessierte und Kenner sind, die sich mit Musik professionell beschäftigen könnten und die bereits einen musikalischen Lebensraum ausgebildet haben. Es ist kein Wunder, wenn viele Schüler die Angebote des Unterrichts ausschlagen: sie finden zum großen Teil keine Entsprechungen und Anknüpfungspunkte in ihrer eigenen Biographie.

Die Erwartung, dieser Teufelskreis von Widrigkeiten könne institutionell aufgebrochen werden, ist unrealistisch. Das Experiment des Humanen kann weder befohlen noch verwaltet oder organisiert werden. Humane Schule ist auch kein Programm, das wissenschaftlich begleitet werden könnte. Zwar sind dem Staat und der Gesellschaft dringend anzuraten, ihr Verhältnis zum und ihr Verständnis vom Lehrer neu zu bedenken, damit er für seine exemplarische und experimentelle Situation und Aufgabe den notwendigen Freiraum des Denkens und Handelns gewinnt und auf ihn verpflichtet wird. Ob Humanität als das notwendig ständig neu ansetzende und stets vorläufige Experiment der Ausbalancierung der anthropologisch gegebenen Widersprüche die Atmosphäre und die Arbeit der Schule bestimmt, hängt jedoch vorwiegend vom Lehrer selbst ab, von seinem Mut, von seinem musikalischen und pädagogischen Engagement, von seinen musikalischen Fähigkeiten und den Fähigkeiten, das Humanum in der Musik aufzuzeigen. Die Möglichkeiten des Lehrers, in der Schule als humane Instanz zu wirken, sind jedoch weitgehend lernbar. Ich fasse sie in drei Punkten noch einmal zusammen:

1. Die Musik sollte im privaten Leben des Musiklehrers eine so beständige und praktische Bedeutung haben, daß sie für sein eigenes Leben zum Austragungsort des Humanen wird.
2. Der Lehrer sei ausdrücklich ermutigt, sein individuelles Musikleben in den Unterricht einzubringen, als Angebot und Möglichkeit für die anderen.
3. Die Beschäftigung mit Musik im Unterricht ist so vielseitig und andererseits so sachlich auszurichten, daß für die Schüler ebenfalls ein musikalischer Lebensraum erschlossen wird. (Konkrete Möglichkeiten hierfür habe ich angedeutet.)

Karl-Jürgen Kemmelmeyer

KANN MUSIK HEILEN?

Möglichkeiten und Grenzen musiktherapeutischer und sonderpädagogischer
Ansätze für den Musikunterricht der allgemeinbildenden Schule

> ... Sie wissen, daß ich unsere Gesellschaft als eine
> institutionalisierte Krankheit in Permanenz betrachte.
> Und die Krankheit, an der die Gesellschaft leidet, ist
> die Gesellschaft selbst; denn sie regeneriert sich
> nicht auf eine bessere Gesellschaft hin, sondern sie
> reproduziert Krankheit, indem sie sie mit krank machen-
> den Mitteln zu kurieren versucht.... Ich finde es trau-
> rig, daß man ständig versucht, die akuten Erscheinungen
> einer anomalen Gesellschaft zu retuschieren, indem man
> die Kranken, die sie produziert, als anerkannte Kranke
> deklariert, um sich dem Bewußtsein, selbst krank zu
> sein, mit mehr oder weniger großer Kunstfertigkeit zu
> entziehen.
>
> Insofern ist Pädagogik, wo sie sinnvoll betrieben
> wird, zu einem guten Teil präventive Therapie, also
> auch Musiktherapie; unsere Schulen strahlen vielfach
> die Atmosphäre von Tageskliniken aus...
>
> (Mauricio Kagel im Gespräch mit Martin Geck) [1]

"Bilden - Helfen - Heilen" hieß die VI. Bundestagung des Verbandes Deutscher Schulmusikerzieher in Hamburg 1977[2]. Ein solches Leitthema überrascht.
Ist es die Restaurierung der regenerativen, ganzheitlichen Vorstellungen
einer Musischen Erziehung der fünfziger Jahre, die unter oftmals kritiklo-
ser Anlehnung an die kritische Theorie desavouiert wurde zugunsten einer
häufig dilettierenden soziologischen Betrachtungsweise der Musik? Ist es
das Gefühl eines Versäumnisses, erklärbar aus der Anwendung der Curriculumtheorie in der Schulpraxis: hat es sich dort nicht als bequem erwiesen,
sich auf kognitive Inhalte zu beschränken, weil sie im Rahmen der Leistungs-
schule so leicht und schnell abprüfbar und damit zensierbar waren, während
sich Erfolge im affektiven Bereich nur selten am Ende der Schulstunde zeigten? Die Taxonomie von Lernzielen mit ihrer Aufgliederung in den kognitiven,
affektiven und psychomotorischen Bereich resultierte aus der Notwendigkeit,
eine Nomenklatur zu entwickeln, die Lernen und die Intentionen von Lernen
wissenschaftlich systematisch beschreibbar machte[3]. Bei der Umsetzung in
Richtlinien und deren Durchführung in der Unterrichtspraxis wurde dieses
berechtigte Verfahren zu einer getrennten Anwendung der drei Bereiche unter
einseitiger Bevorzugung des Kognitiven pervertiert; ein Lernerfolg ist

---

1 Musik gegen "Wahnsinn"? Gespräch zwischen Mauricio Kagel und Martin Geck,
  in: Martin Geck (Hrsg.), Musiktherapie als Problem der Gesellschaft,
  Stuttgart 1973, S. 43

2 Die Referate wurden abgedruckt in: Musik und Bildung 1/1978

3 Vgl. dazu: David R. Krathwohl, Der Gebrauch der Taxonomie von Lernzielen
  in der Curriculumkonstruktion; Mauritz Johnson, Jr., Definitionen und
  Modelle in der Curriculumtheorie, in: F. Achtenhagen/H.L. Meyer (Hrsg.),
  Curriculumrevision - Möglichkeiten und Grenzen, München 1971, S. 75-97
  und 30-46

- wie Erfahrungen aus der Sonderpädagogik lehren[4] - jedoch nur komplex zu
sichern. Die Auswirkungen der Curriculumtheorie führten in der Praxis zwar
zu einer Verbesserung des Musiklernens, berücksichtigten aber bei dieser
Objektorientierung noch zu wenig das Subjekt, den Schüler, in einer veränderten Hör- und Umwelt. Gibt es jetzt die kopernikanische Wende in der Musikdidaktik, die Inthronisation des Schülers mit seinen Bedürfnissen in
einer Welt, die dem Fetisch der Jugendlichkeit huldigt, aber dem Jugendlichen feindlich erscheint, weil ihre Undurchschaubarkeit Angst und das Gefühl des Ausgeliefertseins hervorruft?[5] Offensichtlich ist man sich des
Defizits bewußt, im schulischen Musikunterricht den Schüler affektiv nicht
mehr zu erreichen, obwohl der Hunger nach Musik wohl noch nie so groß war:
über 3 Stunden tägliches Musikhören, die Umsätze der Schallplatten-Indu-
strie[6], die Hochkonjunktur in der Musikinstrumentenbranche und die Warte-
listen der Musikschulen widersprechen dem Eindruck, den die Mehrzahl der
Schüler im schulischen Musikunterricht beim Lehrer hinterläßt. Hofft man
nun auf den Musiktherapeuten als kundigen Medizinmann, der den verschütte-
ten Bereich der Psyche heilend wieder zugänglich macht?[7] Hofft man auf eine
Neuerschließung des medialen Einsatzes von Musik, um nun mit therapeutischen Methoden dem Schüler zu helfen, die harmonische Ganzheit als Ich-Sta-
bilität wiederherzustellen, die täglich aufs Neue durch Leistungsdruck,
häufige Nicht-Anwendbarkeit eines in 45 Minuten-Portionen offerierten Schul-
wissens, unsichere Berufschancen und Auswirkungen der Pubertätsphase ins

---

4   Vgl. dazu: Gustav Kanter, Lernbehinderungen, Lernbehinderte, deren Er-
    zieher und Rehabilitation, in: Deutscher Bildungsrat, Gutachten und
    Studien der Bildungskommission Bd. 34, Stuttgart 1974; Hanno Langenohl,
    Gedanken zur Curriculumrevision und -konstruktion, in: Heese/ Reinartz
    (Hrsg.), Aktuelle Probleme der Lernbehindertenpädagogik (Beiheft 1 Son-
    derpädagogik), Berlin 1972

5   Vgl. Kap. 6,1 "Die Veränderung des Generationsverhältnisses", in: Tho-
    mas Ziehe, Pubertät und Narzißmus - Sind Jugendliche entpolitisiert?,
    Frankfurt/M. 1978[2], S. 133-143

6   Vgl. dazu die Untersuchungen von H. Rauhe (in S. Helms, Schlager in
    Deutschland, Wiesbaden 1972, bes. S. 343 f.), P. Brömse (in H. Antholz/
    W. Gundlach, Musikpädagogik heute, Düsseldorf 1975, bes. S. 62), D. Wie-
    chell (Didaktik und Methodik der Popmusik, Frankfurt 1975, bes. S. 16)
    und E. Jost (Sozialpsychologische Faktoren der Popmusik-Rezeption,
    Mainz 1976, bes. S. 27) sowie die Zusammenfassung und didaktische Aus-
    wertung bei K.-J. Kemmelmeyer/ R. Wehmeier, Der Schlager, Regensburg
    1976, bes. Kap. II. Die Zunahme der Hörzeiten ist abhängig vom sozialen
    Gefälle, wie Stichproben des Verfassers zeigten: bis zu fünf Stunden
    wird populäre Musik von Sonderschülern täglich gehört.
        Der Absatz an Tonträgern stieg von 141,9 Millionen Tonträgern 1976
    auf 161,1 Millionen Tonträger 1977, davon ca. 93 % Pop und 7 % Klassik.
    Die jährliche Steigerungsrate liegt bei ca. 14 %. Zahlen nach "Wirt-
    schaftsbericht der Phonographischen Wirtschaft e.V." in: Phono Press 1,
    Februar 1978.

7   Die Hoffnung, aus dem Anwendungsgebiet der Musiktherapie Methoden und
    Erkenntnisse übernehmen zu können, zieht sich wie ein roter Faden durch
    die Referate der VI. Bundestagung des VDS, wie die Texte von G. Apel,
    B. Binkowski, H. Rauhe, R. Affemann und Ch. Richter zeigen. In: Musik
    und Bildung 1/1978.

Wanken gerät?

Was aber ist Musiktherapie und was kann sie für die Musikpädagogik leisten?

I Musiktherapie[8]

Die Bedeutung des Begriffs Musiktherapie und die damit verbundenen inhaltlichen Vorstellungen sind abhängig vom Arbeitsfeld der Autoren und vom Krankheitsbild der Zeit. Musiktherapie wird als "wissenschaftliche Anwendung der Musik zum Zwecke therapeutischer Ziele" (NAMT) definiert[9]; man erwartet, daß der Patient durch den Gebrauch der Musik unter Anleitung des Therapeuten zu einer modifizierten Verhaltensweise gelangt, die sich in einem besseren Ich- und Weltverständnis manifestiert und somit zur geistigen und körperlichen Gesundung beiträgt. Benenzon erweitert die Definition um die Forderung nach "diagnostischen Methoden"; neben der Musik können auch "alle Elemente, die Klänge hervorbringen können: Musikinstrumente, menschlicher Körper, Natur, elektronische Apparate usw." in die Therapie einbezogen werden[10]. Simon engt den Begriff ein auf Musiktherapie als "diagnosespezifische Behandlungsmethode der Psychotherapie", die sich an "psychopathologischen Erfordernissen" ausrichtet, um dort Musik als Kommunikationsmedium rezeptiv und aktiv anzuwenden[11]. Folgerichtig sieht er die Zielgruppe bei Patienten mit Neurosen, psychosomatischen Störungen, Psychosen und neuropsychiatrischen Erkrankungen. Die Zielgruppe wird auf einen Patientenkreis mit *erworbenen* Störungen reduziert. Sie ähnelt von der Genese her zum Teil auffälligen Schülern an Normalschulen. Auch Kneutgen[12] und Schwabe[13] beschränken die Musiktherapie aus Systematisierungsgründen auf eine von vielen Methoden der klinisch orientierten Psychotherapie. In Schwabes Systematik[14] wird die Musiktherapie der Behandlung von Krankheiten in der Klinik zugeordnet, während die Musik der Sonderschule ("musikalische

---

8 Es muß hier auf eine ausführliche Darstellung der Geschichte der Musiktherapie verzichtet werden, da für die Fragestellung des Themas nur die derzeit gültigen Definitionen herangezogen werden sollen. Zusammenfassende Darstellungen mit Quellenverweisen finden sich bei Norbert Linke, Heilung durch Musik? Wilhelmshaven 1977, bes. Kap. B 1 und 2; Wolfgang Strobel/ Gernot Huppmann, Musiktherapie, Göttingen 1978, bes. Kap. I C; Christoph Schwabe, Methodik der Musiktherapie und deren theoretische Grundlagen, Leipzig 1978, bes. Kap. 3.1.3

9 R.O. Benenzon, Die Musiktherapie. Allgemeines Konzept und einige ihrer Prinzipien in: K. Pahlen (Hrsg.), Musiktherapie, München 1973, S. 158. Diese Definition wurde von der "National Association for Music Therapy (NAMT)" der USA formuliert.

10 Benenzon in Pahlen 1973, S. 156 f.

11 W. Simon, Musik und Heilkunst, in: W.J. Revers/G. Harrer/W.C.M. Simon, Neue Wege der Musiktherapie, Düsseldorf und Wien 1974, bes. S. 10

12 J. Kneutgen, Einige Voraussetzungen für eine wirkungsvolle Musiktherapie, in: Revers et al. 1974, bes. S. 28 und 50. Kneutgen will den Einsatz von Musik als "gezielte Medikation" entwickelt wissen.

13 Schwabe 1978, bes. S. 141 f.

14 Schwabe, Schema 26,S. 142

Heilpädagogik") auf die "Beeinflussung von krankheitsbedingten Folgeerscheinungen" angesetzt wird. Musikpädagogik an Schulen und anderen gesellschaftlichen Institutionen ist zwar eine Erziehungs- und Bildungsaufgabe. Musikalische Heilpädagogik aber hat dabei eine janusköpfige Stellung: durch die
medizinisch intendierte Funktion ist sie der Musiktherapie verbunden, durch
pädagogische Intentionen überschneiden sich ihre Aufgaben mit denen der
Musikpädagogik. Diese Ambivalenz macht die Heil- bzw. Sonderpädagogik für
unsere Fragestellung interessant[15]. Schwabe übersieht jedoch eine Grunder-
kenntnis der Sonderpädagogik: Kinder mit angeborenen Anomalien sind nicht
krank, sondern anthropologische Sonderformen, die aufgrund ihrer Behinderung (Primärfaktor) ein verändertes Verhalten im psychischen Bereich und
bei Lernvorgängen zeigen (Sekundärfaktoren). Somit erhält der Einsatz von
Musik bei diesen Behinderten kompensatorische Funktion für *ausgefallene*
Erfahrungen. Die Unterscheidung zwischen *angeborener* Behinderung und deren
Folgen und *erworbenen* Beeinträchtigungen der Lebensfähigkeit - z.B. neuro-
tisch bedingte Störungen - ist von grundlegender methodischer Bedeutung für
den Einsatz von Musik. Auch Willms ordnet die Musiktherapie der Psychiatrie
zu und fordert im engen Sinne des Therapiebegriffs eine abgesicherte Methode, "die die diagnostizierte Krankheit heilt oder lindert"[16]; die Anwen-
dungsmöglichkeit in der Pädagogik wird negiert[17]. Dabei darf jedoch nicht
übersehen werden, daß die theoretischen Grundlagen und Erkenntnisse, auf
denen die klinische Musiktherapie aufbaut, sich durchaus in der Schule bewähren könnten, wie noch gezeigt werden soll. Für unsere Fragestellung wird
sich eine modifizierte Definition von Alvin/Linke als praktikabel erweisen,
die über den klinischen Bereich hinausgeht und den Aspekt der medialen Anwendung von Musik enthält:

> Musiktherapie ist ein kommunikatives Verfahren, bei dem Musik als Medium
> gezielt zur Behandlung und Wiedereingliederung solcher Menschen verwendet
> wird, die an geistigen, körperlichen, verhaltensauffälligen, an Sinnes-
> oder Gemütsstörungen leiden.[18]

Die Euphorie der fünfziger Jahre durch die Hoffnung, Musikwerke wie Psycho-
pharmaka einsetzen zu können, die durch ihre werkimmanenten Ordnungsstruk-
turen eine Harmonie im psychischen Bereich wiederherstellen sollten, hat

---

15 W. Probst spricht daher folgerichtig von pädagogisch vermittelter Musiktherapie. In: Zeitschrift für Heilpädagogik 1972/5, S. 303-312: Musik
   in Sonderschulen zwischen Unterricht und Therapie. Zur Begründung einer
   pädagogischen Musiktherapie.

16 H. Willms, Musiktherapie bei psychotischen Erkrankungen, Stuttgart 1975,
   S. 86

17 "Die Musiktherapie ist eine therapeutische Methode, gehört nur teilweise
   zur Heilpädagogik, hat nichts mit Sonderpädagogik zu tun und gar nichts
   mit der normalen Pädagogik". H. Willms, Musiktherapie bei frühkindli-
   chem Autismus, in: H. Wolfgart (Hrsg.), Orff-Schulwerk und Therapie,
   Berlin 1975, Zitat S. 188

18 Linke 1977, S. 59

sich nicht erfüllt[19]. Diese von pythagoreischen und anthroposophischen
Vorstellungen geprägte spekulative Richtung ist in den letzten Jahren durch
Erkenntnisse der Kommunikations- und Rezeptionsforschung sowie durch die
Anwendung der Erkenntnisse aus der Psychiatrie und Psychotherapie abgelöst
worden[20]. Zusammenfassend für unsere Fragestellung kann als Ergebnis dieser
Untersuchungen festgestellt werden:

- Die Therapieimmanenz von Musikwerken wurde überbewertet; die Rolle des
  Therapeuten und die Auswirkungen seiner Zuwendung zum Patienten wurden
  unterschätzt.

- Die Therapieeffektivität des medialen Einsatzes von Musik ist abhängig
  von den Hör- und Musikerfahrungen des Patienten. Jeder Patient muß durch
  die Vielzahl der Variablen - Vorhererlebnisse, Einstellungen, Persönlich-
  keitsmerkmale - als einzigartiger Individualfall gesehen werden. Eine
  pauschale Anwendung von Musik kann daher zur Gefahr werden[21].

- Körperliche Reaktionen auf Musik - Vegetativum, Atmung, Puls, Blutdruck,
  Schweißabsonderung, Muskelkontraktionen - sind meßbar, die Zusammenhänge
  zwischen Art und Intensität des Musikerlebens blieben bisher weitgehend
  unerklärbar. Eine rationale, kritische, nur ästhetisch wertende Einstellung beschränkt die vegetativen Reaktionen auf ein Mindestmaß. Große
  Schallintensität und die Dominanz des Rhythmus überspringen die Psyche
  unter direkter Einwirkung auf das Vegetativum. Melodische Rhythmen werden besser erfaßt als rein rhythmische Figuren[22].

- Rhythmus ist die erste grundlegende Erfahrung des ungeborenen Kindes im
  Mutterleib. Die Veränderung des Herz- und Atemgeräuschs, das Wiegen beim
  Gehen wirken sich über den Blutkreislauf direkt auf das Wohlbefinden des
  Ungeborenen aus[23].

- "Unter kommunikationstheoretischem Aspekt entspricht Musik im Hinblick
  auf deren Informationsfunktion weitgehend der analogen Kommunikation
  ..."[24]. Wenn die Entstehung von Neurosen und Psychosen aus der Folge,

19 Pontvik baut auf der Zahl-Ton-Philosophie von Kayser auf und sieht in
   der Musik eine "Spiegelung weltgesetzlicher Proportionsverhältnisse".
   Den Werken Bachs mißt er dabei eine besondere stabilisierende Wirkung zu.
   Nach Strobel/Huppmann 1978, S. 22

20 Exemplarisch sollen hier genannt werden: G. Harrer, Grundlagen der Musiktherapie und Musikpsychologie, Stuttgart 1975; H.-P. Reinecke in Harrer
   1975; Ch. Schwabe 1978; H. Willms, Musiktherapie bei psychotischen Erkrankungen, Stuttgart 1975; Strobel/Huppmann 1978; vgl. Anmerkung 8.

21 Schwabe in Harrer 1975, S. 145 und Schwabe 1978, Kap. 2.3, bes. S. 91

22 Harrer 1975, S. 14, 16 f., 18, 23, 42

23 Harrer 1975, S. 8 ff.; vgl. die Zusammenfassung der Forschungen zum prä-
   natalen Hören ebda.

24 Schwabe in Harrer 1975, S. 145. Schwabe greift die Ergebnisse der Kommu-
   nikationsforschung von H.-P. Reinecke und Watzlawick/Beavin/Jackson auf.
   Die Kommunikationstheorie unterscheidet die *digitale* Ebene (verbale Kommunikation über Begriffe: Inhaltsebene) und die *analoge* Kommunikationsebene (nonverbale Mitteilungen der Beziehungsebene: Mimik, Gestik,
   Stimmklang über den akustischen Kanal). Stimmen Inhalts- und Beziehungsebene nicht überein, so entstehen Kommunikationsstörungen, wie man besonders bei Sonderschülern beobachten kann, die sofort merken, ob eine

von negativen Kommunikationserlebnissen erklärt wird, bietet sich Musik
in aktiver und rezeptiver Form als angstfreies Kommunikationsmittel an,
bei dem es zu Wechselbeziehungen zwischen den Kommunikationspartnern
kommt. Da Sprache immer jemanden zum Aufnehmen oder Unterlassen einer
Handlung auffordern will, ist die Sprache als Kommunikationsmittel bei
Psychotikern aufgrund ihrer Erfahrungen auf der interpersonellen Bezugs-
ebene negativ sanktioniert.

- Musik hat Symbolfunktion und kann sinnerhellend als Ausdruck der Welt der
  Psyche oder als Zugang zu ihr gedeutet werden. Als ästhetischer Informationsträger ist sie an die gesellschaftliche Realität gebunden: an den
  Einfluß technischer Informationsträger, an die von der sozialen Stellung
  abhängigen Rezeptionsgewohnheiten und an die kulturindustriell vermittelten Wert- und Funktionsvorstellungen. Nicht unerwähnt bleiben dürfen die
  Einflüsse sozialkommunikativer Verhaltensweisen in Kleingruppen, die sich
  dem Musikhören oder Musizieren widmen[25]. "'Verstehen' von Musik .. [auf
  der Ebene des Umgangsverhaltens mit Musik, d.Verf.] ... bedeutet für die
  Betreffenden nichts anderes als Identifikation des Gehörten mit dem inneren (gelernten) 'Bild' von Musik, d.h. mit der subjektiven Vorstellung,
  'wie Musik zu sein hat'"[26].

- Eingeschränkte Erlebensfähigkeit kann durch Musikerleben aufgebrochen
  werden. Versteht der Patient Musik, wird er durch Musik angemutet, d.h.
  werden "vorhandene subjektive Erlebnisbereitschaften und -erwartungen"[27]
  durch Musik getroffen bzw. bestätigt, so kommt es zum Musikerleben, das
  verschüttete Regionen des Erlebens wieder freilegen kann, da es nur ein
  Erleben gibt. "Musik existiert nur als Inhalt des Musikerlebens"[28];
  "außerhalb des Erlebens existieren akustische Schwingungen nur im Werden
  und Vergehen"[29]. Für das Musikerleben bedarf es der "psychischen Präsenz-
  zeit" (W. Stern) oder der "seelischen Gegenwart" (Krudewig)[30], die nach
  Moog gerade Vergangenes im Erleben gegenwärtig hält und es darüber hinaus
  noch auf Zukünftiges bezieht: das Moment des Erwartens ist bei diesem
  psychodynamischen Ablauf des Musikerlebens immer eingeschlossen[31]. Während

---

Lehreraussage "echt so gemeint ist". Manche Krise im Lehrer-Schüler-Ver-
hältnis mag hierauf zurückzuführen sein, wenn nämlich die Identität des
Lehrers durch einen Konflikt zwischen eigenem Sinnverständnis und lehr-
planbedingter Fremdbestimmung gefährdet ist. Vgl. auch die Darstellung
musikalischer Kommunikation bei Schwabe 1978, S. 122 ff. und bes. 126.

25 Schwabe in Harrer 1975, S. 145 ff.

26 Schwabe 1978, S. 91. So ist auch für viele Schüler im Musikunterricht
   erst das "richtige Musik", was ihnen täglich massenmedial vermittelt ein-
   gehämmert wird.

27 Ebda.

28 H. Moog, Die Eigenart des Bildungsinhaltes Musik und seine Bedeutung für
   die Sonderpädagogik, in: Pädagogische Rundschau 21, 1967, S. 777

29 H. Moog, Klänge zwischen Zeit und Raum - Grundfragen der Musikpsychologie, in: Musik und Medizin 5, 1979, S. 32

30 Moog 1967, S. 777 und 1979, S. 30

31 Moog 1979, S. 30

beim Geräusch der Dingbezug hergestellt wird und Wörter als Sprache stellvertretend für Sachen und Sachverhalte stehen, entsteht Musik gerade da, wo der Dingbezug aufgegeben wird zugunsten eines Erlebens des Klangverlaufs: "der Musikklang ... hat Eigenvalenz"[32]. Da Gefühle wie auch das Erleben subjektiv sind, treten sie beim Erleben von Musik besonders stark hervor; sie werden in das Klanggeschehen hinein projiziert.

Wenn gerade dieser letztgenannte Aspekt ein Wesensmerkmal der Musikrezeption ist, wird deutlich, wie stark der in der Praxis vorherrschende rein kognitiv orientierte Musikunterricht am Wesen seines zu vermittelnden Gegenstandes vorbeigeht.

II Musik in der Sonderpädagogik als pädagogische Musiktherapie

Die Aufgabe der Sonderpädagogik ist bestimmt durch den Rehabilitationsaspekt für das behinderte oder von Behinderung bedrohte Kind. Bei hirngeschädigten, sinnes- und körperbehinderten Kindern sind die Auswirkungen der somatischen Faktoren auf Erfahrungserwerb, Lernen und Sozialverhalten zu untersuchen und durch kompensatorische Maßnahmen - behinderungsadäquate Lehrmethodik, Nachstellen von ausgefallenen Erfahrungssituationen, Übungssituationen zum Sozialverhalten, Ich-Stabilisierung - zu bessern[33]. Abgesehen von Hirnschädigungen als Ursache setzt sich die weitaus größte Gruppe sonderschulbedürftiger Kinder aus Schülern zusammen, die lernbehindert oder erziehungsauffällig geworden sind aufgrund von deprivierenden Milieueinflüssen und negativen sozio-kulturellen Erfahrungen[34]. Ziel der Sonderschulen ist eine Verhaltensänderung, die *retrospektiv durch Therapie einen Abbau von Fehlverhalten* erreichen und *prospektiv durch Erziehung die Vermittlung von erwünschten Verhaltensweisen* durchführen will[35]. Hinzu tritt noch die Information als Unterricht: Kenntnisse, Fertigkeiten und Fähigkeiten. Soweit die durch Therapieformen in Gang gesetzten Lernprozesse denen gleichen, die sich in Erziehung und Unterricht vollziehen, können diese

---

32 Moog 1967, S. 779. So hört man nicht immer: "Das Klavier spielt, das Klavier spielt", sondern lauscht auf den Verlauf des Klanggeschehens. "Nur Musik ist nicht-dinghaft sinnenhaft konkret" (Moog 1967, S. 780).

33 Vgl. K.-J. Kemmelmeyer, Kompensation als Aufgabenbereich der Sonderschule - oder: Was kann die Musikpädagogik von der Sonderpädagogik lernen, in: Musik und Bildung 5/1980, S. 306-309

34 Eine Zusammenfassung der Ursachen der Lernbehinderungen findet sich bei K.-J. Kemmelmeyer, Musik in der Erziehung lernbehinderter Kinder, in: K. Finkel (Hrsg.), Handbuch "Musik und Sozialpädagogik", Regensburg 1979, S. 275-284. Als mögliche Lösung der schwierigen Definition der Verhaltensauffälligkeit als sonderpädagogischer Begriff sei hier Winfried Palmowski zitiert: "Verhaltensauffällig ist der, dessen Verhalten zeitweilig oder in bestimmten Situationen geprägt ist durch eine Versagung der Bedürfnisbefriedigung und dessen Verhalten sich deshalb in Bereichen des sozialen Zusammenlebens als destruktiv auswirkt." Möglichkeiten und Grenzen einer Musiktherapie an Sonderschulen für Erziehungshilfe (unveröff. Diplomarbeit, Dortmund PH Ruhr 1977)

35 nach Palmowski S. 59 f.

Verfahren in die schulische Sonderpädagogik integriert werden[36].

Die besonders von Werner Probst entwickelten Vorstellungen einer "pädagogischen Musiktherapie" - sie wurden vom Verfasser zu einem fachdidaktischen Modell weitergeführt - tragen dieser Ambivalenz Rechnung[37]. Aufgrund der oben beschriebenen Eigenart der Musik wird der pädagogische Umgang mit ihr - die Musikpädagogik - immer zusätzliche, über das reine Wissen hinausgehende Lernergebnisse hervorbringen. Werden diese Nebenergebnisse zum Ziel des Faches Musik, verlagert sich der Aspekt von der Pädagogik zur Therapie. Vielen Musiktherapeuten ist nicht bewußt, daß sie eigentlich mit nach neuesten Erkenntnissen der Lernpsychologie ausgerichteten musikpädagogischen Ansätzen - besonders der elementaren Musikpädagogik - arbeiten[38]. Eine Abgrenzung ihrerseits kann nur als häufig zu beobachtende Terrainsicherung für die Medizin verstanden werden, interpretierbar aus dem Unbehagen und der Sorge der Ärzte, daß Pädagogen die Grundlagen der Psychiatrie und Psychotherapie nicht kennen. Es muß hier nochmals betont werden, daß ja auch mit falschem Einsatz von Musik Schaden bei labilen und gestörten Patienten angerichtet werden kann.

Norbert Linke hat unter Bezug auf Karl Jaspers und Alfred Adler auf die Notwendigkeit der Zusammenarbeit von Künstlern, Ärzten, Psychotherapeuten, Erziehern und Seelsorgern hingewiesen[39]. Die Fähigkeit des Therapeuten wie des Pädagogen ist charakterisiert durch Helfen, Wiederherstellen, Schaffen von Situationen zur Rekonstitution, Schaffen von Spielsituationen, Harmonisierung, Aufbau von Einsichten und Erkenntnissen für das Kind oder den Patienten. Müssen wir uns hier nicht fragen, wie wenig davon im Schulalltag realisiert wird? Wird hier nicht deutlich, daß die Funktion des Lehrers und Erziehers zu einem Technokraten der Wissenvermittlung degeneriert ist, der - durch falschverstandene Rezeption der Curriculumtheorie in Lehrplänen - täglich genötigt wird, zugunsten eines durch die Schulbehörde auferlegten Zwanges zur kurzfristig nachweisbaren Effektivität des Unterrichts pädagogisches Handeln hintenanzustellen? So reproduziert die Situation an Schulen nur wieder den gesellschaftlichen Zustand eines Leistungsdrucks auf Kosten der psychischen Stabilität des Menschen. Es ist in Zukunft zu überprüfen, wie stark auch das Fach Musik an Schulen davon betroffen ist. Haben

---

36 S. Solarova, Therapie und Erziehung im Aufgabenfeld des Sonderpädagogen, in: Sonderpädagogik 2/1971, S. 56 f.

37 Probst 1972, vgl. dazu auch die Artikel "Musiktherapie" und "Musik in der Sonderpädagogik" (mit Übersicht am Schluß) in W. Gieseler, Kritische Stichwörter, München 1978, mit umfangreichen Literaturverweisen.

38 Überraschend ist die Parallelität zwischen musiktherapeutischer Praxis bei z.B. Willms und Ansätzen der Vorschul- und Primarstufenmusikpädagogik wie z.B. bei S. Abel-Struth, W. Fischer, W. Gundlach, M. Küntzel-Hansen, G. Meyer-Denkmann.

39 Linke 1977, S. 22 f., 32, 34, 54 ff., 61 und 64, 70 f., 145. Nach Adler übt der Psychotherapeut einen künstlerischen Beruf aus. Als Ziele Adlers zitiert Linke: kulturelles (sic), individuelles Ziel, Ermutigung, Kompensation, Überlegenheit, Mitmenschlichkeit, Gemeinschaftsgefühl. Ein wahrhaft aktuelles Programm für die Erziehung! Es wurde 1904 (!) veröffentlicht. Wie wenig ist davon Realität.

musikpädagogische Verbände mit ihrem berechtigten Anliegen, der Musik eine
gleichwertige Stellung im Fächerkanon zu verschaffen, nicht mit der Reduzierung der politischen Argumentation auf die Wissenschaftlichkeit des
Faches den wesensgemäßen Einsatz der Musik vernachlässigt? Es kann zum
immanenten Wissensgut der Menschheit überhaupt gezählt werden, daß Musik
ein Urbedürfnis ist und sie ein beruhigendes oder erregendes Agens darstellt[40]. Die *Reduzierung* auf eine rationale, kritische, ästhetisch wertende Betrachtung von Musik im Unterricht leugnet ihre Wirkung auf das Vegetativum[41]; diese Vorgangsweise verkennt auch den psychodynamischen Ablauf
und die gesetzmäßige Korrelation zwischen Gefühl und Musikerleben des Subjekts[42]. Ist es dann verwunderlich, daß der Musiklehrer "nicht ankommt"?!

Der sonderpädagogischen Forschung kommt die Aufgabe zu, menschliches
Lernen - Wahrnehmung, Phantasie, Begriffsbildung, Konzentrationsverhalten,
Motorik, Sozialverhalten - in seinen Entstehens- und Verlaufsprozessen zu
untersuchen und diese Prozesse *im schulischen Lernen nachzustellen*. Hier
ist ihr Aufgabenfeld deckungsgleich mit dem der Pädagogik bei Nichtbehin-
derten. Während der Nichtbehinderte aufgrund seiner vielleicht heil verlau-
fenen außerschulischen Sozialisation methodische und didaktische Mängel in
der Schule mit Hilfe von erworbenen Lernstrategien lösen kann - eben mit
intelligentem Verhalten - wird der Behinderte schlechtenfalls eben dort
Inhalte nicht verstehen oder nicht lernen wollen, wo die Methodik vom Wege
des menschlichen Lernvorgangs abweicht. Sonderpädagogische Forschung wird
so wie kaum ein anderes Fach durch ihren Praxisbezug neue, für die Normalschule bedeutende Erkenntnisse zur Didaktik und Methodik hervorbringen.
Es muß die Aufgabe der Schule von heute sein, durch *präventive Pädagogik*
potentiellen Lernstörungen, Verhaltensauffälligkeiten und Neurosen entge-
genzuwirken[43]. Mit Recht hat Martin Geck kritisiert, daß mit einem solchen
heilpädagogischen Anspruch nicht nur das *Wie*, sondern auch das *Wozu* reflektiert werden muß[44]. Die Antinomie zwischen der schnellen Hilfe für den Einzelnen und den nur durch mühsame, langfristige Maßnahmen minimal zu verän-
dernden krankmachenden gesellschaftlichen Bedingungen läßt Resignation um
sich greifen. Pädagogik und eine neue Ethik müssen Innovationen in die Gesellschaft tragen, wie sie u.a. von Hartmut von Hentig gefordert werden[45].

Drei methodische Ansätze sollen hier stellvertretend zur Verdeutlichung
sonderpädagogischen Vorgehens vorgestellt werden:

---

40 Vgl. W. Simon 1974, S. 13

41 Vgl. Text zu Anm. 22

42 Vgl. Texte zu Anm. 27-32

43 Der Verfasser ist sich der Utopie dieser Forderung wohl bewußt, sieht
jedoch gerade darin die Bedeutung des Faches Musik.

44 M. Geck, Musiktherapie als Problem der Gesellschaft, Stuttgart 1973,
bes. S. 18 f.

45 H. v. Hentig, Spielraum und Ernstfall, Stuttgart 1973[2]

- *Bedingungsketten nach Probst*[46]

Nach Feststellung des Befundes wird aufgrund allgemeiner lern- und ver-
haltenspsychologischer Erkenntnisse eine Bedingungskette als Erklärungs-
modell aufgestellt, bei der die einzelnen Items negativ formuliert
sind[47]. Therapeutische Übungen und musikpädagogische Aktionen werden entworfen, die ein oder mehrere Items - jetzt positiv formuliert, trainie-
ren. Ist ein negatives Kettenglied durch vom Lehrer vermittelte Erfahrungen positiv geworden - mit anderen Worten: hat das Kind in einem ihm
Schwierigkeiten verursachenden Bereich positive Erfahrungen gemacht -
wird die ganze Bedingungskette aufgebrochen, und es kommt zu einer Änderung des Befundes.

- *Rhythmik als präventive, therapeutische und pädagogische Maßnahme nach
Vogel-Steinmann*

Die Rhythmik bietet eine Vielzahl von erprobten Verfahren an, deren Ziele
hier nur summarisch mitgeteilt werden können:
Ziele:
"Konzentrationsfähigkeit / Sinnesschulung und Wahrnehmungsfähigkeit /
Gedächtnisschulung / Koordinationsfähigkeit / Reaktionsfähigkeit und
Spontaneität / Kreativität, Freilegung schöpferischer Kräfte und Origi-
nalität / Vorstellungsvermögen / Formvermögen / Entwicklung von ästhetischen Bezugssystemen / Intelligenzförderung / Steigerung des Lernvermö-
gens / Lerndisposition und Lernmotivation / Geistige und körperliche Beweglichkeit / Erfassen von Zusammenhängen / Reflexionsfähigkeit / Dis-
ziplinfähigkeit / Erziehung zur Arbeitshaltung / Selbsterfahrung / Fremd-
und Umwelterfahrung / Erlebnisfähigkeit / Ausdrucksfähigkeit / Experimen-
tier- und Explorationsfähigkeit, Spielfähigkeit / Befähigung zur Freizeitgestaltung / Unterscheidungsfähigkeit / Kritikfähigkeit / Entscheidungs-
vermögen / Fähigkeit zur Verhaltensmodifikation / Einüben sozialen Verhaltens / Kontaktfähigkeit / Einfühlungsvermögen / Fähigkeit zum Aufbau von
Beziehungen / Rücksichtnahme und Verantwortungsgefühl / Toleranz / Resi-
stenz gegen Konformitätsdruck / .... Freude und Glück / Natürliche Beziehung zwischen musikalischer Betätigung und jeder Lebenssituation / ...
Ausgleich von Ein- und Ausdruck / seelische Entspannung / ... Selbständigkeit / Selbstwertgefühl / Selbstsicherheit / Selbstvertrauen / Selbstein-
schätzung / ... Selbstbestimmung / Selbstverantwortung / Selbstkontrolle /
Selbsterziehung / Selbstbewußtsein / Ich-Stärke / ... Handlungsfreiheit /

---

46 Vgl. dazu W. Probst, Über das Behindertenspezifische des Faches Musik
an Sonderschulen, in: Zeitschrift für Musikpädagogik 6/1978, bes. S.
71 ff. und K.-J. Kemmelmeyer 1980 (Anm. 33). Beide Aufsätze geben Beispiele an.

47 z.B. *Befund*: Deviantes Sozialverhalten; *mögliche Ursachen*: Streitsucht
wegen mangelnder Strategien zur Konfliktlösung, eingeschränkte Fähigkeit
zu sozialen Kontakten, Angst aufgrund geringer Erfolge, geringe Partner-
sensibilität. *Umformung*: z.B. Sensibilisierung durch Partnerspiele der
Rhythmik, durch musikalische Unterhaltung auf zwei Instrumenten, durch
musikalische Kommunikationsspiele (Improvisation) in der Gruppe etc.

Auflösung innerer Konflikte ..."[48]

Es wird zu prüfen sein, inwieweit sich diese Ziele tatsächlich durch Musik und durch die Rhythmik verwirklichen lassen. Dieser Zielkatalog wird dem Musikpädagogen jedoch bei der Planung von Lernsituationen und Inhalten Denkanstöße vermitteln.

- *Anpassen der Methodik an die Entwicklungsstufen menschlichen Lernens*[49]
Die Richtigkeit der Theorien Jean Piagets zur Intelligenzentwicklung kann durch die Beobachtung des Lernverhaltens körperbehinderter Kinder bestätigt werden[50]. Der *Bewegung*, dem *Tasten* und der unbehinderten *Wahrnehmun* kommt dabei besondere Bedeutung für die Entwicklung intellektueller Operationen zu; damit wird auch hier wieder hervorgehoben, wie heilsam Verfahren der Rhythmik wirken können. Wahrnehmungsförderung durch Musikunterricht erhält ebenfalls durch Piagets Erkenntnisse eine besondere Bedeutung.

Aus folgenden drei Stufen menschlicher Intelligenzentwicklung kann - als erfolgssicherndes Lernkonzept - die Ausfaltung vom Konkreten über Zeichen zum Abstrakten abgeleitet werden:

1. Stufe: Handeln und sensomotorische Intelligenz, Bewegung und Wahrnehmung münden in die Erstellung von Aktionsschemata. Vorstellung und Denken fehlen noch. Typisches Verhalten ist das *Übungsspiel*.

2. Stufe: Symbole, die semiotische Funktion, gestatten es jetzt, sich Dinge vorzustellen, die im Augenblick nicht präsent sind. Das vorbegriffliche Denken setzt ein. Typisches Verhalten ist das *Symbolspiel*.

3. Stufe: Die Überlegung setzt ein, die nicht mehr auf unmittelbar vorstellbare Objekte bezogen ist, sondern abstraktes Denken nach Hypothesen erlaubt. Typisches Verhalten ist das *Regelspiel*.

---

48 Die präziseste Darstellung der Ansätze der Rhythmik findet sich bei B. Vogel-Steinmann, Was ist Rhythmik? Analyse und Bestimmung der rhythmisch-musikalischen Erziehung, Regensburg 1979, bes. S. 39 ff. In den einzelnen Zielen wird die Literatur für die Umsetzung in die Praxis angegeben; ebda.

49 Kemmelmeyer 1980; dort wird eine Unterrichtseinheit nach Piagets Stufen aufgebaut; vgl. Anmerkung 33.

50 J. Piaget, Theorien und Methoden der modernen Erziehung, frz. 1964, deutsch Frankfurt/M. 1974, 1977, bes. S. 32 ff. Eine Darstellung der Auswirkungen der Körperbehinderung auf das Lernen findet sich bei K.-J. Kemmelmeyer, Musik in der Schule für Körperbehinderte (Sonderschule), in: E. Kraus / G. Noll (Hrsg.), Forschung in der Musikerziehung 1977, Mainz 1977, S. 52 ff.

Bittere Erfahrungen vieler Lehrer in der Schulpraxis bestätigen, daß viele
Jugendliche kaum für Lehrangebote des Musikunterrichts zu interessieren
sind. Motivationslosigkeit und narzißtisches Zurückziehen auf sich selbst,
Angst vor Verantwortung und das Verstecken in Gruppen wird von vielen Lehrern beobachtet und beklagt. "Cool sein", alles an sich abprallen lassen:
das scheint die vordergründige Maxime einer großen Zahl unserer Jugendlichen heute zu sein. Hartmut von Hentig bezeichnet sie als entlarvenden
Spiegel ihrer Umwelt: planungslos, unkritisch, indifferent, unkooperativ,
nervös, aggressiv; unfähig, anderen und sich selbst Freude zu bereiten;
unfähig, länger anhaltende Beziehungen einzugehen; arm an Sprache - und
doch wieder beredt anklagend, dem Erwachsenen gegenüber frei auftretend,
der ihnen "weder Vorbild noch Gegenbild, weder Angst erzeugend noch Vertrau-
en erweckend ist ", sondern nur ein weiterer Faktor in einer ohnehin schon
zu komplizierten Welt[52]. Die Legitimationskrise des Staates[53], das Gefühl
der Ohnmacht gegenüber der Administration, Privatismustendenzen, die Dis-
krepanz zwischen tradierter Moral und gesellschaftlicher Wirklichkeit, die
Reizüberflutung durch die Warenästhetik in der Form ästhetischer Werbein-
szenierung mit ihren uneinlösbaren Phantasmen, der status- bzw. gruppenbe-
dingte Konsumzwang: diese Fakten haben zu zwei Verhaltenssyndromen geführt,
die als Auswirkung einer nichtkonventionellen Adoleszenzkrise entstehen:

> entweder Rückzug, als Reaktion auf eine Überforderung der Persönlichkeits-
> ressourcen, oder Protest infolge einer autonomen Ich-Organisation, die
> unter gegebenen Bedingungen nicht konfliktfrei stabilisiert werden
> kann[54].

Die Nichtanwendbarkeit des Gelernten in der Schule trägt weiterhin zur Mo-
tivationskrise bei. Wenn sich Schule "als Ort zweckgebundener und zweckge-
steuerter Informations- und Rezeptionsprozesse" versteht, wird der Bezie-
hungsaspekt - die durch Triebimpulse geprägte Beziehung im Dreieck Lehrer-
Schüler-Inhalt - als nicht zur Schule gehörender Störfaktor ausgeblendet[55].

---

51 Hier sei Reinhard Knirsch für Anregungen und Gespräche gedankt, der auf
   Anregung des Verfassers eine Staatsexamensarbeit zum Thema "Motivationslosigkeit und Narzißmus bei Jugendlichen - Interpretation der Thesen
   Thomas Ziehes am Beispiel des Hörverhaltens Jugendlicher" (Hannover 1979)
   schrieb.

52 H. v. Hentig, Was ist eine humane Schule? München/Wien 1976, bes. S. 36
   und 44

53 Sie wird von Ziehe (1978, Teil 4) ausführlich begründet. Auf eine Darstellung muß hier verzichtet werden.

54 J. Habermas, Zur Rekonstruktion des historischen Materialismus, Frank-
   furt/M. 1976, S. 328. Habermas führt als Gründe für die abnehmende Wahrscheinlichkeit eines konventionellen Verlaufs der Adoleszenzkrise an:
   die Verlängerung der Ausbildungsphase, Lockerung sexueller Verbote, Ver-
   schärfung der Identitätsproblematik durch Schulung kognitiver Fähigkeiten.
   J. Habermas, Legitimationsprobleme im Spätkapitalismus, Frankfurt/M.
   1973, S. 121; vgl. auch Ziehe 1978, Teil 6

55 Ziehe 1978, S. 247 f.

Die Inhalte werden als affektneutrale Informations"bits" aufgefaßt, die einzig nach dem Kriterium ihrer Relevanz als Einzelglied innerhalb eines schrittweisen Lernprozesses zu arrangieren seien. Dadurch, daß die Inhalte ihrer Gefühls- und Erfahrungsdimension entledigt werden, unterliegen sie - auch und *gerade* wenn sie planvoll für Lernprozesse neu arrangiert werden - einer Ritualisierung, der eine psychodynamische Abwehrfunktion zugesprochen werden muß[56].

Lorenzer spricht von einer "Entleerung von 'emotionaler Bedeutung für das Subjekt'"[57], die Inhalte haben für den Schüler keine Bedeutung mehr.

Die zunehmende Tendenz der Schule, alle Inhalte unterrichtstechnologisch zu instrumentalisieren und ihrem Realitätszusammenhang zu entreißen, erfüllt damit, psychodynamisch gesehen, die Funktion eines "zwangsneurotischen Abwehrarrangements (Lorenzer)"[58].

Hier schließt sich der Kreis zu unserem Kagel-Zitat am Anfang.

Es ist nicht verwunderlich, daß viele Jugendliche im Angebot der Freizeitindustrie ihr emotionales Refugium suchen und finden. Die Gefühllosigkeit der Institution Schule als Spiegelung gesellschaftlicher Zustände zwingt diese Jugendlichen dazu, ihren Emotionsstau in der Hingabe an Rockmusik und Schlager auszuleben; sie fallen ihr umso unbedingter anheim, weil sich die Außenseite dieser Musik als sinnlich, emotional, ekstatisch und ganzheitlich körperlich anbietet mit Erlebensqualitäten, die im Leistungs- und Zweckdenken eliminiert sind. "Drop out, turn on, tune in", "fun", "show", "love" werden zu Leitmaximen, die beim Musikgenuß durch Ausschaltung des Rationalen eine Regression auf die ursprüngliche Ebene des kindlichen Ichs ermöglichen. Dort ist das Ich eins mit sich und der Welt in einem "ozeanischen Gefühl"[59]. Lautstärke, Hall und tiefe Baßtöne vermitteln zugleich das Gefühl der Macht. Die Perfidie der Bewußtseinsindustrie, Emotionen gewinnbringend zu verkaufen und ein permanentes Glücksversprechen nicht einlösen zu können, will vom Jugendlichen nicht durchschaut werden, beraubt er sich doch im Falle einer Erkenntnis seines zur Stabilisierung lebensnotwendigen Refugiums.

Die extensive Behandlung der Funktion der Rockmusik im Unterricht wird aufgrund ihrer Bedeutung für den Jugendlichen zu einer didaktischen Notwen-

---

56 Ziehe 1978, S. 247 f.

57 Zitiert nach Ziehe S. 248

58 Ebda. Auch K.H. Ehrenforth wies auf diese bedrohliche Situation an Schulen hin. Emotionalität und Humanität, in: Musik und Bildung 1/1978, S. 31-40

59 Popmusik fungiert hier als "bergender Mutterschoß" (D. Wiechell, Popmusik - Analysen und Interpretationen, Köln 1974, S. 40). Das narzißtische Motiv des "Verschmelzens in den Ozean" zieht sich durch die Popmusiktexte, z.B. bei Jim Morrisons Lyrik. Vgl. auch F. Klausmeier, Die Lust, sich musikalisch auszudrücken, Reinbek 1978, Kap. IX, bes. S. 273-294.
   Da die Funktion der Popmusik schon ausführlich untersucht wurde, sei hier u.a. auf folgende Autoren verwiesen: Baacke, Behne, Blaukopf, Buchhofen/Friedrichs/Lüdtke, Dollase/Rüsenberg/Stollenwerk, Hahn, Helms, Hoffmann, Jost, Klausmeier, Kemmelmeyer/Wehmeier, Kleinen, Kneif, Menzel, Rauhe, Rebscher, Rosenmayr/Köcheis/Kreutz, Sandner, Schmidt, Schmidt-Joos/Graves, Tennstedt, Wiechell, Zimmer, Zimmerschied.

digkeit. Was aber haben wir als Alternative anzubieten? Hier liegt das zukünftige Aufgabenfeld der Musikdidaktik[60].

IV. Was ist aus den Einsichten der Musiktherapie und der Sonderpädagogik für den "normalen" Musikunterricht zu lernen? - Folgerungen in neun utopischen (?) Thesen

1

Improvisation kann Prozesse der Identifikation, Assoziation und Integration stimulieren und fördern und zum psychischen Wohlbefinden beitragen[61].

Improvisation hat zwei Aspekte: einmal ist sie ein kommunikativer Akt, der Sensibilität für und Kontakt zu den Mitspielern vermittelt, zum anderen kann Improvisation ein Produkt Musik herstellen, das ästhetischen Wertmaßstäben unterworfen ist. So muß auch eine Beurteilung unter diesen beiden Aspekten getrennt erfolgen. Viele Musikpädagogen sehen bei Kommunikations- und Sensibilisierungsspielen einzig das erklungene Resultat und bewerten es unter dem Aspekt der Produktqualität. Wertvoll ist zunächst jedoch der Prozeß, nicht das Resultat, wenn die Ziele auf deren Aspekt der Verbesserung der Kommunikation liegen. Psychisches Wohlbefinden kann sich nach Noll entwickeln

- aus dem Bewußtsein der Sicherheit in einer bestimmten Materialerkenntnis und -beherrschung,
- aus dem Gefühl der Freiheit (zunächst unbewußt) über das Material im Sinne einer Um- oder Neugestaltung beliebig verfügen zu können (auch, wenn bestimmte Spielregeln vereinbart sind),
- aus der Lust am experimentierenden Entdecken,
- aus der Freude über das (vielleicht unerwartete) originelle Ergebnis,
- aus der Gewißheit, in einem gewissen Sinne Überschuß produzieren zu können[62].

Es ist eine Aufgabe für die Musikdidaktik, Improvisationsmodelle und -konzepte zu entwickeln, die, von Kommunikationsspielen ausgehend, Teamverhalten fördern und diese Fähigkeit dann einsetzen für größere gestalterische Aufgaben in der Improvisation bis hin zum Musiktheater[63] und bis zu größe-

---

60 Christoph Richter wies ebenfalls auf das starke Bedürfnis nach Musik hin, das sich vor allem in einem verstärkten Interesse für das Erlernen von Instrumenten und für praktisches Musizieren zeigt. Parallel dazu ist ein verstärktes Interesse an Kunst zu beobachten, eine Tendenz, die auch die Rockmusik erfaßt hat, indem dort zunehmend Material der Kunstmusik improvisatorisch neu interpretiert wird. Renaissance der Kunst oder des Kunstwerks, in: Neue Musikzeitung 4/1979, S. 18 und 19

61 Vgl. dazu J.Th. Eschen, Musik kann die Prozesse der Identifikation, Assoziation und Integration stimulieren und fördern, in: Zeitschrift für Musikpädagogik 5/1978, S. 55-63 und G. Noll, Improvisation im Elementarbereich - heute, in: Symposion "Orff-Schulwerk 1975", Orff-Schulwerk Information Nr. 16 (Salzburg o.J.), S. 14-20

62 Noll S. 16

63 Ansätze und Wege zeigt der von W. Roscher polyästhetisch genannte Erziehungsansatz auf, der - im Sinne des alten musiké-Begriffs - Musik, Texte, Dichtung, Bewegung und Visuelles zu einer ästhetischen Aktion verbindet. W. Roscher, Polyästhetische Erziehung, Köln 1976

ren Musikproduktionen und Filmvertonungen. Zugleich wird der Blick für musikalisches Material mitgefördert, und die Improvisationsteilnehmer erhalten eine Einführung in kompositorisches Denken.

In der Methodik der Musiktherapie gehört Improvisation zu den Verfahren der aktiven Gruppenmusiktherapie mit folgenden Zielen (nach Schwabe)[64]:
- *Integration*: Kooperation, Geborgenheitserlebnisse, Übereinstimmung mit den Gruppenteilnehmern
- *Interaktion*: "interpersonelle Auseinandersetzung durch Musik" im Spiel[65]
- *Introaktion*: "intrapsychische Auseinandersetzung der einzelnen Gruppenmitglieder mit individuell typischen und pathologisch relevanten Erlebnis- und Verarbeitungsweisen".

Willms will Selbstbewußtsein und Selbständigkeit durch angstfreies Spiel in Musik mit folgenden progressiv aufgebauten Übungen wieder entwickeln[66]:
- Nachahmung (—> Sensibilisierung)
- Mitvollzug im vorgegebenen Rahmen (—> Anpassen)
- Musikalische Interaktion (—> Reagieren)
- Solistisches Hervortreten (—> Selbstbewußtsein)
- Freies gruppendynamisches Spiel (—> Verfügen über Kommunikation und Ausdruck).

Anschließend erfolgt der Transfer auf die sprachliche Kommunikation und das Therapiegespräch.

2

Dem Jugendlichen muß die Chance gegeben werden, ein *Instrument* zu erlernen und aktiv in Chor- oder Instrumentalgruppen mitzuwirken.

Der Umgang mit einem Instrument kann folgende Auswirkungen haben:
- Spieltechnische Fortschritte werden als persönliche Bereicherung erlebt und steigern das Selbstwertgefühl.
- Das Instrument oder die Stimme können als Träger des eigenen Ausdrucksbedürfnisses eingesetzt werden. Das bedeutet aber, daß die Instrumentalmethodik sich nicht in rein mechanischem Training erschöpfen darf. Auch die geringsten Fortschritte am Instrument müssen im Zusammenspiel anwendbar gemacht werden.
- Richtig erlerntes Üben wirkt konzentrationsfördernd, da mit dem Sich-Einhören auf den Ton und mit der Kontrolle der Motorik eine willentliche Außenreizverarmung durchgeführt wird, die als Merkmal jeder Konzentrationseinstellung gilt.
- Instrumentalspiel kann zur erfüllenden Freizeitbeschäftigung werden.
- Über das improvisatorische oder nachgestaltende Musizieren wird der Jugendliche integrierfähig in Gruppen gleichen Interesses. Er erhält hier

---

64 Vgl. Schwabe 1978, S. 191 ff.und bes. 193 ff.

65 Vgl. Bezugstext zu Anm. 24

66 H. Willms, Musiktherapie bei psychotischen Erkrankungen, Stuttgart 1975, S. 66-78

ein sozial-kommunikatives Bezugsfeld zur Entwicklung von Freundschaften und erreicht damit eine Stabilisierung des Ichs.
- Über das Selbsttun erschließt sich bei fortgeschrittener Spieltechnik und zunehmender Musizierpraxis die Musik als künstlerische Dimension, da durch das aktive Spiel eine Erlebnisvertiefung erreicht werden kann.
- Die Freude am Instrument und dem damit verbundenen Üben ist ein Zeichen zunehmender Selbständigkeit.

3

Musikhören kann als positive Regression helfen, sich in einer Welt des Rationalen durch die Freisetzung von Gefühlserlebnissen psychohygienisch stabil zu halten.

"Regression bedeutet ... die freie Verfügung über das gesamte Gefühlsspektrum", das im Verlaufe eines Enkulturationsprozesses erlebt wurde[67]. Wohl jeder von uns hat sich der Musik hingegeben und beobachtet, wie Gefühle, Assoziation und Erinnerungen aufsteigen. Wer über Erlebnisse beim Musikhören spricht, spricht über sich selbst. Häufig ist der Musikunterricht zu einer Betrachtung von Formalstrukturen und soziologischer Faktenhäufung verkümmert. Die Angst vor mangelnder Lerneffektivität verbietet die Zeit zu intensivem Musikhören im Musikunterricht.

In der rezeptiven Einzel- und Gruppenmusiktherapie wird Musikhören zunächst dazu verwendet, um "eine Brücke gegenseitigen Vertrauens [durch gemeinsames Hören] herzustellen"[68]. Sie kann äußerungsgehemmte Patienten anregen, ihre Konflikte zu artikulieren. Die reaktive Einzelmusiktherapie setzt u.a. ein Verfahren ein, das als "katathymes Bilderleben" in der Literatur bekannt wurde[69] und bei Neurosen angewendet wird:

Nachdem sich beim Patienten ein Gefühl des Vertrauens zum Therapeuten entwickelt hat, wird durch beruhigende und konfliktgeladene Musik das Gefühlsleben stimuliert; die emotionale Erregung durch Musik spiegelt sich trägheitslos im Bilderleben wieder, das vom Patienten als fortlaufende verbale Äußerung wiedergegeben wird. Es wird so möglich, abgesunkene unbewältigte Konflikte aus dem Unterbewußten zu aktivieren und in sprachliche Äußerungsebenen aufsteigen zu lassen. Die geäußerten Bilder und Assoziationen sind Symbole, die der Analytiker deuten kann. Dies Verfahren gehört einzig in die Hand des psychiatrisch geschulten Therapeuten.

In der Schulpraxis können in Ruheräumen Hörstunden eingerichtet werden, die - bei dem Gebot absoluter Stille unter den Hörenden - dem Schüler bei *freiwilligem* Besuch die Möglichkeit geben, beim Musikhören seinen Emotionen

67 F. Klausmeier, Die Lust, sich musikalisch auszudrücken, Reinbek bei Hamburg 1978, S. 287 ff.

68 Schwabe 1978, S. 223

69 Schwabe 1978, S. 225 f. Eine ausführliche Darstellung bei H. Leuner, Die Bedeutung der Musik in imaginativen Techniken der Psychotherapie, in: Revers/Harrer/Simon 1974, S. 178-200. Das Wort bedeutet kata=gemäß und thymos=Seele. Vgl. auch K. Nerenz, Das musikalische Symboldrama, in: Kohler (Hrsg.), Musiktherapie. Theorie und Methodik, Jena 1971

zu lauschen.

Es wird eine Aufgabe sein, eine Auswahl geeigneter Stücke bereitzustellen und organisatorisch und bautechnisch die Voraussetzungen dafür zu schaffen[70].

Über Musikhören zu sprechen kommt einem Bloßlegen der Seele gleich. Es ist erst dann möglich, wenn der Schüler weiß und fühlt, daß der Lehrer ihn als Person akzeptiert. In dieser Phase subjektiver Äußerungen gibt es kein richtiges oder falsches Hören. Die Achtung vor dem Gegenüber gebietet es, seine Äußerungen als wahr - eben für ihn wahr - anzunehmen. Die Möglichkeit, diese Hörstunden bis zur Meditation als frei zu wählendes Angebot auszuweiten, soll hier nur Erwähnung finden[71].

4

Die architektonische *Gestaltung der Musikräume* an Schulen muß den Anforderungen der Musikdidaktik Rechnung tragen[72].

Dem Musikraum muß das Erscheinungsbild normaler Klassenräume genommen werden. Das häufig anzutreffende Bild eines Raumes mit auf blankgebohnertem Linoleum ausgerichteten Stuhl- und Tischreihen legt einen lehrerzentrierten Frontalunterricht schon allein durch die Raumgestaltung nahe. Die architektonische Gestaltung sollte jedoch Gruppenarbeit, Bewegungsspiele und das Sitzen auf dem Boden ermöglichen sowie auf die Arbeit mit Tonbandgeräten vorbereitet sein.

Vorschlag für einen Musikraum, der im Schulkomplex schallisoliert eingebaut ist:

HAUPTRAUM: mit großer Tafel, Projektionswand, rundum laufenden Pinnwänden und durchgehend ebenem Nadelfilzboden. Bewegliches Gestühl, das auf einem Wagen gestapelt werden kann sowie leicht rollbare Trennwände aus schalldämmendem Material ermöglichen Gruppenarbeit. Aufziehbare Wandvorhänge dienen zur Herstellung der gewünschten Akustik bei Chor- und Orchesterproben.

NEBENRAUM: mit schalldichter Tür und schallisoliertem Sichtfenster zum Hauptraum. Er kann als Geräteraum und Tonstudio dienen und ist mit einem Steckerfeld für Mikrofonanschlüsse aus dem Hauptraum versehen.

AUSSTATTUNG DES HAUPTRAUMES: Flügel oder Klavier auf leichtgängigen, arretierbaren Rollen / Tageslichtprojektor auf fahrbarem Tisch / Stereoan-

---

70 Eine Werkliste aus der musiktherapeutischen Praxis findet sich bei Schwabe 1978, S. 212 f. und E. Lecourt in H. Willms, Musik und Entspannung, Stuttgart 1977, S. 70 ff.

71 " Meditative Musik sucht ihren 'Kosmos' nicht in den Weiten der Milchstraße, sondern im eigenen Bewußtsein, im 'Selbst'" (Berendt), zitiert in M.P. Hamel, Durch Musik zum Selbst, Bern/München 1976, Zitat S. 160

72 Eine detaillierte Beschreibung der Einrichtung und Funktion eines Musikraumes an Schulen einschließlich der Angabe von Schulbaurichtlinien legte Hartmut Lägel vor: Instrument Musikraum. Bauplanung und Ausstattung für den Fachbereich Musik - Auditive Kommunikation, in: Schulmanagement 5/1978, Braunschweig (Westermann), S. 49-54

lage mit mindestens 2x60 Watt Sinusleistung, Plattenspieler mit Absenk-
bremse für den Tonarm, 2Spur-Tonbandgerät mit Trickmöglichkeiten (Vor- und
Hinterband-Hören) und elektronischer Steuerung, 2 Mikrofone auf Ausleger-
stativen, Lautsprecher mit trockener Charakteristik und hohem Wirkungsgrad,
2 Kopfhörer: die Anlage soll auf einem fahrbaren schweren Tisch mit arretierbaren Rollen verschließbar montiert sein, der über Mehrfachstecker im
Haupt- und im Nebenraum angeschlossen werden kann. Im Hauptraum sollen
Mikrofonanschlüsse zum Nebenraum vorhanden sein, damit dieser auch als Re-
gieraum für Aufnahmen genutzt werden kann. Dort kann dann über Kopfhörer
mitgehört werden.

AUSSTATTUNG DES NEBENRAUMES: Platten- und Tonbandarchiv / Bibliothek
für Noten und Fachbücher / Schränke für Instrumente und Geräte / Arbeits-
tisch für Schneidearbeiten / fahrbarer Gerätewagen / Schneideset / Noten-
ständer.

Es muß eine Aufgabe der musikpädagogischen Verbände sein, Pläne für
einen Standard-Musikraum zu entwickeln und den Verantwortlichen für Bau-
und Ausstattungsplanung als Entscheidungshilfe zuzuleiten.

5

Bewegung und Tanz müssen als Erfahrungsvertiefung musikalischer Phänomene
und Abläufe in den Unterricht mit einbezogen werden.

Die allgemein-erzieherischen Ziele der Rhythmik wurden schon in dem
Kapitel zur Sonderpädagogik dargestellt[73].

Bewegung nach Musik hat in therapeutischen Behandlungskonzeptionen die
Bedeutung einer "Korrektur der pathologisch bedingten Erlebniseinschrän-
kung" sowie das Ziel einer "Erweiterung der ästhetischen Erlebnisfähigkeit"
und einer "Verbesserung der Eigen- und Fremdwahrnehmung"[74]. Dabei werden
keine Bewegungsmodelle vorgegeben, so daß individuell typische Bewegungs-
arten und Reaktionen provoziert werden, die als Grundlagen für Diagnosen
und als Kontrolle für Therapieerfolge herangezogen werden. Bewegung wird
zum Spiegel für die Ausgewogenheit von Innen und Außen; Bewegung ist Spiegelung psychischer Zustände und Abläufe[75]. E. Feudel machte den Unterschied
zum Sport als bloßer Ertüchtigung der Muskeln deutlich:

> "Die seelische Beteiligung an der Bewegung nimmt in dem Maße ab,
> wie diese vom spontanen zum mechanisch geübten und gekonnten Ab-
> lauf übergeht"[76].

Unsere rationale Zweckwelt nahm der Bewegung ihre anthropologische Natür-
lichkeit. Für das Kind ist die Bewegung des Körpers und der Glieder eine
Quelle intensiver auto-erotischer Lust. Mit zunehmendem Lebensalter erhält

---

73 Vgl. Text zu Anm. 48
74 Schwabe 1978, S. 202 ff., bes. S. 203. Eine weitere Bewegungstherapie
   beschreibt Willms 1975, S. 52 ff.
75 Vgl. Vogel-Steinmann 1979, S. 11 ff.
76 Zitiert in Vogel-Steinmann S. 12

die Bewegung kommunikative Bedeutung: Gebärden und Bewegungen werden zur Sprache auf der analogen Kommunikationsebene. Die Discomania heutiger Jugendlicher kann als narzißtischer Rückfall in das frühkindliche Stadium autoerotischer Lustempfindung gedeutet werden.

Forschungen der Körperbehindertenpädagogik[77] und Erkenntnisse der Musiktherapie zeigen, "daß mit der Störung der Kommunikation und der Zuwendung an die Dingwelt auch der Zerfall der eigenen Körperwahrnehmung, der leiblichen Selbstwahrnehmung parallel geht"[78].

Für unsere pädagogischen Intentionen kann daraus geschlossen werden, daß Bewegung zur Musik vertiefte Erlebnis- und Ausdrucksmöglichkeiten schafft und zum intensiven *ästhetischen* Erleben beiträgt. Musik als Zeitgestalt wird durch analoge in der Zeit gestaltete Bewegungen ganzheitlich erfahrbar. So wird ein Hauptanwendungsgebiet der Bewegung folgerichtig die musikalische Elementarlehre sein, für die Rudolf Konrad eine Fülle von praktischem Material vorlegte[79].

6

Die Schule hat die Aufgabe, Methoden und Techniken zur Umweltaneignung und für Lernaktivitäten bereitzustellen. Sie ist in den Fächern Musik und Kunst Ort der "*Inszenierung von Erfahrungen* durch ästhetische Erziehung"[80]. Ziel ist ein "aktives Wahrnehmungsverhalten und soziale Kreativität"[81].

Musik als ästhetisches Phänomen und als Träger ästhetischer Erfahrungen umfaßt durch ihren Kommunikationscharakter die soziale Dimension. So ist die Offenlegung der in ihr manifestierten Sozialgeschichte und repräsentierten sozialen Gegenwart eine ihrem Wesen entsprechende Aufgabe für den Musikunterricht. Es gilt demnach, Unterricht - und dies trifft alle Fächer - aus der Isolierstation ritualisierten Schullernens zu befreien und eine direkte Verbindung zur Öffentlichkeit herzustellen. Schullernen muß *realitätsbezogen anwendbar* werden. Drei Möglichkeiten bieten sich dafür im Musikunterricht an:

- Die Ausprägungen des Kulturlebens und die realitätsverschleiernde Funktion der Bewußtseinsindustrie müssen im Musikunterricht thematisiert werden.
- Es muß ein Dialog in Form von Besuchen und Interviews zwischen den Trägern und Repräsentanten des Kulturlebens einerseits und den Schülern

77 Vgl. K.-J. Kemmelmeyer, Musik in der Schule für Körperbehinderte (Sonderschule), in E. Kraus/G. Noll (Hrsg.), Forschung in der Musikerziehung 1977, Mainz 1977, S. 52-75, bes. S. 57 ff.

78 Willms 1975, S. 52

79 R. Konrad, Rhythmus - Metrum - Form, Frankfurt/M. 1979

80 H. Mayrhofer/W. Zacharias, Ästhetische Erziehung. Lernorte für aktive Wahrnehmung und soziale Kreativität, Reinbek bei Hamburg 1976, S. 288.
    Das Buch bezieht sich auf die Kunsterziehung, ist in seinen Thesen aber von besonderer Bedeutung für die Zielbegründungen eines auf Öffentlichkeit zielenden Musikunterrichts.

81 a.a.O.

andererseits organisiert werden: der staatlich und städtisch subventio-
nierte Kulturbetrieb muß die Tore seiner Reservate öffnen und die Funktion von Kunst in der "Teilöffentlichkeit Schule" offenbaren[82].
- Erfahrungen mit Gesellschaft werden durch die Subjektivität der Komponisten zu Kunstwerken verdichtet[83]. Diese Erfahrungen können dem Schüler
helfen, seinen Vorbegriff von Welt zu relativieren und zu erweitern.

Kunst kann damit dem Jugendlichen Wege zur Identitätsfindung aufzeigen.
Wenn soziale Erfahrungen durch Kunstwerke thematisiert werden, wenn deutlich wird, daß ganze Lebenszusammenhänge von Medienkonzernen vororganisiert
werden, darf Schule nicht bei einer puren Deskription verweilen. Es ist
dann eine pädagogische Aufgabe für alle Fächer, dem Schüler innovatorische
Momente zu vermitteln und die Bereitschaft zu sozialen Veränderungen zu
wecken. Eine demokratische Schule darf nicht bloße Reproduktion von Gesellschaft sein. Dies erneuernde Moment umfaßt der Begriff "soziale Kreativität".

Der Grad der Ernsthaftigkeit demokratischer Gesinnung wird sich bei Po-
litikern daran erweisen, inwieweit sie dazu bereit sind, Schule die Möglichkeiten für soziale Kreativität zu sichern. Der Musikdidaktik fällt die
Aufgabe zu, in ihrem Fach Musik Inhalte und Methoden zu entwickeln, die
Öffentlichkeit zum Ziel und Gegenstand von Erfahrung (O. Negt)[84] werden
lassen.

7

Das *Projekt* als Lernverfahren könnte in der Schule helfen, Gelerntes und
Erfahrenes anwendbar zu machen, Verantwortungsbewußtsein und Teamverhalten
als Grundvoraussetzung für Demokratie aufzubauen und einen Bezug zu "öffentlichkeit" herzustellen.

Um Euphorien gleich vorzubeugen: nicht jedes Thema eignet sich für Projekte als Arbeitsform; Methode und Inhalt müssen einander angemessen
sein[85]. Das mit der Projektidee verbundene demokratische Führungsverhalten

---

82 op.cit. Kap. 5.1.3. Die Verbindung sozialpädagogischer und kulturpäd-
agogischer Ziele im Rahmen der Ästhetischen Erziehung: Öffentlichkeit
als Gegenstand und Ziel von Erfahrung. S. 284 ff.
   In vielen Städten hat der Dialog bereits begonnen. Häufig verhindern
jedoch Tarifverträge der Gewerkschaft, daß Kammerbesetzungen aus Sinfo-
nieorchestern in Schulen auftreten, da sie dann aufgrund des Merkmals
der solistischen Tätigkeit höher eingestuft werden müßten.

83 z.B. Werke von Kagel, Nono, Penderecki, Henze, Zobel, Eimert, um nur
einige zu nennen. Auch viele Werke der Rockmusik müssen unter diesem
Aspekt betrachtet werden.

84 Nach Mayrhofer/Zacharias, S. 284. Vgl. dazu auch R. Nykrin, Der Begriff
"Humane Schule" in der musikdidaktischen Diskussion, in: G. Kleinen/
W. Krützfeldt/H. Lemmermann (Hrsg.), Jahrbuch für Musiklehrer 1979/80,
Lilienthal 1979, S. 25-86

85 Auch W. Kohlmann fordert aufgrund der Praxiserfahrungen in Kierspe "ein
ausgewogenes Verhältnis von gezielten Maßnahmen und freien Projekten";
dabei sollen beide Lernformen aufeinander bezogen sein: Projekte im
Musikunterricht, Weinheim 1978, bes. S. 8.

des Lehrers als Projektleiter[86] wird erst nach einem längeren Eingewöhnungsprozeß der Gruppenmitglieder zu besseren Resultaten führen. Projektunterricht als Lernform muß demnach erlernt werden[87] und ist durch folgende Vorteile gekennzeichnet[88]:

- Das Ziel des Lernens wird von der Arbeitsgruppe selbst gesetzt: es ist der Lern- und Arbeitsprozeß einer Gruppe.
- Projektunterricht integriert theoretische Unterweisung und praktische Erfahrung und ist somit anschaulich.
- Im projektorientierten Lernen ist die Methode ein Moment des Lernens: Lernstrategien werden mitgelernt.
- Die Interessen der Gruppenmitglieder sowie deren Erfahrungen werden mit einbezogen.
- Lernen wird zum komplexen Erfahrungserwerb: kognitive, affektive und manuelle Erfahrungen werden in der Aktionsform des Projekts integriert.
- Projekte verlangen Teamarbeit und bereiten gewünschte Verhaltensweisen in der Arbeitswelt vor[89]. Der Projektteilnehmer lernt, Verantwortung zu übernehmen, Aufgaben zu erfüllen und Regeln zu beachten.
- Erfolgserlebnisse im Projekt sind Gruppenerfolgserlebnisse.

Die in der musikdidaktischen Literatur bekannten Ansätze "Handlungsorientierter Musikunterricht" (Rauhe/Reinecke/Ribke), "Erfahrungserschließende Musikerziehung" (Nykrin) und "Didaktische Interpretation von Musik" (Ehrenforth und Richter) sind durch den Aspekt der "Inszenierung von Erfahrung" der Projektidee eng verwandt[90]. Es wird eine Aufgabe der Musikdidaktik sein, diese Ansätze für die Projektmethode zu erschließen und an Inhalten des Phänomens Musik zu konkretisieren.

Das im Projektgedanken erkennbare Handeln - nach Nykrin eine "Tätigkeit, die in selbstentschiedener, mittel- und folgenbewußter Weise

---

86 Der Verfasser geht davon aus, daß der Lehrer zunächst die Projektleitung übernimmt, um die Schüler in die durch diese Arbeitsform geförderte Selbständigkeit hineinwachsen zu lassen. Im Idealfall müßte er seine Funktion auch anderen Teammitgliedern übertragen können. Es wird eine hochschuldidaktische Aufgabe sein, angehende Lehrer das Projekt als Arbeitsform erlernen zu lassen. Die Lernbedingungen an Musikhochschulen sind in dieser Beziehung besonders reformbedürftig.

87 S. und Y. Sharan zeigten dazu einen Weg; Gruppenzentrierter Unterricht, Stuttgart 1976

88 Vgl. H. Stubenrauch, Projektorientiertes Lernen im Widerspruch des Systems, in: Redaktion betrifft Erziehung b:e, Projektorientierter Unterricht, Weinheim 1976, S. 12 ff.

89 Hier sei auf den Aspekt "Pädagogik = Aufbau erwünschter Verhaltensweisen" verwiesen; siehe Text zu Anm. 35

90 Es kann hier nur auf folgende Darstellungen dieser Ansätze verwiesen werden: H. Rauhe/H.-P. Reinecke/W. Ribke, Hören und Verstehen, München 1975, bes. Kap. 4.4 Grundzüge handlungsorientierten Musikunterrichts; R. Nykrin, Erfahrungserschließende Musikerziehung, Regensburg 1978, bes. Kap. 3.1.2 und 3.2.3.2; K.H. Ehrenforth, Verstehen und Auslegen, Frankfurt/M. 1971, dazu seine Kurzdarstellung Didaktische Interpretation der Musik, in: Musik und Bildung 4/1979, S. 250-253; Chr. Richter, Theorie und Praxis der didaktischen Interpretation von Musik, Frankfurt/M. 1976, bes. Kap. 4 "Erfahrung" als Schlüsselbegriff der didaktischen Interpretation von Musik.

Motive, Kenntnisse, Fähigkeiten und Fertigkeiten in einer sinngerichteten Einheit wirksam macht"[91],

ist ein Moment der Humanisierung der Schule, wie es Kurt Aurin in allgemeiner Sprache ausdrückt:

> "das tägliche Bemühen von Lehrern und Schülern, in der Auseinandersetzung mit sozio-kulturellen Sachverhalten und den Dingen der Natur, die zur Vermittlung von Kenntnissen, Fähigkeiten und Verständnis für das Leben, für das sich-Behaupten und -Bewahren in ihm notwendig sind, zugleich immer wieder sich selbst erfahren und ein Stück von sich selbst zu verwirklichen"[92].

Der Projektgedanke spielt in der Therapie Suchtkranker eine nicht geringe Rolle. Die unter Stress-Situationen zur Flasche greifenden Alkoholiker werden im Rahmen des Therapieplanes aufgefordert, in einem festgelegten Zeitraum z.B. eine Filmvertonung herzustellen, die zu einem bestimmten Termin vor Publikum vorgeführt werden soll. Unter Anleitung des Therapeuten lernen sie, diese Stress-Situation nach Entwicklung von Lösungsstrategien zu meistern, ohne zur Flasche greifen zu müssen[93]. Frohne/Maack berichten von Trickfilmarbeit und szenischer Gestaltung mit Drogenabhängigen[94]. Der rehabilitative Charakter des Projekts als Arbeitsform zeigt sich in den Möglichkeiten des Erlernens von Lösungsstrategien, in der Verbesserung der Kommunikation der Gruppenmitglieder untereinander und in den vermittelten Erfolgserlebnissen[95].

8

Das Hörverhalten der Jugendlichen fordert eine *Erziehung zur Toleranz* heraus. Erst nach dem Abbau der massenmedial vermittelten Hörbarrieren wird es gelingen, Musik als künstlerisches Phänomen für den Jugendlichen zu erschließen[96].

Die Erkenntnis, daß Pop, Rock und Schlager in ihrer Funktion als Image und Statussymbol Jugendlicher durch die Art der Präsentation in den Hörfunksendungen noch verstärkt werden, hat sich in der Musikpädagogik durchgesetzt. Die Hörbarrierenbildung der Funkanstalten mit ihrem Kreislauf zwischen Befriedigung von Hörerwünschen und zugleich Verstärkung dieses Hörverhaltens, die Verflechtung mit den Interessen der Schallplattenindustrie – diese erhält mit Hitparaden und Popreporten kostenlos ein Marktforschungs-

---

91 Nykrin 1979, S. 75

92 Zitiert nach Nykrin 1979, S. 77

93 Aus einem Gespräch des Verfassers mit Dr. med. Wolfgang Leonhardt vom Landeskrankenhaus in Dortmund-Aplerbeck.

94 I. Frohne/M.-M. Maack, Musiktherapie in der Drogenberatung, Lilienthal 1976, bes. S. 50 Trickfilmarbeit, S. 46 Szene.

95 Weitere Inhaltsvorschläge zu Projekten bei K.-J. Kemmelmeyer, Musik in der Erziehung lernbehinderter Kinder, in K. Finkel (Hrsg.), Musik und Sozialpädagogik, Regensburg 1979, bes. S. 281

96 Diese Problematik wurde vom Verfasser bereits ausführlich dargestellt: Toleranztraining in der Musikpädagogik durch Abbau erworbener Hörbarrieren, in: Musik und Bildung 2/1979, S. 107-113; Traditionsanspruch und Hörwirklichkeit - eine unlösbare Antinomie für den Musiklehrer? in: Zeitschrift für Musikpädagogik 8/1979, S. 23-28

institut und eine Werbeagentur - muß in Zukunft Gegenstand kulturpoliti-
scher Opposition werden. Die in den Haushalten meistens fest eingestellten
Sender der mit Pop-Sendungen vermischten aktuellen Programme lassen das
Aufsuchen von alternativer Musik zu einem Willensakt werden: wir alle sind
aber heute so sozialisiert nur das zu "kaufen" oder aufzusuchen, was wir
kennen. Die Reform der Rundfunkprogramme trug damit zum Aufbau von Hörbarrieren bei[97]. Musikpräferenzen repräsentieren schichtenspezifische Ab-
grenzungstendenzen. Das gilt für Lehrer und Schüler wie für Schichten unserer Gesellschaft.

Wenn man Toleranz als verstehendes Hinnehmen und die Achtung des anderen Menschen auffaßt, wird deutlich, daß dies humane Verhalten eine Voraussetzung für demokratisches Verhalten schlechthin ist. Gespräche über Hörgewohnheiten und -präferenzen können somit zu einem Übungsfeld werden. Dem
Lehrer kommt dabei die Vermittler-Rolle zu: er muß den Schüler abholen, ak-
zeptieren und ihm - im Sinne pädagogischen Handelns als verantwortungsbe-
wußter entschiedener Veränderungsstrategie - den "Blick über den Zaun"
ermöglichen[98]. Das kann durch folgende Aspekte geschehen:

- Musik aller Arten und Stile muß bei der Erläuterung von Grundbegriffen
  von der ersten Stunde an in Beispielen herangezogen werden.
- Die musikalische Sozialisation der Schüler - ihre Musikerfahrung - ist
  Ausgangspunkt jeglicher Musikbetrachtung.
- Musik als Kunst muß entmythologisiert werden. Die Schwellenangst vor den
  Tempeln der Kunstausübung muß im Unterricht abgebaut werden.
- Die Hörbarrieren setzende Programmgestaltung der Funkanstalten muß Gegen-
  stand der Betrachtung im Musikunterricht werden.
- Hörpräferenzen, ihre Entstehung und ihre Funktion müssen im Unterricht
  thematisiert werden.
- Der Subjektivität des Musikerlebens muß im Unterricht Raum für angstfreie
  Äußerungen gegeben werden. Wer über sein Musikerleben spricht, spricht
  über sich selbst.
- Gemeinsamkeiten und die Verschiedenartigkeit kompositorischer Lösungen
  sind an Pop, Rock und Schlagern wie an Kunstmusik aufzuzeigen.
- Der auf Klangsinnlichkeit zielenden Instrumentation, dem Arrangement und
  der Aufnahmetechnik kommt aufgrund der klangsinnlich orientierten Hör-
  weise der Schüler besondere "Abholfunktion" zu.

Problematisch und bisher unerforscht ist der Transfer dieser an Musik gelernten Toleranz auf andere Bereiche menschlichen Verhaltens. Es kann je-

---

97 Allen Rundfunkanstalten ist durch Gesetz Unabhängigkeit zugesichert und
   zur Auflage gemacht, d.h. sie sollen unabhängig von Parteien, Religions-
   gemeinschaften und wirtschaftlichen Interessensverbänden sein; nach
   K. Magnus, Der Rundfunk in der Bundesrepublik und Westberlin, Frankfurt/
   M. 1955, S. 9 ff.

98 Die Begriffe "abholen" (MuB 4/1979, S. 251) und "Verstehenshorizont"
   (Verstehen und Auslegen S. 6) bei Ehrenforth wie auch der Aspekt des
   "ISO-Prinzips" (Kemmelmeyer ZfMP 8/1979, S. 26) zeigen die Wendung zur
   Annahme des Schülers als Gesprächspartner.

doch vermutet werden, daß die solcherart erfahrene Lernsituation mit ihren
Inhalten über den Musikbereich hinaus wirksam wird.

9

Die Genese von Musik- und Kunstwerken hat oft autogenen Therapiecharakter.
Die Offenlegung dieser Funktion und die Vermittlung von Erkenntnissen durch
Kunst kann dem Jugendlichen ein *Angebot zur Identifikation* werden und ihm
Denkanstöße geben, einen Sinn und Wege für sein Dasein zu finden.

Wem das Herz voll ist, dem fließt die Feder über: dieser von Rudolf
Kelterborn einmal im Kompositionsunterricht so scheinbar banal dahingesag-
te Satz charakterisiert auf einfachste Art, daß inneres Erleben nach Ausdruck verlangt. Durch die übergroße Sensibilität des Künstlers werden Gegenwart und Tradition, werden Gesellschaft und Umwelt gesehen, erfahren,
erfühlt und erlitten: diese Welt- und Selbstreflexion dokumentiert sich in
Werken; der Komponist ist heute zum "Seismograph wider Willen" geworden[99].
Mit der Loslösung vom handwerklichen Denken und der Hinwendung zum Genie-
Begriff im ausgehenden 18. Jahrhundert wurde Komponieren zum existenzer-
möglichenden Inhalt des Lebens. Ein weitgehendes Verständnis der Werke ist
ohne biographische und zeitgeschichtliche Kenntnisse nicht mehr zu leisten.
Dabei darf nicht vergessen werden, daß jede Zeit aus Kunstwerken das her-
ausliest, was ihren Problemen der Sinn- und Deutungsfindung entspricht.
Es kann als Constituens von Kunst und als eine Ursache für das zeitliche
Überdauern von Kunstwerken angesehen werden, daß die in ihnen dargestellten
Aussagen immer wieder Grundfragen menschlicher Existenz und menschlichen
Selbstverständnisses berühren.

Norbert Linke wies auf den autotherapeutischen Charakter der Werke Schu-
manns, Wagners, Berlioz, Mahlers und Goethes hin, in denen sich der Künstler als schwindelnder Gratwanderer zwischen Gesundem und Pathologischem
zeigt[100]. Humanität in der Erziehung wird sich auch da erweisen, wo die
Dichotomie gesund-krank als Moment menschlicher Existenz begriffen und dem
Heranwachsenden erschlossen wird. Unruhe und Ruhe sind zwei zu bejahende
Aspekte der Lebenstotalität.

*

Die Einbeziehung des Therapieaspektes in die musikdidaktische Diskussion
ist so nun zu einem Plädoyer für den wieder verstärkten Einbezug von Kunst
im Musikunterricht geworden: Kunst als Aufforderung zur mitvollziehenden
Autotherapie. Die "völlig verdinglichte Auffassung von Kunst in der Wissen-

---

99 S. Borris, Komponist und Mitwelt. Der Komponist als Seismograph wider
   Willen, in: Musik und Bildung 11/1978, S. 701-706. Vgl. auch Hj. Pauli,
   Für wen komponieren Sie eigentlich? Frankfurt/M. 1974, und U. Stürz-
   becher, Werkstattgespräche mit Komponisten, Köln 1971

100 Linke 1977, S. 122-127 und 137-148. Ausführlich stellt Linke diesen
   Aspekt dar in:Anthropologie und die Musikerziehung. Plädoyer für eine
   therapeutisch orientierte Musikdidaktik, in: Neue Musikzeitung NMZ 3/
   1974, S. 37-40. Beispiele und Zitate dort.

schaft der letzten Jahrzehnte"[101], die Durchtrennung des Bandes zwischen dem Kunstwerk, dessen Schöpfer und dem Rezipienten muß aufgehoben werden, wenn man Kunst wieder als humane Instanz einsetzen möchte: Kunst als Anwalt unterdrückter Subjektivität. Es wird der Musikpädagogik schwerfallen, die damit verbundene Sinnlichkeit von Kunst bejahen zu lernen.

Es ist nicht möglich, ein einfaches praktikables Rezept durch Übertragung musiktherapeutischer und sonderpädagogischer Verfahren zu finden, das dem Musikunterricht in herkömmlicher Form durch Tricks zu besserer Effektivität verhilft. So ist auch dieser Aufsatz als Anregung zur weiteren Erforschung und Verknüpfung der Bereiche Therapie und Pädagogik zu verstehen. Wir müssen umdenken, zu einer Neubesinnung pädagogischer Aufgaben kommen, die Schule enttechnologisieren. Ein wesensgemäßer Einsatz der Musik als Hilfe für den Schüler ist nur zu realisieren, wenn die Kulturpolitiker und die Schulbehörden begreifen, daß sie erst durch Bereitstellen von geeigneten Räumen und Medien und durch eine flexible Organisation des Schulalltags der Musik die Chance geben, ihre heilsamen Kräfte zu entfalten. Die Ritualisierung des Schullernens hat schon längst auch das Fach Musik erfaßt.

Es ist eine dringende politische Aufgabe für Wissenschaftler, Praktiker und Verwaltungsfachleute, dem sich in prekärer Not befindenden Jugendlichen Spielräume des Menschlichen zu schaffen.

---

101 Linke 1974, S. 37

Werner Hahn
HUMANER MUSIKUNTERRICHT - WAS IST DAS?

Ein Wort voraus: Über humanen Musikunterricht etwas sagen zu wollen, entbehrt nicht ganz der Selbstüberschätzung. Zu sehr verengt sich jede Aussage
auf die Erfahrungen der schreibenden Person, und allzu leicht gerät und
verfällt der Schreibende in den Glauben, er habe das, was er für richtig
und notwendig hält, auch immer getan oder gar erreicht. Welche engen Grenzen sind jedoch unseren Bemühungen gesetzt, sie mögen aus der eigenen
Unvollkommenheit stammen oder ihre Ursache in schulorganisatorischen oder
auch gesellschaftlichen Gründen haben! Nun dürfen uns diese Grenzen nicht
hindern, über das Anzustrebende - und das ist in unserem Falle das, was
den uns anvertrauten Kindern und Schülern hilft - nachzudenken; und in dem
Bemühen, nachzudenken und nicht nachzuschlagen, habe ich mich bei meiner
Arbeit gegenüber der fachdidaktischen und erziehungswissenschaftlichen Literatur asketischer als üblich verhalten. Der Grund für meine Enthaltsam-
keit liegt nicht nur in einem hoffentlich verständlichen Mißtrauen gegenüber den großen, stets wissenschaftlich fundierten Curricula-Konzeptionen,
die uns in dem letzten Dezennium überkommen sind und an denen wir eine Weile
allzu eifrig und leichtgläubig mitgebastelt haben. Sondern ich meine auch,
daß Gedanken zum Thema "Humaner Musikunterricht" Ergebnisse und Folgerungen
aus eigener pädagogischer Arbeit und Weltanschauung sein müßten. Sie sind
daher, um für einen Moment sich des Jargons zu bedienen, "ungeschützt" gesagt, wobei dieser Begriff nicht ganz im Ernst glauben machen will, daß
Werte wie "Erfahrung" oder "persönlicher Standpunkt" gegenüber der Beweis-
kraft von Empirie und Theorie in einer wissenschaftlich geführten Diskussion keinen hinreichenden Schutz verbürgten. Im geheimen weiß das Wörtchen
"ungeschützt" sehr wohl um seine ambivalente Bedeutung: Es ist etwas vom
schöpferischen und gestalterischen Eros und von der allzu selbstsicheren
Risikofreude des Prometheus darin, aber auch von dem Eingeständnis, daß mit
Erfahrung unter Verzicht auf Wissenschaft auf die Dauer nur ein fragwürdi-
ges Geschäft zu betreiben ist. Im Nachdenken über den richtigen Unterricht
müßten sich beide Schichten des Wortes versöhnen.

Die folgenden Skizzen widmen sich nur einigen Aspekten des Unterrichtes,
und auch die können sie nur andeuten. Das ist sicher ein Mangel. Doch
schlimmer wäre, das Gegenteil zu versuchen: humanen Musikunterricht opera-
tionalisieren zu wollen.

Humaner Musikunterricht - was ist das? Wer so fragt, setzt voraus, daß
es einen inhumanen Musikunterricht gibt. Der wäre wohl leichter zu charak-
terisieren als der humane, etwa durch

- ein erdrückendes, weil verbindliches Angebot an Lernzielen, Inhalten und
  Gegenständen,
- Überforderung der Kinder hinsichtlich der Altersangemessenheit der Inhal-
  te,
- Ausklammerung oder Reduzierung derjenigen Tätigkeiten, die dem Drang und

Bedürfnis des Schülers nach Bewegung und körperlich-sinnlicher Erfahrung
entgegenkommen,

- eine Unterrichtsplanung, die keine Übephasen und schon gar keine Spiel-
phasen vorsieht.

Diese Merkmale betreffen nur die inhaltliche Seite, wie sie etwa durch
Lehrpläne oder Rahmenrichtlinien geregelt wird und meinen vor allem den
Unterricht auf den unteren Schulstufen. Von seinen organisatorischen Voraussetzungen, beispielsweise der Klassenstärke oder dem notwendigen Fach-
raum und seiner Ausstattung mit Instrumenten und Medien soll hier nur am
Rande gesprochen werden. Doch da wäre noch als dritter im Bunde der Lehrer
selbst, an dessen Verhalten, Handlungen, Einstellungen und Reaktionen sich
entscheidend erweist, ob ihm das Kind oder die Sache mehr gilt. In unserer
Frage nach einem humanen Musikunterricht ist die entscheidende Größe letztlich das Lehrerverhalten. Zwar wird jeder Unterricht von ihm bestimmt, sei
es ein sprachlicher oder naturwissenschaftlicher Unterricht, aber kein anderes Fach ist so stark auf die Vermittlerfunktion des Lehrers angewiesen
wie Musik. Der Lehrer muß Werte in Frage stellen und für sie eintreten können; er muß das Kunstwerk dem Schüler ausliefern und es vor ihm schützen
können; er muß Emotionen wecken und gleichzeitig zügeln können; er muß zu
äußerster Ausgelassenheit reizen und zu absoluter Stille führen können;
er muß seine gesamte musikalische Erfahrung einbringen und ebenso von ihr
absehen können; er muß dem tüchtigen Geigenspieler gerecht werden und bereit sein, auch den letzten Brummer zu fördern; er muß die Lehrpläne als
Orientierungshilfe ernst nehmen, und er wird ihnen notwendigerweise nicht
immer folgen können.

Das Lehrerverhalten kann aber auch, wenn es über die Reproduktion ge-
lernter Regeln nicht hinauskommt, Ursache unnötigen Leidens sein. Wenn der
mit antiautoritären Verhaltensmustern geimpfte Kollege bei gemeinsamen
Proben einzelnen Schülern gestattet, sich auf Flügel, Pauken und Trommeln
privat zu "therapieren", wenn er unter Berufung auf repressionsfreien Un-
terrichtsstil den Lärm in akustischen Terror umschlagen läßt, wenn der
Versuch eines Klassengesprächs schon daran scheitert, daß die hinteren Reihen in der allgemeinen Unruhe kaum den Lehrer, geschweige denn die Äußerungen ihrer arbeitswilligen Mitschüler verstehen, dann gibt es keinen Zweifel
darüber, daß in dem allgemeinen Chaos Kinder leiden. Die Brutalität, mit
der Kinder sich lautstark in Szene setzen, verletzt andere; sie gilt es in
dem Maße zu schützen, wie den rücksichtslos sich Durchsetzenden zu wehren
ist. Die Verhaltensauffälligkeit dieser Kinder mit ihrer sozialen Misere
zu erklären, darf nicht heißen, daß man sie gewähren läßt. Der Lehrer wird
ihnen, auch auf die Gefahr hin, enttäuscht zu werden, besondere Angebote
machen müssen, die ihrem Ausdrucks- und Selbstdarstellungsbedürfnis entsprechen.

Nicht nur vor dem Verhalten ihrer Klassenkameraden, auch vor unserer
mangelnden Sensibilität sind Kinder zu schützen. Ich denke an eine Situation, die ich als Anleiter eines Referendars in einer Unterstufenklasse

erlebt habe. Ich saß in der letzten Reihe und bemerkte, wie sich zwei
Mädchen während der lautstarken Demonstration eines Disco-Hits die Ohren
zuhielten. Der junge Kollege hatte in dem guten Glauben, Popmusik sei nur
in Lautstärken am Rande der Schmerzschwelle rezipierbar, den Verstärker
voll aufgedreht und die Boxen wackeln lassen. Auch war er fest davon überzeugt, daß es keinen Schüler geben könne, der diese Musik nicht "toll" fän-
de. Dabei hätte er nur die Kinder zu beobachten brauchen, um eines besseren
belehrt zu werden. Der Referendar, daraufhin nach der Stunde angesprochen:
"Die beiden sind eben falsch sozialisiert."

In diesem Zusammenhang fällt mir eine Schulfunksendung ein, die sich mit
Geräuschen auf der Straße, nämlich mit den Geräuschen vorbeifahrender Autos
und Lastwagen, bremsender Wagen und startender Motorräder befaßte und die
in dem Auftrag an die Zehnjährigen gipfelte, sich an eine Straßenkreuzung
zu stellen und einmal auf die interessanten und unterschiedlichen Geräusche zu achten. Es liegt für mich etwas Zynisches in diesem an die Kinder
gerichteten Auftrag, den Straßenlärm, dem sie tagtäglich ausgesetzt sind,
zu analysieren, um ihn dann zu ästhetisieren.

Ein Wort noch zur Sitzordnung in Klassen- und Fachräumen. Wo Schülerzahl
und Größe des Klassenraumes es erlauben, ist die Hufeisenform die geeignet-
ste, Gespräche und gegenseitiges Verstehen zu ermöglichen. Daß bei Gruppen-
arbeiten Tische zu Blöcken zusammengestellt werden können, versteht sich.
Im Musikraum sollte aber grundsätzlich auf Tische verzichtet werden. Sie
schaffen zuviel Distanz sowohl zur Sache wie zu den Personen, erinnern an
nahezu jedes andere Fach - nur nicht an Musik - und sind schließlich als
schwerfälliges Möbel bei einem Umbau nur im Wege. Bewährt haben sich Stühle
mit aufklappbarer Schreibfläche, auf die man auch ein kleines Tischnotenpult
stellen kann. Sie lassen sich ohne großen Aufwand in jede gewünschte Ordnung bringen. So ist für Improvisationsübungen etwa die Kreisform rasch
hergestellt - wie anders wollten Kinder, die sich nicht gegenseitig sehen
können, miteinander musizieren. Ebenso schnell sind die Stühle weggeräumt,
wenn Platz zum Tanzen oder für Bewegungsspiele benötigt wird.

Der Unterricht in der heutigen Schule ist schwerer geworden gegenüber
dem vor zehn Jahren. Der äußeren Unruhe der Kinder entspricht oft eine er-
schreckende innere Lethargie. Ihre geringe Unlusttoleranz strebt - bisweilen in egoistischsten Formen - zu einer sofortigen Bedürfnisbefriedigung.
Hartmut von Hentigs Beobachtung, daß nicht die Kinder anders seien, sondern
die Kindheit, will den Blick auf die Verhältnisse lenken, unter denen Kinder heute aufwachsen. Konkret heißt das wohl: Dinge werden nicht mehr von
Kindern gemacht, sondern als fertige gekauft; Abenteuer nicht erlebt, sondern im Fernsehen wahrgenommen; Geschichten nicht gelesen oder erzählt, sondern in der medienspezifischen Verpackung auf Schallplatte oder Kassette
konsumiert; Instrumente werden nicht gelernt, sondern Musik wird als fertiges Produkt vom Lautsprecher abgenommen. Kurz gesagt: Die gegenwärtigen
Lebensbedingungen erschweren dem Kind die für seine personale Entfaltung
notwendigen Primärerfahrungen. Abgespeist mit dem Produkt, dem bereits

Fertigen, nimmt das Kind es für das Ganze und wird damit um die Erfahrung betrogen, selbst etwas gestaltet zu haben.

Im Musikunterricht zeigen die so charakterisierten Kinder eklatante Konzentrationsschwächen beim Hören von Musik, bei der Übung mit rhythmischen Modellen oder beim Schreiben von Noten. Mit dieser Schwäche korreliert das Unvermögen, Höreindrücke oder auch andere Sachverhalte angemessen zu verbalisieren. Statt dessen regiert das Vorurteil. Zu stark haben bereits die Medien die Hörerfahrungen der Kinder geprägt, als daß sie noch unvoreingenommen einem musikalischen Geschehen folgen könnten. Eine ihnen unbekannte Musik wird bedenkenlos den durch Fernsehen und Rundfunk vermittelten und seit früher Kindheit verinnerlichten Western-, Krimi- oder Weltraumstereotypen zugewiesen. Mitschüler riskieren nur selten, öffentlich für ihre Lieblingsmusik einzutreten, wenn sie der allgemeinen Wertschätzung nicht gewiß ist. Gruppenzwänge hat es zwar immer gegeben, aber die Normierungen ästhetischer Vorlieben, wie sie die Massenmedien fördern und die mangelnde Ich-Stärke des Individuums, das seine Sicherheit nur in dem Aufgehobensein in der Gruppe findet, scheinen kein anderes Verhalten mehr zuzulassen als das der Anpassung.

Die didaktische Konsequenz aus dieser nur oberflächlich skizzierten Situationsanalyse kann nur darin bestehen, dem Kind zu wirklichen Ich-Leistungen zu verhelfen. Das Kind muß erfahren, daß Ich-Leistungen ohne Anstrengung, Geduld, Engagement und Übung nicht möglich sind. Es wird erkennen, daß seine Eigenleistung zu einer tieferen Befriedigung führt als der Genuß eines Fertigproduktes, das zwar ein unmittelbares Bedürfnis zu stillen vermag, das aber darüber hinaus für das Individuum keine weitere Bedeutung hat. Schöner hat es Saint-Exupéry im "Kleinen Prinzen" gesagt: "Man kennt nur die Dinge, die man zähmt", sagte der Fuchs. "Die Menschen haben keine Zeit mehr, irgend etwas kennenzulernen. Sie kaufen sich alles fertig in den Geschäften... Wenn Du einen Freund willst, so zähme mich!"

Job-Günter Klink hat in seinem aufregenden Buch "Klasse H 7 E" (Bad Heilbrunn 1976) dargestellt, wie Schüler, die sich bereits aufgegeben hatten, wieder einen neuen Anfang wagten. Klink ermutigte sie zu diesem Neuanfang durch geduldiges Üben, durch verständnisvolles Eingehen auf ihre Schwierigkeiten, durch die Auswahl von Unterrichtsgegenständen, die die Kinder etwas angingen oder die sie gar betroffen machten, nicht zuletzt auch durch die unmißverständliche Darstellung seines eigenen Standpunktes. Ein scheinbar so einfacher Vorgang wie das Üben der Rechtschreibung wurde für die Kinder zum Schlüsselerlebnis: Durch die ständige und geduldige, von Ermutigung begleitete Arbeit gewannen sie wieder Zutrauen zu ihrem Können. Sie spürten, daß die Übungen nicht Selbstzweck oder Disziplinierungsmittel waren, sondern ihr Selbstvertrauen aufzubauen halfen.

Ich habe eine vergleichbare Erfahrung im Musikunterricht der 5. und 6. Klassen gemacht: Die regelmäßige Arbeit mit der Blockflöte hat die Einstellung der Kinder zum Musikunterricht und deren Arbeitshaltung und Leistungsmotivation insgesamt positiv verändert. Ich möchte das im einzelnen ausführen.

Unsere 5. und 6. Klassen haben in den letzten Jahren - auffällig für alle in dieser Klassenstufe unterrichtenden Kollegen - in den Phasen des Unterrichts, die sie als Hörer forderten, merkliche Konzentrationsschwächen gezeigt. Da waren neben den stets aufmerksamen und rege mitarbeitenden Schülern doch viele andere, die sich überfordert, nicht angesprochen oder gelangweilt fühlten. Einige glaubten, das behandelte Stück schon hinreichend zu kennen, andere konnten oder wollten das Gehörte nicht in Worte oder Zeichen umsetzen, und wieder andere mochten lieber etwas tun als "nur so dasitzen" und trommelten auf imaginären Schlagzeugen heiße Rhythmen zu braver Musik. Diese Beobachtungen verstärkten den Wunsch meiner Kollegen, in den Unterricht der Unterstufe einen Flötenlehrgang zu integrieren. Hauptziel dieses Lehrgangs sahen wir in der sicheren Kenntnis der Notation, in der geschärften Tonvorstellung und dem Verfügen über ein kleines Repertoire an Liedern und Spielstücken. Gleichzeitig hofften wir, mit den fähigsten Flötisten ein kleines Ensemble gründen zu können und das eine oder andere Kind zum Erlernen eines weiteren Instrumentes zu bewegen.

Es kam anders, als wir es uns vorgestellt hatten. Nicht daß wir unsere Ziele aufgegeben hätten, aber die Unterrichtswirklichkeit lehrte uns, das pädagogische Moment unserer Arbeit höher einzuschätzen als das fachliche. So hat mich von Anfang an der Eifer fasziniert, den die Kinder im Umgang mit ihrem kleinen Instrument zeigten. Um ihn zu erhalten, ging ich so langsam wie möglich vor und versuchte, jede Überforderung zu vermeiden. Wochenlang blieben wir im Drei- und Viertonraum und übten ohne Angst vor schwierigen Griffolgen das richtige Atmen, das gesangliche Verbinden der Töne, das saubere Anstoßen und Schließen, und kontrollierten immer wieder gegenseitig die Haltung des Körpers und der Flöte. Alleine vorzuspielen brauchte anfangs nur, wer es wollte. Diejenigen, denen ich noch Schwierigkeiten beim Greifen und Atmen anmerkte, ließ ich in kleinen Gruppen vorspielen. Mit kurzen Dreitonmotiven führte ich das Frage-Antwort-Spiel ein und bereitete damit die Solo-Tutti-Form vor. Trotz der wenigen Töne erlaubte das Verfahren ein ständiges Variieren und erforderte damit ein waches Reagieren auf das vorgegebene Motiv. Ich habe während dieser Übungen, die mir bisweilen fortgeschrittenere Schüler abnahmen, die Klasse beobachtet und nicht einen unkonzentrierten oder abgelenkten Schüler gesehen. Was mich in der Arbeit bestätigte, war die Reaktion der Schüler nach dem Unterricht. Sie freuten sich auf die nächste Stunde, denn nach durchgängiger Meinung machte Musik Spaß. Nach einem wirklich schlichten Versuch, mit einem dreistimmigen, aus vier Takten bestehenden Satz der unterschiedlichen Spielfertigkeit meiner Schüler Rechnung zu tragen, fragte mich ein ganz und gar nicht zimperlicher Fünftkläßler, der in dieser Aufgabe nur ganze Noten zu spielen hatte: "Das war toll! Wann machen wir wieder so'n Konzert?" Diese Frage - ich muß es gestehen - hatte für mich etwas Rührendes; ich habe sie nicht erwartet. Was ich für eine bloße Übung hielt, geriet in der Vorstellung eines Schülers zu einem ästhetischen Ereignis, an dem er sich aktiv beteiligen konnte. Was machen wir falsch, daß solche Fragen nicht öfter gestellt werden? Liegt ein Grund vielleicht darin, daß wir - darin nicht grundsätzlich anders als die Medien - dem Schüler, anstatt ihm handfeste Primärerfahrungen zu ermöglichen, Musik aus zweiter Hand, aus der Konserve reichen? Und mag ein weiterer Grund darin liegen, daß diese vom Tonband gespielte Musik dann auch noch Anlaß zu Sachfragen ist, die mit der Art und Weise, wie Kinder diese Musik erleben, nichts oder sehr wenig zu tun hat?

Als meine Klasse im Verlauf der Arbeit sich an die ersten Lieder heranwagte, nahm die Ernsthaftigkeit, mit der jeder einzelne seine Aufgabe zu erfüllen suchte, zu. Der Gedanke, an der Darstellung einer musikalischen Gestalt wie beispielsweise einer schönen Melodie mitzuwirken, scheint verpflichtenden Charakter zu haben. Ein jeder wollte das Lied so fehlerlos wie möglich spielen. Mit welcher Gespanntheit warteten die Schüler auf ihren Einsatz, wenn ich ein Vorspiel auf dem Klavier oder eine Gruppe auf Stabspielen ein Zwischenspiel machte. Wenn ich dann empfinde, mit welcher Ergriffenheit eine ganze Klasse ein Lied wie das schottische "Auld Lang Syne" spielt, mit welch intuitiver Sicherheit die Kinder, ohne daß viele Worte gemacht würden, die feierliche Würde dieses Liedes begreifen, eine Würde, die ihnen in ihrer mediengesteuerten Welt so selten begegnet, dann bin ich überzeugt, daß der einzelne durch diese Melodie und ihren Anspruch reicher geworden ist.

Unmißverständlich stellt dieser Unterricht an die Kinder handfeste Leistungsanforderungen. Kein Unterricht dürfte darauf verzichten. Sein humanes Moment gewinnt er nicht durch die Negierung von Leistung oder dadurch, daß er großmütig auf sie verzichtet, sondern in dem Bemühen, Voraussetzungen zu schaffen und Dispositionen zu nutzen, die Leistungen ermöglichen. Darum plädiere ich so stark für das Üben, und zwar vor allem für das Üben in der Schule; es ist nötig, um auch den Schwächsten zu ermöglichen, einen Refrain durchzustehen. Keine Frage, daß das Üben geübt werden muß. Da geht viel Zeit verloren. Wirklich verloren? Vor ein paar Jahren hätte ich das geglaubt. Heute bin ich überzeugt, daß diejenigen Kinder, die mir nach dem Unterricht alleine vorspielen wollen - und das sind eben die schwächsten -, diesen Einsatz rechtfertigen.

Ich bin nicht davon überzeugt, daß die Schüler durch das Flötenspiel einen besseren Zugang zur Musiklehre finden. Der Aufbau einer Dur- oder Molltonleiter bleibt vielen ein Mysterium, und ich müßte lügen, wenn ich bei rhythmischen Übungen oder bei der Erörterung formaler Abläufe spürbar bessere Ergebnisse zu melden hätte als bei meinem früheren Unterricht. Sie sind primär nicht dadurch zu erreichen, daß man Flöte spielt. Wer den sicheren Umgang mit rhythmischen Werten oder der dreiteiligen Liedform anstrebt, wird dafür Zeit zum Üben mobilisieren müssen, die er dem Flötenspiel entzieht. Daß man beides miteinander verbinden kann, weiß ich. Aber für vorrangig halte ich angesichts der vor mir sitzenden Kinder deren spürbares Bedürfnis, mit diesem oder jenem Lied zu Rande zu kommen.

Es ist ein Wort zur Verfrühung zu sagen, zur voreiligen, dem Alter und der Erfahrungswelt der Kinder noch nicht gemäßen Behandlung von Inhalten. Wie man den Mut und die Lust der Kinder damit abtötet, indem man ihnen nicht die Zeit gönnt, sich zu etablieren und sich in einer Sache heimisch einzurichten, so kann auch Unterricht durch Inhalte, deren Fragen nur herzlich wenig mit den Erfahrungen der Kinder zu tun haben, Lust in Unmut, Interesse in Apathie verwandeln. Als ich vor gut zehn Jahren auf verschiedenen Klassenstufen bestimmte Schlagerbeispiele behandelte, stellte ich auch einer 7. Klasse Udo Jürgens mit "Was wirklich zählt auf dieser Welt" vor. Ich erlitt zu meiner größten Überraschung mit diesem für den Unterricht sonst so dankbaren Gegenstand einen totalen Schiffbruch. Nach der Stunde fragte ich einen der Schüler, warum denn alle - ganz gegen ihre Gewohnheit - heute so teilnahmslos, ja so stur gewesen seien. Die Antwort kam ganz spontan: "Wir haben eben noch keine Geldsorgen." Mir haben Reaktion der Klasse und Antwort des Schülers viel zu denken gegeben. Vielleicht haben sie mich etwas davor bewahrt, im Sog einer sich emanzipatorisch verstehenden Erziehung allzu heftig in dem Bemühen mitzumischen, an das Kind gesamtgesellschaftliche Probleme heranzutragen, bevor es die seiner engeren Umwelt erkannt und zu bewältigen versucht hat. Ich habe mit Trauer zur Kenntnis genommen, daß engagierte Kollegen aufgrund des Primats makrosoziologischer und gesellschaftspolitischer Problemstellungen das Bemühen anderer diffamierten, ihren Klassenraum mit Blumen, Tier- oder Landschaftspostern zu gestalten. Ich unterstelle all denen, die die Geborgenheit bei Blumen, Bildern, Geschichten oder Liedern als "heile Welt" und damit als Flucht vor politischer Verantwortung verächtlich machten, daß sie es ernst meinten mit dem Anspruch des Menschen auf.Selbstverwirklichung und Selbstbestimmung. Ich werfe ihnen vor, daß sie dabei im Blick auf eine zukünftige Gesellschaft das Kind mit seinen ganz konkreten Wünschen und Nöten aus den Augen verloren haben. Konkrete Wünsche können darin bestehen, einen Country-Song so gut und so stilecht wie möglich aufzuführen, sicher aber nicht darin, die Gewinnmarge eines Viehhändlers auszurechnen, wie es ein Lernbuch für die 5./6. Klassen vorexerziert. Das Lied taugt nicht dazu, in die Gesetze der Marktwirtschaft einzuführen. Der peinlich verkürzte Blick in die Buchhaltung von Viehhändlern liquidiert seine Melancholie. Gerade die aber macht das Kind offen für die Erfahrung, daß hier jemand, der sein Land geliebt hat, es verlassen muß, weil Mächtigere es ihm nehmen.

Konkrete Nöte zeigen die Kinder oft aufgrund der Unfähigkeit, ein Heft zu führen. Die Angst vor Rechtschreibfehlern, die Schwierigkeit, aus dem Behandelten das Richtige auszuwählen und es angemessen ins Heft einzuordnen, das unterschiedliche Tempo beim Abschreiben: Welche Ängste entstehen und herrschen beim Umgang mit dem Heft! Mir scheint, daß beim Verfolgen der großen Lernziele die kleinen Hefte und die Art, sie zu führen, aus den Augen verloren gingen. Dabei haben lesbare Schrift und korrekte Rechtschreibung etwa eines Eigennamens durchaus zu tun mit allgemeinen Lernzielen. Sie sind ein Spiegel des eigenen Leistungswillens und ein Zeichen der Rücksicht auf denjenigen, der das Heft einmal in die Hand nehmen wird, sei es der

Lehrer, ein Schulkamerad oder die Mutter des Schülers. Die Diffamierung formaler Anstrengungen, ob sie die Schrift, die Orthographie oder die sprachliche Darstellung betreffen, hat nachweislich keine neuen Tugenden gezeugt, sondern nur Unsicherheiten. Es lohnt die Zeit, sie überwinden zu helfen. Sicherheit gewinnen die Kinder nicht aus Hieroglyphen, sondern aus Zeichen, die sie beherrschen. Damit sie sie beherrschen lernen, brauchen sie deutliche Anweisungen, einfache Modelle, Zeit und Ruhe. Diese Bedingungen kann ihnen nahezu jede Unterrichtsstunde gewähren. Während die Kinder einen zusammenfassenden Tafeltext still in ihr Heft übertragen, wobei schneller arbeitenden Schülern getrost mehr zugemutet werden darf als den übrigen, kann der Lehrer einmal durchatmen und in aller Ruhe durch die Reihen gehen und einen Blick in dieses oder jenes Heft werfen.

Es ist nicht nur der politische Eifer, der dem Moment der Verfrühung förderlich ist. Die Überzeugung von Lernbuchmachern beispielsweise, daß nahezu die gesamte verfügbare Welt der Musik sich verlohne, der Orientierungsstufe mitgeteilt zu werden, erscheint zunächst plausibel. Schließlich begegnen die Kinder täglich einem pluralistischen Angebot an Musik größten und disparatesten Ausmaßes: Sinfonie, Programmusik, Oper, elektronische Musik, Schlager, Pop, Werbemusik, Songs, politisches Lied - das alles ist tagein-tagaus nebeneinander zu hören. Darauf haben schon Rahmenrichtlinien der frühen siebziger Jahre reagiert, indem sie diese Vielfalt zur Disposition gestellt haben. Nun sind Rahmenrichtlinien und Lernbücher eines und die Unterrichtswirklichkeit ein anderes. Wer in der Orientierungs- oder Beobachtungsstufe mit zwei Wochenstunden Musik dabei ist, kann nur den Kopf schütteln ob solcher Konzeptionen, bei denen zwangsläufig akustische Umweltbewältigung in Stoffhuberei umschlagen muß. Sicher läßt sich alles, was schallt, pfeift und trommelt, manipuliert und aufklärt, einmal ansprechen; aber damit ist dem Kind nicht gedient. Wie kann es mit einer Musik vertraut werden, die ihm gerade nur in zwei oder drei Stunden begegnet, die es vielleicht nur hörend erlebt, zu der es aber weder graphisch oder bewegungsmäßig noch gedanklich eine Beziehung hat herstellen können? Lernbücher dürfen nicht mit Speisekarten internationaler Gastronomie konkurrieren wollen. Bei der Überfülle ihrer Inhalte kann dem Lehrer geschehen, daß er das Hauptgericht nicht findet. Für Lernbücher dieser Art scheint es an allen Tagen Sonntagsbraten zu geben, und so fliegt man wie eine auf Honig lüsterne Biene von einer Blume zur nächsten und glaubt am Ende, ganz entschieden satt zu sein...

Um noch einmal auf das Moment der Verfrühung zu kommen: Es hat den Anschein, daß die angesprochenen Lernbücher Kinder bisweilen dort "abholen", wo sie noch gar nicht sind. Wieviele Fünftkläßler hören bereits Pink Floyd? Wer von ihnen kennt die Beatles? Wer Elvis? Wie läßt sich die Behandlung dieser Musiker didaktisch rechtfertigen, wenn die Kinder doch gerade erst beginnen, die Angebote der aktuellen internationalen Schlager- und Hitparaden sich einzuverleiben? Natürlich gehören einmal aktuelle Superhits etwa von Blondie oder Boney M. auf den Tisch; man kann sie singen, ganz oder

auch nur teilweise auf Instrumenten spielen und auch eine ganze Menge dazu
sagen. Was aber sollen die Tabellen über Verkaufszahlen und Umsätze, wenn
selbst Autoren einschlägiger Fachbeiträge mit diesen Daten nicht umzugehen
wissen? Nicht nur im Bereich der Rock- und Popmusik sehe ich Inhalte ver-
früht in den Unterricht eingebracht. Es wäre eine geduldige Untersuchung
und eine eigene Arbeit wert, dieser Frage gründlich nachzugehen. Hier kann
ich nur feststellen, daß wir vieles mit Mühe an Kinder herantragen, ohne
wirklich das zu nutzen, was sie als Mitgift in den Unterricht einbringen:
Kinder in der 6. Klasse können noch in einer Offenheit und Unbefangenheit
musizieren, die schon in der nächsten Klassenstufe gefährdet ist. Sicher
wurde wohl in der Vergangenheit und wird auch heute wieder mit Begriffen
wie "Erlebnis" oder "Gemütsbildung" viel dunkler Zauber getrieben. Wer sich
aber auf Musik einlassen will, muß sich auch von ihr ergreifen lassen können. Wie anders und ohne diese Erfahrung könnte er später von ihrer dema-
gogisch-verführerischen Macht sprechen! Er muß im gemeinsamen Musikmachen
Musik als eine soziale und nicht nur als eine technische Veranstaltung begreifen. Diese Grunderfahrung kann in späteren Jahren bestätigt und verstärkt, wohl aber kaum erst gemacht werden. So bekenne ich mich zu der pädagogischen Entscheidung, das Kind zuerst emotional zu fundieren, ihm Möglichkeiten der Identifikation mit Musik zu verschaffen, um es dann in einer
späteren Phase des Lernens die Zweideutigkeit der Musik und ihre Anfälligkeit für verschiedenste Verwertungsmöglichkeiten erkennen zu lassen.

Zur emotionalen Fundierung des Kindes gehört nicht nur die positive
Identifikation mit Werten, Sachverhalten und Menschen, die ihm etwas bedeuten, sondern auch die Gewißheit, von diesen Menschen anerkannt und angenommen zu sein. Das Kind empfindet es als für sich bedeutsam, daß Eltern oder
Lehrer seinetwegen bereit sind, Zeit zu opfern und ihm in bestimmten Situationen zuzusehen und zuzuhören. Solche Augenblicke der Zuwendung ermöglichen Elternabende, Sportveranstaltungen, Schulfeiern und Musik- oder Theateraufführungen. Es ist nicht entscheidend, ob auf einem Elternabend das
Kind mit einer Einzelleistung hervortritt oder in der Gruppe mitwirkt, ob
die Aufführung auf Ideen der Schüler oder des Lehrers zurückgeht und wer
sie letztlich inszeniert; entscheidend ist, daß sich die Kinder mit ihren
Aufgaben identifizieren und daß die zusehenden und zuhörenden Eltern, Lehrer und Schulkameraden auf das Dargebotene mit Anerkennung und Ermutigung
reagieren.

Elternabende und Musikveranstaltungen haben durchaus auch die Aufgabe,
Außenstehende über den Musikunterricht zu informieren und sie mit seinen
Arbeitsweisen vertraut zu machen. Hier sind Demonstrationen von Experimen-
ten und anschließende Gespräche zwischen Lehrern, Eltern und Schülern am
Platz. Die Schulfeier dagegen als Ort der Besinnung, des Dankes oder auch
des Abschiednehmens verlangt nach einer Form, die sich vom gewohnten unter-
richtlichen Alltag abhebt. Nicht sollte sie in ihrer inhaltlichen und formalen Gestaltung zu einem Forum der Besserwisserei gegenüber Andersdenken-
den geraten, im Gegenteil: Die Feier sollte stets das Eltern und Lehrer

verbindende Interesse im Auge haben, nämlich die Erziehung der Kinder als
eine gemeinsam zu bewältigende Aufgabe zu verstehen. Wenn beispielsweise
bei einer Weihnachtsfeier kein Lied gefunden wird, das Eltern und Schüler
gemeinsam singen könnten, wenn dagegen aber Texte und Songs den Eltern
unmißverständlich zu verstehen geben, wie sie, im eigenen Konsumrausch befangen, als satte Besitzbürger für die Not in der Dritten Welt unempfind-
lich geworden seien, dann kann wohl die Aufgeschlossenheit und die auf
Weihnachtliches gestimmte Erwartung von Eltern umschlagen in zornige Ablehnung oder gar Feindschaft. Am wenigsten ist mit solchen Provokationen und
Reaktionen dem Kind gedient, weil es, derart zwischen die Fronten gestellt,
nicht weiß, wem es folgen soll. Zwar hat es sich mit seiner Aufgabe identifiziert, doch bleibt ihm die elterliche Anerkennung für die Sache, die es
vertreten hat, versagt. Schulfeiern sind darum im Interesse der Kinder, die
sie mittragen, weniger ein Ort für angewandte Konflikttheorie als vielmehr
eine Stätte der Achtung vor den Empfindungen des anderen. Diese Achtung,
die nicht als krampfhaftes Harmonisierungsstreben verstanden werden darf,
ist eine Voraussetzung für das Vertrauen des Kindes zu seinen Erziehern.

Bislang habe ich die Jüngeren im Blick gehabt, die Schüler der 5. und
6. Klassen, die ich lieber noch Kinder nenne. Wie oft vergessen wir, daß
sie es auch noch sind! Nun noch einige Worte zum Unterricht auf den Sekundarstufen, von denen wir nichts Geringeres erwarten, als daß sie am Ende
den mündigen Menschen entlassen.

Der Heranwachsende empfindet stärker als das Kind den Widerspruch zwischen dem, wie es sein soll und dem, wie es ist. Angewiesen auf Orientierung, stößt er doch allenthalben, in Familie und Schule, in Jugendgruppen
und Beruf auf Unsicherheit gegenüber Normen und Werten, gegenüber Verhalten
und Handeln. Seinem dringenden Bedürfnis nach Identifikationen kommen die
Erziehungsinstanzen - in konsequenter Einschätzung ihres mehr oder weniger
gestörten Wertbewußtseins - kaum noch entgegen. Entweder ziehen sie sich,
sei es aus einem wie immer verstandenen Liberalismus oder schlicht aus
Feigheit, auf eine wertneutrale Position zurück und überlassen eine Entscheidung dem ihnen anvertrauten Jugendlichen. Oder sie räumen von Anbeginn
an kampflos das Feld und überlassen es den massenkulturellen und massenme-
dialen Angeboten, ohne zu fragen oder auch nur zu bedenken, ob deren nur
kurzfristige Verbindlichkeit und beliebige Austauschbarkeit zur Stabilisierung des Jugendlichen taugt. Die zu nichts verpflichtende Welt des Konsums
taugt aber eben nicht für alle. Wem aus dem Unbehagen auszubrechen gelingt,
den führt der Weg eher zu einer das gesellschaftliche System verneinenden
Haltung als zu einer Einstellung, aus der die Verpflichtung erwachsen könnte, das Bestehende zu verbessern. Nicht mehr der Urwaldarzt in Lambarene,
sondern Che Guevara als der "Christus mit der Knarre" wird zum Leitbild. In
diesem Spannungsfeld zwischen Apathie, eingeübter Konsumhaltung und Anpassung einerseits und trotziger oder verzweifelter Verweigerung und dem Drang
zu radikaler Veränderung andererseits muß Erziehung Position beziehen. Ich
beziehe sie, indem ich mich für unsere freiheitlich-demokratische Grundord-

nung entscheide und damit auch für diejenigen Werte, die diese Gesellschaftsordnung ermöglichten. Zu diesen Werten gehört die Kunst, in der die Menschen seit ehe das, was ihnen wert war, was sie für schön und wahr hielten, was sie als Traum oder als Angst erlebten, gestalteten. Insofern begreife ich in Anlehnung an von Hentig Kunst als "das große, totale didaktische Mittel, mit dessen Hilfe sich der Mensch über das Schöne total belehrt", das ihm zugleich auch hilft, sich selbst zu erkennen und zu deuten. Daß wir im Schönen "die Wahrheit über uns selbst" erfahren, ist eine der Leistungen der Kunst, die sie für die Erziehung so bedeutsam macht. Durch sie begreifen wir die Größe und die Nichtigkeit des Menschen, wie sie sich in seinen Siegen und seinen Niederlagen, in seiner Lust und seinem Schmerz, in seinen Möglichkeiten und seinen Grenzen offenbaren. Daraus folgt für unser Thema, daß Musikunterricht bei der Auseinandersetzung mit dem Kunstwerk das Interesse am Menschen durchscheinen lassen muß.

Konkret bedeutet das:

- Nicht genügt es zu erkennen, wie Mozart Goethes "Veilchen" in ein musikalisches Drama verwandelt; das Unerhörte ist vielmehr Mozarts abschließender Kommentar, der als ein höchst Subjektives die in die Form gebannte Objektivität der Ballade kontrastiert und damit von der Betroffenheit des Menschen Mozart zeugt, der zugleich aber auch das Geschehene in die wohltuende Distanz des ästhetischen Spiels verweist.

- Nicht der Trauermarsch an sich als 2. Satz in Beethovens "Helden-Sinfonie" ist das Ereignis, vielmehr die Art und Weise, wie diese musikalische "Nänie" endet, wenn nämlich das herrliche "Klaglied ... im Mund der Geliebten" durch die Erschütterung ins Stammeln oder gar in die Nähe der Tonlosigkeit gerät.

- Nicht die Kenntnis der Barform ist der entscheidende Lerngewinn an den "Meistersingern", sondern Erfahrungen, die mit der Menschlichkeit aller am Spiel beteiligten Personen zusammenhängen; zu ihnen zählt die Huldigung, die das Volk Hans Sachs mit seinem "Wach auf"-Chor darbringt. Daß die Barform mehr sein kann als ein Prinzip, lehrt uns das Gespräch zwischen Sachs und Stolzing in der Schusterstube; Sachsens Erläuterungen bezeugen das humane Moment im Formalen: es macht das an sich Abstrakte zu einem Bedeutenden - das allein zu erkennen, sollte uns schon den Unterricht wert sein. Was aber unsere Schüler vor allem erfahren müssen, ist die Gebärde der Ehrfurcht und Liebe, wie sie, von Wagner ins große Bild gesetzt, Sachs auf der Festwiese begegnet. Läßt sich sagen, durch welche Qualität sich diese Szene von den Begeisterungstaumeln der Hunderttausenden unterscheidet, die die Ankunft des Fußballweltmeisters feiern? Oder von der hysterischen Anbetung, mit der die Teenager Stars von Elvis bis Travolta auf den Leib rückten? Es läßt sich nicht nur sagen, es muß gesagt werden. In einer Welt, in der ein Begriff wie "Ehrfurcht" allenfalls in der Nähe vergessener Lernziele ein apokryphes Dasein fristet, sind "Wach-auf"-Chöre nötig. Sie vermitteln eine Ahnung davon, daß es noch andere Qualitäten der Zuwendung gibt als das orgiastische Geschrei von Fan-Gemeinden.

Stärker als in der traditionellen Kunstmusik und der Neuen Musik zielt das Interesse der Rockmusik auf den jungen Menschen und besonders auf den Jugendlichen in seiner noch ungefestigten Identität. Eine der großen Leistungen dieser Musik ist ihr Gespür für das, was Jugendliche bewegt, sowie ihre Fähigkeit, es angemessen zu formulieren. Seit Chuck Berry über das süße kleine siebzehnjährige Mädchen und sein Doppelleben als brave Schülerin und tanzvergessener Fan gesungen hat, seit Bob Dylans Verse der heranwachsenden Generation halfen, ihr gebrochenes Verhältnis zu sich und zur Gesellschaft zu deuten, seit die "Who" mit der Rätsel aufgebenden Figur Tommy die Identitäts- und Sinnfrage aufgegriffen und sie in "Quadrophenia" noch dringlicher gestellt haben, galten Aussagen der Rockmusik dem Jugendlichen verbindlicher als die seiner formellen Erzieher.

Rockmusik hat längst ihren Platz im Unterricht der Sekundarstufen. Vielleicht trifft meine These, daß humaner Musikunterricht das Interesse am Menschen durchscheinen lassen müsse, in ganz besonderem Maße auf die Rock- und Popmusik zu. Aber auf welche? Der hingeschlenzte Satz, daß die "Rockmusik die E-Musik der Popmusik" sei, hilft nicht weiter. Indem Sandner ein Stilmerkmal zum Qualitätsmerkmal hochstilisiert, stellt er dem längst nicht mehr überschaubaren Markt der Rockmusik Blankoschecks aus, die er schon gestern nicht mehr einzulösen imstande gewesen wäre. Gerade weil diese Musik im Strudel übermächtiger Kommerzialisierungstendenzen zu ertrinken droht, ist auf das Wenige aufmerksam zu machen, was sich diesen Tendenzen bislang entziehen oder sich so mit ihnen arrangieren konnte, daß Musik und Text glaubwürdig blieben, und zwar glaubwürdig für den Lehrer und den Jugendlichen, dessen Empfindlichkeit gegenüber falscher Moral und Talmisprache etwas von einem Seismographen hat. Ich habe in den letzten Jahren das wenige bei Sängern wie Randy Newman, Joni Mitchell, James Taylor, Al Jarreau oder Udo Lindenberg gefunden. Ich will kurz andeuten, was meinen Schülern und mir an einigen Songs, die Udo Lindenberg geschrieben und gesungen hat, bemerkenswert schien und warum wir glaubten, daß sich die Auseinandersetzung mit ihnen gelohnt habe.

Da ist zum einen eine Erzähltechnik, die mit knappen Strichen die Situation herstellt und ihr lebendige Menschen zuordnet, das alles in einer Sprache, die durch jargonartige Wendungen eher untertreibt und dadurch das falsche Pathos meidet. Da ist zum zweiten eine Musik, die dem Epischen und der Textverständlichkeit entgegenkommt und die mit sparsamen Mitteln das nötige Szenenkolorit herstellt, zum Beispiel das Ziehharmonikavorspiel in "Nichts haut einen Seemann um" oder die Western-Filmmusik im "Cowboy Rocker". Vor allem aber sind es die Personen, um die es geht: Da ist der Dreizehnjährige, der zum ersten Mal von zu Hause weggerannt ist oder der Junge, der im längst wieder erleuchteten Kinosaal den Film weiterträumt – "von sich und Charles Bronson. Ja, Charles ist sein Freund"; da zeugen Kinderstimmen von kindlichen Träumen ("ich werde Löwenbändiger", "und ich Filmstar in Hollywood"), und ein alter Seemann schwankt betrunken und allein im stürmischen Wind nach Hause. In allen Liedern können wir uns wiederfinden: als die, die wir waren oder als die, die wir sind und als die, die wir sein werden. Die Lieder sind Protokolle von möglichen Situationen, von dem, wie es sich abgespielt haben könnte. Nicht aber zeichnen sie auf, wie es sein sollte; daher enden sie auch nicht mit einer lehrhaften Sentenz oder einer wegweisenden Moral. Gerade dieser Mangel ist ihr Vorzug, denn umso beredter werden die Nachspiele empfunden, wenn sie, wie im "Seemann" oder im "Cowboy Rocker" den Zuhörer mitnehmen in die Einsamkeit des Unterlegenen. Vor allem aber zwingt der offene Schluß - hierin der dialektischen Lyrik Brechts verwandt - den Hörer, sich selbst um eine Lösung zu bemühen und die Sache zu Ende zu denken.

Die Gespräche über diese Songs sind immer auch Gespräche über die eigene Situation der Heranwachsenden. Damit sie gelingen, muß zwischen Lehrer und Schülern Vertrauen herrschen. Das zu dem Gespräch notwendige Vertrauen in den Lehrer, so glaube ich, beruht weniger auf dessen Kompetenz in Sachen Rockmusik als vielmehr auf der Achtung vor den Gefühlen seiner Schüler. Das Schwierige und scheinbar Paradoxe dieses Unterrichts ist es, die Schüler mit den angedeuteten Inhalten herauszufordern und gleichzeitig die aufgebauten Emotionen vor Verletzungen zu schützen. Das bedeutet ganz und gar nicht, daß Rockmusik gegenüber Kritik tabu sei. Zu Nina Hagens brutalem Egotrip und ihrem leichtfertigen Gerede über Abtreibung und Pflicht in dem emanzipationswütigen Song "Unbeschreiblich weiblich" muß ich der Klasse meine Meinung sagen, und das Glück ist auf meiner Seite, wenn ich, wie in diesem Fall, ihrem Song vom egoistischen Lustgewinn Texte von Carly Simon oder Carole King gegenüberstellen kann.

Daß der Musikunterricht wie kein anderes Schulfach auf die emotionalen Erfahrungen des Schülers zielt und sie ernst nimmt, um ihn in der Auseinandersetzung mit seiner Musik und ihrem Bedingungsgefüge zu einem besseren Verständnis seiner eigenen Situation zu führen, macht diesen Unterricht zu einem kleinen Stück konkreter Lebenshilfe. Was wäre humaner, als zur Bewältigung des Lebens Hilfe zu leisten?

Die Autoren

Rudolf *Affemann*, Dr.theol., Dr.med., geb. 1928, Studium der Ev.Theologie,
der Medizin, der Sozialwissenschaften und der Pädagogik. Fachausbildung
zum analytischen Psychotherapeuten. Seit 1956 Praxis als Psychotherapeut in
Stuttgart.

Veröffentlichungen: Psychologie und Bibel (1956); Geschlechtlichkeit
und Geschlechtserziehung in der modernen Welt (1970); Krank an der Gesellschaft (1973); Lernziel Leben (1976); Erziehung zur Gesundheit (1978);
Sexualität im Leben junger Menschen (1978); Der Mensch als Maß der Schule
(1979).

Gottfried *Bräuer*, Dr.phil., geb. 1929, Studium der Pädagogik, Philosophie
und Germanistik. Schuldienst. Promotion und Wissenschaftlicher Assistent
bei O.F. Bollnow. Seit 1967 Dozentur für Allgemeine Pädagogik an der Pädagogischen Hochschule Ludwigsburg (seit 1970 Professor).

Veröffentlichungen: Pädagogisches Denken als konkretes Denken (1964);
Das Finden als Moment des Schöpferischen (1966); E. Sprangers Gesammelte
Schriften Band 1 (herausgegeben zusammen mit A. Flitner 1969); Band 2 (her-
ausgegeben zusammen mit O.F. Bollnow 1973); ferner Aufsätze zur pädagogi-
schen Anthropologie, zur Theorie des Lehrens und Lernens, zur ästhetischen
Erziehung und zur Geschichte der neueren Pädagogik.

Elmar *Budde*, Dr.phil., geb. 1935, Studium der Schulmusik, der Germanistik
und der Musikwissenschaft. 1961 Staatsexamen, 1967 Promotion (Musikwissenschaft). 1964-65 Lehrauftrag an der Musikhochschule Freiburg, 1966-68 Lehrauftrag an der Universität Freiburg. 1968 wissenschaftlicher Assistent da-
selbst. 1972 Professor für Musikgeschichte an der Hochschule der Künste in
Berlin.

Veröffentlichungen: Anton Weberns Lieder op. 3, Untersuchungen zur frühen Atonalität bei Webern (1971); Zitat, Collage, Montage, in: Die Musik
der sechziger Jahre (1972); Zum Verhältnis von Sprache, Sprachlaut und Komposition in der neueren Musik, in: Über Musik und Sprache (1974); Das musikalische Thema als Gegenstand der Analyse, in: Funkkolleg Musik (1977);
Arnold Schönbergs Monodram "Erwartung" - Versuch einer Analyse der ersten
Szene, in: Archiv für Musikwissenschaft XXXVI (1979).

Karl Heinrich *Ehrenforth*, Dr.phil., geb. 1929. Studium der Schulmusik, Germanistik, Musikwissenschaft und Theologie. Staatsexamen. 1956-72 Schuldienst. Promotion in Musikwissenschaft. Fachreferent im Amt für Schule Hamburg. Tätigkeit als Fachleiter für Pädagogik am Studienseminar. Leiter einer
Kantorei. Seit 1972 Professor für Musikpädagogik und Leiter der Abteilung
Schulmusik an der Musikhochschule Detmold. Seit 1976 im Vorstand des Verbandes Deutscher Schulmusikerzieher.

Veröffentlichungen: Ausdruck und Form (1963); Verstehen und Auslegen
(1971); Aufsätze zu Fragen der anthropologischen Begründung der Musikpäd-

agogik, ferner zu Problemen des Musikverstehens und der musikalischen
Analyse.

Hans-Georg *Gadamer*, Dr.phil., geb. 1900, Studium der Germanistik, Kunstgeschichte und Philosophie. Promotion 1922 bei Paul Natorp. Studium der Klassischen Philologie. Habilitation 1929 bei Martin Heidegger. 1939 o.Prof.
für Philosophie in Leipzig, 1946/47 Rektor der Universität Leipzig.
1947-49 Professor in Frankfurt, seit 1949 in Heidelberg als Nachfolger von
K. Jaspers. Gadamer ist u.a. Mitglied der Heidelberger Akademie der Wissenschaften, der Darmstädter Akademie für Sprache und Dichtung und der Acca-
demia dei Lincei in Rom.

   Veröffentlichungen: Platons dialektische Ethik 2. Aufl. (1968); Wahrheit
und Methode - Grundzüge einer philosophischen Hermeneutik (1960); Kleine
Schriften, 4 Bände (1967 ff.); Hegels Dialektik. Fünf hermeneutische Studien (1971); Vernunft im Zeitalter der Wissenschaft (1976); Die Aktualität
des Schönen (1977); Die Hermeneutik und die Wissenschaften (hg. zusammen
mit G. Boehm 1978).

Hans-Hermann *Groothoff*, Dr.phil., geb. 1915, Studium der Philosophie, der
Germanistik, der Geschichte und der Pädagogik. 1951 Promotion in Philosophie. Tätigkeit als Mitarbeiter am Philosophischen Seminar der Universität
Kiel, danach Dozent an der Pädagogischen Hochschule Lüneburg und an der
Musikhochschule in Hannover. 1959 Professor für Pädagogik an der Pädagogischen Hochschule Hannover. Seit 1962 Professor und Direktor des Pädagogischen Seminars an der Universität Köln.

   Veröffentlichungen: Funktion und Rolle des Erziehers; Einführung in die
Erziehungswissenschaft; Erwachsenenbildung und Industriegesellschaft; Pädagogisches Lexikon (hg. zus. mit M. Stallmann); Pädagogik, Fischer-Lexikon
Bd. 36 (Hrsg.). Mitarbeiter an verschiedenen Einrichtungen der Erwachsenenbildung. Gastprofessuren im Ausland für das Fach Erwachsenenbildung.

Werner *Hahn*, geb. 1931, Studium der Schulmusik, 1954-57 Schuldienst an Real-
schulen, 1957-62 Studium der Schulmusik, Germanistik und Musikwissenschaft,
seit 1962 im Schuldienst an einem Hamburger Gymnasium, zugleich Fachleiter
für Pädagogik am Studienseminar und Fachbeauftragter für Musik am Amt für
Schule Hamburg (seit 1972).

   Veröffentlichungen u.a.: Der deutsche Schlager in: Popmusik im Unterricht (hg. zusammen mit H. Rauhe 1970); Popmusik international (1973); Zum
didaktischen Problem kollektiver Identifikation mit kulturindustriellen
Leitbildern, in: Musik und Bildung 11/1974 (zus. mit H. Rauhe); Popmusik
im Unterricht, in: Neues Handbuch der Schulmusik (1975).

Ulrich *Hommes*, Dr.phil., Dr.jur., geb. 1932. Studium der Philosophie, Germanistik und Geschichte, anschließend der Rechtswissenschaften. Wissenschaftlicher Assistent an den Universitäten Freiburg und München. 1960-1969
Schriftleiter des "Philosophischen Jahrbuchs". Seit 1967 Professor für Philo-

sophie an der Universität Regensburg.

Veröffentlichungen: Hegel und Feuerbach (1957); Die Existenzerhellung und das Recht (1962); Transzendenz und Personalität (1972); Das Heil des Menschen (1975); Erinnerung an die Freude (1978); Vertrauen zum Leben (1980).

Karl-Jürgen *Kemmelmeyer*, Dr.phil., geb. 1943. Studium der Kirchen- und Schulmusik, der Anglistik und Musikwissenschaft, Staatsexamen. 1970-72 Wissenschaftl. Assistent an der Pädagogischen Hochschule Münster. Konzerttätigkeit als Dirigent und Organist. 1973 Promotion in Musikwissenschaft. 1972-78 Akadem. Oberrat an der Pädagogischen Hochschule Dortmund (Fachbereich Sonderpädagogik/Fach Musikerziehung mit Behinderten). Seit 1978 Professor für Musikpädagogik an der Musikhochschule Hannover.

Veröffentlichungen: Der Schlager (zusammen mit R. Wehmeier 1976); Beiträge zur Fachdidaktik und zur Musikerziehung und Therapie mit Behinderten; Herausgeber der Dortmunder Beiträge zur Musik in der Sonderpädagogik (zusammen mit Werner Probst).

Giselher *Klebe*, geb. 1925. Studium der Musik (Violine, Viola, Komposition). Kriegsdienst. 1946 Kompositionsstudium bei Josef Rufer, 1946-51 bei Boris Blacher. Gleichzeitig Tätigkeit in der Musikabteilung des Berliner Rundfunks. 1957 Berufung an die Musikhochschule Detmold als Dozent für Komposition und Musiktheorie. 1962 Professor.

Werke (Auswahl): "Die Zwitschermaschine" für gr.Orch. (1950); Missa "Miserere nobis" (1964); "Stabat mater" (1964); Messe "Gebet einer armen Seele" (1966); fünf Sinfonien, zwei Streichquartette, sechzehn Opern und Ballette, darunter "Die Räuber" (1957), "Die tödlichen Wünsche" (1959), "Die Ermordung Caesars" (1959), "Alkmene" (1961), "Figaro läßt sich scheiden" (1963), "Jakobowsky und der Oberst" (1965), "Das Märchen von der schönen Lilie" (1969), "Ein wahrer Held" (1975), "Das Mädchen aus Domremy" (1976), "Das Rendezvous" (1977), "Der Jüngste Tag" (1980).

A.M. Klaus *Müller*, geb. 1931. Studium der Physik an den Universitäten Braunschweig, Bristol und Hamburg. 1956 Diplom in Physik, 1960 Promotion zum Dr.rer.nat. mit Arbeiten über theoretische Festkörperphysik. Seit 1972 Professor für Theoretische Physik an der Technischen Universität Braunschweig. Korrespondierendes Mitglied der Forschungsstätte der Evangelischen Studiengemeinschaft (F.E.St.) in Heidelberg. Arbeitsgebiete: Mathematische Methoden und Grundlagenprobleme der Quantentheorie; theologische und human-ökologische Aspekte der Grundlagenkrise in den Wissenschaften und in der Politik.

Veröffentlichungen u.a.: Die präparierte Zeit, Stuttgart 1972, [2]1973; Überlebensfragen I (Hrsg. u. Mitautor), Stuttgart 1973; Überlebensfragen II (Hrsg. u. Mitautor), Stuttgart 1974; Zukunftsperspektiven (Hrsg. u. Mitautor), Stuttgart 1976; Wende der Wahrnehmung, München 1978; Zahlreiche Aufsätze in Zeitschriften und Sammelbänden.

Albrecht *Peters*, Dr.theol., geb. 1924. Studium der Germanistik, Theologie, Philosophie und Pädagogik. Staatsexamen. Zweitstudium Theologie. Promotion und Habilitation 1957 bzw. 1959. Seit 1959 Professor für systematische Theologie an der Universität Heidelberg.

Veröffentlichungen: Realpräsenz. Luthers Zeugnis von Christi Gegenwart im Abendmahl (1960); Glaube und Werk. Luthers Rechtfertigungslehre im Lichte der hl. Schrift (1962); Der Mensch (1979); ferner zahlreiche Beiträge vor allem in der Neuen Zeitschrift für systematische Theologie und Religionsphilosophie, in "Kerygma und Dogma" u.a. Beiträge in Georg Picht: Theologie - was ist das? (1977), in Wenzel Lohff und Chr. Walter: Rechtfertigung im neuzeitlichen Lebenszusammenhang (1974) und in Wenzel Lohff und L. Mohaupt: Volkskirche - Kirche der Zukunft? (1977).

Georg *Picht*, Dr.phil., geb. 1913. Studium der klassischen Philologie und Philosophie. Tätigkeit an der Berliner Akademie der Wissenschaften und im Landerziehungsheim Birklehof/Hinterzarten. 1942-45 Assistent an der Universität Freiburg. 1946-56 Leiter der Schule Birklehof. Mitglied des Deutschen Ausschusses für das Erziehungs- und Bildungswesen. Seit 1958 Leiter der Forschungsstätte der Evangelischen Studiengemeinschaft Heidelberg. Seit 1965 Professor für Religionswissenschaft an der Universität Heidelberg.

Veröffentlichungen: Naturwissenschaft und Bildung (1954); Unterwegs zu neuen Leitbildern? (1956); Die Erfahrung der Geschichte (1958); Technik und Überlieferung (1959); Die Verantwortung des Geistes (1965); Die deutsche Bildungskatastrophe (1965); Theologie - was ist das? (1977); Wozu braucht die Gesellschaft Musik? (in: Deutscher Musikrat - Referate Informationen 22/1972).

Christoph *Richter*, Dr.phil., geb. 1932. Studium der Schulmusik, Germanistik und Musikwissenschaft. Orchesterdienst. Staatsexamen. Schuldienst bis 1970. 1970-73 Musikhochschule Lübeck; Leiter des Instituts für Schulmusik. Seit 1973 Professor für Musikpädagogik an der Hochschule der Künste Berlin. Seit 1978 Schriftleiter der Zeitschrift "Musik und Bildung".

Veröffentlichungen: Musik als Spiel (1975); Theorie und Praxis der didaktischen Interpretation von Musik (1976); Beiträge in Fachzeitschriften zu Fragen der anthropologischen Begründung der Musikpädagogik, der künstlerischen Ausbildung, des Musikhörens und der musikalischen Analyse.

Henning *Schröer*, Dr.theol., geb. 1931. Studium der evangelischen Theologie. Promotion. Hauptpastor in Kopenhagen. Seit 1971 Professor für Praktische Theologie an der Universität Bonn. Vorstandsmitglied der Wissenschaftlichen Gesellschaft für Theologie.

Veröffentlichungen: Die Denkform der Paradoxalität als theologisches Problem (1960); Moderne deutsche Literatur in Predigt und Religionsunterricht (1962); Mitherausgeber der TRE und des Evangelischen Erziehers. Aufsätze zur Theologie, Literatur und Kirchenmusik.

Carl Friedrich Freiherr von *Weizsäcker*, Dr.rer.nat., geb. 1912. Studium der Physik. Promotion bei Werner Heisenberg. Assistent am Kaiser-Wilhelm-Institut Berlin. 1942-44 Professor für theoretische Physik in Straßburg. 1946-57 Abteilungsleiter im Max-Planck-Institut für Physik in Göttingen und Honorarprofessor an der Universität Göttingen. 1957 Professor für Philosophie an der Universität Hamburg. 1970 Direktor des Max-Planck-Instituts zur Erforschung der Lebensbedingungen der wissenschaftlich-technischen Welt in Starnberg. 1980 Wissenschaftliches Mitglied (em.) des Max-Planck-Instituts für Sozialwissenschaften in Starnberg.

Veröffentlichungen: Die Atomkerne (1937); Christlicher Glaube und Naturwissenschaft (1958); Die Tragweite der Wissenschaft (1964); Die Einheit der Natur (1972); Fragen zur Weltpolitik (1975); Wege in der Gefahr (1976); Der Garten des Menschlichen (1977).
